OS PORTUGUESES

COLEÇÃO POVOS & CIVILIZAÇÕES

Coordenação Jaime Pinsky

OS ALEMÃES *Vinícius Liebel*
OS AMERICANOS *Antonio Pedro Tota*
OS ARGENTINOS *Ariel Palacios*
OS CANADENSES *João Fábio Bertonha*
OS CHINESES *Cláudia Trevisan*
OS COLOMBIANOS *Andrew Traumann*
OS ESCANDINAVOS *Paulo Guimarães*
OS ESPANHÓIS *Josep M. Buades*
OS FRANCESES *Ricardo Corrêa Coelho*
OS INDIANOS *Florência Costa*
OS INGLESES *Peter Burke* e *Maria Lúcia Pallares-Burke*
OS IRANIANOS *Samy Adghirni*
OS ITALIANOS *João Fábio Bertonha*
OS JAPONESES *Célia Sakurai*
OS LIBANESES *Murilo Meihy*
OS MEXICANOS *Sergio Florencio*
O MUNDO MUÇULMANO *Peter Demant*
OS PORTUGUESES *Ana Silvia Scott*
OS RUSSOS *Angelo Segrillo*

Proibida a reprodução total ou parcial em qualquer mídia sem a autorização escrita da Editora.
Os infratores estão sujeitos às penas da lei.

A Editora não é responsável pelo conteúdo da Obra, com o qual não necessariamente concorda. A Autora conhece os fatos narrados, pelos quais é responsável, assim como se responsabiliza pelos juízos emitidos.

Consulte nosso catálogo completo e últimos lançamentos em **www.editoracontexto.com.br**.

Ana Silvia Scott

OS PORTUGUESES

Copyright © 2010 Ana Silvia Scott

Todos os direitos desta edição reservados à
Editora Contexto (Editora Pinsky Ltda.)

Foto de capa
Deza Bergmann/www.sulnoticias.com

Montagem de capa e diagramação
Gustavo S. Vilas Boas

Consultoria histórica e coordenação de textos
Carla Bassanezi Pinsky

Preparação de textos
Lilian Aquino

Revisão
Evandro Lisboa Freire

Dados Internacionais de Catalogação na Publicação (CIP)
(Câmara Brasileira do Livro, SP, Brasil)

Scott, Ana Silvia
Os portugueses / Ana Silvia Scott. – 1. ed., 6ª reimpressão. –
São Paulo : Contexto, 2024.

Bibliografia.
ISBN 978-85-7244-481-1

1. Cultura – Portugal 2. Portugal – Civilização 3. Portugal –
Descrição 4. Portugal – História 5. Portugueses
6. Portugueses – Brasil – História 7. Relações culturais
I. Título.

10-05720   CDD-946.9

Índice para catálogo sistemático:
1. Portugal : Civilização 946.9

2024

EDITORA CONTEXTO
Diretor editorial: *Jaime Pinsky*

Rua Dr. José Elias, 520 – Alto da Lapa
05083-030 – São Paulo – SP
PABX: (11) 3832 5838
contato@editoracontexto.com.br
www.editoracontexto.com.br

SUMÁRIO

INTRODUÇÃO	11
O QUE FAZ DOS PORTUGUESES, PORTUGUESES	15
A relação ambígua com os brasileiros	17
Os *brasileiros de torna-viagem*	19
O brasileiro como alvo de chacota e críticas	26
Outros olhares	27
A "invasão brasileira" e o novo discurso português	31
O crescimento da comunidade de imigrantes brasileiros	33
A telenovela: de *Gabriela* a *Ilha dos amores*	34
Futebol e música, portas de entrada concorridas	37
A força da IURD	39
E aí, você conhece aquela do brasileiro?	43
A língua e o (des)acordo ortográfico	45
Viver em um país de contrastes	53
"Mediterrâneo", "atlântico" e muito mais	53
Campo e cidade	56
A vida rural e a família tradicional ficam para trás	58
Viver em família, no Minho e no Alentejo	62
As diferenças segundo cientistas e literatos	67
Cidades: de *Bracara Augusta* a *al-Ushbuna*	70
Lisboa, a capital	72
Porto: a cidade invicta	77
Entre "mouros" e "tripeiros"	80
Cores e sabores, localismos e gastronomia	84
Efeitos da globalização	88

SEMPRE A NAVEGAR 91

Enfrentar o Mar Oceano 93
Primeiros passos 96
Novos interesses, novos desafios 98
A conquista da costa ocidental africana 99
Um sonho realizado: a circum-navegação da África 103
Afinal as Índias! 104
O Descobrimento do Brasil 108
O terrível tráfico de escravos 111
Certezas científicas ao invés de quimeras 114
De tudo, um pouco 115
Espalhando flora e fauna 118
Doenças que se universalizam 119
Presença marcante 120
Repercussões 123

AO LADO DE UM VIZINHO PODEROSO 125

Empresas espanholas: capitais e emprego 127
Espanhóis na terra de Camões... 129
... mas não falam português 131
Espanhóis compram casas em Portugal
e portugueses dão à luz na Espanha 131
"Ibéricos": uma nova forma de conviver? 132
Iberismo: uma velha aspiração 134
"De Espanha, nem bom tempo, nem bom casamento!" 138
Novos tempos, novas relações 141
No futuro, a via do entendimento 144

DE PAÍS DE EMIGRANTES A PAÍS DE IMIGRANTES? 147

Os portugueses e a emigração no século XX 148
Mudança de rumo: muito além do Brasil 151
Valeu a pena? Ganhos, perdas e transformações 162
Portugalidade e lusofonia: uma receita para o século XXI? 166
Identidades e representações 168
Recebendo retornados e imigrantes 172

UMA HISTÓRIA EM CINCO ATOS

FINISTERRA OU DOS CONFINS DA PENÍNSULA ATÉ O MAR OCEANO	189
Castros: "baluartes de resistência"	190
E chegam os romanos...	192
Sob domínio dos povos germânicos	197
A islamização da península ibérica	198
A "Reconquista" e o nascimento de Portugal	202
Al-Garb al-Andalus	207
A Cruzada do Ocidente	208
A consolidação do poder real	210
Portugueses contra castelhanos	212
Rei e nobreza: às vezes em conflito	213
Paixão, morte e vingança: D. Pedro e Inês de Castro	214
Uma nova dinastia	217
Aljubarrota, "a batalha das batalhas"	219
As universidades	220
Em direção à expansão marítima	221
DA CONSOLIDAÇÃO DE UM IMPÉRIO AO FIM DE UMA ERA DOURADA	225
As artes	225
Garantir as rotas e as conquistas	227
"Dançar conforme a música"	229
Na África	230
Na Ásia	231
Na América	237
A espada e a cruz	242
Enquanto isso, em Portugal...	243
Escravidão africana em Portugal e nas colônias	245
Das judiarias à conversão forçada	246
A Inquisição em Portugal	248
Sob domínio espanhol	251

A restauração da soberania	252
Brasil, "a vaca leiteira de Portugal"	254
O absolutismo da dinastia de Bragança	257
A virada para o lado inglês	259
Chegam ouro e diamantes do Brasil	260
A corrida do ouro no Brasil e a ocupação do interior	261
O reinado do Magnânimo	263
Luzes e sombras do Consulado Pombalino	265
Metrópole e colônia invertem papéis	268
A perda definitiva da "joia da Coroa"	273

À PROCURA DE NOVOS CAMINHOS — 279

A monarquia constitucional	279
Uma disputa em família: Pedro e Miguel	282
Mais agruras	287
A Regeneração	288
África, a bola da vez no sonho imperial	292
Ainda assim, brilham intelectuais e artistas	298
O fado e a "alma portuguesa"	300
Ideais republicanos	305
A Primeira República	306
E a Igreja?	310

DOIS GOLPES MILITARES — 319

O golpe de 1926	319
As primeiras décadas do século XX	321
O Estado Novo	325
Salazar e salazarismo	327
Colônias: possuir, ocupar e civilizar	330
As relações com a Europa	333
O preço da estabilidade política	335
Prosperidade econômica e contestações sociais	338
O declínio do Estado Novo	341
As Guerras Coloniais	342

A Revolução dos Cravos 345
Democracia parlamentar 349
"Foi bonita a festa, pá!" 351
Descolonização da África 353
Aceitação europeia 354

O "PORTUGAL EUROPEU" 357
Entre a herança imperial e a União Europeia 358
Diferentes ritmos e percepções de mudança 361
População aumenta, envelhece e continua pelo mundo 363
Uma nova família? 366
Religiosidade 368
E a mulher, como fica? 371
Ensino, saúde, cultura e lazer 380
Permanências... 385

EPÍLOGO 389

CRONOLOGIA 395

BIBLIOGRAFIA 401

ICONOGRAFIA 409

AGRADECIMENTOS 413

A AUTORA 415

INTRODUÇÃO

Quando pensamos nos portugueses, logo vêm à mente: o fado, a saudade, as viagens marítimas e os colonizadores, Camões, Nossa Senhora de Fátima, os imigrantes de bigodões ou tamancos, as piadas, o bacalhau, o vira e o cantor Roberto Leal, o dono da padaria da esquina... Não necessariamente todas elas e nem nessa ordem, mas certamente várias dessas indefectíveis imagens surgirão.

Podemos também associar Portugal a assuntos muito diferentes, como as Santas Casas de Misericórdia, espalhadas por todos os cantos onde os portugueses se instalaram desde o século XVI, mas também como o destino escolhido por muitos brasileiros emigrados nos últimos anos ou a fonte de investimentos econômicos diversificados aqui no Brasil.

Talvez lembremos de José Saramago, único autor até o presente que escreveu na língua de Camões reconhecido internacionalmente com o Nobel de Literatura, ou do Novo Acordo Ortográfico, a pautar obrigatoriamente a escrita culta a partir de 2013.

O mundo da moda, dos perfumes e das grifes internacionais também tem tempero português: a estilista Ana Salazar, "a senhora da moda portuguesa". Se o tema é esporte, os fãs evocam portugueses destacados em diversas modalidades. O futebol bonito de Luís Figo e Cristiano Ronaldo, entre outros tantos "da terrinha", integrantes dos principais times do mundo. No exclusivo e milionário circo da Fórmula1, Pedro Lamy. E entre os vencedores da tradicional Corrida de São Silvestre, a invejável Rosa Mota, campeã por seis anos consecutivos!

Cinéfilos certamente conhecem Manoel de Oliveira, diretor premiado em Veneza e Cannes, ou o ator Joaquim de Almeida, por papéis em filmes e seriados nos Estados Unidos, além ter sido o Sherlock Holmes da produção luso-brasileira *O xangô de Baker Street*, baseada no livro homônimo de Jô Soares.

Os vínculos de Portugal e dos portugueses com o Brasil são antigos, embora as relações entre os povos e os países tenham oscilado bastante ao longo do tempo. Em alguns momentos foram mais próximas, em outros, distantes. Amistosas ou tensas. Com interesses comuns ou conflitantes. De um modo ou de outro, nossa compreensão não pode prescindir de um fato crucial: muito da história de Portugal está ligada à nossa, desde o desembarque dos portugueses no Novo Mundo, no século XVI, até hoje, por conta do intenso fluxo migratório de brasileiros para Portugal nas três últimas décadas.

Boa parte da trajetória portuguesa foi moldada a partir da ideia de construir um império. O pequeno território europeu, desde o século XV, voltou-se para o exterior, explorou rotas oceânicas e as transformou em importantes vias de comunicação, integração e manutenção de um domínio plurissecular: do "império da pimenta", erguido no Oriente com base no comércio das especiarias, passando pela edificação do "império americano", só perdido no início do século XIX, à tentativa de reeditar na África os "Novos Brasis", definitivamente frustrada, por fim, no ocaso do neocolonialismo.

Nas últimas décadas, os portugueses optaram por uma virada decisiva em direção à Europa, consagrada com a inclusão do país no seleto grupo da União Europeia. Até aqui, já percorreram um longo caminho, pleno de sucessos, fracassos, embates e dilemas de toda ordem.

Recentemente, vivenciaram transformações profundas em uma história escrita com tintas fortes: a derrubada de uma das mais duradouras e reacionárias ditaduras do século XX; a perda dramática das últimas colônias; a adesão ao euro. Hoje, Portugal e os portugueses se encontram em outro patamar de desenvolvimento, que contrasta vivamente com a imagem de país atrasado, de estrutura social arcaica, que predominou por todo o século passado. O processo intenso de mudanças afetou a política, a economia, a sociedade e a própria cultura portuguesa. Entretanto, sobrevive, em muitos pontos, a caracterização de um povo muito tradicional, apegado à religião, a rígidos valores morais, até sovina algumas vezes...

Então, como caracterizar os portugueses? Por tudo isso e por muito mais, como veremos neste livro, sem esquecermos, evidentemente, um aspecto que nos interessa sobremaneira: a relação dos portugueses com os brasileiros e a nossa relação com eles.

* * *

A parte I – "O que faz dos portugueses, portugueses" – trata de temas centrais para se entender os personagens. Começa com os relacionamentos contraditórios de Portugal com o Brasil e com os brasileiros. Continua com os traços fundamentais que definem o povo e o país, dos contrastes da terra e de seus habitantes à ligação vital e secular que os portugueses estabeleceram com o mar, o destino associado às navegações. Sua complexa relação com os espanhóis é o tema seguinte, seguido pelos movimentos populacionais que contribuíram decisivamente para a conformação da identidade portuguesa.

A parte II – "Uma história em cinco atos" – é uma viagem pelo tempo. Ela começa antes mesmo de Portugal existir, quando o extremo ocidental da Europa era habitado por populações celtiberas, prolongando-se até os finais do século XIV. Em seguida, aportamos no período que vai da consolidação do Império Colonial ao ocaso dessa era dourada, com a perda da colônia brasileira. Acompanhamos então os portugueses em suas tentativas de sobreviver às perdas territoriais e econômicas, na procura de novos caminhos, passando pela monarquia constitucional, pela Primeira República, pela ditadura salazarista e, finalmente, pela emblemática Revolução dos Cravos, considerada a virada decisiva para Portugal e seu povo. A partir de então, nem melhor, nem pior: diferente. Observamos com detalhes o processo que converteu a potência atlântica em um "Portugal europeu", estabelecendo uma nova etapa em que os portugueses não esqueceram do passado, pelo contrário, continuam a ele recorrendo para dar sentido ao seu lugar no mundo. Na recriação de identidades, a lusofonia ganha agora papel de destaque.

No epílogo são amarrados todos os fios dessa teia baseada em extensa pesquisa histórica, inúmeras leituras e (por que não?) na experiência pessoal de uma brasileira que viveu anos em Portugal e observou de perto os portugueses com seu frequente pessimismo, sua crença arraigada no *fado* (destino), suas oscilações de humor ou suas maneiras de fazer conviver a rusticidade com as sutilezas de uma formalidade bem característica.

Todas as páginas que seguem são devedoras do grande leque de obras, artigos e textos consultados que vai indicado no final. Pela natureza do livro, não cabe uma infinidade de notas referenciando cada uma delas. Porém, desde já explicito o meu débito em relação a todos os trabalhos citados na bibliografia, além das longas horas de conversa sobre o tema que tive com amigos e colegas, portugueses e brasileiros.

As palavras em português de Portugal que são diferentes do português brasileiro foram tratadas neste livro como se fossem estrangeiras, ou seja, vêm grafadas em itálico com uma "tradução" ao lado.

Vamos agora soltar as amarras e embarcar nessa viagem para "descobrir" Portugal e os portugueses...

*　*　*

*Para minha filha Thaís (1993-2007),
uma das 199 vítimas
do Voo Tam JJ3054.
Sua ausência me ensinou
o significado da palavra "saudade".*

Para Dario, meu "porto seguro", sempre...

O QUE FAZ DOS PORTUGUESES, PORTUGUESES

A RELAÇÃO AMBÍGUA COM OS BRASILEIROS

As brasileiras são sensuais e disponíveis para qualquer programa que envolva sexo. Os brasileiros são malandros, barulhentos e avessos a compromissos. No Portugal de hoje, esses estereótipos são imagens dominantes reforçadas pela mídia, sobretudo a televisiva, e pela evidente e expressiva presença da prostituição brasileira na vida noturna de cidades como Porto e Lisboa.

Essa visão portuguesa dos imigrantes brasileiros é muito diferente da versão de pouco mais de 20 ou 25 anos atrás. Nessa época, o Brasil e os brasileiros evocavam alegria, simpatia, boas lembranças e, muitas vezes, saudade da terra rica e cheia de oportunidades, e tão ligada a Portugal... No início dos anos 1980, Lisboa acolhia com simpatia os brasileiros recém-chegados. Estes podiam se sentir rapidamente à vontade diante da beleza e luminosidade da cidade com suas construções antigas, num tom de "rosa velho", seus museus, seus bondes (ou *electricos*, como são chamados por lá) e todo um universo ao mesmo tempo distinto e familiar. Taxistas, atendentes de bar, donos de restaurante ou o transeunte para quem se pedia alguma informação, todos, com raras exceções, ao ouvir o "português brasileiro", logo vinham com uma memória carinhosa ligada ao Brasil. Lembravam de um tio, primo ou conhecido que havia emigrado para o nosso país, ou de um tempo em que eles próprios haviam estado aqui. Os brasileiros em Portugal sempre encontravam alguém disposto a jogar conversa fora e falar do Brasil, da música animada, da beleza natural do gigante americano, do futebol magnífico e, sobretudo, da famosa seleção canarinho dirigida por Telê Santana, com craques como Zico, Falcão, Sócrates e Júnior. As telenovelas brasileiras eram outra grande paixão dos portugueses, iniciada já na década anterior a partir da entrada triunfal do gênero no país com a envolvente *Gabriela, cravo e canela*, adaptada da obra de Jorge Amado. *Gabriela*, produzida pela Rede Globo, estreou em Portugal no ano de 1977, foi transmitida pela RTP1 (Rádio e Televisão de Portugal) e acabou por modificar comportamentos e rotinas dos portugueses.

18 | Os portugueses

Mapa de Portugal com os distritos administrativos e capitais de distritos (Lisboa é a capital nacional e capital de distrito). Até o início do século XIX, Portugal era subdividido em seis regiões (Minho, Trás-os-Montes, Beira, Estremadura, Alentejo e Algarve), com limites geográficos incertos, sem significado político-administrativo ou legal. Em 1836, o regime liberal introduziu a unidade administrativa do Distrito, definindo 17 distritos; em 1926 foi criado o distrito de Setubal, o décimo oitavo.

No início da década de 1990, as telenovelas brasileiras já eram consumidas vorazmente em Portugal; veiculadas várias vezes ao dia, tanto no horário nobre da noite, como por toda a programação diária e sem pausa nos finais de semana. Era praticamente impossível ligar a televisão e não ouvir o português brasileiro e ver o desfile interminável das paisagens cariocas, paulistas, nordestinas ou do interior do Brasil, pano de fundo das tramas televisivas. Entretanto, algo já começava a mudar na relação dos portugueses com os brasileiros no país. Para pior. O acolhimento espontâneo e a disponibilidade em bater papo não existiam mais. A animosidade para com os nossos imigrantes era cada vez mais evidente. Os portugueses mal escondiam sua satisfação ao livrar-se "destes estrangeiros que só incomodam" quando algum brasileiro partia de lá; pelo contrário, muitas vezes expressavam-na em alta voz sem o menor constrangimento.

Como se explica tal metamorfose ocorrida em tão pouco tempo? O que estaria por trás dessa transformação?

De fato, não é fácil entender o que ocorreu, sobretudo nas décadas finais do século XX e na primeira década do XXI, para chegarmos às figuras estereotipadas que abriram este capítulo e compreendermos o processo que foi da simpatia ao repúdio. Para começar, vale a pena conhecer a origem da imagem positiva que o Brasil desfrutou inicialmente e um bom ponto de partida é a figura do *"brasileiro"*. Não o brasileiro natural do Brasil, mas os emigrantes portugueses, bem-sucedidos no Brasil, que, de volta à terra natal, recebiam essa alcunha. Esse tipo, que povoou o imaginário português no século XIX, é o ancestral direto dos "tios e primos" no Brasil e das boas lembranças que os portugueses guardavam sobre nós.

O sentimento desagradável com relação aos brasileiros surgiu em Portugal por conta da intensificação da chegada de imigrantes de baixa renda e pouca escolaridade[1] ocorrida na virada para os anos 2000, mudando o caráter do movimento populacional que preponderara nos anos 1980 e 1990, quando aportavam no país brasileiros, sobretudo, de classe média.

OS BRASILEIROS DE TORNA-VIAGEM

O *brasileiro de torna-viagem*, ou simplesmente *brasileiro* é um personagem tão entranhado na cultura portuguesa que foi retratado diversas vezes na literatura lusa por autores como Júlio Dinis (1839-1871), Eça de Queirós (1845-1900) e Aquilino Ribeiro (1885-1963). Um trecho da obra de Camilo Castelo Branco (1825-1890) mostra de modo tocante o que deve ter sido a experiência de muitos garotos portugueses levados a emigrar: "o filho de Vasco Pereira Marramaque era um menino pobríssimo, que o amor maternal não devia esquivar ao trabalho e ao destino que o padrinho lhe talhara. Aos doze anos, o pequeno abraçava-se na mãe e pedia-lhe que não o deixasse ir para o Brasil".[2] Histórias de emigrantes também foram contadas por estudos e exposições sobre o tema, que aumentaram expressivamente por conta da comemoração dos quinhentos anos dos descobrimentos portugueses, que ocorreu no ano 2000.

Em todos os casos e nas representações, o destaque coube às narrativas de sucesso dos portugueses que chegaram a fazer fortuna no Brasil, porque souberam exteriorizar, de diferentes maneiras, os frutos colhidos durante os anos de ausência em terras brasileiras. Assim como os que se deram bem fizeram questão de alardear a vitória, aqueles que não tiveram a sorte, a competência ou oportunidade de vencer no Brasil fizeram exatamente o contrário, isto é, esconderam dos seus parentes e conterrâneos as privações e agruras por que passaram, preferindo em alguns casos jamais voltar à terra natal com a marca do insucesso. Ninguém quer falar de uma experiência fracassada, portanto poucas são as memórias que sobreviveram no imaginário coletivo português sobre os "perdedores". Os testemunhos da vitória contribuíram para construir o mito do Brasil como terra de abundância e de riqueza, pronta a oferecer oportunidades e alegrias aos portugueses.

Recuando um pouco mais nas origens desse tipo, retornamos ao século XVIII, quando os portugueses se dirigiram em grande número para a região das Minas Gerais, em busca do enriquecimento rápido com a mineração. Esses indivíduos ficaram conhecidos como *mineiros,* os "ancestrais" do *brasileiro* dos séculos seguintes.

A ideia de o Brasil ser terra de fortuna fácil se disseminou nos anos setecentos vinculada ao ouro e aos diamantes das regiões de Minas Gerais, Goiás e Mato Grosso. Ela logo ganhou corpo no imaginário popular, mas também na poesia e na prosa portuguesa.

No *boom* da mineração, partiam anualmente de Portugal em direção ao Brasil entre 8 e 10 mil indivíduos. Poucos, no entanto, foram os que de fato conseguiram constituir fortuna e retornar à terra natal, fazendo esquecer as duras condições da lida na mineração. Os versos do poeta Correia Garção (1727-1772) dão uma ideia da arriscada aventura a que se lançavam os portugueses para alcançar a riqueza no Brasil daquela época:

> Guarde a terra avarenta nas entranhas
> O ouro fulgente.
> O Mineiro na roça aflito cave
> C'os sórdidos escravos;
> Por ignotos sertões exponha a vida
> Do bárbaro tapuia
> À seta venenosa, à veloz garra
> Do tigre mosqueado.

A relação ambígua com os brasileiros | 21

Retrato a óleo do português José Alves Souto, que, como outros conterrâneos, emigrou, fez fortuna no Brasil e regressou a Portugal, onde foi agraciado com um título de nobreza, tornando-se o visconde de Souto.
Um exemplo de *brasileiro de torna-viagem* bem-sucedido.

Quem se deu bem podia ser considerado herói. Mais tarde, no século XIX, consolidou-se a imagem do *brasileiro*, este sim com muito mais exemplos concretos em que se basear, ajudados, inclusive, pela grande quantidade de emigrantes que se dirigiram em sucessivas levas para o outro lado do Atlântico em busca do seu Eldorado particular.

Embora saibamos pouco sobre o contingente global de emigrantes antes de meados do século XIX, nos finais da década de 1830 o intelectual e historiador Alexandre Herculano (1810-1877) já fazia referência à "espantosa" emigração portuguesa, que, naquele momento, era praticamente sinônimo de "emigração para o Brasil". Essa situação permaneceu com altos e baixos até os anos cinquenta do século seguinte, quando o Brasil continuava o destino básico da emigração portuguesa. Foi somente a partir da década de 1960 que os portugueses passaram a dirigir-se com maior intensidade para países europeus, principalmente França, Alemanha e Suíça, levando o Brasil a perder sua posição primordial de centro receptor do fluxo migratório português.

Historicamente, o Noroeste português, ou mais especificamente a região do Minho (que corresponde aos distritos de Braga e Viana) – conhecido como o "vespeiro do país", isto é, a região mais densamente povoada e com excedentes populacionais –, foi a que mais contribuiu para o caudal migratório para o Brasil. Com base na emigração global por distritos, entre 1866 e 1960, é possível distinguir quatro zonas fundamentais de acordo com os diversos níveis de expulsão: a zona norte (a partir do rio Mondego); a zona central; o Alentejo e o Algarve, em ordem decrescente de importância.[3]

Gerações sucessivas de portugueses nascidos no Minho, portanto, guardaram estreita vinculação com a Colônia e mais tarde com o Império e a República brasileira. A emigração para o Brasil esteve integrada num conjunto de estratégias de sobrevivência e reprodução social de grande parte das famílias minhotas e representou um importante mecanismo de acomodação e equilíbrio entre a escassez de recursos e o crescimento constante da população numa área de terra escassa. Assim, famílias incentivavam a saída periódica de alguns de seus filhos com destino ao Brasil como forma de não sobrecarregar a economia baseada na pequena propriedade.

O perfil dos indivíduos que emigravam, *grosso modo*, correspondia à descrição feita por Camilo Castelo Branco: jovens solteiros, muitos deles quase crianças, enviados ao Brasil pela mão de um parente ou padrinho. No horizonte estava a determinação de encontrar a "árvore das patacas", enriquecer e retornar vitorioso à terra natal. Além disso, divisavam uma nesga da boa vida sonhada já no próprio ato de escapar a uma existência limitada por padrões de vida numa sociedade empobrecida, mesquinha e conservadora.

Ao longo do século XIX, o tema da emigração causou debates ardorosos entre alguns intelectuais e políticos portugueses. Os que se punham contra o movimen-

O sucesso dos *brasileiros de torna-viagem* deixou, na arquitetura de inúmeras vilas e cidades portuguesas, algumas marcas concretas: azulejos coloridos (verde e amarelo) ou uma imagem da bandeira brasileira na fachada, como é o caso dessa construção situada na cidade de Lisboa.

to alegavam que, ao carregar jovens para outras paragens, a emigração subtraía ao país a energia potencial para o trabalho e a capacidade inovadora dos indivíduos mais dinâmicos.

Em meio às polêmicas, o fluxo contínuo de emigrantes alimentou o imaginário de poetas, romancistas, artistas, comerciantes, prestamistas, familiares e até de noivas esperançosas que permaneciam em Portugal.

Já os que partiam acabavam modificados por sua experiência além-mar. Ao retornar, por vezes muitos anos depois, o emigrante era "outra pessoa", muito pouco restava do jovem que havia se despedido no cais. Seus comportamentos, valores éticos e morais e até mesmo a maneira de se vestir não eram os mesmos. Por pragmatismo ou nostalgia, alguns se dedicaram a repartir um pouco dos seus bens com a filantropia ou a ostentar pelos espaços públicos locais a riqueza obtida.

O fato é que o retornado a Portugal fez questão de deixar suas marcas, muitas delas visíveis até hoje, em várias regiões do país, sobretudo nos distritos ao norte de Coimbra e região das Beiras. Elas estão em casas e palacetes (alguns de gosto duvidoso), além de praças, ruas e caminhos, igrejas e capelas, hospitais, cemitérios e asilos mandados construir com dinheiro ganho no Brasil. Os materiais utilizados na construção e na decoração, além da própria arquitetura, passaram a incorporar elementos até então desconhecidos na paisagem rural do Norte português: sacadas, vidraças com bandeiras divididas em variadas formas geométricas, o uso recorrente das cores azul, verde, amarelo e vermelho, como símbolos do Brasil e de Portugal, nos azulejos das fachadas, nos vitrais das portas e nas claraboias. Jardins públicos patrocinados por *brasileiros* eram delimitados por grades de ferro e podiam ter novidades como bancos, mictórios, coreto e candeeiros de iluminação. Fábricas, comércio a retalho, benfeitorias como a iluminação pública e até festas anuais organizadas por irmandades prestigiadas puderam se desenvolver graças aos *torna-viagem*. Com mais recursos, os retornados não se contentavam com a aparência antiquada das velhas habitações ou dos antigos espaços públicos. Promoveram mudanças mais adequadas a suas novas exigências e a seu novo *status*.

Não é exagero dizer que boa parte das transformações que Portugal conheceu, no século XIX e nas primeiras décadas do XX, pode ser creditada a esses emigrantes. Nessa época, ocorreram no país reformas políticas e econômicas. Cidades se expandiram e muitas vilas se tornaram relevantes centros administrativos. Na sociedade surgiram novos identificadores de hierarquia e prestígio associados à instrução, ao vestuário, à arquitetura e ao mobiliário, refletindo uma mudança nas mentalidades que enfatizava novos modelos, de caráter burguês.

A participação nos negócios ligados ao setor bancário e de seguros, ao comércio de importação e de exportação e ao transporte marítimo era uma constante entre os portugueses que aproveitaram as chances de enriquecimento existentes no Brasil. Muitos deles se destacaram na economia do Império, como os incorporadores da Companhia de Seguros Confiança no Rio de Janeiro, retratados nesta imagem.

Casas comerciais, bancos, companhias seguradoras e marítimas e correios eram elementos fundamentais para a instalação de homens que desejavam estar em contato com o Brasil e com o mundo. Os *brasileiros* passam a ocupar um lugar de destaque nessa nova forma de viver consolidada a partir dos novos ideários políticos que caracterizam o período. Assumem posições relevantes na administração pública local. Estão na liderança das mais importantes agremiações de interesse social, como as confrarias e as irmandades da terra (ainda hoje, a lembrar essa atuação, encontramos os retratos pintados a óleo desses senhores nas paredes das instituições). Sem sombra de dúvida, portanto, os capitais amealhados no Brasil foram um dos principais suportes econômicos da dinamização da vida econômica, social e cultural portuguesa.

O BRASILEIRO COMO ALVO DE CHACOTA E CRÍTICAS

Nos conterrâneos, os *brasileiros* despertaram não só curiosidade, admiração ou reverência, mas também inveja e rivalidade disfarçadas que podiam desembocar em raiva ou maledicência. Assim, além de incensado, o retornado também foi alvo de escárnio e de deboche em Portugal.

Entre a realidade e a ficção, ao longo dos séculos XIX e XX, o fenômeno complexo da emigração portuguesa para o Brasil e o seu retorno propiciou diferentes leituras que são os testemunhos diretos do desconforto de uma sociedade que exportava e depois reintegrava os seus filhos, frequentemente "tão desajustados à chegada quanto à partida", como disseram alguns. Diversos autores se esmeraram em descrever esse tipo social. O estereótipo depreciativo mais comum talvez seja aquele que associa o *brasileiro* ao novo-rico que se exibe com ostentação sem, entretanto, conseguir disfarçar sua boçalidade, suas maneiras rudes, sua "feiura moral". A pena satírica de um escritor português relata com desprezo a história de um padeiro que extraiu nas Minas do Brasil o ouro que usava para comprar de tudo na terra natal..., exceto educação e boas maneiras.

Obras do romantismo português elegeram o emigrante enriquecido na exploração do café, do cacau ou do comércio uma das personagens mais ridículas e inescrupulosas do seu universo literário. Camilo Castelo Branco se sobressai entre os que impuseram no imaginário coletivo português o recorte caricatural dos *brasileiros de torna-viagem*: torpes e burlescos, avaros e vingativos. Para verificar a presença desse personagem na obra do romancista basta ler *Os brilhantes do brasileiro* (1869), *A brasileira de Prazins* (1882), *Eusébio Macário* (1879), *O esqueleto* (1865) e *A corja* (1880), entre outros. Eça de Queirós, Ramalho Urtigão e Fialho de Almeida valeram-se da sátira sobre os emigrantes retornados para entreter os portugueses, estabelecendo que "o pobre *brasileiro*, o rico *torna-viagem* é hoje, para nós, o grande fornecedor do nosso riso".

Nos palcos lusos, a plateia ria com a comédia *O tio André que vem do Brasil*, de José da Silva Mendes Leal Junior, e a opereta *O brasileiro pancrácio*, composta por Sá de Albergaria – um sucesso!

A imprensa tanto podia noticiar os feitos do "nosso irmão do ultramar" quanto, numa clara mostra da atitude ambígua da época, chamar o emigrante de "macaco nas cavaqueiras".

O lado não apetecível da emigração não era, entretanto, só retratado por meio de sátiras ou escárnio. Havia também um aspecto de denúncia em muitos textos, mesmo porque é sabido que nem todos os emigrantes foram bem-sucedidos (muitos até penaram bastante) ou mesmo puderam voltar a Portugal. Gomes de Amorim, que havia emigrado aos 10 anos de idade para o Brasil, ao retornar à terra natal escreveu

Aleijões sociais, obra levada aos palcos com o título *A escravatura branca* e que tratava do tema do emigrante explorado por seus próprios patrícios.

Tentativas pontuais de reabilitação da figura do *brasileiro*, que, apesar de rude, podia ser generoso e ter alma nobre, incapaz de armar falcatruas ou traições também existiram como na obra de Luís de Magalhães, *O brasileiro Soares* (1886, publicada com um prefácio de ninguém menos que Eça de Queirós) ou na tentativa do jornal *Tripeiro* de lembrar que a caridade também era característica "marcante e nobre do caluniado *brasileiro* do século xix".

OUTROS OLHARES

Nas primeiras décadas do século xx, Portugal mudou sua política externa e procurou reforçar os laços de amizade arrefecidos desde a Proclamação da República no Brasil. A República portuguesa, recentemente instalada, pretendia atenuar o antilusitanismo que imperava no Brasil, tanto que, em 1922, procurou se associar às comemorações do Primeiro Centenário da Independência do Brasil enviando representantes ilustres para os festejos.

Nesse mesmo contexto de aproximação, foi publicada a *História da colonização portuguesa no Brasil*, obra em três volumes, dirigida pelo importante jornalista e escritor português Carlos Malheiro Dias, radicado desde 1913 no Brasil.

Com o tempo, a imagem e as reflexões que os portugueses faziam sobre o tema da emigração portuguesa para o Brasil ganharam novos contornos. Na primeira metade do século xx, vários escritores se dedicaram a retratar os dramas e as trajetórias de personagens pobres e incultos. Muitos dos textos produzidos, inclusive, relatavam experiências pessoais de seus autores. Aqui se destacam os escritos de Ferreira de Castro (1898-1974), que trabalhou nos seringais da Amazônia, ou a narrativa de Miguel Torga (pseudônimo de Adolfo Correia da Rocha, 1907-1995), que viveu no Brasil entre os 13 e 18 anos. O foco em Portugal mudava do escárnio e da sátira aos *brasileiros* para a tragédia de emigração que se abatia sobre os portugueses.

As experiências de exílio político de alguns portugueses no Brasil, na primeira metade do século xx, também chegaram a público como as do intelectual, político e historiador Jaime Cortesão (1884-1960) ou do ensaísta Antonio Sergio (1883-1969), após a instauração do Estado Novo em Portugal.

Com tudo isso, a imagem do Brasil em Portugal se erigiu à sombra da ostentação de palacetes e da contribuição econômica e social dos emigrantes que fizeram fortuna nos trópicos, como também das experiências desastrosas ou de superação dos portugueses em nossa terra.

A publicação dos três volumes da *História da colonização portuguesa no Brasil*, entre os anos de 1921 e 1924, fez parte das comemorações do Primeiro Centenário da Independência do Brasil. Reuniu importantes historiadores portugueses e brasileiros, um primoroso conjunto de ilustrações coloridas e a transcrição de documentos importantes para a história dos dois países.

Capa da primeira edição do romance *A selva* (1930), de José Maria Ferreira de Castro, português que emigrou para o Brasil em 1911. A narrativa do livro baseia-se nas próprias vivências do autor nos seringais do Amazonas.

* * *

Até o final da década de 1970, a imagem ambígua do Brasil como um país benéfico ou bastante prejudicial aos emigrantes portugueses se manteve, mas também, de certa forma, incorporava as novidades que passavam a chegar através da televisão, da música e do futebol. A alegria emanada pela visão suavizada que os portugueses adquiriram então do nosso país e dos brasileiros ajudaram os lusos a escapar ao contexto sombrio e taciturno imposto pela longa ditadura salazarista, instalada na década de 1920. Apesar da morte de Antonio de Oliveira Salazar, em 1970, a ditadura teve fôlego para se manter durante mais quatro anos, quando foi definitivamente enterrada pela Revolução dos Cravos. O clima de mudança vivenciado então pelos portugueses favoreceu a receptividade para com novos modos de pensar e, entre eles, diversos aspectos da nossa cultura, já que o Brasil e os "espontâneos brasileiros" aparentavam ter qualidades muito diferentes da sisudez e contenção características dos lusos. Pode-se dizer que começou então, em Portugal, um período de verdadeiro namoro com o Brasil e sua gente.

Tudo isso fez com que, no final da década de 1970 e início da década de 1980, houvesse um clima propício ao que mais tarde seria chamado de "invasão brasileira" – a chegada de imigrantes do Brasil atraídos pela redemocratização portuguesa e a entrada do país na Europa comunitária, um cenário bastante promissor para quem aqui vivia em meio à repressão política e a uma enorme crise econômica.

Somados o ambiente de abertura pós-Revolução dos Cravos e a ligação afetiva de longa data, temos o cenário perfeito para explicar as relações amistosas entre os dois povos e países. Portugal até então padecera de um atraso econômico crônico, em relação à Europa além-Pirineus, encontrando na emigração para o Brasil uma alternativa para as agruras da sociedade portuguesa. Tal condição secular alterou-se ao longo da década de 1980 e, numa inversão de sentidos, gradativamente os imigrantes brasileiros passaram a fazer parte da vida cotidiana dos portugueses em Portugal.

Os brasileiros, agora sim os naturais do Brasil, vão começar a aparecer do lado de lá. E não só com a chegada cada vez mais significativa de imigrantes, ou das já mencionadas telenovelas. As churrascarias-rodízio, o pão de queijo, a cerveja Brahma e o guaraná Antarctica também aportaram na nossa antiga metrópole colonial, conquistando o gosto português, mas também, num segundo momento, provocando a revolta dos que se sentem incomodados e passam a *subir nas tamancas* em protesto contra mais essa "intrusão indesejável". Imaginando-se cercados de brasileiros e sua cultura por todos os lados, muitos portugueses experimentam agora o desagradável sentimento de ser colonizado, e com um agravante, por sua maior ex-colônia.

A "INVASÃO BRASILEIRA"
E O NOVO DISCURSO PORTUGUÊS

Nova virada. Um novo discurso. Em pouco mais de uma década e meia (entre 1974 e 1990), passamos de um povo irmão, simpático, alegre e espontâneo a um bando de inconvenientes, arruaceiros, malandros e prostitutas. A mudança ocorre basicamente apenas quatro anos depois da entrada de Portugal na Comunidade Econômica Europeia, em 1986, a antecessora da União Europeia.

Nos anos 1980, o perfil do brasileiro estava associado a certos grupos ou nichos que representavam o imigrante de então: em sua maioria pessoas de classe média e alta que deixavam o Brasil por conta da instabilidade econômica gerada no governo Collor. Entre elas, predominavam os dentistas, os publicitários e os profissionais da área de informática. Todos eles relativamente bem-vindos no país (a não ser por alguns protestos de seus concorrentes profissionais diretos).

Em anos mais recentes, contudo, o perfil mudou muito e, no início do século XXI, o contingente brasileiro típico que chega às terras lusas é composto por trabalhadores da construção civil, do comércio, dos restaurantes e do serviço doméstico. Isto é, pessoas com pouca ou nenhuma qualificação, grande parte delas em situação irregular. Mesmo necessitando de tal mão de obra, os portugueses passam a torcer o nariz para essa gente "de baixo nível".

Começa, então, um tempo de estranhamento de lado a lado. Outro fator que ajuda a explicá-lo é a dificuldade de adaptação desses recém-chegados brasileiros aos costumes portugueses. Talvez apegados à crença de que "Portugal é como o Brasil", iludidos pela proximidade da(s) língua(s) ou à sensação de já entender os portugueses só porque, no Brasil, conhecem o "'portuga' da padaria", os brasileiros se surpreendem ao constatar como o modo de ser e pensar dos portugueses pode ser muito diferente das expectativas. A verdade é que os brasileiros que chegam nessa nova leva de imigrantes desconhecem totalmente a história, os hábitos e mesmo a cultura dos portugueses. E a ignorância com relação ao "outro", com frequência, leva a mal-entendidos de lado a lado que podem desembocar em conflitos mais sérios.

Afinal, o que o brasileiro sabe sobre Portugal? Praticamente nada, conforme constatou uma pesquisa realizada no Rio de Janeiro por ocasião das comemorações dos 500 anos dos Descobrimentos. Quem é a primeira pessoa famosa que vem à cabeça do carioca quando ele pensa em Portugal? Ninguém. Para 48% dos entrevistados pelo Datafolha no Rio de Janeiro, a resposta a essa pergunta é um branco na cabeça. Quando questionados especificamente sobre Camões, entretanto, 75% dos brasileiros declararam já ter ouvido falar nele. Também tiveram boas médias os nomes dos

A conhecida fadista e atriz portuguesa, Amália Rodrigues, natural de Lisboa, estreou como fadista profissional em 1939. É um dos ícones da cultura portuguesa, com mais de uma centena de discos lançados em quase três dezenas de países.

escritores Fernando Pessoa e Eça de Queirós, além do da cantora Amália Rodrigues. Já o vencedor do Prêmio Nobel de Literatura em 1998, José Saramago, é conhecido por menos de um terço dos brasileiros. O resultado diz muita coisa.

Contudo, importa aqui ir mais além e recuperar os elementos que fizeram com que a relação cordial e afetiva mantida por um bom tempo azedasse e se transformasse, em muitos casos, em preconceito, tensões e conflitos. A causadora dessa mudança teria sido mesmo, como apontam os portugueses, uma "overdose" de Brasil, de brasileiros e de brasileirismos? Foi de fato o "colonialismo às avessas" que fez a diferença?

O CRESCIMENTO DA COMUNIDADE DE IMIGRANTES BRASILEIROS

Do nosso ponto de vista, a emigração de brasileiros é um fenômeno que remonta poucos anos. Tradicionalmente, o Brasil sempre foi um país de imigrantes, recebendo estrangeiros de diferentes partes do mundo. Contudo, a partir da década de 1980, passa a existir uma emigração sustentada de brasileiros para diversas regiões, especialmente para os Estados Unidos, o Japão e a Europa, com destaque para Portugal e Itália.

A Casa do Brasil de Lisboa constatou o incremento do número de brasileiros em Portugal. Um indicador desse aumento é a taxa média de crescimento dos imigrantes *legalizados*: entre 1980 e 1987 foram registradas cerca de 600 entradas de brasileiros por ano. Entre 1987 e 1995, esse número subiu para mais de 1.500 ao ano. Apresentou, entretanto, uma tendência de ligeira descida até o ano de 2001 (cerca de 1.200 entradas anuais em média). Porém, atenção: essa queda diz respeito às entradas legalmente registradas. Elas são, sem dúvida, acompanhadas por um crescimento do contingente dos imigrantes *indocumentados*, sobretudo a partir dos finais da década de 1990, quando os números de fato disparam.

E por que os brasileiros procuram tanto Portugal? Um dos motivos é a maior facilidade de se comunicar por conta da língua comum. A real ou imaginada proximidade cultural e alguns acordos bilaterais entre governos dos dois países contam pontos.[4] Entre esses acordos estão a possibilidade de acesso facilitado às vagas nas universidades portuguesas e o Tratado de Amizade, Cooperação e Consulta entre a República Federativa do Brasil e a República Portuguesa. A possibilidade de obtenção de nacionalidade portuguesa (caso semelhante ao dos *oriundi*, os descendentes de italianos no Brasil) por brasileiros descendentes de portugueses também é atraente. Além disso, existe o fenômeno do retorno de emigrantes portugueses para Portugal, com as suas famílias brasileiras, tendo como horizonte uma terra natal que melhorou muito economicamente nos últimos anos. Os investimentos realizados por empresas brasileiras em Portugal, e vice-versa, também movimentaram pessoas de um lado para outro do oceano. Não menos importante na atração de brasileiros é a demanda por profissionais em setores específicos como odontologia, publicidade, informática, alimentação, comércio e hotelaria.

Os brasileiros em Portugal concentram-se nas e em torno das grandes cidades, como Lisboa, Aveiro e Coimbra (na região central do país) e Porto e Braga (no Norte português). É também significativa a presença de brasileiros na região de Faro (Algarve), sobretudo a partir de 2000.

Após a legalização de estrangeiros, ocorrida em 2001,[5] foi mais fácil saber que Lisboa e região reuniam pouco mais de 60% dos imigrantes legalizados, seguidos pelas cidades do Porto (9,5%) e Faro (7,5%).

O aumento do número de imigrantes brasileiros na virada do século veio reforçar a presença cultural do Brasil, que vinha num crescendo desde o finalzinho da década de 1970.

A TELENOVELA: DE *GABRIELA* A *ILHA DOS AMORES*

Há mais de 30 anos os portugueses acompanham as telenovelas brasileiras. Os folhetins televisivos, com predomínio dos produzidos pela Rede Globo, familiarizaram Portugal com o português brasileiro e seus diversos sotaques e passaram a ter enorme influência cultural no país. Além disso, numa espécie de efeito colateral, criaram espaço para a produção de telenovelas portuguesas que, atualmente, superam em exibição as importadas do Brasil.

Hoje, entre os canais abertos, os portugueses podem escolher a pública RTP (Rádio e Televisão de Portugal – RTP1 e RTP2),[6] a SIC (Sociedade Independente de Comunicação) ou a TVI (Televisão Independente). Essa opção não existia até o início da década de 1990, pois não havia ainda canais comerciais. A oferta relativamente recente de canais abertos foi impulsionada pelo crescimento do hábito dos portugueses de permanecer em frente à "telinha". E não se pode deixar de pensar que o hábito de passar muitas horas, em casa, diante da TV, esteja vinculado ao "aprendizado" de acompanhar as telenovelas, o que, num segundo momento, acabou por estimular o gosto por outros tipos de programas, como noticiários, filmes e séries importadas. A entrada dos canais pagos, no final da década de 1990, completa o quadro.

A RTP iniciou suas transmissões regulares em março de 1957, e logo atingiu 65% dos lares portugueses. Em meados da década de 1960, conseguiu cobrir todo o país. Em 1980, a programação a cores chegou à TV. E foi pelas portas abertas pela RTP que passaram a entrar doses cada vez maiores de entretenimento marcado pelo chamado "padrão Globo de televisão", em referência à produção da rede de televisão que se tornaria a mais poderosa do Brasil, especialmente por conta de suas telenovelas. Num momento posterior, a liderança dos canais privados (primeiro a SIC, em meados dos anos 1990, e depois a TVI, a partir dos anos 2000) foi possível graças também à transmissão de telenovelas, a "fórmula mágica" para fazer os telespectadores migrarem de um canal para o outro. Só que, ultimamente, o que faz mais sucesso é o folhetim inspirado pelo congênere tupiniquim, mas produzido em Portugal, falado em português local e estrelado por atores portugueses... Que grande ironia!

De fato, tudo o que se produz atrelado a esse produto de mídia – revistas vendidas em bancas, peças de teatro, programas de entrevista – também faz sucesso. Assim, hoje, a novela continua a ser "a galinha dos ovos de ouro" da televisão em Portugal, porém, agora, com plumagem portuguesa, em verde e vermelho, e não mais em verde e amarelo.

O advento dos canais privados mudou os rumos da tevê no país. A poderosa SIC, que no início contava com capitais brasileiros provenientes da Rede Globo, passou a ir ao ar diariamente a partir de outubro de 1992, significando o fim do monopólio estatal de 35 anos no setor. Foi o primeiro canal *generalista* (de variedades) privado com sinal aberto do país.

O controle da SIC estava nas mãos de Francisco Pinto Balsemão, importante empresário do meio jornalístico,[7] em sociedade com o BPI (Banco Português de Investimento, o quarto maior grupo financeiro de Portugal) e a Rede Globo. Já em 1995, menos de três anos depois de sua fundação, a SIC impôs sua liderança em termos de audiência, estrategicamente ancorada em programas de informação e entretenimento, com destaque para as novelas e séries brasileiras.

Aliás, o investimento da Rede Globo em terras lusas é, como vimos, antigo. Não foi mera coincidência que, por exemplo, no mesmo ano de 1977, aqui no Brasil, a primeira novela a cores do horário das 19h, *Locomotivas*, de Cassiano Gabus Mendes, teve a participação de um ator português, Tony Correia, na pele do carismático personagem "Machadinho". O ator radicou-se no Brasil e continua a fazer carreira, participando em produções mais recentes como *Celebridade* (2004) e *Belíssima* (2006). Um rosto ou uma pronúncia familiar sempre ajudam a criar simpatias...

A liderança absoluta da SIC foi mantida com base na fórmula brasileira de novelas, com algumas adaptações ao gosto do público português, por quase dez anos. Foi perdida apenas em 2004 para a concorrente TVI, que se utilizou das mesmas armas. Segunda emissora privada a entrar no mercado televisivo português, a TVI foi ao ar em fevereiro de 1993. Na sua origem, era controlada por empresas ligadas à Igreja Católica, entre elas a Rádio Renascença, a Universidade Católica Portuguesa, a Editorial Verbo

A telenovela portuguesa *Ilha dos amores* permaneceu no ar entre março e dezembro de 2007 com grande sucesso de público. Seguia a receita dos folhetins brasileiros, com encontros e desencontros, dramas e romances, acrescida de elementos particularmente caros aos portugueses, como o tema da emigração e a ação centrada nos Açores, no Canadá e em Portugal.

e a União das Misericórdias Portuguesas.[8] Atualmente, é administrada por um grupo denominado Media Capital, que detém várias outras marcas no rádio, na imprensa, na publicidade e na internet. É presidida por Joaquim Pina Moura, que também é o principal acionista do PRISA (Promotora de Informaciones, S.A.), importante grupo espanhol de comunicação, educação, cultura e entretenimento.

De 1993 até 2000, a TVI difundia uma programação baseada essencialmente na produção importada. A reviravolta se deu no início de 2000, quando começou a apostar em programas de ficção nacional, como a trama em capítulos *Jardins proibidos*, conquistando um aumento progressivo da audiência. A partir daí, muitas novelas e séries seguiram esse exemplo, como *Anjo selvagem, Super pai, Ninguém como tu, Mundo meu* e o grande sucesso *Olhos de água*. A emissora renovou também com programas infantis, como o *Batatoon*, noticiários e *reality shows* do tipo *Big Brother,* como o *Quinta das celebridades* e o *Primeira companhia*. Porém, a base do sucesso foi (e continua sendo) mesmo as novelas. Em 2001, tornou-se líder de audiências no horário nobre e, em 2004, líder no cômputo geral, captando a atenção de 6 milhões e 300 mil portugueses em média. Atualmente, muitas são as novelas produzidas pela rede que até dão frutos fora de Portugal. Vários países da América Latina, além dos Estados Unidos, Romênia, Venezuela, Hungria, Vietnã, Rússia e China, entre outros, costumam comprar direitos de transmissão de novelas e séries portuguesas da TVI.

Não há dúvida de que a TVI acompanhou as lições da Rede Globo e, depois, da SIC para moldar e divulgar seus produtos. Entre outros feitos, conseguiu manter no ar a telenovela *Ilha dos Amores* por oito meses, sempre no pico da audiência, garantindo que o capítulo final fosse visto por quase 2 milhões e 200 mil pessoas em Portugal – algo invejável num país com uma população estimada em cerca de 10.850.000 habitantes (em 2007).

Tudo o que foi dito pode dar uma ideia do impacto que "o padrão Globo" teve nas últimas três décadas entre os portugueses. Hoje ele ainda tem influência, apesar de que agora seja a programação *made in Portugal* a mais popular: em julho de 2008, no horário nobre, a TVI detinha 36,6 do *share*, enquanto a SIC (apoiada na parceira brasileira, a Rede Globo) e RTP1 ficavam com 24,6 e 19,9, respectivamente.

FUTEBOL E MÚSICA, PORTAS DE ENTRADA CONCORRIDAS

Na perspectiva dos portugueses, futebol e música remetem muito ao Brasil. As figuras mais lembradas nos anos 2000 foram as com maior e mais recente exposição na mídia portuguesa, como Ronaldinho Gaúcho ou Kaká, no futebol, e Daniela Mercury ou Gabriel, o Pensador, na música. Contudo, Pelé e Roberto Carlos (o cantor) também estavam na ponta da língua, conforme pesquisa do Datafolha em Portugal. Se considerarmos a importância do cenário cultural nas escolhas dos entrevistados, lisboetas consultados sobre temas variados relativos ao Brasil no clima das comemorações dos 500 anos do Descobrimento, percebemos a importância da cultura brasileira na cultura portuguesa: dos 21 nomes mais citados, 13 pertencem ao cenário da música, da literatura e da TV.[9]

Atores, personalidades do esporte e cantores brasileiros tinham e ainda têm lugar cativo no coração e nas mentes do público português, ao lado, é obvio, de ídolos *pop* e de atletas bem-sucedidos de outras nacionalidades.

A relação intensa dos portugueses com determinadas celebridades brasileiras chega a provocar efeitos colaterais ligados ao fenômeno da superexposição, que leva ao esgotamento e às críticas dirigidas a mais essa "deletéria invasão brasileira", acompanhados de tentativas mais ou menos bem-sucedidas de revalorizar o "produto nacional" em detrimento do "estrangeiro".

O fato é que a música brasileira aumentou muito seu público em Portugal na virada do século, não só por conta da popularidade das trilhas sonoras das novelas, mas também através de *shows* e espetáculos apresentados em Portugal.

Comparado aos indicadores do início dos anos 1990, no início dos 2000 o mercado fonográfico português havia triplicado. Contudo, nesse panorama de expansão do mercado com aumento das vendas, em princípio promissor, registrou-se uma queda na participação dos músicos portugueses. Uma pesquisa da Associação Fonográfica Portuguesa (AFP) apontava que, em 1989, a produção musical brasileira respondia por quase 10% dos discos mais vendidos, ao passo que, em 2000, já dominava 17,5% desse segmento. No mesmo período, os portugueses diminuíram sua participação, caindo de 31,8% para 25,2%. Por ocasião do levantamento, o diretor-geral da AFP comentou que não seria surpresa se os brasileiros passassem a vender mais que os portugueses. Desnecessário dizer que ambos (portugueses e brasileiros) perdiam para a música norte-americana, que abocanhava em torno de 58% do mercado fonográfico em Portugal.

Com relação aos artistas brasileiros, esse mercado é dominado por cantores que há décadas fazem sucesso entre o público português, como Roberto Carlos, Gal Costa, Chico Buarque e Maria Bethânia, seguidos por Fafá de Belém e Joanna, entre outros. Também são populares nomes de uma nova geração da MPB: Daniela Mercury, Adriana Calcanhoto, Gabriel, o Pensador, Maria Rita e Alexandre Pires.

No caso do futebol, é fato conhecido que o Brasil tem exportado uma quantidade crescente de jogadores para os destinos mais variados. Entre os maiores "mercados" para nossos atletas está Portugal. Portanto, do ponto de vista português, esse esporte é mais uma abertura por onde os brasileiros "invadem a santa terrinha".

É claro que nem só de ídolos famosos vive o futebol. E aí temos um nicho em que Portugal aparece com relativa importância: acolher jogadores brasileiros interessantes, mas cujo passe vale relativamente menos no mercado. São mais marcantes os casos de transferências milionárias, como a de Diego (ex-jogador do Santos Futebol Clube, vendido ao Futebol Clube do Porto em julho de 2004, diz-se, pela bagatela de 7 milhões de euros), ou a contratação do técnico Luís Filipe Scolari para treinar a seleção portuguesa de futebol (2003-2008). Entretanto, contam-se às centenas os jogadores brasileiros transferidos para o futebol português todos os anos, a maioria deles desconhecidos do grande público. Os jornais brasileiros e portugueses referem-se a essa presença numérica significativa. Muitos são, inclusive, os casos noticiados sobre jogadores com documentação adulterada e/ou falsificada para facilitar sua entrada e permanência nos clubes portugueses.

A CBF (Confederação Brasileira de Futebol) fornece dados impressionantes: entre 2003 e 2007, nada menos que 4.455 jogadores foram "vendidos" para fora do Brasil; deste total, 780 tiveram como destino clubes portugueses (tanto do território continental, como nos Arquipélagos dos Açores e da Madeira). No período, constatamos uma tendência de aumento do montante: enquanto em 2003 foram 141 atletas (o que corresponde a 16,5% do total das transferências para o exterior naquele ano), no ano de 2007, o número de jogadores brasileiros vendidos para times portugueses chegou a 227 atletas, fazendo de Portugal o destino de 21% do total das vendas efetivadas ao estrangeiro.

Não é difícil imaginar o impacto desses números no mercado de trabalho para os portugueses que atuam nesses segmentos. Tal impacto se amplia quando pensamos na população em geral, que vivencia, no seu cotidiano, a presença constante de brasileiros disputando "seus" postos de trabalho. Sem dúvida, isso gera alguma insatisfação ou desconforto entre os portugueses. E pode desembocar em preconceito e até mesmo xenofobia em relação aos brasileiros, como de fato ocorre em muitos casos. Afinal, os brasileiros estão na TV, no rádio, nos jornais, nos campos de futebol, nos *shows*, nos cafés, nos restaurantes, na construção civil, nos escritórios, nos consultórios, nas universidades... Ufa! Estão em todo o lugar, até nas igrejas...

A FORÇA DA IURD

Em termos de religião, Portugal é um dos baluartes da Igreja Católica Apostólica Romana desde pelo menos o século XVI (época das Reformas religiosas), com uma Inquisição poderosa e atuante por todo o tempo em que durou essa instituição. A cidade de Braga é conhecida como a Roma portuguesa, e o famoso Santuário de N.S.

40 | Os portugueses

de Fátima recebe incontáveis fiéis todos os anos. Entretanto, o país enfrenta a inusitada situação, para os parâmetros daquela sociedade, do avanço da Igreja Universal do Reino de Deus, conhecida entre os portugueses pela sigla IURD. Há trinta anos isso seria impensável.

Observar o crescimento da importância da IURD não é exclusividade dos portugueses. A Igreja Universal do Reino de Deus é a Igreja evangélica brasileira de maior expansão global, com presença marcante em diversos países da Europa, destacando-se, além de Portugal, a Inglaterra.

A IURD foi fundada no Brasil em 1977 e, a partir de 1985, ultrapassou as fronteiras nacionais, inaugurando um templo no Paraguai. A abertura aos países estrangeiros foi lenta e gradativa até 1990, quando já havia fincado posição nos Estados Unidos, na Argentina e em Portugal. A década de 1990 testemunhou, contudo, uma aceleração no ritmo de expansão, alcançando vários outros locais da América Latina, África, Europa e até da Ásia. Em 1995, o número de templos no exterior ultrapassava os 200, sendo 52 só em Portugal. A atuação da IURD fora do Brasil concentra-se em três grupos culturais: o latino-americano, acrescido dos "hispânicos" nos Estados Unidos, o dos países de expressão portuguesa e, finalmente, os países africanos de língua inglesa ou francesa. O mundo lusófono latino-americano e africano, com o qual a matriz brasileira da IURD tem vínculos culturais e/ou linguísticos, é o que fornece as bases da comunidade mundial dessa Igreja.

Em Portugal, a entrada deu-se em dezembro de 1989. Embora as estimativas sobre o número de seus seguidores em 1995 variassem bastante, entre 40.000 e 200.000, confirmava a sua inserção na tradicional e católica sociedade portuguesa.

As hipóteses para explicar o sucesso da IURD entre os portugueses são muitas, especialmente considerando a pouca adesão em Portugal às outras igrejas evangélicas, que constituem espaços de atuação pequenos e estagnados. Uma dessas hipóteses associa a aceitação e expansão da IURD ao momento de entrada de Portugal na União Europeia. Esse fato teria desencadeado mudanças bruscas nos padrões da sociedade, pois tanto criou oportunidades para quem soube aproveitá-las quanto angústias para os deslocados na nova ordem social, ou cujo estilo de vida foi ameaçado. Abriu-se, então, uma brecha para a "Teologia da Prosperidade" que a IURD propaga.[10]

A liderança da IURD em Portugal está nas mãos dos brasileiros, mas registra-se uma crescente participação de portugueses. Entretanto, como era de se esperar, o crescente destaque da IURD provocou reações proporcionais. Desde as mais curiosas, como uma crítica feita pelo importante jornal português *Público*, em 2 de agosto de 1995, de que a Igreja Universal "fala a mesma língua das telenovelas", todos "clamam ao Senhor *em brasileiro*", até outras bem mais sérias. De fato, reações fortes perante a expansão da Universal espocaram com mais intensidade quando essa Igreja passou a investir na aquisição de rádios e na compra de espaços na televisão, entrando inclusive na SIC e no canal de satélite Eutelsat, com vistas a atingir as comunidades portuguesas na Europa. A partir dessa investida da IURD, setores da sociedade portuguesa, incluindo a Igreja Católica, se organizaram em um movimento que, ao final, conseguiu a proibição do uso da televisão pela Igreja Universal no ano de 1995. A propósito dos vinte anos da IURD em Portugal, comemorados em 2009, o relações-públicas dessa Igreja, José Branco, apontou uma série de dados sobre a instituição, que conta com dez Centros de culto no país e o afluxo de milhares de fiéis. Ao ser perguntado sobre quantas estações de rádio e televisão a Igreja teria adquirido em Portugal, afirmou: "A Igreja Universal é accionista de uma sociedade, que ela sim é detentora do capital social de três rádios locais, que transmitem uma programação de carácter generalista e de serviço público".[11] Assim, se o movimento de 1995 saiu vitorioso oficialmente, a IURD consegue, por outros meios, influenciar os meios de comunicação em Portugal (por exemplo, Lisboa é a sede da TV Record Internacional, que, no Brasil, é controlada pela IURD). Emblemática foi a revolta de setores da população portuguesa contra a tentativa de a Igreja Universal comprar o Coliseu do Porto, a maior casa de espetáculos de Portugal e uma das mais tradicionais daquela cidade. Diante da "ameaça" de aquisição, boa parte dos portuenses se uniram contra a IURD.

Tudo começou em 1995, quando a Empresa Artística S.A., proprietária do Coliseu, apresentou na Câmara Municipal do Porto um requerimento solicitando que esta se certificasse de "que não haveria impedimento em alargar a utilização do dito prédio para conferências, festas, palestras, sermões, cultos religiosos e atividades de ação social". Foi o início da polêmica fartamente divulgada pelos jornais e ainda recordada após mais de dez anos do movimento.

Quando dada a notícia da possibilidade de o Coliseu passar para as mãos da IURD, portuenses bloquearam a Passos Manuel, importante rua do centro da cidade. Ao coro de populares, que gritavam "o Coliseu é nosso", juntaram-se as vozes de intelectuais, artistas e políticos. O conhecido cantor português Pedro Abrunhosa esteve presente no protesto e, mais tarde, lembrou sua reação: "Quando soube que o Coliseu estava vendido, desloquei-me para lá, levei umas algemas no bolso e disse que não sairia dali enquanto a venda não fosse anulada". A ação simbólica de Abrunhosa foi seguida por muitas outras pessoas, que também levaram cordas e algemas para o local naquele memorável 4 de agosto.

Diante da comoção, o então presidente da Câmara do Porto resolveu intervir. "Uma sala como o Coliseu não podia, de modo algum, ser dispensada", declarou. Vários esforços foram feitos para impedir definitivamente a venda e recuperar aquele espaço cultural, entre eles o espetáculo "Todos pelo Coliseu", estrelado em setembro do mesmo ano, quando também se firmou um contrato entre a Câmara, a Aliança/ UAP (uma importante companhia de seguros[12]), a Secretaria de Estado da Cultura e a Junta Metropolitana do Porto, com o objetivo de constituir uma associação destinada a gerir o Coliseu e manter suas tradicionais atribuições artísticas. Assim nasceu a Associação dos Amigos do Coliseu do Porto (AACP), que comemorou dez anos em 2005. Nesse mesmo ano, os portuenses recordaram "a batalha com a Igreja Universal do Reino de Deus", nas palavras do título de uma matéria sobre o episódio que revela um dos ângulos relativos aos protestos de segmentos da sociedade portuguesa contra o enraizamento da IURD em Portugal.

Para incrementar as reflexões sobre as mudanças que ocorreram nas relações entre portugueses e brasileiros nas últimas décadas, vale destacar um artigo veiculado em 25 de novembro de 2004,[13] que junta vários temas tratados aqui. Transcrevo a opinião do jornalista e crítico português Anastácio Neto mantendo a grafia original.

> Com uma programação cada vez mais afastada das grandes digressões mundiais do planeta rock/pop [...] e cada vez mais próxima das festas paroquiais e dos aniversários "pimba" desta ou daquela rádio para taxista e dona de casa ouvir, o Coliseu do Porto sobrevive entre bailados russos de qualidade duvidosa e o pior da música brasileira. Só neste mês de Novembro, o público do norte teve mesmo de apanhar com três artistas menores vindos do outro lado do Atlântico, entre uma Ivete Sangalo e um Alexandre Pires, sobrou uma Maria Rita sobrevalorizada, exausta e sem nada de novo para apresentar. Volvida quase uma década sobre a conquista de uma das mais emblemáticas salas de espectáculos do Porto à IURD, fica a ideia de que o resultado actual arrisca-se a não compensar o esforço do passado recente. [...] A experiência de quase duas horas a ouvir Alexandre Pires revelou-se tão dolorosa quanto agónica, a roçar um terrorismo cultural situado algures entre a telenovela brejeira "made in Brasil" e a festa popular no bairro da Tijuca ou do Aleixo, na melhor das hipóteses. Com um Coliseu transformado numa espécie de convenção de casas de alterne e encontro distrital de gunas brasileiras, foi aos perfumes da feira de Custoias e aos sotaques do nordeste brasileiro que a invicta casa de espectáculos ficou entregue na noite de quarta-feira. O palco transformado numa discoteca de subúrbio apresentava lençóis pretos e brancos em "background" a combinar numa sintonia desconcertante de mau gosto com a camisa branca colada ao tronco musculado e as calças de couro negras do artista de Minas Gerais. Depois de perto de duas horas de terapia de choque, durante as quais o ex-vocalista dos Só Para Contrariar encantou uma multidão de compatriotas com refrões reveladores de uma inteligência e amplitude gramatical tão singular como "amo você, meu amor" ou numa dedicatória a Roberto Carlos "amei errado, pisei na bola", o artista acabou, finalmente, o espectáculo abençoando a "galera" em nome de N.S. Aparecida e N.S. de Fátima, pedindo aos fãs – e aqui vem a grande novidade da noite, que revela, desde logo, a elevada consideração intelectual que o cantor tem pelos seus seguidores – para não se esquecerem de que "o Natal é o nascimento de Jesus". Para quê impedir a IURD de transformar o Coliseu num

"McDonald's" da fé, quando do outro lado do Atlântico nos chegam pastores vestidos com pele de intérpretes de música popular brasileira. Que regresse ao Porto, mesmo a cantar em inglês, Caetano Veloso, que infelizmente este ano ficou-se por Lisboa, ou na pior das hipóteses, uma cada vez mais infantil e comercial Adriana Calcanhoto. Enquanto, do outro lado do Atlântico não aterrar qualquer novidade, eu insisto em ouvir "Elis & Tom", por teimosia e paixão. [...].

Esse é um exemplo interessante dos sentimentos contraditórios que marcam as relações entre portugueses e brasileiros. Há uma lembrança boa de um passado (no caso, musical), que hoje se vê impactada pela recente carga negativa que passa a afetar o Brasil, a cultura brasileira e os brasileiros de uma maneira geral.

É uma pena, mas nem tudo está perdido, a considerar as opiniões dos jovens moradores de Lisboa que estão na faixa entre 16 e 24 anos. Para a maioria desse grupo não há preconceito de portugueses em relação a brasileiros (78%). Esse percentual diminui bastante nas faixas etárias dos entrevistados com mais de 40 anos. Em que pese a restrição do universo analisado, limitado apenas a lisboetas, fica claro que o grupo mais resistente aos brasileiros é aquele que conviveu mais de perto com a "invasão" que ocorreu ao longo das décadas de 1980 e 1990.

E AÍ, VOCÊ CONHECE AQUELA DO BRASILEIRO?

Se as piadas sobre os portugueses fazem parte da nossa cultura – afinal, todo mundo já contou ou ouviu alguma delas –, os portugueses, hoje, também possuem um arsenal de piadas sobre nós. É cada vez mais comum nas conversas e rodas de amigos saírem anedotas sobre os "brasucas". A internet também está cheia delas.

Como a maioria das piadas, seja quem for o alvo, baseia-se em estereótipos, com as de brasileiro não é diferente. Entre as mais ingênuas e as de profundo mau gosto, percebe-se temas recorrentes, e preconceitos idem. As piadas também revelam uma percepção das diferenças de hábitos e do estranhamento entre portugueses e brasileiros temperado pela reação negativa à enorme afluência dos últimos em direção a Portugal. Por vezes, elas mostram como os portugueses se sentem incomodados com certas atitudes e comportamentos de alguns brasileiros, que transformaram em rótulos atribuídos a todos nós e concluem: os brasileiros são pretensiosos; sua inerente descontração é um disfarce para a falta de seriedade e o desrespeito às normas estabelecidas. Em outras anedotas, os brasileiros são pura e simplesmente desqualificados como ignorantes, mal-educados, levianos, num contraponto que faz dos portugueses um povo inteligente, culto, responsável.

Sabem por que o brasileiro abre o pacote de leite longa vida no supermercado? Porque no pacote diz "ABRA AQUI".

Dois brasileiros a observar o Coliseu de Roma:
– Lindo, não?
– Oh, se é! Imagine só quando estiver acabado!!

Sabem qual é o melhor negócio do mundo? Comprar um brasileiro por aquilo que ele vale e vendê-lo por aquilo que ele diz que vale.

Chega um brasileiro a Lisboa e diz para um homem na rua:
– Oi, meu chapa, qual é o ônibus que eu pego pra parada de trens?
– Nós em Portugal não dizemos ônibus, dizemos autocarro...
– Tá bom, meu irmão, qual é o autocarro que eu pego pra parada de trens?
– Nós em Portugal não dizemos parada de trem, dizemos estação de comboios...
– Ah é, meu chapa? E como é que vocês fazem em Portugal para ter tantos estúpidos por cá?
– Vêm na Varig...

O que é que um bombeiro brasileiro diz para uma vítima numa casa a arder? Não esquenta, meu irmão. Fica frio!

O comportamento expansivo dos brasileiros, algo apreciado e estimulado em nosso país, causa desconforto para muitos portugueses, isso é um fato. A formalidade e o respeito às hierarquias são valores muito fortes na cultura portuguesa. A descontração ou, mais, a subversão às regras de convívio social (como furar fila, falar alto, tratar por "você", por exemplo) podem realmente incomodar e até mesmo ofender alguns portugueses.

O improviso, a espontaneidade, a irreverência – posturas e atitudes atribuídas ao "modo de ser dos brasileiros" – podem ser tolerados e até aceitos sob certas circunstâncias, como a estadia temporária de algum parente ou conhecido, ou no contato com o turista brasileiro que passa alguns dias em Portugal, e mesmo na situação inversa, a do turista português que passa uns dias no Brasil e se encanta com a pitoresca expansividade dos brasileiros, pois, afinal, tudo faz parte do "pacote turístico".

Coisa muito diferente é ter que conviver no dia a dia com situações que – do ponto de vista dos portugueses que se dão ao trabalho de tentar explicar seu desapreço pelos brasileiros – escancaram a diferença entre as duas culturas. Vejamos o lado deles: eu recebo você em minha casa, mas você não se comporta de acordo com as normas de convivência vigentes, subverte uma ordem e uma hierarquia que são a base de certo modo de viver. Nos primeiros dias é possível entender e até se divertir com as diferenças, mas depois de um tempo, reina o constrangimento e o nível de tolerância vai diminuindo.

Concordando ou não com tais argumentos, é fácil constatar que as pressões resultantes, não só da convivência constante, mas da concorrência (por espaço, por emprego, por sucesso, por fazer prevalecer um ponto de vista), mudaram a relação cordial, e até mesmo de admiração, que um dia existiu por parte dos portugueses com relação aos brasileiros. A cordialidade cedeu lugar ao incômodo, à desqualificação e pode, finalmente, chegar à intolerância. As animosidades para com os imigrantes brasileiros em Portugal estão bem longe das manifestações de violência xenófoba existentes em outros países da Europa. Por lá, não ultrapassam muito o nível das críticas e das piadas depreciativas. Pelo menos até agora.

A LÍNGUA E O (DES)ACORDO ORTOGRÁFICO

A língua portuguesa e o Novo Acordo Ortográfico são outros dos temas que têm contribuído para ressaltar aproximações bem como diferenças entre portugueses e brasileiros.

"Melhores falam português" era manchete de um jornal que anunciava a eleição dos melhores jogadores de futebol do mundo na temporada de 2008: Cristiano Ronaldo, atleta português natural do Funchal, e Marta, brasileira de Alagoas.

É inegável que a língua portuguesa nos une, e não somente na cerimônia de gala que premiou os dois profissionais do esporte mais popular nos dois países. Ela conecta portugueses e brasileiros há mais de quinhentos anos.

Além disso, desde o momento em que os portugueses se lançaram à ocupação e à colonização pelos quatro cantos do planeta, nos idos distantes dos séculos XV e XVI, a língua portuguesa passou a ocupar um lugar importante no cenário mundial. Atualmente, o português é a oitava língua do mundo em número de falantes e está na quinta posição no quesito "difusão internacional".

A língua portuguesa tem sido reverenciada em verso e prosa há séculos, do lado de cá e do lado de lá do oceano, desde os tempos de Camões, seu maior poeta. No Brasil, Olavo Bilac (1865-1918) produziu alguns dos versos mais conhecidos sobre o assunto, até por conta das obrigatórias aulas de Português nas escolas.

> Última flor do Lácio, inculta e bela
> És, a um tempo, esplendor e sepultura:
> Ouro nativo, que na ganga impura
> A bruta mina entre os cascalhos vela…
> Em que da voz materna ouvi: "meu filho!",
> E em que Camões chorou, no exílio amargo,
> O gênio sem ventura e o amor sem brilho!

Caetano Veloso, a seu modo, também prestou homenagem à língua, a Camões e a outros grandes nomes das Letras luso-brasileiras.

A língua portuguesa tem sido reverenciada desde o tempo de Camões, considerado uma das mais importantes figuras da literatura em português. Sua obra mais famosa é a epopeia Os *lusíadas*, que narra, entre outras coisas, a aventura de Vasco da Gama e de outros navegadores portugueses na abertura do caminho marítimo para as Índias.

Gosto de sentir a minha língua roçar
A língua de Luís de Camões
Gosto de ser e de estar
E quero me dedicar
A criar confusões de prosódias
E uma profusão de paródias
Que encurtem dores
E furtem cores como camaleões
Gosto do Pessoa na pessoa
Da rosa no Rosa
E sei que a poesia está para a prosa

Assim como o amor está para a amizade
E quem há de negar que esta lhe é superior
E deixa os portugais morrerem à míngua
"Minha pátria é minha língua"
Fala mangueira!
Fala!
Flor do Lácio Sambódromo
Lusamérica latim em pó

Os dois poemas, escritos em diferentes contextos e temporalidades, se postos lado a lado, mostram o caráter dinâmico da língua. Ela é viva, cheia de nuances, resultado das variadas influências.

Um ponto de tensão entre brasileiros e portugueses é que a língua falada por eles se distanciou com o tempo. Em Portugal, a crítica ácida ao chamado português brasileiro se corporifica também através das piadas:

Por que só agora é que os brasileiros estão a entrar em Portugal? É que precisaram de 500 anos para aprender português.

O linguista Rodolfo Ilari, autor do livro *O português da gente* – sobre o "português brasileiro" ou "a nossa língua portuguesa", como é chamada a língua no Brasil em contraposição à "deles", em Portugal –, atrai a atenção para o fato de que formações históricas diferentes sofrem influências linguísticas diferentes e que elas podem acarretar mudanças mais ou menos profundas ou até mesmo um completo afastamento. Uma distinção bastante clara entre o português do Brasil e o de lá é a abertura à incorporação de vocábulos estrangeiros. O português brasileiro tem acolhido nas últimas décadas um enorme número de palavras estrangeiras, de uma infinidade de línguas, principalmente do inglês. Em Portugal, a incorporação de estrangeirismos é mais contida. Mas as distinções não param por aí. Entre tantas outras estão as grandes diferenças de entonação e pronúncia que podem chegar a dificultar até a compreensão oral, de lado a lado.

Certa vez, quando o famoso filólogo português Fidelino de Figueiredo esteve no Brasil, foi interrompido no meio de sua palestra por um universitário que lhe pediu para falar mais devagar, argumentando ser muito difícil entendê-lo com todo aquele "sotaque". A resposta do professor foi disparada à queima-roupa: "Alto lá! A língua é nossa. O sotaque é de vocês!".

De algum modo, esse *causo*, como diria o caipira do interior de São Paulo, mostra bem a ideia que muitos portugueses têm da língua portuguesa: que ela é propriedade dos lusos. Isso também provoca controvérsias. O contra-argumento brasileiro para a defesa da flexibilidade e da aceitação da nossa língua baseia-se no fato de que a língua portuguesa está em transformação no território brasileiro há séculos. A língua adotada no Brasil em substituição ao *nhengatu* (ou língua geral tupi, usada cotidianamente em grande parte do território sob domínio luso na América até o último quartel do século XVIII) nos dá plenos direitos de mudar o que quisermos, porque, afinal, o português brasileiro é falado por quase 190 milhões de pessoas, ao passo que os portugueses mal ultrapassam os 10 milhões.

Está claro que as discussões sobre a língua não são algo inócuo, estéril ou simplesmente restrito a meia dúzia de acadêmicos e especialistas sem assunto mais interessante para tratar. Elas afetam a todos os falantes e leitores, despertam polêmicas e, por vezes, furiosas reações. Para melhor argumentar é preciso conhecer bem o rico universo da língua portuguesa e o processo histórico de sua evolução. Um bom começo pode ser uma visita ao Museu da Língua Portuguesa, aberto ao público em março de 2006, na cidade de São Paulo, uma experiência pioneira ligada à valorização desse bem imaterial, patrimônio cultural de alta relevância.

Em 1º de janeiro de 2009, entrou em vigor o Novo Acordo da Língua Portuguesa. Foi uma decisão que envolveu oito países onde o português é língua oficial – Angola, Brasil, Cabo Verde, Guiné-Bissau, Moçambique, Portugal, São Tomé e Príncipe, Timor-Leste – no sentido de uniformizar o registro escrito. O acordo foi assinado em 1990, contudo, sua implementação foi adiada inúmeras vezes, desde 1994, e houve gente apostando até o final que ele não iria pegar. No período de sua elaboração e ao longo de todo esse tempo, as discussões entre favoráveis e contrários à nova padronização uniformizada foram intensas e não se restringiram a uma divisão simplista entre portugueses e brasileiros.

Um dos argumentos mais usados pelos adeptos da ideia foi o de que a nova regra facilitaria "o processo de intercâmbio cultural e científico entre os países" e garantiria "a divulgação mais ampla do idioma". Na mesma linha de raciocínio, estava a defesa do acordo, manifestada pelo Ministério da Educação brasileiro, que sublinhava que a divergência da ortografia do português prejudicava sua divulgação em eventos internacionais. Para tentar fazer emplacar o acordo, justificava ainda que as mudanças necessárias em livros escolares e arquivos de editoras seriam compensadas pela atenuação do custo de produção de diferentes versões de dicionários e livros. Portanto, as implicações de ordem econômica teriam peso considerável. Ainda é muito cedo para avaliarmos as consequências e o cumprimento das previsões.

Boa parte da responsabilidade pela demora na entrada em vigor do acordo coube aos portugueses, pois lá o impacto das mudanças seria grande, ainda maior que aqui, por exemplo, com o desaparecimento das letras "c" e "p" naquelas palavras em que não são pronunciadas (acção, baptismo). A palavra "húmido" passaria a ter a grafia "úmido". É difícil mudar hábitos arraigados.

Os especialistas contrários às disposições apresentaram vários outros argumentos. Para eles, a reforma traria benefícios muito pequenos em comparação às dificuldades que representaria (até econômicas, como o custo de modificar todos os livros em circulação no mercado editorial). Alguns chegaram a apontar problemas e equívocos até na base "científica" na qual o acordo pretendia se apoiar. Apesar de seguir regras de uso, tiradas de uma tradição, a ortografia, assim como a linguagem em geral, sofre transformações no tempo e no espaço, continuamente. Perguntavam então: precisamos ter apenas um modelo? A proposta deles – vencida ao final – seria não mexer na ortografia, não fazer mais leis, deixar a tradição – recomendada pelos dicionários, gramáticas e vocabulários ortográficos –, fazer a sua própria história. Para esse grupo, nenhuma das mudanças sugeridas era de fato necessária.

No auge da polêmica, o historiador brasileiro Jaime Pinsky argumentou:

> [...] ao contrário de atuns, línguas não se congelam. Nem por leis, nem por acordos ortográficos desejados por supostos sábios (distantes do mundo real) e muito menos por políticos mal informados. Línguas, padrões estéticos e até valores morais têm historicidade. Pensar no português do Brasil como uma extensão do de Portugal e insistir em acordos ortográficos [...] é um contrassenso. Um anacronismo.[14]

O sociólogo português Boaventura de Sousa Santos escreveu: "Libertem a língua!". Em sua opinião, a língua portuguesa deveria "ser deixada em paz", entregue à diversidade que permite que nos entendamos todos em português, independentemente das regras ortográficas que estejam em vigor.[15]

A ideia de simplificar – argumentavam especialistas contrários ao acordo – seria uma ilusão, pois a abolição de alguns sinais não tem, em si, o poder de incrementar as comunicações e o intercâmbio cultural. Além disso, há mesmo línguas, como o inglês, que não têm sinais diacríticos, o que não parece criar muitos problemas aos seus usuários.

Uma outra razão ainda moveu vários acadêmicos e escritores portugueses contrários à reforma: eles alegavam que ela representava um gesto brasileiro contra a tradição da língua. Nesse caso, o debate foi muito além de questões técnicas de ortografia, algumas vezes beirando ao chauvinismo ao evocar os fantasmas do chamado "colonialismo inverso". Em outras palavras, muitos portugueses, que posavam de donos da língua, procuram difundir a ideia de que a adesão ao acordo seria como uma capitulação diante do Brasil, a ex-colônia que agora passaria a dar as cartas no âmbito cultural.

Literatos também reclamaram por se considerar os mais atingidos, uma vez que a ortografia também tem valor estilístico, como ocorre com a obra de José Saramago, por exemplo.

Como é sabido, o Novo Acordo Ortográfico venceu. Pelo menos no papel. Agora, é correr para fazer as devidas adaptações, pois se for mantido o ritmo da Reforma Ortográfica de 1919 teremos que esperar quase meio século para que as mudanças sejam plenamente incorporadas. Será?

José Saramago, vencedor do prêmio Nobel da Literatura em 1998, publicou seu primeiro romance, *Terra do pecado*, em 1947. Foi como romancista que ganhou notoriedade em todo o mundo, embora a poesia e a crônica também tenham feito parte de sua carreira como escritor. Em suas obras, mesmo a ortografia tem valor estilístico.

Notas

[1] Na cidade do Porto, no início dos anos 2000, a maioria dos brasileiros que solicitaram o estatuto de residente nos Serviços de Estrangeiros e Fronteiras era composta por analfabetos (16%) ou pessoas que possuíam apenas o ensino básico ou secundário (56%).

[2] Camilo Castelo Branco, *Novelas do Minho*, 2. ed., Sintra, Publicações Europa-América, 1991, v. II., p. 178.

[3] Na zona norte, o centro irradiador era o distrito do Porto (15%), cujo raio de atração expandia-se em direção a Aveiro e Viseu (10% a 15%); ainda no interior desta zona, teríamos Braga, Vila Real, Bragança, Guarda e Coimbra (5% a 10%) e, fechando a zona, Viana do Castelo (1% a 5%). A zona central incluiria Lisboa, Leiria, Santarém, Castelo Branco (1% a 5%). No mesmo nível estaria o Algarve. O Alentejo constituía a zona de menor índice de expulsão, com uma participação praticamente desprezível (menos de 1%).

[4] No site do Ministério das Relações Exteriores do Brasil encontramos uma lista dos atos em vigor assinados pelos dois países, que remontam ao século XIX e incluem acordos firmados até 2008. Disponível em: <http://www2.mre.gov.br/dai/biport.htm>; acesso em: mar. 2010.

[5] As leis de imigração em Portugal, a partir dos anos 1980, procuraram uma aproximação maior com a legislação dos países da então Comunidade Econômica Europeia (cee, que precedeu a União Europeia). Houve uma "discriminação positiva" dada aos imigrantes dos PALOPs e aos brasileiros. Em 1998, pelo Decreto-Lei n. 244/98 de 8 de agosto, os imigrantes oriundos dos PALOPs e os brasileiros teriam autorização de residência permanente após seis anos de permanência legal em Portugal, enquanto os demais imigrantes apenas poderiam obter essa autorização após dez anos. Em 2001, o Decreto-Lei n. 4/2001, de 10 de janeiro, introduziu mudanças importantes, como a nova figura legal de "autorização de permanência – ap" que é completamente diferente da "autorização de residência – ar". Contudo, o mais significativo foi o fato de que, em um primeiro momento, os trabalhadores ilegais poderiam tentar a autorização de permanência se tivessem contrato de trabalho. Essa foi uma estratégia do governo português para legalizar os imigrantes ilegais que já estavam em Portugal, numa espécie de anistia, repercutindo num elevado número de autorizações concedidas naquele ano de 2001. Para mais detalhes, veja-se Machado, *Cárcere Público: processos de exotização entre imigrantes brasileiros no Porto, Portugal*. Tese (Doutorado) – Campinas, ifch/Unicamp, 2003, p. 20-3. Também é interessante o acesso à íntegra do Decreto-Lei n. 4/2001 disponível na internet.

[6] Ambas integram a rtp. Entretanto, a RTP1, conhecida como "primeiro canal", é a mais voltada a uma programação de entretenimento e a RTP2, conhecida como "segundo canal", está mais voltada para uma programação cultural, com filmes de arte, documentários.

[7] Pinto Balsemão tem seu nome vinculado ao semanário *Expresso*, fundado por ele em 1973, e que continua a ser uma referência em termos de mídia impressa portuguesa.

[8] Essa entidade foi fundada no Congresso das Santas Casas, no contexto das transformações sociais que seguiram em 25 de abril de 1974. As Santas Casas de Misericórdia representam um importantíssimo patrimônio cultural e assistencial para os portugueses. Foram criadas pela rainha Isabel no final do século xv e, desde essa época, desempenharam um papel relevante, não só em Portugal, como em todas as áreas do império colonial. Ainda hoje, constituem uma das instituições de caridade e filantropia mais atuantes no país.

[9] Disponível em: <http://www1.folha.uol.com.br/fol/brasil500/500_9.htm>; acesso em: dez. 2009. Na ocasião da comemoração dos 500 anos do Brasil, o jornal *Folha de S. Paulo* publicou uma série de reportagens e mais de duas dezenas de pequenos artigos que ilustram o que pensam os brasileiros dos portugueses e vice-versa. Entre elas, uma do enviado especial de Lisboa, Marcos Augusto Gonçalves, que definia que a música e o futebol moldavam a imagem dos brasileiros em Portugal. Além disso, as imagens de que "o Brasil é alegre", "bonito por natureza" e também "meio preguiçoso" foram as que mais saíram da boca dos lisboetas entrevistados. Um jovem estudante de 17 anos, ao ser perguntado sobre *a primeira imagem a que o Brasil estava associado*, afirmou: "penso logo no futebol e nas praias e também nas mulheres de fio dental", acrescentando que nunca havia visitado o Brasil, "mas via tudo na televisão" (disponível em: <http://www1.folha.uol.com.br/fol/brasil500/500_5.htm>; acesso em: dez. 2009).

[10] A Teologia da Prosperidade ou Confissão Positiva teve sua origem nos Estados Unidos, nos anos 1940, sendo reconhecida como doutrina na década de 1970, quando foi difundida nos meios evangélicos. Tinha forte cunho de autoajuda. Por meio dela o cristão passa a entender que tem direito a tudo de bom e melhor que a vida pode oferecer, como saúde perfeita, riqueza material, poder de subjugar Satanás, felicidade. Em contrapartida, dele é esperado que não duvide do recebimento da "bênção", o que acarretaria em sua perda e no "triunfo do Diabo". A relação entre o fiel e Deus ocorre pela reciprocidade: o fiel paga o dízimo e faz ofertas à Igreja e Deus "cumpre suas promessas de prosperidade". Tal pensamento passa a ser divulgado pelo bispo Edir Macedo, fundador e líder principal da iurd, a partir dos anos de 1980. Nessa linha, os pastores afirmam que só não é abastado quem não quer: as bênçãos estão ao alcance de todos mediante a fé e só não "alcança a graça" quem não está disposto a se sacrificar "para a obra de Deus" (o que permite explicar por que nem todos os fiéis são abençoados com a prosperidade). Veja: Souza e Magalhães, Os pentecostais: entre a fé e a política, *Revista Brasileira de História*, São Paulo, v. 22, n. 43, 2002, pp. 85-105.

[11] Entrevista completa disponível em: <http://aeiou.visao.pt/exclusivo-iurd-responde=f525642>; acesso em: mar. 2010.

[12] Atualmente sob a denominação de axa Seguros Portugal.

[13] Disponível em: <http://oviciodaarte.blogspot.com/2004/11/coliseu-do-porto-oferece-o-pior-da.html>; acesso em: 15 ago. 2008.

[14] "O português da gente", artigo publicado no *Correio Braziliense* em 10 fev. 2008.

[15] "Libertem a língua", artigo publicado na *Folha de S. Paulo* em 4 maio 2008.

VIVER EM UM PAÍS DE CONTRASTES

É repetido à exaustão que "Portugal é 'mediterrâneo' por natureza e 'atlântico' por sua posição geográfica". Outros preferem dizer que o "Norte é atlântico e o Sul é mediterrâneo". Essas definições são mais frases de efeito que caracterizações claras. Na verdade, servem apenas para lembrar que, embora sem determinismos, a localização territorial é algo relevante no que diz respeito aos portugueses.

Portugal é um país de pequenas dimensões físicas, aproximadamente 89.000 km^2, no continente europeu, ocupando 15% da península ibérica. Se a esse espaço juntarmos a porção que compreende as ilhas atlânticas, o Portugal Insular, o território terá pouco mais de 92.000 km^2. Apesar do pequeno porte, o país se define por profundos contrastes internos; tem por base fatores geográficos desdobrados em aspectos sociais e econômicos. A diferença mais evidente é entre Norte e Sul, regiões que chegam até a conformar culturas substancialmente distintas. Portanto, para entendermos "como é o português", devemos logo perguntar: "do Norte ou do Sul?".

"MEDITERRÂNEO", "ATLÂNTICO" E MUITO MAIS

O território português comporta uma vasta fachada oceânica que lhe permite ser comparado a um continente em miniatura, alongado no sentido norte-sul.

O clima, por conta dessa peculiaridade, apresenta variações importantes: no inverno, massas de ar sereno, quente e seco se alternam com ventos continentais fortes e frios; no verão, brisas mornas, atlânticas, que mantêm sempre elevada umidade do ar na faixa litorânea.

Os rios que cruzam o território português ajudam a definir fronteiras nacionais e regionais. Em termos genéricos, a divisão Norte/Sul é definida a partir do rio Mondego, de acordo com o geógrafo Orlando Ribeiro. Além disso, ao norte do território português, o curso final do rio Minho marca a fronteira com o noroeste da Espanha

54 | Os portugueses

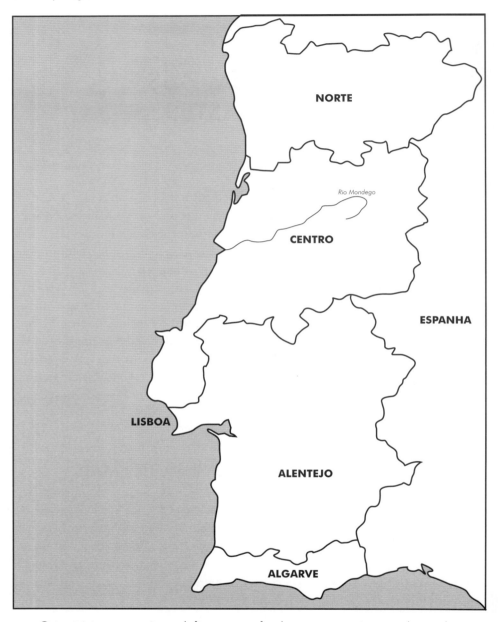

O território português se define por profundos contrastes internos baseados em fatores geográficos que se desdobram em distinções econômicas e sociais. A diferença mais evidente é a que separa Norte e Sul do país, regiões delimitadas pelo rio Mondego.

A precariedade na comunicação e no transporte dentro do país é uma das principais características do passado português. Os almocreves (do árabe *almukari*) eram indivíduos que tinham por ofício conduzir, pelas vias que interligavam vilas e aldeias de Portugal, bestas carregadas de mercadorias quando estas não podiam ser transportadas por carroças como as desta imagem, de meados do século xx.

(Galiza). A leste, o Douro, o Tejo e o Guadiana dão os contornos limítrofes com as áreas espanholas formadas por Leão e pela Extremadura.[1] O Douro e o Tejo também definem limites regionais internos: ao norte do Douro, encontramos a região do Minho e Trás-os-Montes; entre o Douro e o Tejo, Beira e Estremadura; ao sul do Tejo, a região do Alentejo e o Algarve.

O relevo recorta e define Portugal em duas partes distintas: a porção setentrional é caracterizada por terras altas e montanhosas, cortadas por vales, enquanto o sul do país é marcado por terras baixas.

A região Norte recebe chuvas abundantes (sobretudo no inverno), é verdejante e mais densamente povoada que a Sul, com a população assentada de maneira mais ou menos uniforme por todo o espaço, embora a oeste tenhamos as áreas mais fortemente ocupadas que a leste. Isso se dá porque, no Norte, o litoral apresenta matas e prados verdes, terras baixas, úmidas e frescas, submetidas à ação constante dos ventos oceânicos, em oposição às terras de planaltos e de montanhas do interior, onde é um pouco mais árido, o solo é pior e a cobertura vegetal lembra a do extremo sul do país. Entretanto, em termos gerais, no Norte, as chuvas e a facilidade de irrigação permitem uma produção agrícola muito mais diversificada que no Sul.

O território sulista, por sua vez, é castigado por longos períodos de estiagem e abriga uma população mais escassa e concentrada em pequenas povoações rurais. Com exceção à Estremadura e o Algarve, o Sul caracteriza-se por um sistema de exploração agrícola em que, diferentemente do Norte, as terras estão nas mãos de um pequeno número de proprietários e a monocultura (cereais e olivas) predomina.

Pelo menos até meados do século XIX, as dificuldades de comunicação dentro do país fizeram parte do cotidiano dos portugueses. Tais dificuldades salientaram as especificidades regionais. Para se ter uma ideia, as comunicações regulares entre as duas maiores cidades portuguesas, Lisboa e Porto, ocorriam especialmente por via marítima, pois a opção pela terrestre requeria vários dias de viagem. Somente em 1864 essas duas cidades passaram a ser ligadas por *comboio* (trem, em português de lá). Uma conexão com o restante da Europa por trem só foi estabelecida em 1876, via Salamanca.

CAMPO E CIDADE

Pelo menos até os anos 1960, havia um grande contraste entre viver na zona rural e viver na zona urbana portuguesa. Entretanto, por conta da progressiva expansão dos centros urbanos, decorrente da migração das populações rurais para as cidades, do alargamento das metrópoles e da invasão de áreas verdes pela ocupação desordenada, a dicotomia entre campo e cidade começou a esmaecer.

Contudo, a disparidade na ocupação do país ainda se mantém; as regiões tradicionalmente muito povoadas no passado permaneceram atraindo população. Por sua vez, as áreas que perderam a capacidade de atrair e fixar gente entraram num ciclo vicioso difícil de quebrar, já que o êxodo acelerado dificultou sobremaneira o desenvolvimento de atividades que possibilitem a manutenção dos habitantes nas suas áreas de origem.

Ao longo do século XX, o desenvolvimento industrial, portuário e comercial estimulou a população das áreas rurais a se deslocar para as cidades. Nesse período, Lisboa e sua periferia registraram a maior expansão no país seguida pela cidade do Porto. Isso fez com que tais centros urbanos passassem a contar com uma reserva importante de mão de obra. Assim, em torno de Lisboa, por exemplo, puderam se

Até pelo menos os anos 1960, havia em Portugal uma grande diferença entre o cotidiano no campo e a vida urbana. A imagem aqui retrata uma das inúmeras atividades que complementavam o trabalho na agricultura camponesa no Portugal tradicional: a escolha do vime, material robusto, flexível e de baixo custo proveniente da vimieira, utilizado para a produção de artigos de cestaria.

desenvolver industrialmente as localidades de Amadora, Moscavide, Algés, Cascais, Odivelas, Cacem, Sacavém entre outras.

O deslocamento populacional mais importante em Portugal se deu das regiões fronteiriças em relação ao restante do território, sendo o litoral a área mais atraente para os portugueses pelo menos até o início da década de 1990. Assim, ao receber migrantes do interior, cresceram, além das já citadas Lisboa e Porto, as cidades de Aveiro, Braga, Coimbra, Faro, Leiria, Santarém e Setúbal, deixando para trás Beja, Bragança, Castelo Branco, Évora, Guarda, Portalegre, Vila Real e Viseu.[2]

No final da década de 1970, mais de três quartos dos portugueses viviam nas regiões litorâneas, sendo que o distrito de Lisboa concentrava um quinto da população portuguesa. No princípio da década de 1990, a concentração populacional aumentou ainda mais: 25% dos habitantes do país viviam na Grande Lisboa e na península de Setúbal; 12% da população estava na Grande Porto.

Assim como se acumulou na costa, a população portuguesa se dispersou, formando a mancha urbana que engrossa e se diversifica de norte a sul do país e é quase ininterrupta de Braga (no Norte) a Setúbal (no Sul), adentrando algumas dezenas de quilômetros em direção ao interior do território português.

A integração das cidades da fronteira luso-espanhola a partir da década de 2000 fez com que a área fronteiriça se tornasse um pouco mais interessante para viver, especialmente pela política da União Europeia de incentivar as "eurocidades", que têm como objetivo estimular as trocas econômicas e culturais entre as cidades ibéricas nas áreas de fronteira (tema abordado mais adiante, no capítulo "Ao lado de um vizinho poderoso"). Assim, começou a haver um movimento de gente em direção ao interior, mais especificamente para os limites com a Espanha, nas áreas que circundam cidades como Chaves (fronteira norte, região de Trás-os-Montes) e Elvas (fronteira sul, região do Alentejo), que tornou bem nítido um maior dinamismo de ambos os lados da fronteira.

A VIDA RURAL E A FAMÍLIA TRADICIONAL FICAM PARA TRÁS

A transformação mais importante ocorrida na vida dos portugueses a partir de meados do século XX até a primeira década do XXI foi deixar de viver num país marcado pelo cotidiano e pelas tradições rurais para adotar um tipo de vida em que nada, ou muito pouco, se parece com o que existia há vinte ou trinta anos. Nesse período relativamente curto de sua história, Portugal alterou a sua geografia, sua paisagem e sua arquitetura e converteu-se em um país essencialmente urbano.

Quanto maior é a corrida em direção aos centros urbanos, mais a zona rural se esvazia. Os discursos oficiais lamentam o fenômeno e as ações governamentais procuram, sem muito sucesso, reverter o quadro. A tendência não apresenta sinais de inversão. Atualmente, em Portugal, três quintos da população reside em espaços urbanos, quer se trate das duas áreas metropolitanas (Lisboa e Porto), quer se trate de centros ou freguesias situadas a menos de 5 km de uma localidade com mais de 10.000 habitantes.

Mesmo as populações das antigas aldeias já não vivem como antes, elas estão cada vez mais próximas do estilo de vida e dos níveis de consumo das pessoas que habitam os grandes centros.

Mesmo que ainda hoje as casas dos camponeses minhotos mantenham um conjunto de objetos que remetem à tradição das antigas aldeias rurais – como o "jugo do boi" (artefato que enfeita a parede ao fundo), os chapéus de palha, a imagem religiosa e os retratos dos familiares em lugar de destaque –, o estilo de vida e os hábitos de consumo das populações rurais estão cada vez mais próximos dos que pautam a vida dos habitantes dos grandes centros do país.

Se se confirmarem as previsões do relatório *Situação da População Mundial 2007* divulgado pela ONU, em 2030 cinco bilhões de pessoas no mundo estarão vivendo em cidades. No ritmo em que vai, Portugal afina-se com as tendências mundiais, embora esteja em segundo lugar como o país mais rural da União Europeia, ultrapassado apenas pela Eslovênia (dados de 2007). Em 2007, 59% da população em Portugal era urbana, contra os 55% do ano de 2003. Não é muito, se pensarmos que a média da Europa nesse mesmo ano ultrapassava os 72%, mas mostra uma tendência nítida de crescimento. Em 2008, já eram 60% os portugueses vivendo em áreas urbanas.

O ensino superior se desenvolveu muito a partir dos anos 1970, com a criação de novas universidades por todo o país. As cidades de Braga e Guimarães, por exemplo, se transformaram radicalmente nas últimas três décadas com a fundação da Universidade do Minho, em 1973, hoje uma das maiores do país, com cerca de 15.000 estudantes (depois de um crescimento acelerado de 15% ao ano em número de alunos).

Como sempre acontece, nem tudo o que acompanha as mudanças que levaram o país a se urbanizar e industrializar rapidamente representa um bônus. O ônus é visível especialmente em algumas cidades portuguesas como, por exemplo, Braga, Coimbra e Aveiro, com seu trânsito congestionado, elevado custo dos imóveis, centros históricos ameaçados de descaracterização e espaços que necessitam urgentemente de obras de remodelação urbana.

Os portugueses ficaram mais cosmopolitas também em termos de comportamento. Gostam muito de televisão, usufruem o acesso instantâneo às comunicações, são afetados pela publicidade, aderem aos apelos do turismo e adotam os estilos de vida comuns a outros habitantes das grandes cidades de outras partes do mundo. Desapareceram de circulação quase completamente as tradicionais senhoras vestidas de negro. Por outro lado, é difícil não encontrar pelas ruas um português com o seu *telemóvel* (telefone celular). Grifes internacionais, *grandes superfícies* (shopping centers) e cadeias de *fast-food* também são sucesso em Portugal. Mercadinhos, armazéns e lojas de bairro são coisas do passado, e os que existem mal sobrevivem, pois um dos passatempos favoritos dos portugueses nas cidades passou a ser ir ao shopping.

Nas tardes de domingo não se veem mais famílias – pai, mãe e *pimpolhos* – com suas melhores roupas, a passear pelas ruas. Os homens não caminham mais com o radinho de pilha junto ao ouvido para escutar a narração do jogo de futebol e comemorar os *golos* marcados por sua *equipa*. As mulheres já não saem às ruas com lenço na cabeça ou avental na cintura, como antigamente. As viúvas – de maridos mortos ou "perdidos pelo mundo de Deus" – não se vestem mais de negro exibindo sua condição. E é bem mais difícil encontrar nos dias de hoje uma senhora que venda castanha ou tremoço (dependendo da estação) na calçada ou na praça da cidade.

Os portugueses também acompanham as tendências mundiais que afetaram as famílias nas últimas décadas. Em Portugal é visível a diversidade de arranjos familiares existentes. O modelo de família de até poucas décadas – que incluía o casamento heterossexual indissolúvel, legitimado pelo Estado e pela religião, voltado para a procriação – convive hoje com altas taxas de divórcio, uniões consensuais (hetero e homossexuais) e casais com filhos ou casais sem filhos por opção.[3]

A diversidade não é exclusividade dos tempos atuais mesmo entre os portugueses, a diferença é que hoje ela é muito mais significativa e não sofre como no passado sanções institucionais do Estado e da Igreja.[4]

Um resquício do passado: vendedora ambulante de castanha assada. No inverno, o aroma das castanhas oferecidas por senhoras de avental que trabalham com utensílios rudimentares, mas eficientes, convida os transeuntes a saborear a iguaria.

VIVER EM FAMÍLIA, NO MINHO E NO ALENTEJO

Para entender melhor a questão da família portuguesa, no que tem peculiar e no que tem de comum com tantas outras, precisamos voltar no tempo. Historicamente, quando se trata do assunto, é usual sublinhar as diferenças entre dois grandes tipos de sistemas familiares predominantes, identificados respectivamente com a região do Minho (no noroeste do país) e a do Alentejo (no sul).

O Minho, pelo menos desde o século XVI, era a região de maior densidade demográfica de Portugal (ocupando apenas 8% do território português, abrigava quase um quinto da população do país). Nessa região tipicamente montanhosa predominavam os minifúndios, o tamanho médio da propriedade girava em torno de 2 hectares ou menos (mais de 56% das explorações agrícolas no noroeste português não ultrapassavam 1 hectare, de acordo com o Recenseamento Agrícola de 1979, realizado pelo INE – Instituto Nacional de Estatística). A produção agrícola tinha por base o cultivo do milho, que, a partir do século XVII, tornou-se o principal produto da região, embora outros, como o da uva, também fossem importantes.

O Alentejo reunia características francamente opostas. Apresentava as menores densidades demográficas do país, e o escasso povoamento estava concentrado em torno das aldeias. Grandes latifúndios marcavam a paisagem. O típico latifúndio alentejano, entretanto, não tem nada a ver com os encontrados no Brasil. Lá o tamanho médio das propriedades alcançava apenas 40 hectares e a produção agrícola tinha por base o trigo e o centeio.

Essas características distintas ajudaram a diferenciar também a vida cotidiana e familiar dos portugueses de cada lugar, pois, na época em que a agricultura era a base da economia, as famílias se organizavam de acordo com as possibilidades de cultivo e as formas de acesso à propriedade da terra. Assim, no Minho e no Alentejo desenvolveram-se dois tipos básicos de família. Esses tipos mantiveram-se estáveis por séculos, até, pelo menos, a década de 1960, sem apresentar mudanças significativas.

No Minho, como havia pouca terra para dividir para muita gente, estabeleceu-se o costume de deixar a propriedade familiar para apenas um dos filhos, um só herdeiro. Os outros, ao se casarem, deveriam procurar casa e trabalho em outro local. Esses costumes de herança procuravam prevenir a excessiva fragmentação da terra, garantindo a viabilidade econômica da unidade produtiva, evitando o desmantelamento do grupo familiar a ela atrelado. Do tamanho da terra dependia a sobrevivência da família e se ela não chegasse para manter o grupo familiar, a subsistência dos indivíduos estaria ameaçada.

Como consequência desse esquema, as pessoas acabavam se casando mais tarde, entre 25 e 28 anos de idade ou ficando solteiras por toda a vida. O herdeiro, este sem dúvida deveria se casar, ter filhos e dedicar-se com afinco ao trabalho na terra recebida,

Os homens eram os principais candidatos à emigração, provocando um desequilíbrio entre os sexos em Portugal. Na imagem, habitantes da freguesia do Soajo (Arcos de Valdevez), em trajes festivos, no início do século XX, reunidos em torno do pelourinho (ou picota, designação mais antiga e popular em Portugal) no largo da freguesia.

mas só poderia fazê-lo quando recebesse a transferência da gestão da propriedade das mãos de seus pais. A exploração da terra era feita basicamente com a mão de obra familiar, provida pela prole geralmente numerosa que os casais punham no mundo.

Para os que não herdavam, restavam as possibilidades de emigrar ou entrar para a vida religiosa. No limite, havia ainda uma terceira alternativa: a de viver na dependência do herdeiro escolhido para assumir a propriedade. Porém, receber ordens de um irmão podia não ser nada agradável.

De todo modo, a chance de ficar solteiro para sempre era grande, tanto para os homens quanto para as mulheres.[5] No caso das populações minhotas, além das pessoas que escolhiam voluntariamente o celibato (ao optar pela vida religiosa, por exemplo), uma proporção nada desprezível de indivíduos simplesmente não conseguia casar. Muitos não encontravam parceiro, outros não tinham como sustentar um matrimônio.

Com isso, era grande o número de nascimentos que ocorriam fora do casamento, produzindo crianças ilegítimas. Portanto, quando nos referimos aos altos índices de celibato definitivo, não queremos dizer, absolutamente, que aquelas populações se rendessem aos "obstáculos" que se apresentavam. Pelo contrário, encontravam alternativas que passavam por arranjos familiares não sancionados pela Igreja e pela sociedade, apesar de todo o esforço em coibir os comportamentos que subvertiam as regras. A alta ilegitimidade persistiu pelo menos até as primeiras décadas do século XX; e somente a partir dos anos de 1950 é que o número de bastardos, ou *crianças naturais*, como se dizia no passado, se tornou irrisório.

Os homens que não haviam sido beneficiados com a herança da propriedade familiar eram os principais "candidatos" à emigração (desde o século XVI), provocando uma desproporção entre a quantidade de homens e a de mulheres, o chamado desequilíbrio entre os sexos. Não é de se estranhar, portanto, a formação de organizações familiares alternativas, que se mantinham ao lado das famílias legítimas, cuja união havia sido abençoada pela Igreja e ratificada pelo Estado. Não eram raros os domicílios chefiados por mulheres (compostos apenas pela mãe solteira e seus filhos bastardos), a ocorrência de relações sexuais "ilícitas" e mesmo a manutenção de relacionamentos "pecaminosos" ou "proibidos". Como grande parte da população minhota estava à margem dos mecanismos que possibilitavam acesso a um bocado de terra e ao casamento, não lhe restava muita alternativa.

Na propriedade mantida pelo grupo familiar (por lá chamada de *casal*), o milho era o gênero mais produzido por ser o que melhor se adaptava às condições locais. É um cereal que produz todos os anos e pode ser cultivado em leiras pequenas nos fragmentos de solo, que se prestam mal ao manejo do arado e da charrua, entre as rochas. O *casal* comportava ainda outras culturas, como as figueiras, macieiras, ameixoeiras, pessegueiros, cerejeiras, entre outras, além de produzir linho e legumes. Também servia de pasto para algumas vacas. A unidade agrícola podia fabricar mel e criar aves de capoeira, porcos, ovelhas ou cabras para complementar os rendimentos. Quando havia trigo e centeio, sua produtividade era bem menor que a da região Sul. Por outro lado, o volume e a regularidade da produção do milho, a partir do século XVIII, contribuíram para acabar com as fomes periódicas que assolavam os portugueses do Minho. A paisagem, então, ficou repleta de *espigueiros,* uma estrutura típica, coberta, feita de pedra ou de madeira, com aberturas laterais, montada sobre pilares, própria para secar e armazenar o produto longe de insetos e roedores. Como o milho era colhido no outono, deveria ficar completamente seco para aguentar o úmido inverno característico.

O espigueiro, típico do norte de Portugal e da região da Galiza (Espanha), servia para armazenar produtos agrícolas (especialmente o milho), mantê-los secos por longos períodos e a salvo dos ataques de insetos e roedores. Em algumas regiões minhotas é possível encontrar, ainda hoje, construções desse tipo, que remontam ao século XVIII e continuam a ser utilizadas pelos agricultores.

Para garantir o copo de vinho na mesa de todos os dias, os minhotos cultivaram uvas em meio às outras plantações pelo menos até finais do século XIX. Predominava então a *vinha do enforcado*, isto é, o cultivo na orla dos campos de modo que a planta se apoiasse em grandes árvores, as *uveiras*. Essa forma de viticultura, originada num passado muito remoto, permitia que a área dedicada à cultura cerealífera e leguminosa não fosse afetada; não requeria grande investimento, nem trabalhos de solo específicos, bastando os realizados em simultâneo com os das outras culturas; nem sequer exigia podas anuais.

* * *

66 | Os portugueses

No Alentejo, a vida era muito diferente. Toda a lógica de produção e reprodução biológica e social que caracterizava as famílias portuguesas do Minho não se aplicava às das paisagens meridionais alentejanas.

A paisagem nortenha começa a se modificar à medida que se vai em direção ao sul. Mais ou menos nos arredores das ruínas de *Conímbriga* (no distrito de Coimbra), o viajante já percebe uma paisagem tipicamente mediterrânica. Chegando ao Alentejo, destino que nos interessa aqui, encontra uma imensidão da terra lisa ou com pequenas ondulações.

Até o final do século XIX, a região era um monótono e vasto terreno inculto e árido entrecortado por plantações de cereais. De lá para cá, algumas transformações ocorreram. Novas terras foram abertas ao cultivo. Algumas herdades foram parceladas. Introduziram-se culturas mais variadas ao lado de outras inovações, como a criação de ovelhas e porcos, para compensar o fraco rendimento do solo.

Os principais traços de originalidade do Alentejo estão na aldeia, que reúne a população, no predomínio das culturas de trigo e centeio e nos seus enormes olivais. Se um artista fosse retratar o Minho, usaria diversos tons de verde. Se pintasse um quadro do Alentejo, empregaria, sobretudo, o amarelo claro dos trigais na primavera, salpicado de um pouquinho de vermelho e roxo.

> Depois da ceifa, uma luz baça e crua abate sobre o restolho amarelado. Ao meio-dia o calor é sufocante. No monte dorme-se a sesta; as paredes caiadas reverberam a luz e ferem a vista. Os gados, imóveis, sofrem do calmázio. O zangarreio da cigarra é o único ruído de ser vivo: tudo o mais se queda amodorrado. Os olhos procuram em vão o repouso de um quadrado de verdura. As folhas das árvores estão coriáceas, amareladas, e os ramos, muito aparados, quase não abrigam da ardência do sol.[6]

Diferentemente do que ocorria no Minho, no Alentejo os jovens que se casavam formavam uma nova unidade familiar e se instalavam num novo domicílio. Entre os alentejanos, o casamento era praticamente universal e se realizava muito mais cedo do que no norte de Portugal, lá pelos 20 ou 21 anos. Os bastardos eram raros.

Isso tudo estava ligado à estrutura fundiária que caracterizava as terras ao sul do Tejo. A divisão social opunha a pequena classe de ricos proprietários à grande massa de camponeses sem terra. Com o advento do capitalismo, os camponeses da região acabaram por se proletarizar, tornando-se trabalhadores rurais assalariados. As transformações técnicas introduzidas pela modernidade, como a mecanização da agricultura, não significaram ascensão social para a maioria das pessoas. Por outro lado, como não havia o que herdar, os jovens, se conseguiam trabalho, tinham autonomia para se casar se e quando quisessem.

AS DIFERENÇAS SEGUNDO CIENTISTAS E LITERATOS

No passado, particularmente entre os finais do século XIX e as primeiras décadas do XX, cientistas e literatos, tentando compreender Portugal e os portugueses, debruçaram-se sobre a nacionalidade portuguesa e suas diferenças regionais. Entre eles havia intelectuais da área da Economia e da História, como Alexandre Herculano, Oliveira Martins (1845-1894), Basílio Teles (1856-1923) e Teófilo Braga (1843-1924).

Para definir a nação portuguesa, a maioria dos autores lançou mão de ideias ligadas ao conceito de "raça", como era moda na época. Diziam que a população portuguesa era formada basicamente por "dois grupos raciais, o ariano e o semita". A "herança da raça ariana" era por eles valorizada, ao passo que "os elementos semíticos", considerados inferiores, eram desqualificados. Os brancos de origem europeia seriam os arianos; os árabes, de pele mais escura, os semitas.

Ao contar a história de Portugal, desenvolviam uma narrativa sem arestas para "provar" que a base da nação portuguesa era ariana, raça considerada superior às demais e com a qual pretendiam que os portugueses fossem identificados. Assim, afirmavam que a nação portuguesa começara a se formar nas terras do Entre Douro e Minho. Lá, no Norte, a população de raça ariana era majoritária. Posteriormente, os arianos assimilaram a região central que haviam libertado do domínio árabe. A terceira região, ao sul da península, que era refúgio dos árabes, foi conquistada por último, por meio de incursões marítimas. Concluíam os intelectuais que os habitantes do Norte, "valorosos guerreiros e agricultores", é que haviam sido "os verdadeiros agentes históricos da formação de Portugal".

Explicavam preconceituosamente o que viam como diferenças gritantes entre as regiões Norte e Sul do país. Para eles, as populações do Norte – arianos – estiveram sempre profundamente identificadas com o trabalho produtivo, enquanto as do Sul, de origem árabe e berbere – semitas –, não souberam desenvolver uma agricultura digna do nome e interessavam-se mais pelo comércio, como, aliás, é típico dessa raça. Nesse discurso, a atividade mercantil era desprestigiada e considerada coisa de parasitas e ociosos. A agricultura da região Norte, por sua vez, era vista como um sinal incontestável da superioridade cultural dos seus habitantes.

Embora, nos dias de hoje, a ideia de raça esteja totalmente desacreditada pela ciência, não é difícil perceber como esse arrazoado científico e literário ultrapassado ainda alimenta posições preconceituosas que não são incomuns no Portugal atual, saídas da boca de gente ignorante ou mal-intencionada.

Voltando aos intelectuais do passado, alguns destacaram a *religiosidade* como o fator que explicaria o suposto contraste entre Norte e Sul: o Sul era mais atrasado por

O coberto e a eira são construções também típicas da região minhota. No espaço aberto, em frente à construção, vemos a eira, utilizada para secar ou debulhar os cereais. O coberto, destinado ao armazenamento dos produtos, funciona como uma espécie de celeiro. O material dessa construção costuma ser a pedra (granito), comum na região; já a eira pode ser de pedra ou até mesmo de terra batida.

Até o início do século XX, estereótipos desenvolvidos ao longo da história portuguesa identificavam as populações do Norte com o trabalho na agricultura familiar; as do Sul, com o trabalho à jorna, nas grandes propriedades. Na imagem à esquerda: fogão e forno a lenha de uma casa camponesa na região do Minho, instalados em compartimento anexo à casa propriamente dita. Na imagem à direita: local utilizado para produção do vinho – também tradicional na região minhota –, normalmente uma cave, que reúne o lagar, isto é, o tanque para pisar a uva (em primeiro plano) e a prensa utilizada para espremer o bagaço (mais ao fundo).

conta do contato da gente meridional com a religião do Islã. Diziam isso como se o islamismo de então fosse muito mais supersticioso e avesso aos avanços científicos que o cristianismo medieval, o que historicamente não é verdade.

Mesmo hoje, quem levanta o argumento da religiosidade para mostrar por que o "Norte é privilegiado com relação ao Sul em termos de desenvolvimento cultural" desconhece que as populações do Norte é que são, atualmente, as mais apegadas à religião.

Em meados do século XX, os estudiosos detectaram – agora com bases mais concretas – o que marcaria outra distinção cultural entre os portugueses do Norte e do Sul: *as inclinações políticas*. Em 1975, quando foram realizadas as primeiras eleições livres em Portugal após décadas de ditadura, a maioria dos votos destinados aos partidos que se identificavam com posições políticas conservadoras concentrava-se no Norte e Centro do país. Os sulistas inclinavam-se mais para as posições de esquerda. Essa clivagem, razoavelmente estável, marcada por um predomínio dos partidos de esquerda no Sul e a maior presença da direita no Norte, tem se mantido.

Outro aspecto que parece dividir os portugueses é o debate em torno da "*regionalização*". A Constituição da República Portuguesa, desde 1976, já previa uma reforma política com vistas a atenuar o forte centralismo que emana de Lisboa. De maneira geral, é consenso entre os portugueses que políticas implementadas a partir da capital têm contribuído para fazer crescer as assimetrias econômicas no país, sobretudo as que contrapõem as regiões Norte e Sul, assim como o litoral ao interior. Entretanto, até o momento, os vários governos que se alternaram no poder não colocaram em prática medidas para dar maior autonomia às diferentes regiões do Portugal Continental.

Em 1998, por exemplo, foi feita uma consulta aos portugueses sobre essa questão. O Referendo da Regionalização defendia a instituição de oito regiões administrativas no país. O resultado revelou que aproximadamente dois terços dos que participaram da consulta eram contra. Mais da metade dos eleitores se absteve. Esse resultado levou alguns grupos a defender que as identidades regionais em Portugal sempre tiveram pouca expressão. Para muitos, essa discussão não passava de uma estratégia para se criar mais cargos de poder e até mesmo reforçar o caciquismo.

Em tempos mais recentes, o debate foi retomado. Durante o governo de Durão Barroso, primeiro-ministro entre 2002 e 2004, houve uma nova tentativa de reformular as divisões administrativas do país, com a criação de um mapa regional constituído por unidades territoriais. No governo seguinte, de Santana Lopes, procurou-se a descentralização no nível ministerial, com a instalação de algumas Secretarias de Estado fora de Lisboa. Contudo, todas essas reformas foram abandonadas quando José Sócrates assumiu o cargo, em 2005. Assim, a política centralizadora continua provocando uma crescente indignação em certos setores da população portuguesa que encaram a regionalização como a única forma de levar investimentos ao restante

70 | Os portugueses

do país e, com isso, reduzir as assimetrias regionais. Até o momento, parece que a polêmica está longe de ser resolvida.

De todo modo, a ideia da dualidade regional não desapareceu. Continua a ser evocada no campo intelectual e científico que, *grosso modo*, caracteriza o Norte como rico e industrializado e o Sul como pobre e agrícola.

Em termos culturais, foi com base nesses elementos que se construiu e reforçou uma rivalidade entre os portugueses do Norte e os portugueses do Sul existente até hoje. Essa mentalidade também provoca disputas entre lisboetas e portuenses, como veremos mais adiante.

CIDADES: DE *BRACARA AUGUSTA* A *AL-USHBUNA*

Embora a vida dos portugueses tenha sido eminentemente rural por muitos e muitos séculos, as cidades sempre tiveram papel importante na península ibérica desde pelo menos o tempo dos antigos romanos. As cidades de *Bracara Augusta* (Braga) e *Conímbriga* (Coimbra), por exemplo, abrigavam cada uma cerca de cinco mil habitantes; *Portucale* (Porto) era a terceira cidade em população nessa mesma época, seguida por *Aquae Flaviae* (Chaves), assim denominada por conta das suas termas.

Suevos e visigodos, bárbaros que invadiram a região, souberam aproveitar a estrutura urbana herdada dos romanos e as estradas construídas para ligar as cidades e mantiveram várias delas.

A chegada dos árabes no ano de 711 fez com que novos padrões de cidade se conformassem, especialmente na parte meridional da península. As marcas da influência muçulmana na organização das cidades portuguesas estão vinculadas à tradição dos espaços fechados, amuralhados, à sinuosidade dos traçados das ruas, à importância das áreas destinadas aos mercados ou às feiras, os *rossios* ou terreiros, muitas vezes situados na zona extramuros das cidades, assim como à existência de espaços abertos na frente das portas das muralhas, que faziam as vezes das praças inexistentes no espaço intramuros. As condições climáticas típicas do Portugal meridional, quente e seco, estimularam o "sombreamento" e a pouca largura das ruas. As casas típicas das cidades fundadas pelos muçulmanos na península ibérica eram, por todas essas razões, viradas para pátios interiores, e as poucas aberturas para a rua eram protegidas por janelas, rótulas e *muxarabis*, espécie de sacada fechada com treliças de madeira, que permite a entrada de ar e pouco sol. (O estilo das ruas, tortuosas, em cotovelo ou becos que dão acesso a pequenos conjuntos de casas pode ser revisitado em algumas cidades portuguesas que ainda preservam conjuntos arquitetônicos com traços da cidade moura). Além das mais

Viver em um país de contrastes | 71

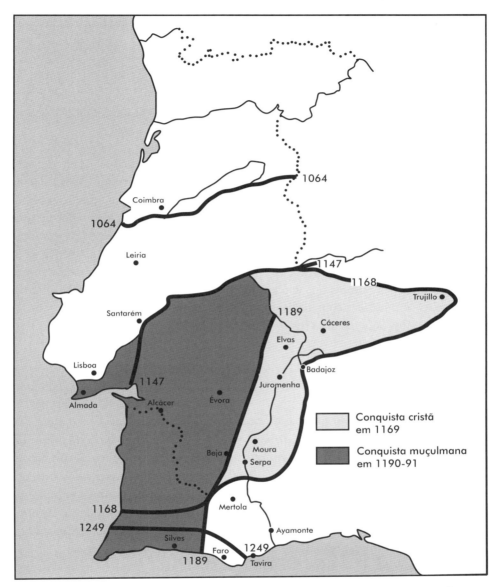

O lento processo da Reconquista Cristã, após a instalação do domínio muçulmano na península ibérica, foi marcado por avanços e recuos de ambas as partes. O mapa mostra a cronologia da luta dos cristãos. Em 1169, por exemplo, a batalha de Badajoz marcou a ocupação cristã daquela cidade, que estava sob domínio muçulmano. Já em 1190-1191, a contraofensiva muçulmana recuperou a região do Alentejo, à exceção de Évora.

antigas, outras cidades passaram a se destacar no território que hoje corresponde ao Portugal meridional, como *al-Ushbuna* (Lisboa), *as-Shantariyn* (Santarém), *al-Qasr-al-Baja* (Alcácer do Sal), *as-Shilb* (Silves), *al-Yabura* (Évora) e *al-Martulah* (Mértola).

Com o processo de Reconquista do território aos mulçumanos pelos cristãos (século VIII-XII) surgiram novas povoações, vilas e cidades, com destaque para as *póvoas marítimas,* localidades desenvolvidas tendo por base atividades ligadas ao mar. Ainda hoje, em muitas delas, subsiste uma antiquíssima tradição piscatória.

No século XIV, entre os principais núcleos urbanos, despontavam as cidades do Porto e Lisboa. Já no final da época medieval, Lisboa era a maior cidade do país, favorecida por sua posição diante do estuário do Tejo, que contribuiu decisivamente para seu êxito comercial. Com a ampliação dos contatos dos portugueses com outras partes do mundo e o incremento da circulação de mercadorias, as cidades portuguesas localizadas junto à costa foram privilegiadas. Assim, no período áureo da expansão portuguesa, no final do século XVI, Lisboa, a maior cidade da península ibérica, contava com 165.000 habitantes. Era excepcionalmente grande se comparada a outros centros urbanos da Europa, que não ultrapassavam, em média, os 20.000 habitantes. E rivalizava com cidades comerciais importantes como Veneza e Amsterdã.

Vejamos um pouco mais a história das duas maiores cidades portuguesas.

LISBOA, A CAPITAL

O aglomerado urbano original do que muito mais tarde viria a ser a cidade de Lisboa ficava, como já foi dito, muito bem localizado. Desde muito cedo era procurado por povos das mais diversas etnias em busca de oportunidades de trocas comerciais. No ano 205 a.e.c., os invasores romanos batizaram-no de *Felicitas Julia Olisipo* e brindaram seus habitantes com a cidadania romana. Os bárbaros, que chegaram no século V, praticamente destruíram essa cidade romana, mas os árabes, que dominaram o território três séculos depois, transformaram-na em uma das mais importantes cidades da Ibéria muçulmana. Sua "retomada" pelos cristãos ocorreu em 1147, ao ser conquistada por D. Afonso Henriques (1128-1185), o primeiro rei de Portugal e fundador da dinastia de Borgonha. A partir de então, Lisboa cresceu rapidamente graças à comercialização de produtos provenientes do Mediterrâneo e da Europa do Norte e, finalmente, em 1255 tornou-se a capital do reino.

Na virada para o século XIV, a população da cidade crescera tanto que ultrapassava a muralha original que contornava e protegia Lisboa até então, a chamada Cerca Velha ou Muralha Moura. Seu sucesso atraiu olhares cobiçosos e os lisboetas, atacados pelos

No início do século XVI, Lisboa era um importante centro cultural e econômico da Europa. Esta ilustração destaca a circulação de pessoas na praça principal, o coração da capital portuguesa, e a agitação que marcava a cidade no local de onde se observa o palácio real e o movimentado porto, que era a porta de entrada e saída de uma enorme variedade de produtos procedentes das mais diversas partes do mundo.

castelhanos, foram obrigados a reforçar suas defesas construindo uma nova muralha, terminada em 1377. Essa muralha, porém, não impediu as frequentes e cada vez mais longínquas expedições portuguesas além-mar. O oceano Atlântico foi se tornando aos poucos território cada vez mais familiar aos portugueses, que acabaram chegando às Índias em 1498. O comércio de produtos trazidos de lá fez então de Lisboa o maior empório do mundo ocidental. No início do século XVI, os lisboetas comandavam a campanha dos Descobrimentos, tanto do ponto de vista científico como no da construção naval. O rio Tejo era a porta de entrada para a riqueza que passou a moldar a nova arquitetura da cidade, quando também obras de arte começaram a embelezar palácios, ruas e praças. Lisboa tornou-se um centro cultural importantíssimo na Europa da Era Moderna.

O terremoto que atingiu Lisboa em 1º de novembro de 1755 foi catastrófico. Ao fim de três dias de devastação, com tremores de terra, *tsunami* e inúmeros incêndios, 90% das edificações lisboetas encontravam-se destruídas e dezenas de milhares de pessoas estavam mortas.

Mas uma catástrofe marcaria definitivamente os lisboetas: o *terramoto* de 1755 (não, não é um erro, os portugueses dizem *terramoto* ao invés de terremoto). Foi na manhã do dia 1º de novembro de 1755 que um sismo de grande intensidade golpeou Lisboa.[7] O estrago causado foi devastador. A cidade ficou praticamente destruída. Os três violentos tremores foram seguidos por um *tsunami* de quase 20 metros que acabou por derrubar todas as estruturas que haviam se mantido em pé. Na sequência do terremoto e das águas, vieram os incêndios, que duraram três dias. Saldo da calamidade: a morte dezenas de milhares de pessoas (entre 50.000 a 100.000) e a destruição de 90% das construções da cidade.

A tarefa que se impunha para reconstruir Lisboa era enorme e o nome que sobressaiu foi o de Sebastião José de Carvalho e Melo, o marquês de Pombal, que por isso e muito mais se tornaria um ícone da história dos portugueses. Pombal, inspirado por ideais iluministas em voga na época, foi quem dirigiu as obras, do alto de seu poder, como ministro do rei D. José I.

Todo o antigo emaranhado de ruelas e becos foi substituído por um traçado geométrico, com ruas de grandes dimensões para a época, refletindo uma nova concepção urbanística baseada nas linhas retas e na evidência de que o poder do Estado suplantava o poder dos nobres. Pombal, num golpe de mestre, mandou colocar abaixo o pouco que havia sobrado da cidade para refazer toda ela sob a forma de um imenso tabuleiro de xadrez. A esse conjunto se integrava uma enorme praça aberta voltada para o Tejo. Pombal determinou também que todas as casas fossem semelhantes tanto na altura quanto na largura. De acordo com as ordens do poderoso ministro, os proprietários de terrenos nas áreas atingidas eram obrigados a preenchê-los com construções de acordo com o projeto geral; quem não cumprisse o estipulado, num prazo de cinco anos, perderia o direito de construir e era obrigado a vender a quem o quisesse fazer. Pombal procurou coordenar tudo com mãos de ferro, pois não confiava no discernimento dos seus conterrâneos: "[se] deixada a fábrica dos edifícios à liberdade do povo, comumente bárbaro com seus gostos e deprezador do que não lhe é útil, o resultado será desastroso".

O terremoto também ofereceu a oportunidade para a Igreja Católica reforçar seu poderio. Não faltaram religiosos propagando que o golpe tão devastador desferido sobre Lisboa fora na verdade um castigo de Deus, porque a cidade estava cheia de pecadores. E, nesse caso, nada melhor do que queimar alguns deles em praça pública para aplacar a ira divina. O célebre escritor Voltaire fez referência ao fato no capítulo VI de sua obra *Cândido* (1759), intitulado "De como se fez um belo auto de fé para evitar os terremotos, e de como Cândido foi açoitado":

> Depois do tremor de terra que destruiu três quartas partes de Lisboa, os sábios do país não encontraram meio mais eficaz para prevenir uma ruína total do que oferecer ao povo um belo auto de fé; foi decidido pela Universidade de Coimbra que o espetáculo de algumas pessoas queimadas a fogo lento, em grande cerimonial, era um infalível segredo para impedir que a terra se pusesse a tremer.
> Tinham, pois, prendido um biscainho que casara com a própria comadre, e dois portugueses que, ao comer um frango, lhe haviam retirado a gordura: vieram, depois do almoço, prender o doutor Pangloss e o seu discípulo Cândido, um por ter falado e o outro por ter escutado com ar de aprovação: foram ambos conduzidos em separado para apartamentos extremamente frescos, onde nunca se era incomodado pelo sol; oito dias depois vestiram-lhes um sambenito e ornaram-lhes a cabeça com mitras de papel [...]. Assim vestidos, marcharam em procissão, e ouviram um sermão muito patético, seguido de uma bela música em fabordão. Cândido foi açoitado em cadência, enquanto cantavam; o biscainho e os dois homens que não tinham querido comer gordura foram queimados, e Pangloss enforcado [...]. No mesmo dia a

O auto de fé constitui um símbolo inequívoco do clima de intolerância gerado na sociedade portuguesa, desde a instalação do Tribunal do Santo Ofício, no século XVI. Elemento central da "representação" do Santo Ofício, constituía-se de um rito de dois ou três dias que se desenrolava através de uma sequência de atos.
O ritual tinha início com a publicação (édito de anúncio), pelo menos oito dias antes da realização; prosseguia com a encenação, com efeito moral e teatral da fé; as procissões, com o desfile dos inquisidores e dos penitentes e condenados; a celebração, com a entrada dos sentenciados, missa, sermões; a abjuração; e, em seguida, finalmente a execução.

> terra tremeu de novo, com espantoso fragor. Cândido, em pânico, desvairado, todo ensanguentado e palpitante, dizia consigo: "Se este é o melhor dos mundos possíveis, como não serão os outros!".[8]

Para o filósofo iluminista francês era muito fácil ridicularizar aquilo tudo, mas para os portugueses, com sua mentalidade forjada na doutrina católica e sob o poder implacável da Santa Inquisição em pleno século XVIII, era perfeitamente plausível e aceitável a ideia de prevenir catástrofes queimando pessoas.

Enfim, Lisboa foi reconstruída. Dez anos depois do terremoto, Pombal havia cumprido seu objetivo: a cidade apresentava uma nova imagem. Ela só passaria por outras importantes modificações urbanísticas nos finais do século XIX, ligadas à infraestrutura e à expansão do espaço urbano. Deixou então de voltar-se exclusivamente para a área do estuário do Tejo, alargando-se em direção aos planaltos setentrionais.

Ao longo do século xx, sobretudo a partir dos anos 1950, o perímetro urbano da cidade chegou bem próximo a outras freguesias. Por essa época, como resultado direto do processo de industrialização, surgiram os chamados *bairros de lata* (que correspondem às nossas favelas). No início dos anos 1990, a área metropolitana da capital reunia mais de 2,5 milhões de habitantes e era o principal polo de emprego para os portugueses. Porém, já nessa época, outras cidades do país estavam atraindo pessoas em busca de trabalho. De fato, Lisboa chegou a encolher nos últimos anos.[9]

Entretanto, a cidade oferece muitas outras coisas além de empregos. Lisboetas e visitantes usufruem por lá de um bom sistema de transporte com o *metro* (pronunciado com "e" aberto, como se fosse "métro"). Há também muitas opções de lazer. Lisboa é uma das cidades mais visitadas de Portugal. Atraem os turistas a paisagem natural de belas praias, um rico patrimônio arquitetônico, com igrejas, palácios, museus e monumentos. Existem os pitorescos bairros tradicionais, como a Baixa, a Alfama, o Chiado e o Bairro Alto. Mas também uma grande oferta enogastronômica e cultural, em especial os espetáculos de dança e música para todos os gostos, do erudito ao rock, passando pelo tradicional e ainda muito apreciado fado português. Enfim, a capital portuguesa tem problemas, mas também as vantagens de uma grande metrópole.

PORTO: A CIDADE INVICTA

O centro histórico da cidade do Porto é Patrimônio Mundial desde 1996, porque guarda exemplos significativos da arquitetura medieval, preservada especialmente nas freguesias da Sé e de São Nicolau. Porto também tem praias, mas os portugueses a veem mais como "cidade do trabalho" que como local de veraneio. Além disso, Porto é chamada de "Cidade da Virgem", ostenta em seu brasão a imagem de Nossa Senhora e os dizeres "Antiga, Mui Nobre, Sempre Leal e Invicta", epítetos que lhe foram atribuídos para lembrar os "feitos valorosos" dos seus habitantes ao longo dos séculos.

De fato, os portuenses estiveram envolvidos em vários episódios militares importantes da história de Portugal. Em 1415, por exemplo, empenharam-se no apoio à armada que partiu para conquistar Ceuta.[10] Conta-se que, entre sacrifícios feitos em favor dos expedicionários, os portuenses teriam aberto mão de toda a carne disponível, ficando apenas com as tripas, o que lhes valeu o apelido de "tripeiros". Servindo-se delas, elaboraram um prato muito saboroso, hoje parte obrigatória do menu em qualquer restaurante da cidade. As legendárias *Tripas à moda do Porto* têm até uma confraria

O delicioso vinho do Porto, produzido exclusivamente com uvas da região demarcada do rio Douro, tem sabor muito peculiar. Tinto ou branco, é usado como aperitivo ou digestivo. Um passeio pela região da Vila Nova de Gaia permite ao visitante explorar os segredos da produção desse vinho, nas inúmeras caves que produzem e colocam à venda a mais portuguesa das bebidas.

gastronômica que leva seu nome e se dedica especialmente a manter a qualidade e as características tradicionais da iguaria.

Os portuenses também desempenharam papel fundamental na defesa do liberalismo durante a Guerra Civil de 1832-34. Numa das batalhas, Porto viu-se cercada pelas tropas realistas[11] contrárias aos liberais e teve que contar com a coragem e determinação de seus habitantes para não sucumbir aos inimigos. O episódio do Cerco do Porto seria, mais tarde, celebrado em verso e prosa por diversos escritores portugueses. O título – único entre as cidades de Portugal – de *Invicta* foi atribuído a Porto por conta dessa luta.

Há alguns anos, uma colega portuense me disse: "aqui é o local onde há mais *Ferraris* [o carro] por metro quadrado". Exageros à parte, isso diz muita coisa sobre o norte

Viver em um país de contrastes | 79

Monumento emblemático da cidade do Porto, a Torre dos Clérigos é uma construção em estilo barroco, tida por alguns como o ex-líbris da cidade. Iniciada em 1754 e concluída em 1763, compõe-se de 6 andares e 225 degraus e mede 76 metros de altura. Quem consegue chegar até o topo desfruta de uma vista que contempla praticamente toda a cidade, além do rio Douro até a região da Foz.

do país e especialmente sobre Porto: trata-se de uma região rica, que concentra uma boa parte das indústrias portuguesas, muitas delas localizadas no próprio entorno da cidade.

Em suas origens, entre os séculos v a.e.c. e II a.e.c., Porto era um povoado dedicado à pesca. Estruturava-se à maneira de um *castro*, isto é, com casas em formato circular construídas em pedra, ainda muito comuns na região Norte.

Durante o período áureo da expansão marítima portuguesa, a cidade prosperou e destacou-se graças ao comércio. A manufatura também ganhou relevo a partir do século XVIII. Diferentemente de Lisboa, não sofreu com o terremoto de 1755, mas aproveitou para investir em obras de infraestrutura e embelezamento da cidade. A indústria têxtil e a fabricação do famoso Vinho do Porto, produzido desde o início dos setecentos, contribuíram para incrementar a economia local. Essas atividades fizeram com que diversas comunidades de estrangeiros se instalassem na cidade, entre elas os ingleses, pois a Inglaterra era uma grande importadora do vinho. No século XIX, Porto passou a abrigar mais e mais indústrias, vocação que se mantém até os dias atuais.

O tradicional Vinho do Porto continua importante. Quem visita a região deve conhecer as caves, situadas à beira do rio Douro, na cidade de Vila Nova de Gaia. Os portuenses, num autoelogio, gostam de dizer que "a melhor coisa que existe em Gaia [localizada em frente, na outra margem do rio] é a vista do Porto". Além de conhecer a história do vinho, é possível degustá-lo no local e passar em revista as diversas opções da bebida, do aperitivo ao digestivo.

Em 1981, o *concelho*[12] do Porto havia atingido o seu máximo crescimento populacional: cerca de 327.000 habitantes. Em 1991, já começava a apresentar sinais de uma redução do número de seus habitantes, baixando para um contingente de 310.000 habitantes.

Dados mais recentes indicam que o Porto segue a mesma tendência de Lisboa, apresentando uma redução no número de habitantes, que, em 2005, chegou a índice próximo a 233.000 pessoas.[13] No entanto, na área metropolitana, com a disponibilidade de empregos em função das indústrias, a população aumentou, chegando, no início dos anos 2000, a reunir cerca de 1.750.000 habitantes (sendo que no início dos anos 1990 alcançava o total de 1.175.000 habitantes). A grande área metropolitana do Porto (AMP) reúne: Arouca, Espinho, Gondomar, Maia, Matosinhos, Oliveira de Azeméis, Porto, Póvoa de Varzim, Santa Maria da Feira, Santo Tirso, São João da Madeira, Trofa, Vale de Cambra, Valongo, Vila do Conde e Vila Nova de Gaia.

ENTRE "MOUROS" E "TRIPEIROS"

Para usar uma expressão típica dos portugueses, a rivalidade entre lisboetas e portuenses "é mais velha que a Sé de Braga". O clima de provocações de lado a lado é muito parecido com o existente entre cariocas e paulistas; mal comparando, os cariocas estariam para os lisboetas como os paulistas para os portuenses: "lá no Porto é que se trabalha, enquanto os lisboetas estão a gozar a vida na praia".

Se os portuenses têm o apelido de "tripeiros", os lisboetas são chamados de "mouros". Ambas as alcunhas podem ter conotação depreciativa ou neutra, dependendo do contexto em que são empregadas. No caso dos "mouros", a designação teria surgido numa referência dos portuenses a supostas características etnorraciais dos lisboetas ou mais genericamente dos habitantes da região Sul do país, que tratam por Mourolândia, em tom de deboche.

Contam-se aos montes as piadas ou anedotas atiradas de ambos os lados. A maioria delas não poderia ser transcrita aqui, por serem de gosto duvidoso, carregadas de preconceitos e impróprias para todos os públicos – nem por isso deixam de retratar aspectos dessa disputa.

Um humor inofensivo, entretanto, ressalta as características culturais distintas das duas maiores cidades do país. Os "mouros" e os "tripeiros" usam expressões que permitem que sejam identificados enquanto tais pelos portugueses, como na crônica reproduzida abaixo, que brinca com as diferenças entre um casal, ele portuense, ela lisboeta:

> Ele tem um fraquinho pelo **azul**, eu pelo **vermelho**... Aliás, ele é que fala em **vermelho**, eu vou mais pelo **encarnado**.
> Ele já usa sapatos de **cordões**. Pela minha parte, posso dizer que não foi fácil habituá-lo aos **atacadores**... Embora nunca ande de **sapatilhas**, aquilo a que eu chamo **ténis**.
> Ele gosta de carros grandes, mas jamais andaria de **furgão**... eu também não me estou a ver de **camioneta** ou **carrinha**, francamente... Um <u>Ferrari</u>, sim! Seria vê-lo aos **pinchos** e a mim aos **saltos**!
> Ele continua a ir ao **quarto de banho**, enquanto eu, com a mania das grandezas, chamo **casa** ao quarto dele.
> À Pirralhita calçou várias vezes os **carapins**, eu chamava-lhes **botinhas de lã**.
> Enfim, mais a **norte** ou mais a **sul**, ele será sempre o meu **tripeiro**. Eu serei sempre a sua **moura**. Faça sol ou **morrinha**, quer dizer... **cacimbada**, **carago**![14]

Só para esclarecer, os portugueses em geral não dizem *banheiro*, usam *casa de banho* ou *quarto de banho*. Também não chamam de *peruas* certos tipos de caminhonetes ou vans, mas dizem *furgão* ou *carrinha*, conforme se está na terra dos mouros ou na dos tripeiros.

Outras expressões denunciam os naturais de cada uma das cidades: o *cafezinho* pode ser uma *bica* em Lisboa ou um *cimbalino* no Porto; o nosso *chope* é um *imperial*, na capital, ou um *fino* na Invicta; o *guarda-chuva* protege os lisboetas, assim como o *chapéu de chuva* evita que os portuenses se molhem (numa cidade em que, aliás, chove muito); para pendurar um casaco em Lisboa, peço um *cabide*; mas no Porto, é melhor pedir uma *cruzeta*. Enfim, lisboetas e portuenses que se entendam nessa "briga", mas em Portugal é bom saber "dançar conforme a música" para conseguir se comunicar.

A Ribeira, considerada patrimônio mundial, integra a zona histórica da cidade do Porto. É um dos pontos turísticos mais concorridos de Portugal, concentrando bares e restaurantes que propiciam momentos de lazer e degustação da gastronomia típica. Se não estiver com fome, o visitante pode simplesmente tomar um bom *cimbalino* (cafezinho) ou um *fino* (chope), conversar e observar o movimento.

Muitos portuenses se ressentem com a ideia de serem "comandados por Lisboa". Desenvolvem, então, um discurso que reforça sua identidade regional com base na depreciação do outro, no caso, os "folgados lisboetas". Quando o assunto é futebol, queixam-se de que os clubes lisboetas são sempre favorecidos nas competições nacionais. O Futebol Clube do Porto, cujas cores são azul e branco, é o time de maior *claque* (torcida) da capital do Norte. Seus *adeptos* (torcedores) rivalizam com os dos clubes lisboetas do Benfica, o time das *camisolas encarnadas* (camisas vermelhas), e do Sporting, de *camisolas* verdes.

As picuinhas e provocações entre "mouros" e "tripeiros" não são as únicas que existem em Portugal. Quando se trata de fazer graça com os conterrâneos, os alentejanos são as "vítimas" preferidas dos comediantes portugueses. Nas piadas, eles levam fama de preguiçosos ou pouco inteligentes. Além disso, o sotaque alentejano peculiar dos portugueses do Sul também faz rir.

> Dois alentejanos saem do comboio e um deles desata às gargalhadas.
> Diz-lhe o outro: – Atão, compadri? Está a rir de quê?
> – Estes tipos dos comboios são mesmo tótós [bobos]. Enganê-os bê... É quê comprê um bilhete de ida e volta, mas não volto!

Anos atrás foi veiculado na televisão um comercial sobre uma sopa instantânea, bem fácil de fazer. A imagem de fundo era aquela típica dos campos do Alentejo. Um sujeito identificado como o típico alentejano segurava uma caneca com a tal da sopa. Mexia a mistura com uma colher na outra mão e dizia: "isso é que dá uma grande trãbãlhéira". Estrangeiros sem certos referenciais culturais, como eu, demoraram a entender; os portugueses, por sua vez, compreenderam de imediato a mensagem da propaganda.

Uma imagem recorrente é a do alentejano sentado à sombra de uma árvore, esperando o tempo passar, ou observando o que acontece ao seu redor "sem mover uma palha".

> Estão dois alentejanos sentados à sombra de um chaparro. Nisto, um deles olha para o céu com atenção e diz: – Vai chovêri...
> O outro responde: – Vá vocêi!

O que quer dizer *chaparro*? A resposta que me foi dada por uma portuguesa (na qual foi preservada a grafia original) só vem comprovar que o preconceito contra os alentejanos está incorporado: "chaparro aqui em Portugal são arvores grandes... e são muito comuns, por exemplo, na zona do Alentejo... 'onde os alentejanos se deitam à sombra do chaparro sem fazer nada...' hehehhehe...".

> Sabem por que é que os alentejanos não comem iogurtes?
> Porque quando chega ao estômago já passou o prazo de validade.
>
> O que é que os alentejanos chamam aos caracóis?
> Chamam-lhes: animais irrequietos.
>
> Por que é que os alentejanos se levantam de madrugada?
> É para estarem mais tempo no descanso.
>
> O que é que os alentejanos fazem no fim de um dia de trabalho?
> Tiram as mãos dos bolsos.

Os brasileiros passaram a dividir espaço com os alentejanos nas piadas portuguesas sobre o sujeito "burro" depois da chamada "invasão brasileira". O irônico é que, com várias delas, existem também versões brasileiras em que o alvo são os portugueses.

> [Versão de Portugal:]
> Um brasileiro telefona para o aeroporto e pergunta:
> – Quanto tempo leva para um voo até Lisboa?

– Só um minutinho...
– Obrigado.
E desliga o telefone.

[Versão do Brasil:]
– Está lá? É da Varig? Por favoire, senhorita, eu queria sabeire o tempo de voo São Paulo-Lisboa?
– Um minutinho...
– Ah! Está bem, muitóbrigado!
E desliga o telefone.

CORES E SABORES, LOCALISMOS E GASTRONOMIA

Mesmo em tempos de globalização (ou até por conta deles, como uma forma de reação), os portugueses se mostram muito ligados às suas origens, seu local de nascimento ou o de seus antepassados. Reconhecem-se como "minhotos", "algarvios", "beirões", "alentejanos", "trasmontanos" ou "ilhéus", por exemplo.

A temática regional é algo muito atraente para os pesquisadores acadêmicos. E "recuperar as raízes", conhecer a região, a cidade ou a aldeia "da família" é atividade que entusiasma profissionais e amadores em Portugal.

A valorização das identidades regionais também está nos corações e mentes dos emigrantes portugueses espalhados pelos quatro cantos do mundo. No país hospedeiro, além da Casa de Portugal, costumavam fundar e ainda mantêm "Casas" do Minho, da Beira, do Alentejo... Tais "Casas" são associações culturais, desportivas e sociais que procuram reunir os portugueses que vivem fora de Portugal, esforçando-se por manter tradições trazidas "lá da terrinha".

A gastronomia regional portuguesa tem, entre portugueses e estrangeiros, um forte apelo. Além de reforçar identidades locais, tem servido como estímulo ao turismo, sendo, por isso, uma importante fonte de divisas. A diversidade interna do pequeno país tem atraído estrangeiros de várias partes do mundo; os pratos típicos de cada localidade estão entre os carros-chefe do *marketing* turístico.

Dos inúmeros pratos salgados à rica *doçaria*, somados aos famosos vinhos nacionais, Portugal tem, de fato, muito a oferecer.

O ingrediente mais conhecido da gastronomia portuguesa entre os brasileiros é o bacalhau. Em Portugal, ele é chamado de "fiel amigo", por estar presente "na mesa do rico e na do pobre", em muitas ocasiões, especialmente nas comemorações natalinas. Na véspera do Natal, a "Consoada", receita que tem o bacalhau como base, é o prato escolhido "por nove entre dez portugueses".

Tão importante é o peixe que diversas Academias do Bacalhau foram criadas por portugueses em várias partes do mundo. A primeira foi fundada em 1968, em Joanesburgo (África do Sul), onde na época viviam mais de 1 milhão de portugueses. Várias outras se seguiram com o intuito de se saborear a iguaria cercado de compatriotas, que, entre uma garfada e um gole de vinho, podem recordar "com saudade e quantas vezes com lágrimas nos olhos, este nosso tão querido Portugal" – nas palavras de um frequentador assíduo. Somente em Portugal existem hoje mais de uma dezena desses grupos espalhados pelo país, que se reúnem em nome da confraternização em torno da "boa mesa".

Os portugueses "descobriram" o bacalhau no século XV, na época das grandes navegações. Seus primeiros apreciadores haviam sido os *vikings*, muitos séculos antes. No século IX, já existiam fábricas para processamento do bacalhau na Islândia e na Noruega. O preparo, contudo, consistia em apenas deixar o peixe secar ao ar livre até que perdesse quase todo seu peso e endurecesse como uma tábua, para que pudesse ser consumido em pedaços por um longo tempo. O bacalhau curado, salgado e seco, tal como costumamos comprar no Brasil, foi criação de habitantes dos Pirineus (entre a Espanha e a França) que passaram a comercializá-lo por volta do ano 1000. A nova forma de preparo agradaria os navegadores portugueses, quatro séculos mais tarde, por garantir uma melhor conservação do produto. Eles precisavam de alimentos que suportassem as longas viagens marítimas. O ingrediente logo se popularizou e, no início do século XVI, o bacalhau já correspondia a 10% do pescado comercializado em Portugal. Incorporou-se aos hábitos alimentares dos portugueses e virou parte importantíssima da tradição. Em carta enviada no século retrasado ao historiador e político Oliveira Martins, o famoso escritor Eça de Queirós declarou:

> Os meus romances, no fundo, são franceses, como eu sou, em quase tudo, um francês – excepto num certo fundo sincero de tristeza lírica que é uma característica portuguesa, num gosto depravado pelo fadinho, e no justo amor do bacalhau de cebolada!.

O amor é tanto que, atualmente, os portugueses são os maiores consumidores de bacalhau do mundo.

Em Portugal podemos saborear o bacalhau preparado de infinitas maneiras, para além da nossa conhecida "Bacalhoada" com batatas, cebolas, ovos e pimentões, que – graças aos portugueses – também é prato tradicional no Brasil, apreciado especialmente na Sexta-Feira Santa e no Sábado de Aleluia.

A cozinha lusa pode agradar paladares exigentes, mas também intimidar estômagos sensíveis. Pratos tradicionais pesados e calóricos como "Rojões à moda do Minho" ou "Papas de sarrabulho" podem se tornar uma aventura gastronômica inesquecível! Os tais rojões são feito à base de carne de porco, cortada em cubos e temperada na banha e no vinho, levam ainda tripas, fígado de porco e sangue cozido. Nas "Papas de sarrabulho" vão fígado de porco, bofes de porco, goelas de porco, coração de porco, osso da suã de porco, galinha gorda, carne de vaca, sangue de porco cozido e farinha de milho peneirada.

Os pratos fortes do Norte estão associados às carnes, aos "enchidos", às "alheiras", às "morcelas" (feitas com o sangue de porco) e aos "chouriços".

Trás-os-Montes é o berço da "posta a mirandesa": carne de vaca temperada com sal grosso e grelhada em brasas, servida com "batatas ao murro", assadas no sal com a casca, e "grelos salteados". Essas batatas têm inúmeras receitas e a mais comum é a que recomenda lavar as batatas e, em seguida, cozinhá-las por cerca de 30 minutos em fogo médio. Ao saírem do fogo, devem ser colocadas em um pano de prato, onde estão prontas para receber o "murro" (é um soco mesmo!). Depois, são temperadas com azeite, sal grosso e alecrim e levadas ao forno em uma assadeira por 15 ou 20 minutos. Os grelos são os talos ou as hastes de legumes, como nabo e couve-flor, por exemplo. "*Saltear*" é uma forma de cozinhar pequenos pedaços de alimentos em *lume* (fogo) alto com pouca gordura.

Os "enchidos" são feitos com carne e gordura de porco, carne de aves, pão de trigo, azeite e banha condimentados com sal, alho e colorau (doce ou picante). Podem ainda incluir carne de caça, a carne de vaca, salpicão e/ou presunto. Os "enchidos" têm formato de cilindros curvados como ferraduras, seu invólucro é de tripa natural (de vaca ou de porco) e o recheio é composto pelas carnes desfiadas unidas por uma pasta fina.

A origem das "alheiras" remete às artimanhas que os judeus desenvolveram para escapar das perseguições impostas pela Inquisição. Como os israelitas religiosos não comem carne de porco, para escapar à repressão da Igreja Católica substituíam esse ingrediente por outras carnes (como vitela, coelho, peru, pato, galinha ou perdiz) envolvidas por uma massa de pão que lhes conferia consistência. Assim, como todos os vizinhos, eles também defumavam seus "enchidos", não atraindo as suspeitas dos demais. Mais tarde, a receita acabaria por se popularizar também entre os cristãos, embora estes acrescentassem carne de porco ao preparo.

No Alentejo, um dos pratos típicos é a "carne de porco à alentejana", em que a carne é preparada com banha, vinho, alho e *ameijoas* (mariscos). Esse prato é preparado cozido em fogo brando na *cataplana*, uma espécie de panela composta por duas partes côncavas que se encaixam com auxílio de uma dobradiça.

As sopas estão em praticamente todas as refeições dos portugueses. A mais conhecida é o "caldo verde", feito à base de batata, couves e chouriço.

Por último, uma especialidade gastronômica incorporada há poucas décadas nos bares portuenses: a "francesinha", uma novidade trazida por conta da emigração portuguesa para a França. A "francesinha" é uma *sande* (sanduíche no pão de forma) recheada com carne de vaca, linguiça de porco, salsicha fresca e *fiambre* (presunto

A "francesinha" é uma *sande* (um sanduíche) de linguiça, salsicha fresca e *fiambre* (presunto cozido), carnes frias ou bife de carne bovina, ou mesmo lombo de porco assado e fatiado. Coberta com queijo derretido, é guarnecida com molho picante e batatas fritas.

Os pastéis de Belém são uma das especialidades da doçaria portuguesa. Eles podem ser encontrados por todo o país, embora a receita original seja um segredo exclusivo da Fábrica dos Pastéis de Belém, localizada em Lisboa (foto). De acordo com a tradição, devem ser degustados ainda quentes e polvilhados com canela e açúcar. Para os entendidos, há uma distinção entre os pastéis que contêm natas e os "verdadeiros pastéis de Belém", que não levam natas e são confeccionados essencialmente com gemas de ovo e açúcar.

cozido) e coberta com queijo e um molho especial chamado "molho de francesinha", que leva cerveja, caldo de carne, folhas de louro, margarina, Brandy ou Porto, farinha maisena, polpa de tomate, tomate fresco, leite e piri-piri (um tempero picante).

EFEITOS DA GLOBALIZAÇÃO

Muito das tradições portuguesas e do modo como os portugueses são vistos pelos estrangeiros foi modificado por conta da entrada do país na União Europeia e dos efeitos do processo de globalização.

"Vamos ao Pizza Hut?" ou "Que tal comermos no McDonald's?" eram frases difíceis de se ouvir em Portugal, mesmo em Lisboa ou Porto, na década de 1980 e no início dos anos 1990. Comparado ao Brasil, mais aberto às novidades importadas dos Estados Unidos, Portugal foi muito mais lento em incorporar as redes de *fast-food*. A cadeia norte-americana McDonald's, por exemplo, só entrou em Portugal em maio de 1991, ao passo que em terras brasileiras ela já estava instalada 12 anos antes.

Em 1980, havia universitários portugueses que ainda chamavam a coca-cola de "água suja do imperialismo" e preferiam uma taça de vinho na hora do almoço. Nem mesmo uma palavra tão internacional como *pizza* era pronunciada como na Itália, nos EUA ou no Brasil; os portugueses falavam "piza". Outra peculiaridade: o italianíssimo macarrão *spaghetti*, para os portugueses, era "esparguete"!

O apego à gastronomia tradicional é um dos principais focos de resistência às mudanças que afetaram Portugal nas últimas décadas. A opção por refeições demoradas, a preferência pela "boa mesa", a sedução dos pratos típicos sustentam muitos restaurantes portugueses ainda hoje, apesar da chegada dos *fast-food* e também dos restaurantes "por quilo" (mais uma influência dos brasileiros).

Entretanto, rapidez, praticidade e garantias de determinado padrão passam a ser qualidades cada vez mais exigidas e, portanto, apreciadas, abrindo caminho para as cadeias de *comida rápida* na vida dos portugueses das grandes cidades. Os jovens são os mais entusiasmados diante da novidade e acabam por fazer uma distinção: os restaurantes tradicionais são *sítios* (lugares) para se ir com a família e o *fast-food* é local de encontro com os amigos da mesma idade. Porém, há coisas que custam a mudar: continuam a falar "piza" e "esparguete".

O caso das comidas e dos restaurantes é apenas a ponta do *iceberg*. De fato, Portugal nas últimas décadas abriu suas portas para o mundo. E não só para jogadores de futebol e telenovelas, mas também para grandes grupos econômicos, cadeias de lojas e prestadoras de serviços internacionais. O resultado disso é que muito do que era "tipicamente português" está sendo atropelado pelo que "vem de fora", como de resto acontece em boa parte do mundo.

Por outro lado, se hoje o mundo está em Portugal, Portugal também está no mundo. Há jogadores de futebol portugueses que são nomes globais (vide Cristiano Ronaldo e Luís Figo). A grife portuguesa Ana Salazar, da estilista de mesmo nome, está disponível nas principais capitais da moda mundial, como Paris, Milão, Nova York.[15] Importantes grupos econômicos lusos atuam em vários países. O grupo Sonae, por exemplo, fundado em 1959, na Maia (distrito do Porto), está entre os maiores empregadores privados de Portugal e também atua na Espanha, Reino Unido, Canadá, Itália, Alemanha, Grécia, Romênia e no continente Africano. Operava originalmente no ramo dos supermercados. Hoje investe em centros comerciais e nas áreas de comunicação, tecnologias da informação, lazer e turismo.

Mesmo no Brasil, a presença de grupos portugueses é grande. Em 25 fevereiro de 2008, o *Jornal de Negócios* afirmava haver no país "mais de 650 empresas com capital português e um investimento direto de 12 bilhões de dólares que garantem 110 mil empregos". A operadora de telefonia celular Vivo – controlada pelos grupos Portugal Telecom e Telefónica (espanhol) – é um bom exemplo dessa presença.

Um outro efeito das transformações recentes ligadas à entrada de Portugal na União Europeia e na era da globalização foi atualizar a visão sobre os contrastes que caracterizam Portugal e os problemas que o impedem de avançar mais e melhor. A clássica oposição entre Norte e Sul (ou a igualmente simplificada ideia de rural *versus* urbano) dá lugar a análises que procuram identificar quais são os setores "economicamente viáveis" – isto é, aqueles que estão afinados com as novas demandas de uma sociedade globalizada, e integrada ao cenário da UE – e quais são os setores ultrapassados, que estão à margem, não competitivos, fadados ao fracasso.

Além disso, existem segmentos da população em Portugal vivendo em condições precárias, privados dos principais atributos da cidadania. Portugal continua, portanto, a ser "um país de contrastes".

Notas

[1] Extremadura com "x" refere-se à região espanhola, e Estremadura com "s" corresponde à região pertencente ao território português.

[2] O caso de Viana do Castelo é curioso, pois embora esteja situada no litoral, colocava-se entre as localidades que perderam população, possivelmente em razão da atração exercida pela região de Braga e do Porto.

[3] Aliás, esta última é uma tendência recente, aquela "família de dois" conhecida pela sigla *DINK* (em inglês, *double income no kids*) ou *DINC* (*double income, no children*), isto é, casais com duplo rendimento (pois ambos trabalham) e que *escolheram* não ter filhos. Alguns desses até preferem ser denominados de *childfree* (livre de crianças) ao invés de *chidless* (sem filhos), pois este termo teria uma conotação de ausência ou de falta involuntária.

90 | Os portugueses

[4] Num país católico como Portugal, a atuação da Igreja com vistas a domesticar os relacionamentos e, se possível, extirpar os arranjos "alternativos", considerados ilegítimos e reprováveis, foi implacável. Pelo menos desde o século XVI, a Igreja Católica dispunha de eficientes instrumentos de controle e coerção da população. Das visitas pastorais regulares aos povoados feitas pelos bispos à atuação da Inquisição, muitas eram as formas de vigiar o "rebanho" e reprimir as "ovelhas negras".

[5] Em alguns casos, o *índice de celibato* – ou seja, a proporção de indivíduos que, dentro da população total, nunca contraíram núpcias, pelo menos durante as *faixas de idade férteis* da mulher (até 50 anos) – definitivo poderia chegar a 15% entre os homens e até 40% entre as mulheres, índices considerados muito elevados, mesmo em comparação com outras regiões de Portugal.

[6] Ribeiro, *Portugal, o Mediterrâneo e o Atlântico*, Lisboa, Sá da Costa, 1967, p. 153.

[7] Especula-se que o abalo sísmico teria ultrapassado os 8 graus de magnitude. Acredita-se que um terço da Europa e partes da África também sentiram o terremoto. Ondas de 15 metros de altura atingiram Helsinque; 10 mil pessoas teriam perecido em Fez e Meknes (no interior do Marrocos); o chão se abriu em Devonshire (Inglaterra).

[8] Obra disponível em: <http://www.ebooksbrasil.org/eLibris/candido.html>; acesso em: jan. 2009.

[9] Pelo censo geral da população de 1991, a cidade de Lisboa ultrapassaria os 670.000 habitantes e, no entanto, no início dos anos 2000 possuía pouco mais de 560.000 habitantes.

[10] Expedição organizada sob os auspícios do rei D. João I, da dinastia de Avis, que marcou o início da exploração e conquista da costa ocidental africana por parte dos portugueses.

[11] Esse episódio ocorreu entre julho de 1832 a agosto de 1833, quando as tropas liberais, sob o comando de D. Pedro IV (Pedro I do Brasil), estiveram sitiadas pelas forças realistas fiéis a seu irmão D. Miguel. Entre outros, combateram no Cerco do Porto, do lado dos liberais, Almeida Garrett, Alexandre Herculano.

[12] *Concelho* é a uma unidade administrativa portuguesa. É sinônimo de município. Trata-se de uma circunscrição territorial dotada de personalidade jurídica e alguma autonomia político-administrativa. Hoje, os concelhos são geridos por uma Câmara Municipal, órgão executivo, e têm uma Assembleia Municipal, que é o órgão deliberativo. Atualmente, o território português é dividido em *distritos* e cada distrito é subdividido em *concelhos*.

[13] As estimativas do INE revelam que no ano de 2011 o Porto terá uma população ainda menor, com cerca de 200.000 habitantes, confirmando a tendência de crescimento dos *concelhos* vizinhos, especialmente Gaia e Maia.

[14] Disponível em: <http://maisdiamenosdia.blogspot.com/2006/04/afinidades.html>; acesso em: jan. 2009.

[15] Aliás, outros nomes surgiram no cenário da moda portuguesa. Talvez ainda não internacionalmente conhecidos como Ana Salazar, mas que apresentaram propostas "à portuguesa" para um público de mais de 30.000 pessoas, entre eles Alexandra Moura, Dino Alves, Filipe Faísca, Miguel Vieira, Nuno Baltazar, Ricardo Dourado, Ricardo Preto, entre outros, revelando a vitalidade e a criatividade do *design* de moda luso.

SEMPRE A NAVEGAR

Falar dos portugueses é falar de movimento. É reconhecer que esse povo foi pioneiro em circular pelo mundo e materializar a construção de um império tricontinental, a partir da Europa, unindo África, Ásia e América. Favorecidos por uma vasta fachada oceânica que lhes permitiu a "abertura para o mundo", os portugueses se voltaram para a aventura marítima de grandes proporções antes mesmo de a América ter sido descoberta.

Navegar é um fado para os portugueses? Muitos pensam que sim. Essa ideia faz parte da identidade nacional portuguesa, pois a trajetória histórica vitoriosa ligada ao mar contribuiu para moldar a visão de mundo dos portugueses sobre si mesmos por muitos séculos. Assim, sua literatura, suas artes e as maneiras como narram a história do país estão marcadas por tudo o que envolve as navegações: encontros e desencontros, idas e vindas, despedidas e saudades, angústias e conquistas.

Não pensem os leitores que tais marcas remontam apenas séculos passados e autores clássicos, como Camões. Ainda hoje os mares são homenageados pelos artistas portugueses. Reverenciar o mar faz parte da cultura em Portugal, assim como gabar-se da língua portuguesa. O poeta Virgílio Ferreira (1916-1996) soube resumir esse espírito numa frase: "da minha língua vê-se o mar".

A temática é lembrada mesmo na música pop portuguesa mais recente. Uma banda jovem de muito sucesso, chamada Sétima Legião, tem em seu currículo títulos como: "Navegar", "Noutro lugar", "Os limites do mar", "Saudades" e "Sete mares", a mais popular.

Sete mares

Tem mil anos uma história
de viver a navegar
Há mil anos de memória a contar
ai, cidade à beira-mar
azul

Se os mares são só sete
há mais terra do que mar ...
Voltarei amor com a força da maré
ai, cidade à beira-mar
ao Sul [...]

A literatura portuguesa contribui para a construção da identidade nacional ligada ao mar. Em Os lusíadas, Camões celebrou as glórias e conquistas do povo português. Na época em que o país perdeu sua independência e ficou sob o domínio filipino (1580-1640), a reputação da obra aumentou muito, como um contraponto à situação de submissão. A partir de então, tornar-se-ia uma referência constante para a autoimagem dos portugueses.

Foram tantas as tormentas
que tivemos de enfrentar...
Chegarei amor na volta da maré
ai, troquei-te por um mar azul [...]

Em 1998, a Exposição Mundial realizada em Lisboa elegeu como mote: "Os oceanos: um patrimônio para o futuro". Enquanto durou, entre maio e setembro, o evento foi visitado por um total estimado de 10.000.000 de pessoas. Embora remetesse ao futuro, a Expo-98, como ficou conhecida, tinha pés fincados na história, particularmente nas comemorações do Quinto Centenário das viagens marítimas portuguesas. Foi elaborada de modo a passar mensagens bem claras: enfatizar a herança positiva deixada ao mundo pelos navegadores lusos, destacar a participação decisiva dos portugueses na história global e assegurar que podem continuar sendo importantes (no caso com a preservação dos oceanos, um patrimônio mundial).

Para entendermos um pouco mais sobre o que os portugueses consideram parte de sua "alma" é fundamental nos debruçarmos sobre seu passado, o concreto e o elaborado, ligado aos mares.

ENFRENTAR O MAR OCEANO

É, no mínimo, intrigante pensar que um país de pequenas dimensões territoriais e com uma população reduzida conseguiu se espalhar pelos quatro cantos do mundo e ter sob seu domínio um império planetário interligado através dos mares, em pleno século XVI.

Até o início do século XV, os portugueses encontravam-se espremidos entre os reinos hispânicos e o oceano Atlântico. Quando iniciou sua expansão marítima, Portugal tinha pouco mais de 1.000.000 de habitantes, que ocupavam um pequeno retângulo do canto ocidental da península ibérica. Essa história mudou no decorrer dos anos quatrocentos,[1] quando os portugueses se lançaram numa aventura temerária para a época: navegar pelo Mar Oceano ou o Mar Tenebroso, como era então conhecido o Atlântico.

A magnitude dessa peripécia só pode ser compreendida dentro de seu contexto e não com os parâmetros de hoje. Naquela época, o alto-mar representava o desconhecido, um espaço assustador. Havia muitos riscos e nem todos tão evidentes, já que não se sabia nem ao certo se existiam terras além-mar. Era preciso uma grande dose de audácia para navegar.

O "mundo conhecido" da época era bastante restrito. As mentalidades também. A civilização ocidental estava mergulhada numa tradição fortemente ligada à Igreja Católica e sua dogmática visão que opunha o mundo cristão – da salvação eterna e da

Até o século XV, o mar inspirava mitos e lendas que desencorajavam a navegação oceânica. Os europeus acreditavam que o oceano Atlântico abrigava monstros assustadores e que a direção oeste desembocava nas trevas e no fim do mundo. O sucesso das navegações portuguesas representaria a superação dessas superstições.

ordem onde os homens se sujeitam a uma autoridade legítima (que viria de Deus) – ao mundo do caos e da desordem cósmica. No espaço onde a Igreja não reinava, acreditava-se, havia bestas ferozes por toda parte. A própria natureza é desregrada: predominam as tempestades, os cataclismos, os excessos de calor e de frio. Se houver gente, serão povos semi-humanos, de costumes bizarros, cruéis, selvagens e imorais. Fora da Cristandade, vigora a idolatria, o pecado e a subversão social.

Mesmo a cartografia retratava o território não cristão (Ásia e África longínquas) como lugar de perigos inimagináveis.

Numa época repleta de superstições, imperava o medo do mar. Para a população, que em sua maioria vivia da exploração da terra, o oceano era um lugar aterrador.

Mesmo os navegadores acostumados aos rios, aos "mares interiores" e ao Mediterrâneo, temiam o Atlântico. Na imensidão de águas desconhecidas, repleta de monstros – pensavam –, o homem não poderia subsistir.

Também causava pesadelos aos navegantes a possibilidade de viajar na direção oeste, por conta da conotação negativa dada ao lugar onde o sol se põe: "o reino da morte", "local de trevas", "o fim do mundo". Navegar em direção "contrária à da terra" seria um verdadeiro horror. Além disso, havia a crença de que navegar para o sul, mesmo ao longo da costa, contornando o continente africano, também era perigoso, pois os marujos acabariam por enfrentar "um calor terrível", capaz de "ferver o mar".

Outro obstáculo era o isolamento. Nos tempos que precederam a expansão marítima dos séculos xv e xvi, a maioria da população europeia se organizava a partir de comunidades que não mantinham muito contato umas com as outras. Até os finais da Idade Média, a Europa, como um todo, e Portugal, em particular, eram dominados pelo "princípio da territorialidade": cada aldeia, cada cidade, cada corte régia ou senhorial vivia voltada sobre si mesma. Em geral, os indivíduos – camponeses principalmente (a sociedade europeia nessa época era essencialmente agrária) – não tinham ideia do que acontecia num raio além de 10 ou 20 km da localidade em que viviam.

É claro que o isolamento não era absoluto. Contatos ocorriam e se davam, sobretudo, por conta das rotas comerciais existentes à época. As mais frutíferas eram as que passavam pelo mar Mediterrâneo e, daí, pelos os caminhos terrestres que levavam até o Oriente. Entretanto, os habitantes da Europa Ocidental, com exceção de alguns comerciantes e empreendedores italianos e judeus, tinham um conhecimento muito vago e fragmentário a respeito dos povos asiáticos e norte-africanos. Estes, por sua vez, sabiam pouco ou nada da Europa ao norte dos Pirineus e da África ao sul do Sudão. A América era desconhecida; aliás, para os europeus, nem existia!

Mesmo havendo alguma circulação de mercadores, peregrinos, clérigos, legados e embaixadores, por exemplo, as informações que eles traziam de outras terras para a Cristandade não eram amplamente divulgadas, sendo ainda fragmentárias, distorcidas e carregadas de preconceitos.

Isso tudo é só uma amostra das imensas dificuldades que os grandes navegadores tiveram que superar. Entretanto, a despeito das lendas que povoavam a mentalidade da época e das dificuldades materiais concretas, portugueses, genoveses, castelhanos e venezianos protagonizaram a arrojada aventura que marcaria indelevelmente a história do mundo: a navegação oceânica.

Portugal e Espanha foram os responsáveis por começar a unir os quatro cantos do mundo, cruzando os mares de modo pioneiro e descobrindo novas terras. Com isso, passaria a haver no mundo uma circulação muitíssimo maior de pessoas, mercadorias e ideias. O impacto econômico e cultural então seria imenso. O cronista português Francisco López de Gómara afirmou, em meados do século XVI, serem os descobrimentos "o maior acontecimento desde a criação do mundo, depois da encarnação e da morte Daquele que o criou". O economista e filósofo escocês Adam Smith acrescentou, no século XVIII: "a descoberta da América e da passagem para as Índias Orientais, através do cabo da Boa Esperança, são os dois maiores e mais importantes acontecimentos de que se tem registro na história da humanidade".

PRIMEIROS PASSOS

O que impeliu os portugueses a enfrentar o Mar Oceano e iniciar uma saga de quatro séculos, marcada pela construção de um império marítimo e pela intensa circulação de seu povo pelo mundo?

No final da Idade Média, a vida dos habitantes da península ibérica não era nada fácil. A maior parte da terra não estava cultivada. E muito dela permaneceria inculta ainda por muitos séculos, devido às características físicas do território português: dois terços do solo são demasiado rochosos, íngremes ou tão pedregosos que é muito difícil manter uma atividade agrícola regular. As chuvas eram irregulares e a terra era pobre, resultando, na época, em colheitas incertas e de baixa qualidade.

Se os rios, pouco propícios à navegação, não facilitavam os deslocamentos, as estradas tampouco eram capazes de cumprir a contento esse papel, pois eram de péssima qualidade, mesmo para os padrões medievais. Não é demais lembrar que as mais importantes vias de comunicação terrestre ainda eram do tempo da ocupação romana e que somente no século XIX, com as estradas de ferro, é que o sistema de transporte melhoraria substantivamente em Portugal.

As cidades, aldeias e vilas existiam em número reduzido, na maioria das vezes bastante afastadas umas das outras. Estavam situadas em cumes ou clareiras cercadas de vastas extensões de matagais, terrenos incultos, descampados ou florestas. Sua presença era também desigual pelo território português. Ao norte do rio Tejo sobressaía-se o Porto (com aproximadamente 8.000 habitantes). Ao sul desse mesmo rio, havia um número maior de povoados urbanos, embora, na maioria, com poucos habitantes (entre 500 e 3.000). Lisboa, muito maior que as demais cidades do reino, abrigava cerca de 40.000 pessoas.

A maioria da população portuguesa vivia da agricultura. Na zona litorânea, entretanto, a pesca e a extração de sal constituíam atividades econômicas importantes. Já no final da Idade Média, havia portugueses envolvidos com exportação de sal,

O infante D. Henrique (1394-1460) é uma das figuras mais emblemáticas da época das grandes navegações portuguesas. Participou da conquista de Ceuta (1415) e teve papel de destaque em todo o empreendimento de exploração da costa ocidental africana. Seu nome também está associado à mítica Escola de Sagres.

98 | Os portugueses

peixe, vinho, azeite, frutas, cortiça, favas e couros. Tais artigos eram vendidos para Flandres, Inglaterra e as regiões da Normandia e Bretanha bem como para as cidades mediterrâneas e o Marrocos. Por outro lado, Portugal importava trigo, tecidos, ferro, madeira e metais preciosos (ouro e prata em barras, vindos do norte da Europa, e moedas originárias do Marrocos).

Essa atividade comercial era possível tanto com a navegação costeira no Atlântico, quanto com rotas mediterrâneas. Uma parcela significativa da população portuguesa tirava dela seu sustento, mesmo nos períodos em que a costa atlântica lusa foi alvo de ataques (dos normandos entre os séculos x e xi, e dos sarracenos, nos séculos xi a xiv).

Assim, já nessa época, embarcações de variados tipos percorriam a costa portuguesa, tanto em direção ao sul (Algarve e portos do Mediterrâneo), como em direção ao Atlântico Norte, onde atuavam com destaque e regularidade. Se a pesca exigia domínio da navegação costeira, com barcos de pequeno porte, o comércio marítimo com regiões mais distantes obrigava a utilização de barcos maiores e mais equipados, bem como o conhecimento mais apurado de técnicas de navegação. Os navegantes e mestres de ofício portugueses conjugavam as técnicas e habilidades de ambos os tipos.

O panorama das atividades comerciais empreendidas pelos portugueses revela a importância dos contatos, mantidos continuamente até o final do século xiv, que prepararam o caminho para navegação em mar aberto. Primeiro em direção à costa ocidental africana.

NOVOS INTERESSES, NOVOS DESAFIOS

Os europeus passaram a se preocupar em conquistar e explorar terras fora da Europa quando sentiram necessidade de obter mais e mais metais preciosos para manter o comércio entre a Cristandade e o Levante, que era feito, sobretudo, através do mar Mediterrâneo. Desde o século xiv, a Europa sofria com a crônica escassez de metais preciosos, situação criada a partir do crescimento da população, do desenvolvimento das trocas comerciais e do aumento da demanda por artigos trazidos do Oriente. A prata extraída das minas da Europa Central e o ouro proveniente do continente africano não eram mais suficientes para garantir a aquisição dos valiosos e desejados gêneros fornecidos pelos muçulmanos.

A busca por metais preciosos diretamente na fonte africana passou a ser o sonho de comerciantes portugueses, catalães e genoveses que pretendiam chegar a eles, sem intermediários, por meio da navegação ao longo da costa africana até a "Costa do Ouro" (atual Gana). (Mais tarde, virou também obsessão a ideia de obter ouro em Catai e

Cipango, que correspondem à China e ao Japão, de que falava Marco Polo.) Assim, foi a sede de metais preciosos, especialmente ouro, indispensáveis para as trocas comerciais, o primeiro e principal motivo da expansão marítima que levaria aos descobrimentos.

Muitos historiadores atribuem grande importância à procura por especiarias do Oriente como motor das grandes navegações. Isso deve ser relativizado. Embora as necessidades da Europa em relação a esses produtos fossem evidentes, elas estavam supridas pelos mercadores italiano e, apesar da expansão otomana, o comércio entre as cidades italianas e os mercadores árabes não chegou a ser ameaçado seriamente.

Os portugueses passariam a se interessar pelo lucrativo comércio de especiarias a partir da segunda metade do século xv. A fim de quebrar o monopólio dos mercadores italianos e, com isso, obter os produtos a um preço inferior, os portugueses decidiram chegar diretamente por mar às regiões da Ásia que os produziam. Para isso se aventurariam também pelo oceano Índico.

Contudo, os interesses econômicos não eram os únicos estímulos à exploração de territórios fora do mundo cristão. A componente religiosa não deve ser esquecida, pois esteve sempre presente, mesclada aos motivos de caráter econômico. O combate aos chamados "infiéis" continuava a ter importância nessa época. Estava vinculado ao velho "espírito de cruzada", muito vivo entre os habitantes cristãos da península ibérica que durante séculos haviam lutado contra os mulçumanos. Além dele, uma nova força surgiu: "o espírito de missão" que animava os que pretendiam converter as populações não cristãs ao cristianismo e submetê-las ao domínio da Igreja.

O infante D. Henrique (quinto filho do rei de Portugal D. João I), um dos principais articuladores das expedições portuguesas, acreditava ser "impelido pelo serviço de Deus". Pensava que poderia encontrar povos cristãos em outras partes do mundo, em regiões ainda desconhecidas. Se os encontrasse, poderia estabelecer relações comerciais com eles ou, se não tivessem mercadorias interessantes, poderia, pelo menos, cooptá-los como aliados na luta contra os "inimigos da fé". Além disso, afirmava ser "grande o seu desejo de espalhar a Santa Fé de Nosso Senhor Jesus Cristo".

A CONQUISTA DA COSTA OCIDENTAL AFRICANA

No final século xiv, a África era muito pouco conhecida dos europeus. Na cartografia, estava dividida em três regiões: o Maghreb, o Saara e o mundo negro subsaariano, identificado vagamente como Sudão, sabido local de origem de ouro. O cobiçado metal vindo de lá chegava às cidades Maghreb (região norte da África) e então partia para a Europa.

No momento anterior às grandes navegações oceânicas, embora a maior parte da população portuguesa estivesse ligada às atividades agrícolas, já havia um contingente significativo que se dedicava a explorar os recursos marítimos e as possibilidades da navegação comercial.

Ao explorar o continente africano, os portugueses dispunham de algumas vantagens sobre os demais europeus. Portugal nessa época não tinha que se preocupar com inimigos espanhóis. Sua autonomia em relação ao reino de Castela estava assegurada, após a vitória de D. João, Mestre da Ordem de Avis, que instituiu a dinastia do mesmo nome e tornou-se D. João I, rei de Portugal, em 1385. A partir de então, o monarca soube articular os interesses dos nobres, dos mercadores e dos mestres de ofício, direcionando-os para a conquista de terras no norte da África que possibilitariam a obtenção de metais e de mercadorias, superando o monopólio italiano no Mediterrâneo.

A primeira conquista foi Ceuta (1415), um importante núcleo comercial e cabeça de uma das rotas do ouro sudanês. Com ela, teve início o empreendimento expansionista que levaria Portugal a explorar a costa ocidental africana e a descobrir e ocupar as ilhas atlânticas, que chamou de Madeira e Açores.

O processo de exploração e conquista da costa ocidental africana desenrolou-se ao longo de todo o século XV. A opção política pela expansão marítima foi incentivada pela figura notória do infante D. Henrique, o Navegador. A ele é atribuída a fundação da mítica Escola de Sagres, um local onde se reuniam mareantes e cientistas com amplo apoio para desenvolver suas atividades.

Não procede a ideia, ainda hoje difundida, de que já no início da exploração da costa africana houvesse um "plano" para se chegar às Índias contornando a África. A verdade é que não se tinha conhecimento do continente negro. O projeto de contorná-lo só seria definido na segunda metade do século XV. E foi um longo caminho até conhecer e mapear a costa ocidental africana.

Depois de Ceuta, os portugueses no Atlântico chegaram, entre 1418 e 1419, ao arquipélago da Madeira e, em 1427, ao arquipélago dos Açores. A fixação nessas ilhas antes desabitadas iniciou os lusos na prática da colonização ultramarina. Nesses locais, os colonos foram literalmente "pioneiros em um novo mundo". E não foi por acaso que as duas primeiras crianças nascidas na Ilha da Madeira foram batizadas, respectivamente, de Adão e Eva.

Governantes em busca de mais poder, nobres interessados em novas terras, mercadores preocupados em incrementar o comércio, clero em busca de "ovelhas" somaram esforços e as navegações portuguesas avançaram. Expedições foram organizadas para chegar aos pontos de partida das rotas comerciais originárias do sul e do centro da África. Vários foram os navegadores que participaram dessa fase expansionista, entre eles: Gil Eanes, que atingiu o cabo Bojador em 1433, Nuno Tristão, que chegou a Arguim em 1443, e Diogo Gomes, que explorou melhor a região.

O transporte das mercadorias era feito por grandes caravanas que atravessavam o interior da África. Para se ter uma ideia, alguns dos rios que cortavam o continente africano permitiam a navegação através de centenas e centenas de quilômetros no interior do território; o rio Senegal, por exemplo, era navegável por quase 1.000 km. A combinação de rotas terrestres e fluviais formou um sistema eficaz de transporte para as mercadorias que interessavam aos portugueses, englobando, além do Senegal, os rios Níger, Benué e Gâmbia, entre outros. Os portugueses entraram, então, em contato com populações mais organizadas (em particular aquelas que já se encontravam islamizadas) e entabularam lucrativo comércio, especialmente de escravos, que eram trazidos por africanos e entregues aos capitães das embarcações portuguesas. Com essa estratégia, Portugal passou a ser o maior centro difusor de mercadorias africanas para a Europa. Também se tornou o principal detentor de conhecimentos náuticos da época, contribuindo para a correção e ampliação do saber contido nos textos clássicos sobre o assunto.

A construção do Império Português começou a se estruturar com a instalação de feitorias e fortalezas que acabaram garantindo a presença lusitana em toda a extensão da costa ocidental africana e permitiram que ela fosse explorada de forma mais sistemática. A ação dos portugueses traduziu-se, inicialmente, na ocupação de alguns pontos do litoral, considerados estratégicos, evitando tentativas de penetração para o interior. Esse procedimento era mais adequado aos reduzidos recursos humanos do reino. Além disso, era mais fácil defender e abastecer pontos específicos litorâneos. A estratégia de montar feitorias-fortalezas também era útil na medida em que não introduzia modificações nas rotinas comerciais das populações locais e procurava antes, utilizá-las em próprio proveito.

Posteriormente, agora conhecendo mais o território africano, avançaram para o interior do continente; penetraram na região do Congo e de Angola, por exemplo.

Em 1445, foi construída a fortaleza de Arguim, na ilha de mesmo nome, localizada em frente ao cabo Branco. O controle militar dessa ilha seria de fundamental importância para a etapa de organização do comércio com o interior da África. A abundância de água doce e de peixe contribuiu para a ocupação portuguesa. Assim, Arguim tornou-se o primeiro entreposto comercial dos portugueses na costa africana. Lá, durante muitos anos, ouro e escravos foram intercambiados por tecidos, cereais e cavalos. Arguim serviu de modelo para outras fortalezas portuguesas, como as de São Jorge da Mina e de Moçambique. Entre a segunda metade do século xv e o princípio do xvi, ali se manteve um comércio significativo, até que os planos da expansão mudassem as prioridades e vislumbrassem territórios mais distantes.

Data de 1482 o início da construção da feitoria-fortaleza de São Jorge da Mina, situada no atual território de Gana. Desde então (até 1637, quando seria conquistada pelos holandeses), a feitoria da Mina desempenhou papel vital, não só por servir de base para os compradores portugueses interessados nos mercados africanos, mas também por atrair rotas africanas do comércio do ouro. Assim, as caravanas traziam o ouro até São Jorge da Mina, sem que os portugueses precisassem avançar para o interior à sua procura. Como o ouro era trocado por produtos variados, o transporte dessas cargas volumosas acabou estimulando o negócio de escravos. Os portugueses passaram a adquirir cativos no Benim. Transportavam-nos por via marítima até a Mina, onde eram então vendidos a outros africanos, comerciantes, e empregados no transporte dos artigos trocados por ouro, que eram carregados para o interior da África.

Ao longo do século xv, portugueses conseguiram dominar cada vez mais espaços que constituíram importantes fontes de ouro e de escravos, cuja exploração comercial ganhou corpo e foi rapidamente incorporada ao processo de expansão portuguesa.

UM SONHO REALIZADO: A CIRCUM-NAVEGAÇÃO DA ÁFRICA

Até a década de 1460, os portugueses já haviam alcançado o golfo da Guiné. Durante algum tempo acreditaram haver finalmente contornado a África e pensaram que logo chegariam às Índias por mar. Entretanto, foi somente no ano de 1474, quando o príncipe D. João, o futuro rei D. João II (1481-1495), foi posto à frente da expansão portuguesa é que, efetivamente, começou-se a elaborar um plano coerente de descobertas de rotas e territórios, com fins estabelecidos e, finalmente, um projeto concreto de chegar à Ásia por via marítima.

Uma guerra entre Portugal e Castela (1474-1479) retardou, entretanto, a execução imediata do plano. Castela alimentava suas próprias pretensões sobre os mares africanos, e esquadras castelhanas desafiavam o monopólio português. Muitas lutas foram travadas no golfo da Guiné entre embarcações castelhanas e portuguesas até que, com o Tratado de Alcáçovas (assinado em 1479, ratificado em Toledo em 1480 e confirmado no ano seguinte), Portugal abriu mão de suas pretensões em relação às Canárias, e Castela reconheceu o monopólio português ao sul das ilhas além do domínio luso sobre os arquipélagos da Madeira e dos Açores.

Em 1482, D. João II pôde, finalmente, enviar à África uma expedição sob o comando de Diogo Cão. Ao longo dos quase 18 meses que durou a empreitada, os navios lusos atingiram terras do que correspondem hoje ao Gabão, Congo, Zaire e Angola. Numa segunda viagem (em 1485 e 1486), os portugueses praticamente chegaram ao trópico de Capricórnio.

Os comandantes eram instruídos a procurar passagens para o oriente, marítimas ou fluviais. E os maiores rios africanos localizados eram navegados por algum tempo na esperança de contatos com outras civilizações.

Os navegadores portugueses costumavam deixar marcas em todos os lugares da costa africana por onde aportavam. Davam nomes a cabos, rios, baías e localidades. Como, mais do que tudo, o comércio era a mola propulsora do movimento, os nomes atribuídos às regiões frequentemente remetiam à mercadoria de maior valor encontrada por lá: Costa da Malagueta (hoje, Libéria), Costa do Ouro (Gana), Costa dos Escravos (Togo e Benim).

Alcançar a extremidade sul do continente africano custou aos navegadores portugueses quase um século, a contar da Tomada da Ceuta. Foi em 1488 que a descoberta do navegador Bartolomeu Dias coroou os esforços efetuados no reinado de D. João II no sentido de descobrir um caminho marítimo para as Índias, fonte das valorizadas especiarias. No seu retorno, ainda descobriu os dois cabos que marcam o fim do território africano (o das Agulhas e o da Boa Esperança). Em dezembro de 1488, foi recebido de volta no porto de Lisboa.

AFINAL, AS ÍNDIAS!

As iniciativas de Portugal foram mais além.

D. João II enviava emissários por terra para o Oriente com o objetivo de obter informações sobre as populações autóctones e suas atividades comerciais, além das rotas que se cruzavam, dos entrepostos existentes e as dificuldades ou vantagens que cada local apresentaria aos interesses portugueses.

Muitas vezes, os enviados viajavam sob disfarce e agiam secretamente. Pero da Covilhã foi um deles; partiu em missão em maio de 1487 e conseguiu chegar às Índias; visitou Calecute, Goa e vários outros locais. Seguiu até a Pérsia, passou pela África Oriental e, em 1491, regressou ao Cairo, de onde enviou seu relatório final ao rei.

A preparação dos agentes da Coroa era cuidadosa. Pero da Covilhã, por exemplo, aprendeu a falar fluentemente o árabe, teve aulas para conseguir se localizar e precisou ainda desenvolver diversas outras habilidades necessárias ao sucesso da missão. Os "espiões" do rei partiam munidos de algum dinheiro, um mapa-múndi e uma carta de crédito "válida para todos os lugares do mundo", que serviria para facilitar as transações comerciais que os emissários portugueses porventura conseguissem estabelecer com os habitantes dos locais visitados.

Paralelamente às incursões por terra e por mar ao Oriente, os portugueses continuaram a navegar na direção oeste, cada vez mais ousados. Infelizmente, os relatos dessas viagens são consideravelmente mais pobres, pois pouca coisa interessante para os portugueses acabou sendo descoberta num primeiro momento. Ainda assim teria sido realizada, antes de 1474, uma pretensa expedição de João Vaz Corte Real e Álvaro Martins Homem que teria alcançado a chamada Terra dos Bacalhaus (provavelmente a Groenlândia ou Terra Nova). Porém, as informações sobre as viagens feitas pelos portugueses em direção ao Atlântico Norte no último quartel do século XV são contraditórias.

Já na década de 1490, a existência de terras a oeste não era mais só uma esperança ou uma crença sem fundamento, mas sim estava baseada na experiência de gerações de marinheiros que conheciam algo do Atlântico. Tanto o rei português D. João II como seus conselheiros aceitavam a teoria da esfericidade da terra, admitindo a hipótese de que a Ásia poderia ser alcançada também pelo ocidente, embora soubessem que a via do oriente era consideravelmente mais curta.

O navegador Cristovão Colombo, que tinha vivido em Lisboa e na Madeira e servido sob bandeira portuguesa, ofereceu novamente seus serviços ao rei, com um projeto de chegar às Índias pelo ocidente. O monarca português, porém, rejeitou o projeto de Colombo, por considerá-lo absurdo, já que se baseava numa ideia muito imprecisa do cosmógrafo florentino Paolo El Pozzo Toscanelli, que supunha uma dis-

O Tratado de Tordesilhas dividiu as esferas de atuação de Portugal e da Espanha no oceano Atlântico, evitando, na época, uma guerra entre as duas nações. Assinado na cidade de Tordesilhas em 1494, demarcava as áreas de conquista e domínio segundo um meridiano que passava a 370 léguas a oeste das ilhas de Cabo Verde. Rapidamente foi contestado por outros países e, de fato, não seria respeitado à risca nem pelos próprios signatários.

tância entre Portugal e o Extremo Oriente, via ocidental, bem menor do que a avaliada pelos cosmógrafos portugueses. (Na realidade, mesmo estes estavam equivocados.)

O navegador não se deu por vencido e apresentou seu plano aos Reis Católicos (Fernando de Aragão e Isabel de Castela), que acabaram por financiar sua expedição de três navios em 1492, após uma longa espera.

Em 12 de outubro, depois de fazer escala nas Canárias e de navegar no Atlântico rumo a oeste por mais de um mês, a armada de Colombo chegou a uma das ilhas do arquipélago das Bahamas. Nessa mesma viagem, o navegador genovês explorou as costas do Haiti e de Cuba e, empunhando a bandeira dos Reis Católicos, proclamou a soberania dos monarcas espanhóis sobre o território descoberto.

No seu regresso à Europa, fez escala em Lisboa e, convencido de que havia tocado o Extremo Oriente, propagou os resultados de sua expedição. O rei português imediatamente reclamou a posse daquele novo território, abrindo uma crise diplomática entre os monarcas ibéricos.

Para solucionar a disputa, Portugal e Espanha – sem consultar nenhum outro país e com a arrogância que lhes permitia seu poderio marítimo – decidiram estabelecer uma linha divisória imaginária que repartia o mundo em duas partes: a oriental para Portugal e a ocidental para Espanha, ou seja, tudo o que existisse a leste desse meridiano pertenceria aos portugueses e tudo o que houvesse a oeste seria dos espanhóis. A negociação teve a participação do papa Alexandre VI (um espanhol), que legitimou o acordo entre os soberanos. Em 1494, o Tratado de Tordesilhas dividiu as áreas de conquista e de domínio (presentes e futuros) através do meridiano que passava a 370 léguas (1184 milhas) a oeste de Cabo Verde. Tal acerto impediu uma guerra entre os dois países. O tratado vigorou oficialmente até 1777, embora nunca tenha sido cumprido à risca, nem por portugueses, nem por espanhóis.

Obviamente, essa arbitrária "divisão do mundo" acabou sendo contestada. O rei Francisco I (da França, 1515-1547), por exemplo, em uma frase que ficou famosa, disse desconhecer "o testamento de Adão que dividiu o mundo entre os reis de Espanha e Portugal"!

Apesar de todas as querelas, as terras descobertas a oeste além-mar tiveram que esperar. Não eram prioridade.

Em 1497, os portugueses enviaram navios comandados por Vasco da Gama para concretizar aquela que seria a mais longa viagem marítima empreendida até então. O navegador partiu em direção ao sul. Para evitar as calmarias do golfo da Guiné, rumou por algum tempo a sudoeste. Depois seguiu a sudeste para alcançar a costa africana. Aportou na baía de Santa Helena (na atual África do Sul), três meses depois de sua partida. Ultrapassou o cabo da Boa Esperança e, então, superou o limite tocado por Bartolomeu Dias em viagem anterior, alcançando a ilha de Moçambique no início de março de 1498.

Imagem que retrata o momento de chegada dos navegadores portugueses a Calecute, confeccionada no início do século XX. A expedição comandada por Vasco da Gama com destino às Índias deixou o Tejo em julho de 1497 e alcançou Calecute em maio de 1498.

Ao navegar em terras muçulmanas, Vasco da Gama pôde contar com o conhecimento dos pilotos disponíveis na região para tocar a aventura adiante. Atingiu Mombaça (atual Quênia) e Melinde em abril de 1498. Com a ajuda da monção do sudoeste, chegou por fim às Índias em 18 de maio daquele mesmo ano, atingindo o objetivo traçado há tanto tempo pelos monarcas portugueses. Um grande feito!

Depois de uma estada de três meses, que intercalou contatos amigáveis e hostilidades abertas, Vasco da Gama iniciou a viagem de retorno. Chegou a Lisboa no final do verão de 1499 com embarcações carregadas de especiarias e outras tantas mercadorias. Os resultados da expedição que se estendera por mais de dois anos foram muito comemorados. O futuro prometia.

108 | Os portugueses

A partir daí, os portugueses dominariam as rotas oceânicas que contornavam a África e levavam à Ásia e lançariam as bases de um império português no Oriente.

O DESCOBRIMENTO DO BRASIL

No clima auspicioso que seguiu ao retorno triunfal de Vasco da Gama, tiveram início os preparativos para uma expedição de envergadura muito maior, sob o comando de Pedro Álvares Cabral.

Diferentemente da expedição comandada por Vasco de Gama, que era formada por apenas 3 navios e 1 barco de mantimentos, a esquadra de Cabral era composta por nada menos que 13 embarcações (10 naus e 3 caravelas). A grandiosidade da expedição, que largou de Lisboa em março de 1500, justifica-se por conta dos objetivos que lhe eram confiados. Envolvia interesses diplomáticos, comerciais, militares, religiosos, e pretendia-se que fornecesse um relatório mais detalhado das condições concretas para a realização das expectativas suscitadas pela conquista de Vasco da Gama. Estava claro para a Coroa portuguesa que o futuro das relações de Lisboa com o Oriente dependia do êxito dessa iniciativa.

A expedição reuniu entre 1.200 e 1.500 pessoas, incluindo indivíduos de diferentes condições sociais e distintos papéis a desempenhar na viagem. A maioria dos componentes, contudo, estava vinculada a atribuições de caráter militar e guerreiro, mas também embarcaram fidalgos, embaixadores, intérpretes, serviçais, escravos, degredados e religiosos franciscanos (pois a espada e a cruz andavam sempre juntas).

O regimento estabelecido para a armada comandada por Cabral destacava como principal objetivo estabelecer relações comerciais estáveis com Calecute, um dos principais reinos da costa ocidental indiana. Alguns historiadores defendem que Cabral também estava secretamente encarregado de fazer o reconhecimento oficial e tomar posse de terras existentes a oeste no Atlântico e, para tanto, devia desviar-se por um tempo de sua rota principal.

As condições que envolvem o Descobrimento do Brasil são assunto até hoje controverso entre os pesquisadores. Os portugueses comandados por Cabral teriam sido os primeiros a aportar por aqui? A "descoberta" das terras brasileiras foi intencional ou casual?

A primazia dos portugueses não é questão consensual nos livros de História. Alguns defendem que navegadores espanhóis ou mesmo franceses tenham chegado ao Brasil antes dos portugueses.[2] Porém, mesmo que outros exploradores tenham andado por aqui, o fato é que disso não ficou nenhum registro consistente. Foram Pero Vaz de Caminha (o escrivão da esquadra de Cabral) e mestre João (figura sobre a qual se sabe hoje

Em 8 de março de 1500 largou do Tejo a grande frota comandada por Pedro Álvares Cabral com objetivo de chegar às Índias. Inicialmente, seguiu uma rota semelhante à de Vasco da Gama, mas, depois de atingir Cabo Verde, manteve-se rumo ao ocidente. Em 22 de abril, os portugueses avistaram um monte, logo batizado de Pascoal, aportaram nas novas terras e, por alguns dias, exploraram o que no futuro seria o Brasil. Até hoje, há controvérsias sobre a intencionalidade ou não da descoberta dessas terras.

muito pouco)[3] os autores das primeiras narrativas sobre a nova terra e o sobre seu céu, incluindo uma descrição do Cruzeiro do Sul. Foi, portanto, com o desembarque dos portugueses que o território brasileiro passou a "existir" oficialmente para os europeus.

A casualidade ou a intencionalidade da descoberta é outro antigo debate. O autor da primeira *História do Brasil* (concluída em torno de 1627 e publicada na íntegra no final do século XIX), frei Vicente do Salvador, acreditava na tese do acaso: "a terra do Brasil, que está na América [...] não se descobriu de propósito e de principal intento, mas por acaso, indo Pedro Álvares Cabral, por mandado de el-rei D.Manuel no ano de 1500 para a Índia [...]". Outros historiadores repetiram a versão da casualidade. Sebastião da Rocha Pita, em sua *História da América portuguesa,* acrescentou o detalhe da tempestade que teria obrigado Cabral a desviar-se de sua rota original, levando-o às terras brasileiras: "Tinha já dado o sol cinco mil e quinhentas e cinquenta e duas voltas no zodíaco, pela mais apurada cronologia dos anos, quando no ano de mil e quinhentos da nossa redenção [...] trouxe a tempestade a Pedro Álvares Cabral a descobrir o Brasil".

No final do século XIX, Capistrano de Abreu apresentou vários documentos para sustentar a tese da intencionalidade do descobrimento português. Entre eles estavam a carta do mestre João (que aludia à representação da Terra de Vera Cruz num mapa-múndi antigo de autoria de Pero Vaz Bisagundo, cognome de Pero Vaz da Cunha) e uma carta de D. Manuel aos Reis Católicos (que mencionava as terras *"novamente descobertas"* em 1500).[4]

A tese da intencionalidade consagrou-se ao longo do século XX, inclusive nos livros didáticos, embora continue polemizada nos meios acadêmicos. Aos indícios documentais, seus defensores agregaram o argumento da dedução lógica de que Portugal sabia da existência do Brasil desde 1494, quando da assinatura do Tratado de Tordesilhas com a Espanha. O empenho de D. João II em alargar para 370 léguas o meridiano que partia das ilhas de Açores e Cabo Verde e dividia o mundo descoberto e por descobrir entre as duas Coroas seria prova cabal de que os portugueses conheciam ou pelo menos imaginavam a existência do Brasil. Ficasse o meridiano traçado a 100 léguas daqueles arquipélagos (como havia sido aventado num primeiro momento das negociações), toda a América seria considerada espanhola.

Para outros, a ideia de que os portugueses já conheciam as terras do que seria o Brasil antes mesmo da viagem que Vasco da Gama de 1498 não se sustenta.

Entretanto, não é difícil supor que nos finais do século XV os portugueses já presumissem a existência de terras a ocidente (garantidas como suas por um tratado com os espanhóis feito em 1494) – terras americanas, portanto, no Novo Mundo encontrado por Colombo em 1492. De todo modo, tendo a concordar com os que afirmam que o desembarque específico de Cabral em 1500 parece ter mesmo ocorrido por acaso.

Até o momento, não chegou a nós documento algum que endosse a versão de que o rei D. Manuel tenha ordenado o desvio que levaria Cabral à América quando ele, comprovadamente, viajava para a Ásia.

O TERRÍVEL TRÁFICO DE ESCRAVOS

Os portugueses de hoje talvez se sintam constrangidos com o tema e procurem esquecê-lo nas inúmeras comemorações de seus feitos marítimos e conquistas do passado. Entretanto, não dá para negar que o comércio de seres humanos e a disseminação do uso da mão de obra cativa foram consequências diretas da expansão marítima, do desenvolvimento comercial e da colonização das terras descobertas.

É verdade que a escravidão vigente nos tempos do Império Romano não havia desaparecido totalmente do Ocidente durante a Idade Média. Embora o trabalho escravo na agricultura e na produção em larga escala tivesse desaparecido há muito tempo, diversos tipos de regimes de escravatura podiam ser encontrados no final do Medievo, especialmente na região do Mediterrâneo.

Ao longo do século XIV e, sobretudo, no século XV, a escravidão revigorou-se extraordinariamente. Mudou de caráter e envergadura. Os portugueses e a Igreja Católica estavam entre os principais responsáveis por isso.

A começar pela própria legislação portuguesa. Em 1448, o rei D. Afonso V autorizou o *resgate*[5] de negros da Guiné. Na época, o infante D. Henrique era o "governador das descobertas da Guiné", com direito a receber um décimo dos ganhos com o comércio feito por lá em recompensa pelos "bons serviços" que prestara a Portugal.

Independentemente de uma lei específica, nesse período, a escravidão africana já era largamente utilizada pelos portugueses no arquipélago da Madeira.

A Igreja Católica, por sua vez, ajudou a disseminar a escravidão, legitimando a atividade por meio de uma série de bulas papais. Com a bula *Dum diversas* (1452), por exemplo, o papado concedeu aos portugueses o direito de atacar, conquistar e submeter pagãos e sarracenos, tomando seus bens e reduzindo-os à escravidão perpétua. A *Romanus pontifex* (1455) ampliou o território de atuação dos portugueses incluindo o Marrocos e as Índias. E várias outras bulas ratificaram ou ampliaram os poderes concedidos aos portugueses no sentido de converter pessoas à fé católica, escravizá-las e comercializá-las.

Para a obtenção desses privilégios papais, os portugueses assumiram junto à Cúria Pontifícia o compromisso de transformar "os pagãos" em novas "ovelhas para o rebanho católico". Com a bênção explícita da Igreja, Portugal ficou numa situação muito confortável para governar os territórios africanos com plenos poderes sobre seus habitantes.

112 | Os portugueses

O tráfico de escravos africanos constituiu-se numa das páginas mais violentas da história da expansão marítima, que propiciou o deslocamento forçado de milhões de africanos, sobretudo em direção às Américas. Embora a utilização do trabalho escravo não fosse desconhecida no continente africano antes do século XV, as características e a magnitude do empreendimento não se comparam ao instalado nos séculos seguintes.

As portas estavam abertas para que fossem transportadas à força, por terra e mar, quantidades enormes de pessoas, que eram retiradas de seus locais de origem e levadas para trabalhar compulsoriamente em outros continentes.

O tráfico de escravos da África Ocidental para Portugal, da África Oriental para as Índias, e, em particular, o da África Ocidental e Central para a América deslocou milhões de pessoas e se constituiu num dos maiores movimentos involuntários de populações da história da humanidade.

Embora o deslocamento de africanos para a Europa entre os séculos XV e XVI tenha sido significativo, foi o transporte de africanos para a América, sobretudo para o Brasil durante o período colonial (entre o século XVI e as primeiras décadas do XIX), que atingiu os números mais elevados. Depois da travessia atlântica, desembarcaram em nosso solo entre 3,3 milhões a 6 milhões de escravos vindos da África. As cifras são mais assustadoras se lembrarmos que uma grande quantidade morreu no caminho.

A escravidão já existia na África muito antes da abertura ao comércio atlântico, ainda que em escala bem menor. Em certas áreas, havia grupos especializados na prática de comprar e vender escravos, inclusive "exportando-os" para algumas zonas específicas no norte do continente. Havia rotas definidas por caravanas que levavam escravos entre os diversos produtos que seriam comercializados e exportados da África para o Mediterrâneo. Isso ocorria desde o tempo dos romanos, muitos séculos antes da chegada dos portugueses.

Entre os séculos IX e XV, o comércio de escravos comandado por africanos era de fato intenso e incluía, sobretudo, mulheres e crianças. As caravanas africanas eram responsáveis pelo escoamento de um número entre 5.000 e 10.000 escravos por ano, no período que vai do ano 800 a 1600. Antes da expansão marítima e do comércio atlântico, entre 3,5 milhões e 10 milhões de indivíduos teriam sido arrancados à força de sua terra natal para servir como cativos.

Contudo, na maior parte das nações africanas organizadas, a escravidão tinha papel secundário. Os escravos em geral se limitavam a desempenhar funções domésticas e não constituíam parte essencial no processo produtivo. As exceções ficavam em certas áreas islamizadas da fronteira subsaariana, onde os escravos tinham papel de destaque na agricultura, nas minas de ouro do oeste do Sudão e nas de sal do Saara. Também eram importantes na economia da África Oriental, nas cidades comerciais costeiras próximas a Melinde e Mombaça, e na ilha de Madagascar.

No início do século XV, quando os exploradores e mercadores portugueses entraram em cena, o comércio praticado secularmente na África já tinha consolidado todo um conjunto de práticas ligadas à escravidão. Essas práticas foram, então, facilmente adaptadas às necessidades do comércio atlântico de escravos sob o comando dos portugueses. Tais adaptações incluíram: aumento da intensidade, ampliação das fontes de recrutamento e uma mudança na forma de utilização dos cativos.

Por outro lado, em termos de caráter, não podemos afirmar que havia muita diferença entre os traficantes portugueses e os traficantes muçulmanos do norte da África e da região subsaariana.

O que os portugueses fizeram inicialmente foi concentrar seus esforços nas regiões da Mauritânia, Senegâmbia e Costa do Ouro, integrando-se na rede existente de comerciantes muçulmanos, infiltrando-se nela através de rios navegáveis que penetravam para o interior, ou estabelecendo postos de comércio em locais estratégicos como as ilhas de Arguim, São Tomé e Príncipe, o golfo da Guiné e o importante entreposto de São Jorge da Mina.

Posteriormente, o comércio de escravos assumiu um papel muito maior, fundamental mesmo, para os portugueses. Os lusos foram os senhores do tráfico atlântico até meados do século XVII, quando seriam superados pelos ingleses. Desde então até o final do XVIII, a Inglaterra foi a principal nação comerciante de escravos. Porém, no século XIX, Portugal retomou a dianteira e foi responsável pela exportação de mais de 2 milhões de africanos entre os anos de 1801 e 1850.

O deslocamento forçado de milhares e milhares de africanos para trabalhar sob o jugo dos colonos constitui um dos capítulos mais tristes e dramáticos da história que envolve os portugueses.

CERTEZAS CIENTÍFICAS AO INVÉS DE QUIMERAS

Aventura remete a peripécia, incidente, eventualidade, risco, sorte. É comum utilizarmos o termo para nos referir ao conjunto de ações que levou os portugueses a se lançarem na conquista e ocupação de territórios fora da Europa. Entretanto, *aventura* talvez não seja bem a palavra certa.

É bem verdade que os portugueses foram os primeiros europeus a tomar o caminho do sul para explorar o continente africano. Mas é fato também que procuraram se cercar de várias garantias que favorecessem o sucesso da empreitada.

Começando pelas *cartas de marear*. Embora a cartografia fosse algo muito desenvolvido pelos italianos, sobretudo genoveses e venezianos, pelo menos desde o século XIII, ela logo se tornou uma ciência portuguesa por excelência desde que os lusos nela se iniciaram no século XV.

Além disso, com a utilização das caravelas e, mais tarde, dos galeões, Portugal se tornou o centro da construção naval europeia. Era de Portugal que todas as expedições importantes partiam.

Como vimos, Cristovão Colombo recorreu primeiramente ao rei português para obter os meios para alcançar as Índias e o Cipango (Japão) navegando em direção ao ocidente. Entretanto, Colombo não obteve apoio por lá, pois os portugueses não gostavam de se arriscar em projetos muito audaciosos, loucos mesmo. Pelo menos é essa a avaliação do historiador francês Fernand Braudel, com a qual tendo a concordar: "os portugueses sempre preferiram as certezas científicas à quimera... Perderam a América. Era já muito tarde quando descobriram o Brasil".

Essa opção pelas "certezas científicas" constituiu um elemento-chave na formação do Império Marítimo Português. Muitos estudiosos já mostraram que Portugal e os portugueses contavam com um conjunto de informações de profundidade, alcance e riqueza notáveis para aqueles tempos. O conhecimento foi adquirido não só a partir do que existia disponível no âmbito europeu, mas também de fontes extraeuropeias. Eram informações variadas sobre terras, povos e mercadorias fora da Europa. Ganhou impulso graças a uma tradição científica, matemática (teórica e aplicada) e cosmográfica greco-judaico-arábica herdada pelos portugueses. O resultado foi que, relativamente a outros europeus, os portugueses estavam bem munidos em domínios diversos, como Astronomia, Matemática e Geografia. Utilizaram e incrementaram essa munição no curso de suas viagens e conquistas nos quatro cantos do planeta.

Contudo, o conhecimento reunido não era mérito direto apenas de portugueses. O contato com os muitos estrangeiros que chegavam a Portugal – cartógrafos, matemáticos e cientistas em geral – possibilitava também o acúmulo de informações náuticas e cartográficas que permitiam navegar pelo Atlântico, Índico e Pacífico. Outra fonte importante de conhecimentos técnicos eram os pilotos nativos que atuavam nos mares da China e do Japão.

Essas preciosas informações eram incorporadas em instruções de navegação conhecidas pelo nome de *roteiros*. Os roteiros logo se transformaram em vantagem política e estratégica disputada por todos os governantes e povos interessados nos lucros do comércio internacional. Na Europa da Era Moderna, significavam verdadeiramente *poder*.

Os portugueses foram, em grande parte, os responsáveis pela desmistificação do Atlântico e pela sua transformação de desconhecido em conhecido, e de região interditada ao homem em oceano regularmente cortado por embarcações, que carregavam pessoas, produtos, ideias. Contribuíram ainda para uma reavaliação do conhecimento produzido na Antiguidade Clássica, encarando noções herdadas e consagradas sob a luz de novas verdades.

É curioso notar que todo esse apego à ciência convivia em Portugal com uma forte tradição de veneração ao maravilhoso, de submissão a dogmas católicos e de crença em milagres, bestiários e seres míticos. Mas é curioso apenas para nós e não para as pessoas da época, cuja mentalidade era bem diferente da nossa. Na Era Moderna, ciência e religião (ou superstição), na grande maioria das vezes, não se contrapunham, andavam lado a lado.

DE TUDO, UM POUCO

Como calcular a magnitude dos efeitos da expansão marítima dos séculos xv e xvi e seus desdobramentos nos séculos seguintes? Como avaliar o fluxo e refluxo de pessoas e mercadorias por regiões e até entre continentes? E o que dizer da difusão de flora e fauna, da transmissão de costumes, da troca de ideias ou das mudanças nos estilos de vida?

116 | Os portugueses

Para começar, é importante perceber que foi a partir da Era dos Descobrimentos que começou a integração da "grande família humana". Nessa constatação não há nada de valorativo, já que tal aproximação trouxe tanto consequências positivas quanto extremamente negativas, como o revigoramento da escravidão e o extermínio de populações e culturas. O fato é que, para o melhor ou para o pior, cresceu enormemente a circulação de pessoas (voluntária ou forçada), mas também o movimento de mercadorias e o volume de conhecimento. Além disso, passaram a circular e se difundir, com uma intensidade nunca vista, espécies diferentes de plantas e animais. Aumentaram também as doenças...

Particularmente com relação ao império que os portugueses construíam, podemos ter uma noção da dimensão da circulação dos mais variados produtos recorrendo a documentos que chegaram até nós. Eles dão conta, por exemplo, dos artigos armazenados nos portos que interligavam os territórios dominados por Portugal, desde Lisboa, passando por Salvador, Rio de Janeiro, Goa, Malaca, Macau ou Nagasáqui. Eram das mais variadas procedências. Os produtos "made in Japan" ou "made in China" já circulavam naquela época. Um lisboeta do século XVI, que tivesse recursos, podia comprar um leque variado de bens oriundos de praticamente todas as partes do mundo.

De Lisboa, boa parte dos produtos trazidos do Império Português era redistribuída para outros portos europeus. O sentido inverso também ocorria, com mercadorias desses portos chegando ao cais de Lisboa.

De diversos lugares da Europa os portugueses recebiam produtos agrícolas (trigo principalmente), âmbar, prata e mercúrio, além de bens manufaturados como veludos, sedas, roupas prontas, contas de vidro, faianças, artigos em lã, utensílios de cobre, peças em latão, armas brancas e de fogo, armaduras, munições de artilharia, tapeçaria e mobiliário. Dos portos do Marrocos chegava cevada, trigo, mel, tâmaras, cera, anil. Do oceano Atlântico, os armazéns lisboetas guardavam bacalhau da Terra Nova, sardinhas e atuns do Algarve, enguias da costa marroquina e peixes variados de toda a costa africana. Das ilhas da Madeira vinha açúcar, uvas doces, vinhos, madeiras (como o cedro e o teixo), tinturas e tintas vegetais. Dos Açores, trigo e algodão. De Cabo Verde, sal, milho, e orcina (um líquen que produz tintura vermelha).

Os produtos provenientes da África Central e Ocidental incluíam ouro, goma arábica, algodão, marfim, pimenta, almíscar, peles de leões, papagaios e macacos vivos e gente escravizada.

Os navios de carreira que regressavam a Lisboa vindos das Índias (Goa ou Cochim) aportavam carregados de produtos pegos nos entrepostos da África Oriental e da região de Moçambique – ébano, ouro, marfim, coral, tartarugas, tecidos, conchas, sal, cânhamo –, da própria região das Índias – tecidos de chita, de algodão – e do Malabar – pimenta, gengibre, anil, tamarindo, pedras preciosas, perfumes e móveis.

O dia a dia nas naus portuguesas não era fácil. O espaço restrito aos tripulantes e passageiros era uma realidade e impunha inclusive um sistema de revezamento para as pessoas circularem a bordo. Além do espaço mínimo, a alimentação era insuficiente e muitas vezes deteriorada. Com frequência, faltava água e abundavam insetos e ratos.

De Macau, chegavam porcelanas, sedas cruas ou trabalhadas, madrepérola, laca e objetos considerados exóticos. Na década de 1580, o chá passaria a fazer parte do rol de produtos chineses na Europa.

Em meados do século XVI, o Brasil, contribuindo com o pau-brasil, o açúcar, papagaios e macacos, ocupava lugar secundário em relação ao Oriente no comércio português. Passados dois séculos, a situação mudou. Nos finais do século XVIII, além do açúcar, ouro e diamantes eram descarregados no porto de Lisboa mais de uma centena de tipos de produtos vindos do Brasil, como alimentos e bebidas (aguardente, arroz, café, mel, farinha de mandioca, cacau), peles e couros, resinas, óleos, anil, gengibre e raízes medicinais.

Lisboa recebia muitas mercadorias, mas poucas permaneciam efetivamente no país. A redistribuição de artigos e gêneros exóticos a outros povos fez de Portugal um parceiro fundamental na rede global de comércio.

Dos produtos que saíam de Lisboa, poucos eram originários do território continental português, contando-se entre eles vinho, sal, cortiça, sabão, azeite, frutas e marmelada. Mesmo para estes, Lisboa, muitas vezes, não era mais que um local de passagem.

ESPALHANDO FLORA E FAUNA

Com suas conquistas ultramarinas, os portugueses acabaram também por disseminar plantas e animais. Difundiram o cultivo em novos *habitats*, transportaram árvores, vegetais e legumes de climas temperados para climas tropicais e vice-versa.

A circulação de plantas uniu Portugal à África, América, Índias, China e Molucas. Por exemplo, de Portugal, passando pelas ilhas do Atlântico, chegaram ao Brasil trigo, legumes, citrinos e cana-de-açúcar. Do Brasil para Portugal, África, Índias e China foram milho, batata-doce, mandioca, castanha de caju, amendoim, pimentas, ananases, tabaco. Da África para o Brasil viajaram pimenta vermelha, bananas, palmeiras, inhame. Das Índias para o Brasil, pimentas, especiarias, canela. Das Molucas para o Brasil, cravinho e noz-moscada. Essa lista – que inclui ainda cacau, borracha, algodão – está longe de esgotar o conjunto de plantas, sementes e frutas que se espalharam por conta da atuação dos portugueses.

Os portugueses, assim como os espanhóis, também tiveram um papel importante na movimentação da fauna, introduzindo novas espécies animais e aves em vários pontos do planeta. É só lembrar o caso do Brasil, onde introduziram certos animais que teriam papel fundamental no desenvolvimento econômico da colônia portuguesa: bois para transportar cargas, girar as engrenagens dos engenhos, arar a terra; mulas e burros que se constituíram na espinha dorsal dos transportes de média e longa distância; porcos que se tornaram alimento básico da população, especialmente na região das minas; cavalos que, além de proporcionar transporte e comunicações rápidos, tinham uma importante função simbólica de distinção social, pois possuir e montar esses animais era condição *sine qua non* da aristocracia terratenente no Brasil.

A movimentação da fauna também tinha a ver com o exotismo dos animais, se podiam ser objeto de coleção ou dados como presente a monarcas, nobres e autoridades. Imagine o impacto de ver na Europa uma girafa, um tigre, avestruz, leão ou beija-flor, além dos já citados papagaios e macacos, considerados divertidos.

Ocorre que bichinhos invisíveis como germes, vírus e bactérias também se movimentaram e deram o ar da sua (des)graça!

DOENÇAS QUE SE UNIVERSALIZAM

Muitas doenças foram disseminadas através dos contatos estabelecidos pelos portugueses fora da Europa. Em suas viagens, carregaram moléstias europeias para outros cantos do mundo e, também, trouxeram, de vários lugares, males que se espalhariam pelo Velho Continente.

A história das doenças advinda dos contatos entre diferentes povos na era das grandes navegações e dos impérios coloniais é dramática. Se na África os europeus é que morriam como moscas, na América eram os índios que tombavam em números alarmantes por conta de doenças trazidas ou amplificadas pelos europeus e pelos africanos. Entretanto, o contágio por doenças foi, de maneira geral, muito mais desfavorável para as populações nativas ou escravizadas que para os recém-chegados. O maior impacto de novas doenças registrou-se na América, onde a barreira imunológica da população, até então isolada, havia sido exposta ao contato dos germes patogênicos.

A descoberta da América trouxe para os habitantes do Novo Continente uma quantidade enorme de microrganismos desconhecidos que infectaram os indígenas com força devastadora. Chegaram com os europeus: varíola, sarampo, tuberculose, peste, tifo, malária, febre amarela e gripe. Embora o impacto variasse de região para região, no amplo território americano dominado pelas coroas ibéricas sabe-se que epidemias foram capazes de enfraquecer ou dizimar populações inteiras.

A sífilis foi outro mal difundido com os contatos entre pessoas de diferentes origens, mas os especialistas divergem sobre sua história. Vários defendem que essa doença é originária da América. Alguns vão mais além e afirmam que ela foi introduzida na Europa Ocidental pelos próprios marinheiros que voltaram da viagem de Colombo, em 1493. Outros discordam totalmente, insistindo que a doença já existia na Europa antes de os europeus conhecerem o Novo Mundo, mas teria sido confundida com outras doenças como a lepra, por exemplo, e, portanto, não identificada até o século xv.

120 | Os portugueses

O debate continua aberto, mas, de acordo com o estado atual das pesquisas baseadas na ciência genética, a sífilis é, sim, originária do território americano.

É fato que a sífilis se espalhou na forma de epidemia, logo após o retorno das embarcações de Colombo, quando rapidamente se disseminou por prostíbulos de cidades portuárias espanholas e, de lá, foi levada pelos marinheiros para outros locais da Europa. Sua chegada foi registrada em Nápoles no ano de 1495.

Nas Índias, a doença apareceu em 1498. O tratado de medicina quinhentista de Bhava Prakhasa, por exemplo, acusava os portugueses de terem trazido a doença, conhecida por *firangi roga* (doença europeia), para as Índias. Hoje em dia, pesquisadores ainda discutem se os marinheiros da frota de Vasco da Gama é que foram os responsáveis pela introdução da sífilis na Ásia. De todo modo, sabe-se que eles contribuíram para que a doença se espalhasse por lá.

Em Cantão, casos de sífilis – conhecida também por "doença portuguesa" – começaram a ser registrados em 1505. Em 1522, ela já havia se alastrado pela região. No jogo do "toma lá, dá cá" das doenças, a malária foi uma das enfermidades, entre tantas outras, que fizeram dos portugueses simultaneamente vítimas e transmissores. O germe da malária se disseminou para a América, por exemplo, por meio dos africanos transportados como escravos pelos portugueses.

O bicho-de-pé – como é popularmente conhecida no Brasil a doença cutânea causada por um inseto que põe ovos no interior da pele do ser humano – foi levado para a Europa e África pelos europeus que haviam aportado nos trópicos. Os portugueses estiveram entre os que mais contribuíram para espalhá-lo pelo mundo.

PRESENÇA MARCANTE

Qualquer pessoa que viaje pelos territórios que, em algum momento, integraram o Império Colonial Português poderá encontrar marcos, ou padrões, que indicam o desembarque dos exploradores portugueses. Inicialmente, esses marcos eram cruzes de madeira deixadas nos locais em que navegantes lusos aportavam pela primeira vez. Depois foram substituídos por pilares de pedra encimados por uma cruz, com o escudo real e uma inscrição (comumente a data da passagem ou do desembarque). Eram sinais que procuravam anunciar a primazia e a posse do território por parte dos portugueses.

Ainda hoje subsistem, como lembranças concretas dessa época, padrões deixados por navegadores como, por exemplo, Diogo Cão, em diversos pontos do continente africano, ou Vasco da Gama, que espalhou vários deles em sua primeira viagem às Índias, ou ainda Jorge Álvares, que instalou um em Cantão. No Brasil, temos o erguido em 1503 por Gonçalo Coelho na cidade de Porto Seguro (Bahia).

A ideia dos marcos vem da época das expedições de Diogo Cão (década de 1480) e foi uma inovação que surgiu da política definida por D. João II, ou seja, ampliar o domínio luso e demarcá-lo simbolicamente. Claro está que esses marcos não se assentavam em "terra de ninguém", mas serviam tanto para afirmar a presença e o domínio luso imposto às populações que já ocupavam aqueles espaços, como anunciar a outros europeus a primazia lusitana naquele pedaço de terra. (Os que permanecem até hoje cumprem apenas função histórica e de ponto turístico.)

Para além dos padrões, outros indícios da presença portuguesa de muitos séculos atrás subsistem até hoje. Ruínas de capelas, vestígios de fortificações ou mesmo edifícios e habitações (em diferentes estados de conservação ou restauro) – nas costas do oceano Atlântico, do mar Arábico, do oceano Índico, dos mares do sul da China e no Pacífico – nos fazem recordar aqueles tempos.

A cidade histórica mineira de Diamantina tem uma rua chamada Macau de Cima. A de Mariana tem uma catedral datada do século XVIII com influências orientais nítidas em sua construção... Esses dois pequenos exemplos, entre milhares, ilustram mais um dos efeitos das viagens dos portugueses pelos Sete Mares: a difusão cultural em suas marcas materiais mais evidentes, na arquitetura de vilas e cidades.

Nos lugares em que os portugueses se instalaram, trataram de desenvolver núcleos urbanos mais ou menos semelhantes aos que estavam acostumados em Portugal. Isso ocorreu tanto onde tiveram que partir da estaca zero, como no Brasil, quanto nos espaços onde as comunidades, povoados ou até mesmo cidades existentes previamente foram transformados em vilas e cidades muito parecidas com as da metrópole lusa, com igrejas, praças e ruas com traçados tipicamente portugueses. Exemplos que exibem aos visitantes até hoje as marcas desse tempo de domínio colonial português são as cidades de Ouro Preto, no Brasil, e Goa, na Índia (que foi totalmente remodelada a partir da chegada dos lusos).

No caso do Brasil, sobretudo, as vilas e cidades tiveram um papel político extremamente importante para os monarcas lusos. Sua criação não só incentivava a fixação da população de forma mais estável e organizada, do ponto de vista administrativo, como servia para cimentar a lealdade dos súditos portugueses para com a Coroa nas mais distantes paragens. A distribuição dos cargos municipais, por exemplo, era uma maneira de manter os laços e a fidelidade com a metrópole europeia, pois a nobreza da terra, que exercia os tais cargos, se sentia diretamente ligada à figura do monarca no distante além-mar por meio das correspondências regulares, dos pedidos de mercês e da intervenção do monarca para dirimir possíveis querelas entre os habitantes das vilas.

Nessas vilas e cidades "de alma lusa" espalhadas pelo território do Império Português encontramos exemplos da circulação de estilos e influências que uniam centro e periferia. O estilo manuelino é uma mescla de elementos de arquitetura portuguesa

O convento-palácio de Mafra, fundado em 1715, é um dos conjuntos arquitetônicos mais importantes e majestosos de Portugal. Em 1910 foi considerado Monumento Nacional e, em 2007, foi colocado entre as Sete Maravilhas de Portugal (junto ao Mosteiro do Jerônimos e à Torre de Belém). Mais de 50.000 trabalhadores e diversos materiais importados das diversas partes do Império foram empregados na sua construção.

combinados com formas decorativas provenientes das descobertas e dos contatos com outros povos, com outras terras e outra flora. Exemplos desse estilo podem ser vistos ainda hoje em locais como Moçambique, Malaca, Goa. Em Portugal, exemplos conhecidos do manuelino estão no Mosteiro dos Jerônimos e na Torre de Belém.

As construções portuguesas da época do Império Ultramarino caracterizavam-se também pela mistura de materiais e pela incorporação de novos objetos que fundiam tradições de diversos locais, europeias e não europeias.

Quando os portugueses apreciavam os trabalhos artísticos do povo local, acabavam por adquiri-los para si. Os lusos instalados em regiões do Império acabavam, muitas vezes, por decorar seus corpos, casas, palácios ou igrejas com determinados adornos e objeto locais. Ao retornar a Portugal, seja da China, do Japão, das Índias, da África ou do Brasil levavam consigo os mais estimados. Carregavam de joias a móveis, passando por louças, esteiras e redes, conforme o local. Em Portugal, artesãos acabaram por incorporar em seus trabalhos técnicas de ourivesaria e mobiliário das Índias, por exemplo.

Da mesma forma, costumes também eram transportados para longe de seus locais de origem. Foram os portugueses os que disseminaram, por exemplo, o uso do tabaco (oriundo da América, cultivado no Brasil) na África e na China. Foram eles também que apresentaram as armas de fogo aos japoneses. O hábito de tomar chá, originário da China, ficou conhecido na Europa graças aos lusos. Os ingleses passaram a adotá-lo depois que D. Catarina de Bragança, filha do rei D. João IV, casou-se com o rei inglês Charles II, em 1662, e difundiu o gosto pela bebida na corte. Os portugueses propagaram a música europeia, introduziram instrumentos musicais, cantos e danças por várias partes de seu Império. Tratando de divulgar o cristianismo no século XVI, tornaram conhecidos nas novas terras o cantochão ou canto gregoriano. Nas escolas paroquiais administradas por portugueses na região das Índias, por exemplo, os alunos aprendiam a tocar violino e órgão. No caso da América portuguesa, para onde trouxeram escravos da África, acabaram por divulgar duas tradições musicais: a africana e a europeia.

Durante os séculos em que o Império Colonial Português se manteve estruturado, houve um sem-número de trocas culturais com os demais povos. Práticas políticas portuguesas foram inseridas nos espaços em que os lusos dominavam. Por outro lado, alguns costumes nativos foram incorporados pelos recém-chegados. No Brasil, por exemplo, alguns que passaram a viver entre os índios adotaram os hábitos indígenas de tomar vários banhos por dia, dormir em rede ou andar nus.

A reação portuguesa em relação à cultura e aos costumes do "outro" variou do relativo respeito pelos hábitos e crenças locais até a mais absoluta intolerância. As próprias políticas de cristianização e de "lusitanização" das populações foram distintas de uma área para outra do Império Ultramarino Português, dependendo da correlação de forças entre portugueses e povos nativos e do grau de submissão que conseguiam impor pelo poder das armas e do controle comercial, além das possibilidades de aliança com determinados líderes locais.

REPERCUSSÕES

O processo de expansão portuguesa constituiu-se num esforço prolongado no tempo (mais de um século). Os portugueses atingiram todos os continentes, excetuando-se

124 | Os portugueses

a Antártida e, talvez, a Austrália. E percorreram os principais oceanos e mares. Assim, depararam-se com uma diversidade de regimes políticos, práticas comerciais, crenças e costumes na África, na Ásia e na América que não se compara nem mesmo com a experiência dos espanhóis, seus concorrentes mais próximos, nas Américas e nas Filipinas.

A repercussão dessa expansão para o pensamento europeu da Era Moderna também foi enorme. Colaborou, entre outras coisas, para desmistificar muito do mundo fantástico que descrevia povos, territórios, fauna e flora dos outros continentes. O conhecimento reunido contribuiria para o movimento renascentista e para o humanismo, pois muitas "verdades" tradicionais passaram a ser contestadas e revistas. Tal mudança foi possível porque, através de Lisboa, desembarcaram na Europa não apenas os produtos exóticos, mas também informações que se difundiram e deram um impulso considerável à vida intelectual europeia, especialmente entre as cabeças e os países mais receptivos a novas ideias (os portugueses, como veremos adiante, ironicamente, nem sempre seriam os mais abertos a elas).

O impacto no desenvolvimento científico corresponderia ao que chamamos hoje de "transferência de conhecimentos técnicos e tecnológicos", pois diferentes regiões ou países europeus se beneficiaram das novidades em relação a produtos ou inovações técnicas vindas de fora, incluindo substâncias medicinais, práticas médicas e cirúrgicas, instrumentos agrícolas, ferramentas diversas, armamentos, conhecimentos sobre produção e consumo de alimentos e bebidas e maneiras de explicar o mundo.

Notas

[1] A aventura marítima portuguesa começou oficialmente em 1415, com a tomada de Ceuta aos islâmicos, no norte da África.

[2] Um dos nomes citados é o do francês Jean Cousin, que, levado por correntes, teria aportado em terras brasileiras em 1488, isto é, quatro anos antes de Colombo chegar à América. Contudo, a hipótese é bastante frágil, pois se baseia em texto do erudito francês Paul Gaffarel, *Histoire du Brésil Français au seizième siècle*, editado em 1878, que se vale das *Memoires chronologiques pour servir à l'histoire du Dieppe*, publicadas em 1785. A considerar essa hipótese, Colombo também não foi o descobridor da América! Entre os espanhóis que teriam "descoberto" o Brasil antes de Cabral são mencionados Alonso de Ojeda, Vicente Yañez de Pinzón e Diogo de Lepe. Pinzón e Lepe teriam chegado em 1499 na região situada entre os atuais estados do Ceará, Maranhão, Piauí, atingindo, inclusive, o Amazonas.

[3] Entre os historiadores pairam dúvidas sobre quem seria efetivamente mestre João. Na carta enviada ao rei D. Manuel I pelo mestre João, em 1º de maio de 1500, este se identifica como "o bacharel mestre João, físico e cirurgião de Vossa Alteza". Nenhum outro documento relativo à viagem de Cabral faz referência a mestre João. Para mais detalhes: Albuquerque (*Dicionário da história dos descobrimentos portugueses*, Lisboa, Caminho, 1994, v. I, p. 554); Couto, *A construção do Brasil*, Lisboa, Cosmos, 1998; Amado e Figueiredo, *Brasil, 1500 – quarenta documentos*, Brasília, Editora da UnB, 2001.

[4] Estes e outros documentos podem ser facilmente conhecidos através das versões comentadas publicadas no livro *Brasil 1500: quarenta documentos* (2001), de Janaína Amado e Luiz C. Figueiredo.

[5] Durante o século XV, Portugal se valeu do conceito de *resgate* para incrementar o comércio e a utilização da mão de obra dos escravos e os ganhos fiscais da Coroa. Inicialmente aplicado na África, foi depois utilizado também na América para a exploração dos indígenas. A "escravização decorrente de resgate" era herança do Direito romano: os compradores de escravos tinham o direito de utilizar a mão de obra escrava desses indivíduos "por ter lhes salvo a vida". Na época da expansão portuguesa, o conceito foi reforçado pela ideia de que além da vida, salva-se a alma de prisioneiros condenados à morte e à perdição. Por conta disso, o comprador deveria também converter os escravos à fé católica e civilizá-los.

AO LADO DE UM VIZINHO PODEROSO

"Entre tapas e beijos", a relação entre portugueses e espanhóis está longe de ser monótona. Como a relação de um casal, que todo dia acorda e vai dormir na mesma cama, Portugal e Espanha atravessam altos e baixos. Nesse caso, a "cama" é a península ibérica, que também já foi comparada a uma "jangada de pedra" em conhecido romance de José Saramago, que era português casado com uma espanhola e optara por residir "no vizinho".

Portugueses e espanhóis compartilham, pois, dessa proximidade física, desenhada na longa fronteira comum que divide os dois países, e das águas de grandes rios, como o Tejo e o Douro. Guardam semelhanças na trajetória política, econômica e social e passaram também pelas experiências históricas de constituir grandes impérios coloniais e de sofrer o jugo de governos autoritários por largo período. Ocorre que nem sempre pontos em comum servem para aproximar e, como veremos, em certas circunstâncias, afinidades podem gerar atritos levando, inclusive, "às vias de fato".

Considerados, até pouco tempo atrás, os primos pobres no contexto da Europa Ocidental, nas últimas décadas Espanha e Portugal conseguiram dar um salto e se aproximar dos primos ricos. Recentemente, tanto Portugal quanto Espanha apresentaram um crescimento nos indicadores sociais e deixaram para trás os tempos dos regimes ditatoriais e das dificuldades econômicas que haviam obrigado milhares e milhares de emigrantes a sair de seus respectivos países. Para arrematar, ambos ingressaram na União Europeia no mesmo ano, 1986.

No passado, a proximidade geográfica e a ideia de que havia um paralelismo social e político entre os dois países levaram, inclusive, na segunda metade do século XIX, certos círculos políticos e intelectuais a advogar aquilo que se convencionou chamar de iberismo, ou seja, pensavam que os dois países poderiam se unir e, por meio dessa "União Ibérica", procurar maneiras conjuntas de remediar o atraso que prejudicava ambos. A proposta causou reações divergentes e radicais. De um lado, os a favor, que argumentavam ser esse o "destino natural" da península. De outro, os contrários, que pensavam a possibilidade de uma União Ibérica como uma verdadeira "traição à pátria".

Filipe IV de Espanha também foi rei dos portugueses (como Filipe III de Portugal) de 1621 a 1640, quando, finalmente, após 60 anos de União Ibérica, Portugal conseguiu restaurar sua independência. Entretanto, até hoje, o domínio espanhol é relembrado por aqueles que temem um relacionamento próximo com a Espanha.

A gangorra que simboliza as relações entre os países, atualizada no contexto do final do século XX e início do XXI, continua a provocar ardorosos debates. Nestes, são também evocadas questões mal resolvidas do passado. Os portugueses, por exemplo, até hoje têm dificuldades de engolir o período em que estiveram sobre o domínio espanhol, visto como uma época de dificuldades e humilhações. Em 1990, presenciei uma discussão entre uma portuguesa e um espanhol em que a moça, ao reclamar da postura autoritária de seu interlocutor, lançou mão da seguinte frase: "Lá vem novamente a Bota Filipina!". A sua explosão, nada discreta, fazia referência ao período verdadeiramente conhecido como União Ibérica (1580-1640), quando as coroas de Espanha e Portugal se juntaram sob o reinado de Filipe II, rei espanhol da dinastia Habsburgo. Tal união significou concretamente o domínio espanhol sobre os portugueses que tiveram que se submeter ao governo de, não um, nem dois, mas três Filipes – Filipe II, III e IV de Espanha (que corresponderam aos reis Filipe I, II e III em Portugal).

Ainda nos anos 1990, muitos analistas tinham a percepção de que seria difícil superar os séculos de divergências e confrontos entre portugueses e espanhóis. Hoje, mesmo com a integração criada a partir da União Europeia, vários sustentam essa opinião. Estão certos? Em parte.

Para entendermos a situação atual entre os dois países vizinhos e, especialmente, os receios do lado português, é preciso lembrar que a história registra várias tentativas espanholas de incorporar, muitas vezes pela força (como ocorreu no tempo da "Bota Filipina"), todo o espaço da península. Nos últimos tempos, entretanto, um outro tipo de "invasão espanhola" tem ocorrido, dessa vez, relativamente pacífica, que se revela através de ações mais ou menos silenciosas, mas que indicam que a Espanha continua de olho em Portugal.

EMPRESAS ESPANHOLAS: CAPITAIS E EMPREGO

Um sintoma dessa "invasão" pode ser percebido pela presença significativa de empresas espanholas instaladas em Portugal, pelo menos desde meados da década de 2000. Em 2005, o jornal português *Diário de Notícias* (13/04/2005) informava que conhecidas marcas espanholas, como El Corte Inglés (cadeia de loja de departamentos), Banco Santander e Repsol (combustíveis), entre outras já estavam consistentemente implantadas em Portugal.

Os bancos espanhóis (que, aliás, se espalham por outras latitudes, incluindo o Brasil), como o Santander (que se associou ao tradicional Banco Totta) e o BBVA (Banco Bilbao Vizcaya Argentaria), entre outros menos conhecidos nossos, como o Popular,

128 | Os portugueses

não são, entretanto, os líderes nessa questão, embora seu volume global de negócios seja bastante alto. Os campeões das sociedades comandadas por grupos espanhóis que atuam em Portugal são as empresas ligadas ao setor do petróleo, como Repsol e Cepsa. Na terceira posição, surge o setor de construção e obras públicas. Destacam-se, ainda, as empresas na área dos *média* (mídia) e da publicidade, dos materiais de construção, das ferragens, da produção de vidro e o dos alimentos. As empresas espanholas em território português concentram-se na grande Lisboa e no distrito do Porto.

Para avaliar o impacto da "invasão" de capitais e empresas espanholas (ou multinacionais de outra nacionalidade gerenciadas a partir da Espanha) em Portugal: os investimentos confirmados até o ano de 2007 foram de 2,2 bilhões de euros e, nesse mesmo ano, as empresas espanholas faturaram mais de 9% do PIB (Produto Interno Bruto) português.

Em 2007, as 807 empresas que atuavam no país identificadas como tendo capital de *maioria* espanhola (das 1.200 registradas com capital espanhol) empregavam 82.000 pessoas em Portugal (na maioria, trabalhadores portugueses).

Ao se dar conta da quantidade de empresas de capital majoritário em mãos espanholas em Portugal, os portugueses levantaram duas importantes questões: onde devem se localizar os centros de decisão dessas empresas (em Portugal ou na Espanha?) e para onde devem ir os lucros?

A situação era muito diferente num passado relativamente recente, quando os investimentos espanhóis em Portugal eram pouquíssimos,e ficavam bem atrás dos investimentos de países como Bélgica, Suécia e mesmo Japão. Entre os artigos importados do vizinho figurava apenas o leite. Em 2006, entretanto, a Espanha já exportava mais para Portugal do que para toda a América.[1] A mudança ocorreu poucos anos depois da entrada dos dois países na União Europeia.

Apesar da crise mundial que se seguiu, em finais de 2009, notícias veiculadas pelo *Semanário Expresso* (em 30 de outubro) reafirmavam o dinamismo dos negócios ibéricos. Os dados arrolados sobre a exportação e sobre a *banca* ibérica (o sistema bancário) indicavam que 30% das exportações portuguesas eram compradas pela Espanha e 10% das exportações espanholas eram comparadas por Portugal. Das cerca de 1.250 empresas espanholas em Portugal em 2009 mantinham o topo em termos de faturamento as de combustíveis e as bancárias. Repsol e Cepsa, BBVA e Santander dividiam com El Corte Inglês e Zara (rede de lojas de roupas pertencentes ao Grupo Inditex) o pódio das marcas espanholas mais populares entre os portugueses. No Fórum de Negócios Ibéricos, realizado em Lisboa em 2009, foi consensual a ideia de que o mercado ibérico é o "espaço natural" das empresas portuguesas e espanholas.

De acordo com a AICEP Portugal Global (Agência para o Investimento e Comércio Externo de Portugal, vinculada ao Ministério da Economia e da Inovação), atualmente as relações entre Portugal e as regiões autônomas espanholas da Andaluzia, Castela e Leão, Extremadura e Galiza, em termos de trocas comerciais e de investimento, confirmam a tendência de dinamização econômica das regiões transfronteiriças (tradicionalmente as mais pobres e menos desenvolvidas).

Porém, nem tudo é um mar de rosas. Em janeiro de 2010, a imprensa portuguesa tratou de divulgar a avaliação feita pelo embaixador português em Madri, Álvaro de Mendonça e Moura, no encontro sobre a economia ibérica promovido pela Câmara Hispano-Portuguesa (CHP). Na ocasião, o embaixador constatou que a tentativa de cimentar laços bilaterais entre Portugal e Espanha no campo empresarial e econômico continuava a ser afetada por "obstáculos mentais", de parte a parte: "Cada um tem que assumir o mercado do outro como um mercado doméstico. Esse 'click' mental ainda não aconteceu". Um dos problemas apontados por ele foi a dificuldade das empresas portuguesas em vencer as concorrências públicas para obras em território espanhol, coisa que não ocorre com as empresas espanholas que, ao se apresentarem para a concorrência pública em Portugal, são capazes de obter contratos milionários.

Assim, apesar dos avanços econômicos, a "invasão" de empresas espanholas também pode provocar ressentimentos entre os portugueses.

ESPANHÓIS NA TERRA DE CAMÕES...

Há também outro tipo de "invasão" espanhola. Trata-se dos profissionais especializados que se dirigem a Portugal para atuar em setores em que supostamente há carência de mão de obra, e passam a residir no país. Entre eles destacam-se os executivos vinculados às empresas e os profissionais da área da saúde.[2]

Em meados da década de 2000, as unidades de saúde de Portugal integravam cerca de 2.800 profissionais espanhóis, sendo 1.800 médicos e 1.000 enfermeiros. O pico dos deslocamentos de médicos e enfermeiros espanhóis para Portugal ocorreu entre 2003 e 2004, quando somavam cerca de 4.000 profissionais. Dados mais recentes indicam uma estabilização na entrada de contingentes de médicos e enfermeiros, alcançada a partir de 2005, embora hoje já se diga que muitos desses profissionais estão iniciando o processo inverso, de retorno ao país de origem.

O fato é que um número significativo de médicos espanhóis passou a trabalhar em Centros de Saúde portugueses a partir do início da década de 1990. Esse fenômeno provoca discussões em ambos os países. Do lado português, os profissionais não veem com bons olhos a concorrência "estrangeira". Do lado espanhol, muitos argumentam que não há excesso de profissionais na Espanha; pelo contrário, em certas regiões do país, há até uma escassez de mão de obra especializada. Um exemplo dessa situação: em 2007, na Galiza, após constatar uma deficiência no atendimento médico, o Governo Regional lançou um programa de Oferta Pública de Emprego (OPE) com o objetivo de, até 2010, integrar às unidades de saúde galegas mais de 1.000 clínicos de todas as especialidades. O próprio governo espanhol sentiu necessidade de contratar, para o Serviço Nacional de Saúde, médicos oriundos da Polônia.

Em entrevista ao jornal espanhol *El País*, em novembro de 2007, médicos espanhóis justificaram a opção de trabalhar em Portugal: "lá os pacientes têm mais respeito pelos médicos e os salários são mais atrativos". A grande maioria dos médicos espanhóis considerava que em Portugal, ao contrário da Espanha, a profissão era bem vista pelos pacientes. "Os doentes aqui [em Portugal] são encantadores, às vezes presenteiam-nos com coelhos e hortaliças" – disse um deles, que atuava no Hospital Amadora, na cidade de Sintra. Argumentaram que, na Espanha, faltavam oportunidades e vigorava um sistema de saúde "perverso e fechado". Por fim, queixaram-se das constantes "agressões de doentes" (!) e das "condições laborais de semiescravatura" (!). Ainda de acordo com *El País*, em 2007, cerca de 1.700 médicos espanhóis exerciam suas funções em Portugal, número que se aproxima dos 1.800 admitidos pelas autoridades portuguesas. Os profissionais espanhóis da área da saúde estão por todo Portugal. No Algarve, por exemplo, eram mais de 20% dos clínicos empregados em hospitais e centros de saúde. No distrito de Viana do Castelo, 23,6%. Tamanha representatividade numérica dos médicos e enfermeiros justificou até a criação de uma Associação de Profissionais de Saúde Espanhóis em Portugal que, entre outras coisas, passou a reivindicar "estabilidade laboral e contratual".

É difícil prever o futuro desses profissionais, já que em Portugal também encontram obstáculos (como, por exemplo, a resistência de seus colegas portugueses) e que a Espanha começa a oferecer melhores condições de trabalho para atraí-los de volta. No caso específico dos profissionais de enfermagem, existe uma grande movimentação de trabalhadores entre os dois países, conforme as ofertas de ocasião.

Por conta da ampla fronteira entre Portugal e Espanha existem pessoas que moram na Espanha, mas trabalham em Portugal. O fenômeno é tão comum que em determinado momento houve até um movimento de espanhóis solicitando ao primeiro-ministro português, José Sócrates, providências para a diminuição do número de multas de trânsito, consideradas abusivas. Os motoristas que cruzavam a fronteira para trabalhar reclamavam que a Brigada Fiscal da Guarda Nacional Republicana portuguesa "caçava", perseguia com especial ênfase, os carros com placa espanhola para aplicar-lhes multas. O primeiro ministro deu razão aos espanhóis e criou mecanismos para facilitar-lhes o deslocamento, em nome "das relações entre os dois países".

... MAS NÃO FALAM PORTUGUÊS

Os portugueses são muito ciosos no que diz respeito ao "seu" português. A língua de Camões é sempre uma questão de honra e de orgulho para eles. Assim, reagem mal aos espanhóis que, mesmo vivendo e/ou trabalhando em Portugal continuam a falar espanhol.

De fato, apesar das dificuldades comuns de se aprender uma nova língua, há muitos que não fazem esforço algum para falar português. Isso não passaria de uma simples questão de orgulho nacional ferido se não causasse problemas mais sérios como dificuldades de comunicação entre médicos e pacientes, por exemplo. Feita a constatação, Portugal passou a exigir dos profissionais da saúde que atendem a população portuguesa a capacidade de se comunicar na língua local. Na prática, a lei parece não estar funcionando; em 2008, constatou-se que um grande número de médicos que davam consultas no Serviço Nacional de Saúde comunicava-se exclusivamente em espanhol. Por conta disso, reações injuriadas chegaram à imprensa portuguesa.

Os adjetivos utilizados para qualificar os espanhóis que não falam português quando trabalham em Portugal vão de "preguiçosos" a "arrogantes", para ficar nos mais amenos.

Além do próprio governo, os pacientes, mesmo nos casos de entenderem espanhol, passaram a exigir – inclusive por escrito, no livro de reclamações do Serviço de Saúde – atendimentos em sua língua e a denunciar os profissionais que não o fizessem.

Outra briga dos portugueses é para que educadores de *infantários* (creches) dirijam-se às crianças em português, não em espanhol, como muitas vezes ocorre especialmente nas cidades de fronteira.

O combate ao que os portugueses chamam, no mínimo, de "comodismo hispanófono" continua até hoje e afeta, inclusive, grandes empresários, negociantes e membros da Câmara de Comércio Luso-Espanhola.

ESPANHÓIS COMPRAM CASAS EM PORTUGAL E PORTUGUESAS DÃO À LUZ NA ESPANHA

É grande a atração que os preços mais baixos das casas e apartamentos e a melhor qualidade das construções em certas regiões de Portugal exercem sobre os espanhóis. A "invasão espanhola", agora no setor imobiliário, começou no início dos anos 2000, na cidade alentejana de Elvas. De lá para cá, o fenômeno tem sido observado de norte a sul do país. Do Minho ao Algarve, a procura de casas (ou *moradas*, como eles dizem), apartamentos (ou *andares*) e terrenos por espanhóis tem dinamizado o negócio imobiliário em Portugal.

Quando os espanhóis começaram a adquirir imóveis portugueses, fugindo do inflacionado mercado imobiliário de seu país, um apartamento de 90 m² e 10 anos de uso na cidade espanhola de Badajoz chegava a custar 200 mil euros, ao passo que uma casa *a estrear* (nova) de 120 m² em Elvas custava menos de 50 mil euros. Tudo isso separado pela linha imaginária da fronteira e por apenas uns 10 km de distância.

Se espanhóis vão morar em Portugal, por outro lado, muitos bebês portugueses nascem no Hospital Materno-Infantil de Badajoz, pelo menos desde 12 de junho de 2006, quando a maternidade de Elvas foi fechada.[3] Apesar de poderem optar por Portalegre e Évora, as mães preferiam claramente os médicos e os hospitais espanhóis.

Os responsáveis pela Unidade Local de Saúde do Norte Alentejano (ULSNA) – que engloba os hospitais de Portalegre e Elvas –, provavelmente com orgulho ferido, afirmavam que a opção das mulheres pela Espanha se devia, sobretudo, à curta distância entre os municípios. Entretanto, usuárias portuguesas do sistema espanhol apontavam outros motivos para escolherem o outro lado da fronteira para acompanhar a gravidez e dar à luz: familiares das parturientes podem acompanhar o parto, mesmo de madrugada (o que não é possível nas maternidades portuguesas) e o custo do parto é bem menor.

O jornal *Público* (em edição de 9 de fevereiro de 2009, quase três anos depois do fechamento da Maternidade de Elvas) anunciava que a "parceria" luso-espanhola iniciada com o Hospital Materno Infantil de Badajoz seria alargada. Nada menos que 635 bebês já haviam nascido naquela instituição desde junho de 2006.

Essas duas situações, relativas às moradias e aos partos, demonstram que, nos dias de hoje, interesses ligados à economia e ao bem-estar podem muito bem superar as alegadas "enormes diferenças históricas" e os laivos chauvinistas.

"IBÉRICOS": UMA NOVA FORMA DE CONVIVER?

Mutatis mutandis, parece que estamos diante de uma inovação nas formas de convivência, a considerar algumas experiências de relacionamento entre os vizinhos que caracterizam os tempos mais recentes. Será uma nova "fórmula ibérica", isto é, nem portuguesa, nem espanhola, mas que tenta combinar possíveis vantagens de ambos os lados?

Tudo indica que faz muita diferença, sim, para esses "ibéricos" poder desfrutar o que há de bom em cada lado da fronteira. O já citado caso das pessoas, portugueses e espanhóis, que vivem seu dia a dia entre Elvas e Badajoz é exemplar dessa possibilidade. Colocando na balança: adquirir imóveis em Portugal é mais vantajoso em termos de preço e qualidade; as possibilidades de lazer no lado português são mais atraentes e variadas; os restaurantes portugueses são mais acessíveis; a oferta de empregos para determinadas profissões é maior; por outro lado, os salários na Espanha em diversas atividades podem ser melhores e o serviço de saúde (condições de atendimento, disponibilidade de horários para consultas, preços), bem como os supermercados espanhóis parecem ser mais interessantes que os portugueses.

Hoje, quem mora na fronteira está acostumado a fazer pequenas adaptações em seu cotidiano. Comprar gasolina e óleo diesel, por exemplo, em geral, é bem mais vantajoso no lado espanhol. Na mesma *gasolineira* (posto de gasolina) Galp (marca portuguesa), o valor do litro pode ter uma diferença de até 25 cêntimos (subdivisão do euro) para menos no lado espanhol.

Uma quantidade significativa de estudantes portugueses procura a Espanha, especialmente para estudar Medicina (um dos cursos mais concorridos nas universidades portuguesas e que exige notas mínimas de mais de 19 *valores*, lembrando que as notas em Portugal vão até 20 *valores* e não até 10, como no Brasil).

A taxa do ɪᴠᴀ (Imposto do Valor Acrescentado ou Agregado)[4] na Espanha está em torno de 16%, em Portugal atinge os 20%. Entre prós e contras, os "ibéricos" devem considerar ainda que a taxa de desemprego na Espanha é uma das mais altas entre os Estados da União Europeia. Em fevereiro de 2009 (segundo a *Folha Online*) atingia 14% e, mais recentemente, em abril de 2010, havia subido para 20%.[5] No entanto, há mais um fato que pesa a favor do lado de lá: é que o salário-mínimo na Espanha em 2009 era de 600 euros, ao passo que em terras lusas não chegava a 430.

O futuro estará nas "eurocidades"?

Eurocidade é o termo usado para designar um Agrupamento Europeu de Cooperação Territorial (ᴀᴇᴄᴛ),[6] que eliminaria obstáculos territoriais e administrativos e serviria como instrumento para reforçar a coesão econômica e social entre as cidades envolvidas (e ampliar os laços internacionais, no caso de localidades de países distintos), conforme as diretrizes da ᴜᴇ. A criação de eurocidades – conurbações que compartilham determinados serviços e infraestruturas, para, dessa forma, aumentar tanto o investimento empresarial como a oferta de cultura ou de transportes – é uma das apostas para o desenvolvimento econômico europeu nos próximos anos.

Elvas e Badajoz, por exemplo, estão empenhadas em formar, juntas, uma eurocidade (Elvas-Badajoz). Os defensores dessa iniciativa sublinham que é necessário organizar os serviços em comum. Para isso, um marco jurídico novo e europeu, bem como um plano estratégico para sua implantação, seriam fundamentais. A junção das cidades nesses termos permitiria também uma maior e melhor captação de fundos financeiros externos e próprios para o desenvolvimento das atividades econômicas[7] e culturais locais e ainda ampliar o acesso a duas línguas europeias.

Elvas e Badajoz procuram seguir o exemplo de outras duas eurocidades que já são realidade: Bayona-San Sebastián e Chaves-Verín (esta última foi primeira eurocidade ibérica, criada no ano de 2008).

IBERISMO: UMA VELHA ASPIRAÇÃO

O século XXI exige novas formas de coexistência. No entanto, essa demanda recebe respostas diferentes dos integrantes da União Europeia, dependendo do peso político, dos interesses econômicos, das tradições culturais e da história de cada um dos países-membros.

Em alguns casos, experiências nacionais específicas se sobrepõem às aspirações ideológicas, políticas e até militares que estão por trás da ideia de uma Europa unificada. Um bom exemplo é a escolha dos ingleses de não adotar a moeda única, o euro, e continuar a usar a libra. Quanto aos países ibéricos, sua inserção na união dos europeus recolocou a questão do iberismo (a união entre Espanha e Portugal), proposta historicamente e já muito debatida. Como antes, o tema provoca reações negativas, particularmente dos portugueses, por desencavar velhos esqueletos do passado.

Na segunda metade do século XIX, época em que os Estados-nação procuravam se consolidar para tornarem-se mais fortes, a ideia de uma fusão entre Portugal e Espanha ganhou adeptos fervorosos. O imperialismo britânico estava no auge, Itália e Alemanha viviam seus respectivos processos de unificação, diferentes povos reivindicavam uma identidade nacional e um território próprio. Em meio a isso tudo, iberistas constatavam o que chamaram de "decadência dos dois países ibéricos" e defendiam que só o todo peninsular teria condições econômicas e políticas para adquirir um papel relevante no xadrez político europeu, com condições de manter as colônias sob seu domínio e intensificar sua exploração. Antero de Quental, um intelectual iberista exaltado, chegou a declarar em 1868 que o único ato possível e lógico de verdadeiro patriotismo consistia em "renegar a nacionalidade".

A corrente contrária, os anti-iberistas, enxergava na união dos dois países um subterfúgio para encobrir as pretensões de domínio por parte da Espanha. Além disso, tal união acabaria por fortalecer de fato a França – ao dar poder à "frente latina" capaz de se opor ao crescente imperialismo inglês ou aos avanços pan-germânico e pan-eslavo – ou a própria Inglaterra – por conta de uma provável unificação dos espaços econômicos europeus com a construção de ferrovias e novas estradas sob o controle britânico.

Dentro do próprio iberismo havia divergências internas entre unitaristas e federalistas. Para os primeiros, a unidade ibérica garantiria a sobrevivência da instituição monárquica. Os federalistas, por seu turno, com os olhos voltados para os modelos dos Estados Unidos da América e mesmo da Suíça, defendiam princípios democráticos, republicanos e, é óbvio, federalistas.

Na tentativa de ganhar adeptos, essas duas correntes refinaram suas propostas no decorrer do tempo. Assim, a monarquia defendida pelos unitaristas era a de tipo liberal. Como a dinastia bourbônica que reinava na Espanha não se encaixava nesse critério, defendiam que no caso do sucesso da União Ibérica o trono ficasse nas mãos dos Bragança, a dinastia reinante em Portugal. Os espanhóis discordariam? Não, pois com isso haveria a liberalização da sociedade espanhola. E cedo ou tarde a sucessão conduziria à fusão das duas monarquias, para a alegria de todos em ambas as nações. Vários espanhóis até gostaram dessa ideia.

Os federalistas também sofisticaram seu projeto. Para conciliar a "razão" (já que para eles mesmos era óbvio que estavam corretos) com a manutenção das especificidades nacionais, defendidas pelo romantismo da época, queriam distância do modelo jacobino de Estado uno e indivisível – só o federalismo satisfaz. Em Portugal, muitos intelectuais republicanos propunham que a União Ibérica fosse uma espécie de federação com Portugal e Espanha. Outros falavam em criar uma confederação de vários estados desmembrados capaz de preservar a identidade cultural e política de portugueses e espanhóis.

As revoluções liberais que pipocavam na Europa de 1848, exigindo governos constitucionais ou combatendo os excessos do capitalismo, favoreciam a difusão de ideias democráticas, republicanas e até socialistas. A revolução ocorrida na Espanha em 1868 (que destronou a rainha Isabel II e implantou a monarquia constitucional no país) também marcou toda uma geração de jovens intelectuais portugueses, conhecida como Geração Nova ou Geração de 1870. Integravam o grupo, entre outros, Eça de Queirós, Alexandre Herculano, Antero de Quental, Ramalho Urtigão, Teófilo Braga, Oliveira Martins e Guerra Junqueiro. Eles proclamavam os ideais republicanos e pregavam o cientificismo e o positivismo como antídotos contra a religião e o ultramontanismo.[8]

Esse cenário de divergências intelectuais, somado a uma crise econômica e financeira que se abateu sobre Portugal nas duas décadas finais do século XIX, ajudou a enterrar as propostas iberistas. Os portugueses passaram a dirigir suas preocupações para questões consideradas mais prementes. O número crescente de emigrantes indicava que as condições de vida das classes mais baixas haviam piorado nessa época.

A praça dos Restauradores, em Lisboa, com seu obelisco e suas esculturas que comemoram o fim do domínio filipino, foi fruto de uma campanha popular realizada no final do século XIX, num momento em que o nacionalismo ganhava muito espaço em Portugal.

Ainda que os sonhos iberistas tenham conseguido muitos adeptos nos meios intelectuais (sobretudo entre as décadas de 1860 e 1870), tiveram sempre pouquíssimo apoio popular. Nos anos 1880, a maré mudou e os portugueses acabaram por desenvolver uma aguçada consciência nacional – praticamente o oposto do que defendiam os iberistas. O nacionalismo ficou na moda e grupos políticos mais moderados, avessos a grandes mudanças, ajudaram a alimentá-lo. As comemorações do Primeiro de Dezembro, data do início da revolta que pôs fim ao domínio filipino (que durou de 1580 a 1640) foram reforçadas. O pessoal da Associação Primeiro de Dezembro liderou uma campanha para levantar um monumento em Lisboa em homenagem "Aos Restauradores de 1640"; foi um sucesso, até a colônia portuguesa do Brasil colaborou. A propósito, essa data é feriado nacional até hoje em Portugal.

A Batalha de Aljubarrota, aqui retratada em azulejos, é conhecida entre os portugueses como "a batalha das batalhas". Sua lembrança, por séculos, ajudou a alimentar o sentimento antiespanhol e a estabelecer um determinado "consenso nacional" em Portugal.

O sentimento antiespanhol cresceu na mentalidade popular. Peças de teatro nacionalistas, poesias patrióticas, reedições de antigos livros portugueses e muitos outros meios foram utilizados para consolidar esse novo "consenso nacional" através da recuperação de outros momentos da história em que os dois países haviam se confrontado (a Batalha de Aljubarrota, as diversas guerras com Castela, toda a luta contra os Filipes e vitória redentora de 1640). Agora, a luta contra os espanhóis tornara-se uma verdadeira cruzada ideológica.

"DE ESPANHA, NEM BOM TEMPO, NEM BOM CASAMENTO!"

Os portugueses têm diversos ditados populares cuja mensagem é: tudo o que vem da Espanha não presta. As gozações e os insultos, entretanto, funcionam nos dois sentidos e, se "de Espanha não chega nem bom vento, nem bom casamento", os espanhóis respondem: *"Portugueses pocos, Y eses locos"*. (Aliás, este ditado espanhol foi transcrito na obra de Teófilo Braga sobre os costumes do povo português em livro originalmente publicado em 1885, isto é, no rescaldo da contenda entre iberistas e nacionalistas. Curiosamente, ao apresentar o ditado, o autor comentou a notável hostilidade "instintiva" entre o povo espanhol e a "pequena nacionalidade portuguesa, que sempre tem resistido à incorporação política".)

As trocas de farpas têm raízes ainda mais distantes no passado conturbado dos habitantes da península. Santa Rosa de Viterbo, no seu *Elucidário de palavras* publicado em 1798, anotou: "já conta com séculos [...] que o vulgo português chama aos castelhanos *rabudos*, como se nascessem com grande e vergonhoso rabo". Viterbo não se admirava com isso, reconhecendo que, "entre nações que se haviam enfrentado em guerras, era costume que se injuriassem reciprocamente". E se os portugueses chamavam os espanhóis de *rabudos*, estes apelidavam os portugueses de *judios*, provavelmente pelo fato de os judeus, depois de expulsos da Espanha (1492), terem encontrado por algum tempo abrigo em Portugal.

Bem antes disso, os espanhóis já haviam apelidado os vizinhos de *chamorros* (algo a ver com "cabelo tosquiado") com despeito por terem sido derrotados pelos portugueses na Batalha de Aljubarrota (1385). Na ocasião, D. Juan I de Castela teria dito que "não tivera tanto sentimento, se o vencera outra qualquer nação do mundo, mas que não podia sofrer que assim o derrotassem uns poucos chamorros", ou seja, não estaria tão chateado de perder uma batalha se não tivesse sido para um punhado de portugueses.

No contexto da União Europeia, as relações entre portugueses e espanhóis estão se transformando. Hoje, há uma maior integração entre os dois países e a circulação de pessoas e capitais se intensifica, especialmente nas regiões fronteiriças. A Ponte Internacional do Guadiana (foto) une Portugal (à esquerda) e Espanha (à direita).

Como se vê, a rivalidade entre portugueses e espanhóis é antiga. Ao longo da história, a península ibérica foi palco de disputas, mal-entendidos, provocações, trocas de princesas, mas também de farpas, quando não de balas de canhão. E não se pode negar que a Espanha, ou mais corretamente Castela, tentou diversas vezes incorporar aos seus domínios as terras lusas. Em muitas dessas ocasiões chegou mesmo a contar com o apoio de alguns aliados portugueses (depois considerados traidores por seus conterrâneos).

Castela passou a cobiçar o reino português desde que se tornou o centro político dos reinos que mais tarde integrariam a Espanha (por volta de 1230, quando Fernando III de Castela passou a ocupar também o trono de Leão, ficando ainda mais poderoso). Por vezes, a ambição de dominar o território luso se viu adiada e aliviada por meio de

140 | Os portugueses

acordos de paz e alianças que envolviam casamentos entre as casas reais de ambas as partes. Em outros momentos, a convivência pacífica cedeu lugar a conflitos violentos. Vejamos alguns exemplos.

A conquista pelos portugueses do Algarve, que se encontrava sob o domínio mouro, no distante século XIII, levantou problemas fronteiriços, pois tanto o reino português quanto o castelhano se arrogavam o direito a uma vasta região que se estendia pelas duas margens do rio Guadiana. Apenas em 1267, pelo Tratado de Badajoz, é que Castela reconheceu a soberania plena de Portugal no Algarve.

Castela e Portugal se encontraram em campos opostos novamente nos finais do mesmo século XIII (1295-1297). Ao juntar forças com o reino de Aragão na luta que os aragoneses travavam contra os castelhanos, Portugal acabou beneficiado, pelo Tratado de Alcañices, com um território localizado na fronteira da região do Alentejo. O tratado de paz foi posteriormente reforçado com dois casamentos envolvendo a nobreza castelhana e a portuguesa.

Os reinos tradicionalmente rivais uniram-se contra os muçulmanos, na época da Reconquista (início no século VIII, estendendo-se por aproximadamente oito séculos). Assim, uma curta lua de mel entre os monarcas foi registrada quando o próprio rei de Portugal marchou com seu exército e juntou-se às forças castelhanas na batalha que derrotaria decisivamente os "infiéis", ocorrida na região da Andaluzia, a Batalha do Salado, em 1340.

Porém, na ausência do perigo muçulmano, as querelas entre portugueses e castelhanos voltavam à baila. Ao longo do século XIV, Portugal e Castela se confrontaram diversas vezes, especialmente quando algum dos lados passava por dificuldades e demonstrava certa fraqueza. Só no reinado de D. Fernando I de Portugal (1367-1383), houve três confrontos com os vizinhos castelhanos, as chamadas Guerras Fernandinas.

Na época das grandes navegações e da expansão para fora dos territórios peninsulares (séculos XV e XVI), novos motivos de briga surgiram, envolvendo agora a hegemonia sobre as descobertas ultramarinas. Uma dessas disputas culminou com a assinatura do Tratado de Tordesilhas (1494). Mesmo na longínqua América, portugueses e espanhóis continuariam se enfrentando.

No século XVII, ocorreu o conflito que, muito graças aos nacionalistas portugueses do XIX, tornar-se-ia o símbolo histórico das desavenças entre espanhóis e portugueses: a luta contra o domínio filipino que levou, ao final, ao reconhecimento da independência de Portugal. (Os catalães que lutaram contra os castelhanos na mesma guerra e pelos mesmos motivos, independência, acabaram derrotados e tiveram que continuar a fazer parte da "Espanha", ou melhor, sob o domínio de Castela, mesmo contra a vontade.)

NOVOS TEMPOS, NOVAS RELAÇÕES

"Se os portugueses abrem a porta a uma união com a Espanha, como espero, o iberismo de nossos avós tornar-se-á realidade. Realizá-lo-ão os nossos netos". Essa frase dita em 2006[9] é de autoria de Pasqual Maragall, presidente da Generalitat de Catalunya (Governo da Catalunha, em catalão), na Espanha.[10]

No século XXI, o iberismo entra em cena novamente. É claro, com roupagens novas, mas ainda querendo aproximar os dois países vizinhos. Como se justifica a volta a um tema que parecia ter sido execrado pelos portugueses no final do século XIX?

Muita água rolou e novos interesses surgiram.

Ainda hoje a Espanha enfrenta problemas relacionados às diversas "Espanhas" que comporta, ou seja, regiões que reivindicam distintos graus de autonomia com relação ao governo central. O caso mais conhecido e violento, por conta dos militantes extremistas, é o basco, mas existem vários outros, mesmo que defendidos por minorias na população. A resposta invariável a todos os tipos de separatismos ou reivindicações de independência e autogoverno é reforçar a ideia de que "a união faz a força". E se esse pensamento vale para a Espanha, vale igualmente para os ibéricos, certo?

A imprensa, aqui, aparece como um lugar privilegiado para entendermos os interesses em jogo – que não são poucos, levando em conta os investimentos feitos pelos espanhóis em território português e a vontade férrea de governantes portugueses manterem boas relações com a Espanha.

Uma sondagem, publicada pelo semanário português *Sol* em 2006, divulgou que 28% dos portugueses entrevistados preferiam "ser espanhol". O jornal *Público* (também em 2006) reafirmou os dados da mesma pesquisa, especificando que o apoio à união entre os dois países era particularmente elevado entre a população mais jovem, dos 18 aos 24 anos, com mais de metade deles (50,8%) favorável a essa opção. Essas informações jogaram mais gasolina no incandescente tema das relações entre portugueses e espanhóis. A matéria do *Público* revelou ainda que os tais 28% favoráveis a que Portugal e Espanha fossem um só país acreditavam que Portugal se desenvolveria mais se fizesse parte desse Estado unificado. Perguntados ainda sobre a forma de governo a ser adotada nesse hipotético país ibérico, embora a maior parte defendesse a república como forma de governo, muitos aceitariam de bom grado o rei espanhol Juan Carlos como soberano de todos, confiando que os portugueses seriam tratados em pé de igualdade.

Foi nesse contexto que o mesmo cidadão presidente da Generalitat de Catalunya, Pasqual Maragall, disparou outra frase lapidar: "Agora que os portugueses querem ser espanhóis, que se preparem os castelhanos".

142 | Os portugueses

E do lado de lá? Haveria a mesma predisposição a uma fusão dos países, em nome do bem comum? Ou seria apenas uma aspiração dos catalães para fazer desaforo aos castelhanos?

O resultado de outra sondagem, dessa vez efetuada na Espanha (pela revista *Tiempo,* publicada em 17/10/2006) revelou que 45,6% dos espanhóis eram favoráveis à fusão. Para quase 40% dos entrevistados, o novo país deveria chamar Ibéria; e a esmagadora maioria (80%) defendeu que a capital deveria ser Madri, contra apenas 3,3% que preferiam que fosse Lisboa. A pesquisa ainda indicou que quase metade dos espanhóis (45,7%) defendia a fusão dos dois países e a constituição de um Estado único, que se chamaria (adivinhe quem puder) Espanha!

A reação de certos portugueses em relação a isso, como seria de esperar, foi mal-humorada e nada amistosa.[11] Os radicais antiespanhóis, em particular, ganharam munição.

Vários cidadãos portugueses, em resposta, argumentaram que os espanhóis consultados pela pesquisa seriam apenas os castelhanos. Porque não seria *credível* (crível) que os galegos, os bascos, os catalães e os andaluzes defendessem tal união! Só mesmo os castelhanos é que poderiam pensar que os portugueses se submeteriam a semelhante disparate, porque, "desde sempre" (outra expressão típica dos portugueses) pretenderam mandar nos portugueses e engolir Portugal! A comprovar está a lista das batalhas travadas entre ambos, lembradas pelos lusos que preferem citar apenas as que o seu lado saiu vencedor. Os "castelhanos derrotados" sempre estão à espreita, para conseguir a desforra, ainda que seja muitos séculos depois.

Nada mais reconfortante para aqueles que enxergam as relações com os espanhóis através dessa ótica de ressentimentos do que lembrar os problemas internos da Espanha, em especial, "as graves questões que envolvem os diversos povos que, só por força das leis de Madri, são considerados espanhóis". Apontam um dedo acusador para a fragilidade da integração das diversas "Espanhas" exemplificada pela questão da língua. Conforme gostam de lembrar, lá existem várias línguas (castelhano, basco, galego, catalão), não havendo propriamente língua espanhola; aquela que é oficialmente reconhecida como a língua espanhola é apenas a língua castelhana. Continuam argumentando que em Portugal as coisas são muito diferentes. Afinal, Portugal é um país de fato e os portugueses são verdadeiramente uma nação. Portugal constitui um Estado independente de longa data, fala uma única língua e jamais alguma região portuguesa quis ser independente. Os radicais antifusão atribuem, como no passado, a pecha de traidores aos portugueses que veem com bons olhos a possibilidade de integração no século XXI.

Porém, apesar da arrogância demonstrada pela maioria dos entrevistados na citada pesquisa espanhola, o debate não morreu em Portugal. As opiniões divergentes do presidente de Portugal, Aníbal Cavaco Silva, e do escritor José Saramago, veiculadas no jornal de circulação nacional *Público* (04/09/2007) foram mais um capítulo interessante da quentíssima discussão. Saramago defendeu a formação de uma federação entre Portugal e Espanha. Cavaco Silva qualificou a opinião do escritor: "um absurdo!".

O escritor português via com tranquilidade, aliás, a importância crescente da Espanha na economia portuguesa: "é uma situação natural", dizia. E, mesmo não querendo armar-se em profeta, Saramago afirmou que "a integração acabará por ocorrer". Na perspectiva de Saramago, a integração não ocorreria em todos os níveis, a cultura portuguesa característica seria preservada. O escritor salientou que esse seria o caso, por exemplo, da Catalunha, que mantém sua própria cultura, e o mesmo ocorreria com os bascos e os galegos na Espanha. Assim, os portugueses não se converteriam em espanhóis e não deixariam de falar ou escrever em português e, certamente, com 10 milhões de habitantes, ganhariam muito, em termos de desenvolvimento, com a integração territorial, administrativa e estrutural.

Essa visão, compartilhada por várias pessoas, privilegia o conjunto da península ibérica, que tem vivido mais ou menos em paz nos últimos tempos. O fato de abrigar distintas nacionalidades e línguas é secundário e de modo algum impeditivo da união.

Ao se referir à queixa, tantas vezes repetida, sobre a economia espanhola estar "ocupando" Portugal, Saramago disse: "não me lembro de alguma vez termos reclamado de outras economias como as dos Estados Unidos ou da Inglaterra, que também ocuparam o país. Ninguém se queixou, mas como dessa vez é o castelhano, que vencemos em Aljubarrota, que vem por aí com empresas em vez de armas...".

Por fim, do seu ponto de vista, Portugal seria mais uma província da Espanha, juntamente com a Andaluzia, a Catalunha, o País Basco, a Galiza, a Mancha. A única questão a resolver, provavelmente, seria que a Espanha teria sim que mudar de nome e passar a se chamar Ibéria.

Concordando totalmente ou em parte com Saramago, o fato é que não é mais tão difícil hoje em dia encontrar em Portugal gente que diria "sim" a uma eventual fusão. Afinal, a Espanha tem um desenvolvimento econômico maior que Portugal, abriga uma das cidades mais desejadas para se morar (a bela Barcelona), paga, em geral, salários melhores e cobra menos pelos serviços públicos oferecidos aos cidadãos. No caso de uma integração político-econômica, os ibéricos não teriam grandes problemas no campo das relações culturais, pois partilham ídolos na literatura e até mesmo no futebol.

Em um blog que comentava a referida sondagem do semanário *Sol*, um português espirituoso escreveu:[12] "Olha para nós, casadinhos a comer tapas. A falar super, hiper, mega alto e rápido. Com ordenados melhores, com uma saúde/educação etc. melhores, e com uma monarquia. Acho que sou da mesma opinião que os 28% dos meus conterrâneos. E viva *España*!".

144 | Os portugueses

NO FUTURO, A VIA DO ENTENDIMENTO

Deixando os radicalismos de lado, tanto os favoráveis, quanto os contrários à possível união dos dois países, não se pode negar que o clima está propício a um maior entendimento entre Portugal e Espanha. E não seria para menos, considerando-se que os negócios vão à frente e a política se adapta – como afirmou o editorial do *Diário de Notícias* (02/06/2006) – ainda mais em tempos em que, para passar a fronteira entre um país e outro, não é necessário nem mesmo exibir *bilhete de identidade* (carteira de identidade).

No concerto da União Europeia é mais fácil vislumbrar um caminho a ser percorrido em conjunto por portugueses e espanhóis. Talvez pudessem fazer um dueto bem afinado.

Mário Soares,[13] que é um iberista convicto, é um dos que defendem a importância política que a união peninsular poderia ter no âmbito da União Europeia. Sobretudo uma maior integração política pareceria possível através de uma lente que aumentasse a autonomia das diferentes regiões que integrassem a nova unidade. Isso contentaria, então, a todos.

O mote da recente ideia de aproximação que se pretende entre espanhóis e portugueses passaria por uma relação mais "descomplexada", como quer Cavaco Silva, o presidente português, ou mais "fluída" como se ouve dizer em Madri.

A verdade é que, de fato, novos vínculos entre portugueses e espanhóis estão sendo construídos no dia a dia. Que o bom-senso e o equilíbrio prevaleçam. O que importa, nesse momento, é que, como todos os casais, os portugueses e espanhóis "discutam a relação"!

Notas

[1] Informações dadas por Santiago Petschen em artigo publicado no jornal *Diário de Notícias* (Lisboa) em 10 de junho de 2006.

[2] Este caso específico faz lembrar o período da instalação de dentistas brasileiros em Portugal, no início dos anos 1990, quando havia um acordo entre Portugal e Brasil que estabelecia a equivalência direta entre todos os diplomas universitários de ambos os países. A concorrência, entretanto, criou protestos entre os profissionais portugueses, que defendiam uma espécie de "reserva de mercado" e a própria legislação do país foi alterada. Em 1997, uma lei no Parlamento português rebaixou os cirurgiões dentistas brasileiros a "odontologistas" (em Portugal os *odontologistas* são práticos de quem não se exige curso superior; são extremamente limitados quanto ao exercício da profissão, só podem fazer pequenas intervenções cirúrgicas e devem obedecer a limites relativos a procedimentos usuais em consultório). Para resolver a pendência, foi necessária a intervenção do então presidente Fernando Henrique Cardoso. Com isso, cerca de 300 dentistas conseguiram, por força de uma lei, resolver a sua situação. Anos depois, o problema reapareceu e cerca de 70 dentistas se manifestaram diante do presidente Lula, durante visita em Lisboa. A questão está na interpretação dos artigos que compõem acordo entre Brasil e Portugal para reconhecimento dos graus acadêmicos. Os brasileiros argumentam que o tratado garante o reconhecimento mútuo de "graus e títulos acadêmicos" concedidos por "estabelecimentos para tal habilitados", "desde que certificados por documentos devidamente legalizados" e dão às instituições de ensino superior a "competência para conceder o reconhecimento". Mas seu artigo 41, que estabelece que o reconhecimento deve ser sempre concedido, a menos que haja "diferença substancial

entre os conhecimentos e as aptidões atestados", é que causa problemas, pois os portugueses usam as discrepâncias curriculares entre os países para justificar a obrigatoriedade de uma prova de revalidação e dificultar a atuação dos brasileiros em Portugal. Desde 2001, a discussão internacional sobre o assunto parece ter sido esquecida. Estima-se que ainda hoje centenas de brasileiros atuem em Portugal como ilegais ou subempregados em clínicas odontológicas em sua maioria dirigidas por brasileiros que já conquistaram sua inscrição na Ordem dos Dentistas de Portugal.

3   A maternidade de Elvas não foi a única a ser fechada em Portugal na década de 2000. Outras instituições que atendiam gestantes portuguesas tiveram suas atividades encerradas por não apresentarem condições adequadas de atendimento. O governo do primeiro-ministro José Sócrates alegou à época que essa era uma decisão tomada com base em estudos técnicos.

4   IVA é o imposto que incide sobre o consumo de bens e serviços. O imposto permite a concessão de alíquotas moderadas e evita efeitos cumulativos de tributos. Em Portugal, passou a vigorar a partir de 1986.

5   Dados obtidos em <http://www.bbc.co.uk/portuguese/noticias/2010/04/100430_espanhadesempregofn.shtm>; acesso em: maio 2010.

6   Publicado em 31 jul. 2006 no *Jornal Oficial da União Europeia*, através do regulamento n. 1082/2006 do Parlamento Europeu e do Conselho.

7   A ideia é rentabilizar diversas dotações futuras como, por exemplo, o desenvolvimento da estação de AVE (trens de alta velocidade) que estará localizada em Caya (Urbanización Caya, ou Urbanização Caia), um pequeno espaço de área residencial para pessoas de classe média alta situada exatamente na fronteira luso-espanhola de Elvas-Badajoz.

8   Movimento que defendia uma forte centralização da Igreja Católica em torno do poder papal, em todas as questões de fé e disciplina.

9   Divulgada pelo jornal *Diário de Notícias* (02/10/2006). Disponível em: <http://dn.sapo.pt/inicio/interior.aspx?content_id=646842>; acesso: 2 maio 2010.

10 A Comunidade Autônoma da Catalunha está formada pelo Parlamento da Catalunha, pelo Conselho Executivo ou governo da Catalunha, pela presidência da Generalitat e pelas outras instituições que o estatuto e as leis estabelecem. Existe ainda a Generalitat Valenciana, na região sul do país.

11 É possível encontrar diversas manifestações desse tipo veiculadas através da internet, como em <http://www.mundolusiada.com.br/COLUNAS/ml_artigo_096.htm>; acesso: dez. 2008.

12 <http://blogdoarmario.blogspot.com/2006/09/28-dos-portugueses-preferia-ser.html>, acessado em 14 de janeiro de 2009 [o blog foi desativado].

13 Político português, ativista contra a ditadura salazarista, foi primeiro-ministro (1976-1978 e 1983-1985) e presidente de Portugal (1986-1996).

DE PAÍS DE EMIGRANTES A PAÍS DE IMIGRANTES?

Não é possível pensar em Portugal e nos portugueses sem falar de migração. Hoje estamos diante de um país que recebe importantes fluxos imigratórios; não só de africanos oriundos dos PALOPS (Países Africanos de Língua Oficial Portuguesa) e de brasileiros, mas também de gente vinda de outros lugares da Europa e da Ásia.

Embora os dados oficiais e as estatísticas sobre a imigração apresentem algumas divergências, os imigrantes legalizados (aqueles com autorização de residência) chegam perto de 500.000 pessoas. Ficam fora desta cifra os *indocumentados*, ou imigrantes ilegais.

O que isso significa para Portugal? Muito. É uma grande mudança, sobretudo se pensarmos no impacto que esse contingente tem na vida do país. A população estrangeira multiplicou-se por dez em quase 30 anos. Em 1981 eram pouco mais de 50.000 os estrangeiros residentes no território.

Até a década de 1970, o movimento era contrário, com os cidadãos portugueses deixando a terra natal. Tinham como destino, além do Brasil, as províncias ultramarinas portuguesas na África e determinados países europeus. A consequência direta dessa situação era o saldo negativo nos fluxos migratórios, isto é, o número de pessoas que deixavam Portugal era maior que o número de pessoas que entravam.

O divisor de águas foi o simbólico 25 de abril de 1974, data a partir da qual o país viveria tempos mais democráticos e as colônias africanas ganhariam sua independência. A primeira grande inversão da tendência emigratória secular foi o regresso maciço de cidadãos provenientes dos territórios das ex-colônias, independentemente se nascidos em Portugal ou nos antigos domínios coloniais. Assim, já no início da década de 1980 houve um aumento enorme nas entradas. Nos anos de 1990, o processo consolidou-se: além dos imigrantes oriundos dos países africanos dos PALOPS, chegavam agora, em número expressivo, brasileiros e europeus de origens diversas.

Interessa, para já, conhecer um pouco das circunstâncias que caracterizaram os anos finais do século XIX e o cenário do século XX, para podermos ter uma noção mais exata da profundidade das mudanças ocorridas na virada para o século XXI.

OS PORTUGUESES E A EMIGRAÇÃO NO SÉCULO XX

O fenômeno da migração ocorrido antes de meados do século XIX é difícil de ser mensurado. Porém, a partir das décadas finais dos anos oitocentos é possível dimensioná-lo em termos nacionais.

Entre 1886 e 1960, saíram de Portugal mais de um milhão e meio de emigrantes. Isso não é nada se comparado à saída de outro milhão e meio (pelo menos) de portugueses no curtíssimo período dos anos 1960 e 1970. Tal valor diz respeito apenas à saída de emigrantes legais. Estima-se que outros trezentos mil portugueses tenham abandonado o país clandestinamente entre as décadas de 1960 e 1970. Portanto, considerando a emigração oficial e a clandestina, quase dois milhões de pessoas optaram por deixar Portugal.

Ao longo desse tempo todo, houve uma grande flutuação. De 1895 a 1900, foram perto de 45.000 saídas, com tendência de crescimento verificada até as vésperas da Primeira Guerra Mundial. O êxodo se intensificou nos anos imediatamente anteriores ao conflito, quadruplicando o número de emigrantes. Na década de 1920, os níveis baixaram para algo em torno de 30.000 saídas anuais.

A Depressão dos anos 1930, reflexo da grave crise internacional que teve início com a quebra da bolsa de Nova York, provocou uma onda de desemprego nos Estados Unidos e no Brasil, que eram então os principais destinos da emigração portuguesa. Sem possibilidades de trabalho nesses países, o fluxo migratório português se retraiu. A própria política dos países que costumavam acolher o grosso do contingente português mudou; o Brasil, por exemplo, passou a impor restrições à entrada de imigrantes nessa época.

Com a eclosão da Segunda Guerra Mundial, houve uma queda ainda maior no movimento emigratório português, numa média aproximada de 7.000 saídas anuais. No pós-guerra, paulatinamente, a corrente migratória voltou a ser significativa até atingir seu ponto mais alto em 1966, quando chegou a 120.000 saídas. Entre as décadas de 1960 e 1970, Portugal perdeu para a emigração cerca de 20% da sua população, que somava pouco mais de 8 milhões.

O que explica esse aumento rápido e extraordinário das saídas, em um país tão acostumado à emigração?

O fluxo migratório dos anos 1960 e 1970 era bem diferente do tradicional, dirigido ao Brasil. Destinava-se, naquele momento, aos países industrializados da Europa Ocidental, quando milhares e milhares de portugueses foram recrutados (juntamente com

De país de emigrantes a país de imigrantes? | 149

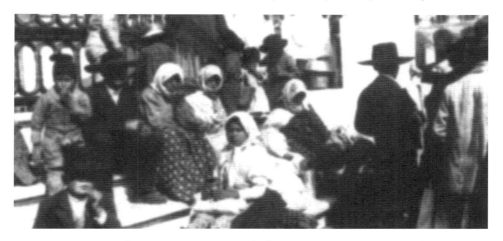

Portugueses que desejavam emigrar se deslocavam, em sua maioria, do interior do país para, junto aos principais portos de saída (Lisboa e Porto), aguardar o navio que os levaria ao tão sonhado Eldorado americano.

"Os homens transitam do Norte para o Sul, de Leste para Oeste, de país para país, em busca de pão e de um futuro melhor" – frase de *Emigrantes* (1928), obra de Ferreira de Castro que retrata os sonhos e decepções dos que deixavam a terra natal.

Família luso-brasileira (anos 1950). A maioria dos emigrantes não retornou a Portugal. Nos países hospedeiros, surgiram, então, núcleos familiares multigeracionais de luso-descendentes.

turcos e iugoslavos) para alimentar a florescente economia do pós-guerra. A maioria dos portugueses que partiam esperava que a ausência da terra natal fosse temporária. A intenção dos emigrantes era trabalhar apenas alguns anos nos países escolhidos como destino, de modo a bancar uma vida melhor na volta a Portugal. De alguma maneira esse projeto também se adequava aos interesses dos países receptores, pois veriam suprida a necessidade de mão de obra barata sem serem obrigados a acolher toda aquela gente no longo prazo.

Os que de fato acabaram voltando mais tarde a Portugal, o fizeram porque ficaram satisfeitos com o que tinham conseguido amealhar ou porque viram seus planos fracassar perante as dificuldades encontradas na vida no estrangeiro.

A maioria dos emigrantes, entretanto, não cumpriu à risca o projeto de regressar a Portugal depois de um período fora de casa. A figura do emigrante do sexo masculino, solteiro, que partira com a mala nas costas e sonhos de uma vida melhor, foi se transformando em núcleos familiares multigeracionais de luso-descendentes. Os emigrados de fato procuraram se inserir nas sociedades de destino. Nisso, não diferem da maioria dos migrantes, apesar do desejo de manter alguma ligação com o que ficou para trás – terra natal, amigos, hábitos, tradições. Tentam se manter sobre o delicado fio que separa a nova vida das saudades que sentem de Portugal. Procuram usufruir o "melhor possível" dos dois mundos.

De onde partiam

É bom conhecer a geografia da emigração, isto é, de onde partiam os emigrantes portugueses até o comecinho da década de 1980. Não há dúvida de que saíam de todas as regiões de Portugal. Entretanto é possível perceber variações regionais.

A emigração foi especialmente intensa nas regiões Norte e Centro do país, com um predomínio dos distritos situados na faixa litorânea. Além dessas regiões foram os distritos mais densamente povoados (sobretudo do Noroeste) que cederam mais emigrantes, com destaque para o Porto, Braga e Aveiro. Desses pontos partiam mais de 30% dos emigrantes. De Lisboa saíam 10% do total. A parte meridional do território, ao sul do rio Tejo, foi muito menos afetada pelo fenômeno migratório.[1]

A própria migração interna, em particular para a região de Lisboa, não era desprezível. Esse movimento podia ser somente uma etapa para deixar o país. De todo modo, teve como consequência o despovoamento de determinadas localidades do interior, especialmente nas áreas fronteiriças.

Documento de emigrante português originário do Minho, datado de 1927. Diante de dificuldades econômicas e crises sociais, emigrar foi a saída de mais de 3 milhões de portugueses que deixaram seu país entre as décadas de 1880 e 1970 em busca de melhores condições de vida para si e seus familiares.

MUDANÇA DE RUMO: MUITO ALÉM DO BRASIL

Nas décadas que se seguiram ao fim da Segunda Guerra Mundial, o destino preferencial das partidas, tanto as legais quanto as clandestinas, passou a ser os países europeus, sobretudo a França e a República Federal da Alemanha. Sem dúvida, o fato de que as saídas se davam para um destino europeu, que excluía a viagem transatlântica, contribuiu para que a emigração feita à margem da lei aumentasse significativamente.

A Europa procurava recompor-se dos estragos da guerra. De um lado, entrava em cena o auxílio financeiro dos Estados Unidos da América, através do Plano Marshall.[2] De outro, formava-se o Mercado Comum Europeu. Essa conjunção favorável de fatores permitiu um crescimento econômico enorme, fomentando a necessidade de mão de obra em quantidade, com expectativas de salários pouco exigentes e capaz de desempenhar os trabalhos mais duros e de menor prestígio social. Uma janela de oportunidades abriu-se então para a mão de obra pouco qualificada dos países mediterrânicos, atraída pelas condições oferecidas em outras paragens europeias.

Nessa época, Estados Unidos e Canadá também pareceram atraentes. Além disso, outros destinos mais longínquos fizeram parte da experiência migratória: Austrália, África do Sul e países do Oriente Médio.

Assim, o Brasil perdeu definitivamente sua tradicional posição de destino privilegiado da emigração lusa. A França tomou a posição que o Brasil detinha há séculos.

São significativos os dados da presença portuguesa nos quatro cantos do mundo, tanto que na década de 1990 são recorrentes as referências à "diáspora portuguesa", já que cerca de 4,5 milhões de cidadãos oriundos de Portugal distribuíam-se pelos cinco continentes.[3]

As causas internas que levaram ao êxodo generalizado têm raízes na pobreza estrutural que vivia a maior parte da população, mas na conjuntura de crise social e política do Estado Novo somada à guerra colonial mantida nos territórios africanos (assuntos que serão tratados mais adiante).

Quanto às implicações do processo migratório português, é impossível dar conta de todas elas. Podemos apenas refletir um pouco sobre a experiência da inserção e da adaptação e sobre as múltiplas trocas culturais vivenciadas pelos emigrantes e suas famílias em cada um dos principais países hospedeiros.

Immigrants na França

O auge do fluxo migratório português para o território francês ocorreu entre os anos de 1955 e 1975. Nos primeiros cálculos dos portugueses que partiam para a França estavam: melhorar de vida e ampliar a capacidade de usufruir certos bens, vestir-se e alimentar-se melhor, construir uma boa casa e talvez comprar um carro ou se permitir momentos de lazer.

Para realizar esses sonhos, empregavam uma estratégia: trabalhar sem trégua, não só nos horários habituais, mas em longas horas extras. Os indivíduos e as famílias queriam uma gorda poupança, assim, procuravam ganhar o máximo e gastar o mínimo, guardando tudo o que fosse possível. Com isso, os portugueses esperavam aproveitar ao máximo a estadia em terras francesas até melhorar o poder econômico da família, para então regressar rapidamente a Portugal. Não hesitavam em fazer até as crianças, mesmo as muito novas, participarem desse projeto. Pouco tempo sobrava para que elas se dedicassem a estudos ou brincadeiras, pois tinham que se ocupar em tarefas e responsabilidades adequadas ao interesse coletivo da família.

Festa de portugueses na França. As associações de imigrantes portugueses realizam atividades culturais e gastronômicas com o objetivo de estimular encontros e cimentar as ligações entre os membros da comunidade lusa, e deles com Portugal.

A guinada do movimento migratório em direção aos países europeus (França, Alemanha, Suíça) facilitou o trânsito mais regular entre a terra de origem e a de acolhimento. Nos feriados ou nas férias de verão, os emigrantes aproveitavam para visitar Portugal, muitas vezes em veículos abarrotados ou em *roullottes* (*trailers*), que transportavam toda a família.

Em Paris, no início da década de 1980, era comum encontrarmos adolescentes filhos de famílias de portugueses trabalhando na portaria ou na zeladoria de prédios enquanto o pai ou até algum irmão mais velho – originalmente contratado para a função – se ocupava em uma jornada de trabalho suplementar, por exemplo, na limpeza de escritórios.

Como vimos, muitos portugueses voltaram, mas outros tantos resolveram permanecer na terra dos excelentes queijos, do *croissant* e da *baguette*. De fato, a presença dos portugueses e seus descendentes na França, sobretudo em Paris, é muito forte. Exercem por lá as mais diferentes atividades, incluindo a *boulangerie*, a padaria típica francesa e sua tradicional maneira de fazer pães. Nos anos 1990, numa das vezes em que ocorreu o famoso concurso que elege a melhor *baguette* de Paris, quando o padeiro premiado ganha o privilégio de fornecer a iguaria para o palácio dos *Champs Elisées,* venceu um padeiro português.

Paulatinamente, os portugueses radicados na França incorporaram outros valores e adotaram outras estratégias para atingir níveis de vida mais elevados. Se entre as décadas de 1960 e 1970 o lema era trabalhar e poupar o máximo possível, nas décadas seguintes a situação mudou, os próprios anseios mudaram.

As famílias portuguesas passaram a fazer um maior investimento na escolarização dos filhos. Além disso, nas sucessivas gerações de imigrantes portugueses na França, os mais jovens se integram mais facilmente na sociedade francesa que os mais velhos. Com o tempo, não só a escolarização, mas a escolarização prolongada virou um valor para as famílias de imigrantes e seus descendentes, que passaram a acreditar nela como algo também importante para a ascensão social. A ética do esforço, que compromete igualmente pais e filhos, permanece, mas agora engloba também os estudos.

"Trabalhadores visitantes" na Alemanha

Os projetos que moviam os portugueses em direção à Alemanha não eram substancialmente diferentes dos que os levavam à França: estada temporária para obter os recursos e voltar a Portugal.

Não apenas a Alemanha oferecia oportunidades para alcançar as metas propostas, como os próprios alemães consideravam a presença de "trabalhadores visitantes" desejável, na medida em que era vista como uma maneira de suprir a necessidade de mão de obra barata e maleável o suficiente para executar todo tipo de trabalho que os alemães já não aceitavam com facilidade. Portugueses, turcos, iugoslavos... não fazia muita diferença para os alemães quem viesse, contanto que a "visita" não se prolongasse além do necessário.

Para a maioria dos portugueses que apostou nas terras germânicas, a permanência não foi tão curta como queriam os donos da casa. Nas décadas que se seguiram à emigração, muitos portugueses se deixaram ficar e procuraram se integrar paulatinamente na sociedade alemã.

O estímulo para essa opção foi o crescente conforto adquirido por lá, apesar de, contraditoriamente, continuarem dizendo que gostariam de voltar a Portugal. Essa atitude, aliás, é comum mesmo entre aqueles que viveram toda a vida na Alemanha e que só conhecem Portugal através das histórias contadas por familiares ou por outros imigrantes, ou, no máximo, pelas visitas que fazem nas férias.

Em especial, os das primeiras gerações recusam-se a admitir a possibilidade de se estabelecer definitivamente, mantendo no horizonte a ideia de "voltar à pátria". Um forte sentido de identidade, ligado à noção de "ser português", explica isso, e insistir no compromisso "ter o seu futuro em Portugal" acaba sendo sua principal forma de manifestação. Outra explicação é que consideram que as oportunidades de subir na escala social e transformar os "ganhos financeiros" em "capital social" são mais fáceis de realizar em Portugal do que na Alemanha. Não é difícil de entender as razões que levam a esses cálculos. A grande maioria dos portugueses que tentavam a sorte na Alemanha era constituída por camponeses empobrecidos ou trabalhadores rurais sem terra, gente que se percebia com poucas possibilidades de mobilidade social na Alemanha.

Bastante diferente é a percepção dos integrantes da segunda ou terceira geração de imigrantes portugueses na Alemanha. Constituem um grupo socialmente emergente, se comparado aos que o precederam e estão muito mais integrados na sociedade alemã. São, em termos culturais, "mais fluentes" na Alemanha do que na "pátria" portuguesa, muitos até se expressam com dificuldade em português. Contudo, sofrem alguma influência do discurso que ouvem de seus pais, ou avós, de que sua estada por lá é provisória e que o seu futuro está mesmo na terra dos ancestrais.

A contradição entre o discurso e a prática explica-se aqui pela situação especial que os portugueses vivenciam na Alemanha. A integração não é total. Estão numa espécie de limiar entre duas realidades, não são vistos como alemães, mas também não são identificados como os outros estrangeiros, os turcos, por exemplo. Os portugueses que vivem na Alemanha gozam das regalias sociais que os donos da casa possuem, por outro lado, não são considerados membros plenos da comunidade nacional e, portanto, são excluídos do processo político. Dentro da hierarquia diferencial alemã, os portugueses são "aceitáveis", pois são "brancos" e cristãos e, além disso, desde 1986, são oficialmente "europeus". Não sofrem tanto quanto outras etnias com o racismo alemão. Não obstante, décadas depois da chegada dos primeiros portugueses, os lusos ainda são considerados "estrangeiros".

156 | Os portugueses

Na Alemanha, o tema da integração dos residentes estrangeiros é particularmente polêmico, em especial quando se trata de grupos que vivem de longa data no país, como é o caso dos portugueses. Diferentemente de outras, mais flexíveis, a sociedade civil alemã tem dificuldade de lidar com uma população multicultural.

Os argumentos a favor da tolerância da diferença cultural e do reconhecimento da diversidade que existe de fato na população alemã só muito recentemente têm surgido de maneira mais consistente nos discursos oficiais do governo. Na prática, a política tem procurado impor restrições a *novas* ondas de imigração, assim como tem apostado na expectativa de que os imigrantes sejam assimilados pela cultura alemã ou, em caso negativo, abandonem para sempre a Alemanha.

Na terra do Tio Sam

A presença portuguesa nos Estados Unidos remonta a meados do século XIX e se deu por uma série de atrativos. A começar pela atividade pesqueira, sobretudo a pesca da baleia, que, à semelhança do que ocorreu no Canadá, estimulou a ida de emigrantes lusos para a América do Norte. Da mesma maneira, concorreram a Corrida do Ouro e a fundação de colônias agrícolas na região da Califórnia.

Mas o que fez crescer a entrada de portugueses, elevada para milhares (cerca de 130.000), nos Estados Unidos foi a difícil situação econômica e social que Portugal atravessava nas primeiras décadas do século XX.

Nos anos 1930 e 1940, houve, entretanto, um acentuado decréscimo. O motivo foi tanto a política de quotas de imigração introduzida pelos Estados Unidos, como também a grande recessão, a partir da Crise de 1929, a instabilidade mundial e a eclosão da Segunda Guerra.

O contexto do pós-guerra estimulou a retomada da emigração portuguesa para a América, especialmente os oriundos dos Açores, que emigraram ao abrigo de uma legislação específica.

De toda a sorte, o incremento da migração para os Estados Unidos se manteve, entre 1960 e 1990, movimentando mais de 200.000 portugueses. Na virada para o século XXI, os portugueses e luso-americanos que residiam nos EUA chegavam a uma cifra próxima de 1.200.000 pessoas.

No correr de décadas nesse país de adoção, os portugueses e seus descendentes aproveitaram as oportunidades oferecidas e atuaram nas mais variadas atividades, especialmente na indústria e nos serviços. Também têm presença significativa nas profissões liberais, na área científica, no ensino e nas artes.

Porém, destacam-se em alguns nichos da atividade econômica, como, por exemplo, a construção civil. Na região da Nova Inglaterra existem mais de duas centenas de

Nos Estados Unidos, a presença da comunidade portuguesa se faz notar com nitidez nas festas típicas e nos desfiles, eventos organizados pelas associações criadas pelos imigrantes. Na foto: desfile nas ruas de New Bedford, cidade norte-americana que abriga uma das maiores colônias de luso-descendentes radicadas naquele país.

empresas de construção nas mãos de portugueses. Outro ramo no qual os portugueses atuam fortemente é o da alimentação e dos restaurantes. Os lusos possuem centenas de franquias da cadeia de lanchonetes Dunkin' Donuts (curiosamente, quase todos eles são naturais de Vila Franca do Campo, ilha de São Miguel). Em Newark, New Jersey, a maioria dos bares e restaurantes está nas mãos de portugueses. A pesca também conta com sua atuação marcante: no porto piscatório de New Bedford, nada menos que um terço das embarcações pertence a indivíduos de origem lusa.

Não é apenas no setor privado que os portugueses aparecem. Nada menos de 15% da comunidade portuguesa radicada nos Estados Unidos está empregada no setor público.

158 | Os portugueses

Nas universidades norte-americanas, encontramos dezenas de professores de português. A comunidade total congrega entre 1.000.000 e 1.200.000 portugueses (que representam menos de 1% da população do país) e está distribuída por todo o território americano, embora, em algumas regiões, tenha um peso maior quando comparada com outras comunidades de estrangeiros.[4]

Em 10 junho de 2006, um belo domingo de primavera, a bandeira de Portugal foi içada numa cerimônia na Câmara Municipal de Boston, a capital e maior cidade do estado norte-americano de Massachusetts. O ato marcava a comemoração do Dia de Portugal em solo norte-americano com o objetivo de lembrar a contribuição dada pela comunidade portuguesa para a diversidade cultural em Massachusetts. Na solenidade foram tocados os hinos nacionais dos Estados Unidos e de Portugal, com a participação da Filarmônica de Santo Antonio e do Rancho Folclórico Corações Lusíadas. O presidente de Portugal enviara uma mensagem especialmente para o evento, em que afirmava que era preciso conhecer melhor o talento e o prestígio que gozam os portugueses e luso-descendentes nas comunidades em que se integram, realçando o seu papel de verdadeiros embaixadores de Portugal, garantindo a "defesa e afirmação da cultura lusa além-fronteiras". Toda essa festa dá uma ideia da importância da comunidade portuguesa nas terras do Tio Sam.

Sua presença se afirma também nas quase quatro centenas de instituições de cunho étnico existentes. São associações recreativas e culturais, clubes desportivos e sociais, fundações educativas, bibliotecas, grupos de teatro, bandas filarmônicas, ranchos folclóricos, sociedades de beneficência e religiosas e casas regionais.

Entretanto, embora os portugueses e seus descendentes (com ou sem o estímulo do governo português) procurem manter viva a imagem da pátria-mãe, especialmente através de tais instituições, eles se preocupam nitidamente em consolidar sua presença no solo norte-americano. Há tempos não falam em voltar. Assumem explicitamente sua vontade de inserção econômica, política, social e cultural no país. Isso fica muito claro no caso exemplar dos portugueses residentes em Massachusetts. No ano de 2000, dos 285.000 portugueses que viviam naquele estado, quase metade já estava naturalizada. A participação deles no processo eleitoral também é expressiva: não só votam como apresentam candidaturas próprias aos variados cargos. Os portugueses e luso-descendentes elegeram naquele ano quase duas dezenas de representantes luso-americanos: 16 na legislatura estadual e, pelo menos, meia dúzia de *mayors* (prefeitos).

Essa situação não se construiu fortuitamente ou num piscar de olhos. A comunidade lusa está na terra do Tio Sam há mais de cem anos, o que equivale dizer que existem famílias portuguesas que estão na quarta ou quinta geração vivendo nos Estados Unidos.

Com essa informação fica mais fácil entender a preocupação do governo português com as comunidades explicitada no discurso do presidente Cavaco Silva. É interesse do governo luso manter os vínculos dos emigrantes e seus descendentes com Portugal, pois isso pode angariar apoio internacional ao pequeno país. Portugal oferece em troca políticas de promoção e difusão da língua e da cultura portuguesa e reconhece o direito à nacionalidade portuguesa aos filhos e netos dos seus emigrantes.

* * *

Do lado dos Estados Unidos, a amizade com Portugal rendeu historicamente mais que trabalhadores e cidadãos integrados. Em tempos de guerra, os vínculos entre os dois países trouxeram vantagens militares.

Na Primeira Guerra Mundial, o governo português permitiu a instalação de uma Base Naval norte-americana em Ponta Delgada e propiciou facilidades de cunho logístico aos militares americanos. A mesma aliança se repetiu durante a Segunda Guerra, quando o arquipélago dos Açores desempenhou uma função estratégica importante para os Aliados, a partir de um acordo assinado entre Portugal e os Estados Unidos em 1944. Tal acordo permitia aos americanos a construção e a utilização de um aeroporto na ilha de Santa Maria.

O término da guerra não significou o fim da permissão para utilização das bases militares nos Açores. Em 1951, o regime salazarista assinou um novo acordo, intitulado Acordo de Auxílio Mútuo para a Defesa, que permitia o uso da Base das Lajes pelos norte-americanos, prolongando até 1956 as facilidades concedidas aos americanos nas ilhas açorianas. Como consequência direta das conversações com o governo português, os Estados Unidos obtiveram autorização para a instalação permanente de pessoal na Base Aérea Ilha Terceira, consolidando a ligação entre os norte-americanos estacionados por lá e os açorianos.

Os americanos retribuíram as benesses com a boa vontade em receber portugueses em seu país, especialmente após a erupção do vulcão dos Capelinhos, na madrugada do dia 27 de setembro de 1957. Na sequência do trágico evento, os senadores John F. Kennedy (de Massachusetts) e John O. Pastore (de Rhode Island) patrocinaram a lei conhecida como *The Azorean Refugee Act*, que facultava à população afetada pela erupção do vulcão, açoriana, o direito de emigrar para os Estados Unidos da América. Essa medida teve um impacto grande nas comunidades luso-americanas nos EUA, pois gerou uma nova onda imigratória que veio se juntar aos fluxos tradicionais que se dirigiam para a Nova Inglaterra e a Califórnia. O primeiro grupo de emigrantes beneficiados pela lei especial americana viajou de barco para Ponta Delgada e Santa Maria, no dia 26 de dezembro de 1958, e depois seguiu de avião para os Estados Unidos. Na cidade de Horta, os americanos abriram um consulado dedicado a auxiliar os interessados no preenchimento dos documentos necessários ao processo migratório.

Os "Pequenos Portugais" no Canadá

Para começo de conversa, os portugueses dizem *canadianos* e não canadenses como nós brasileiros.

Peculiaridades linguísticas à parte, quando nos aprofundamos um pouco na história vemos que, já para a época dos Descobrimentos, há indícios da presença de portugueses no que viria a ser o Canadá. Não se trata só das notícias sobre o navegador Diogo de Teive, que teria atingido a costa leste do continente em meados do século xv, mas as que contam de outro explorador português, Gaspar Corte Real, que teria desembarcado na Terra Nova em 1501. Este último tem até uma estátua na cidade de St. John, capital da província canadense de Terra Nova (Newfoundland). A presença portuguesa na região se liga ao ícone da gastronomia portuguesa, o bacalhau. Foi a pesca no Atlântico Norte que levou os portugueses à Terra Nova, através da *Gronelândia* (Groenlândia, no português do Brasil).

Aqui, porém, interessa recuperar outras experiências portuguesas em terras canadenses. Após a Segunda Guerra Mundial, o Canadá tornou-se um importante ponto de referência para os portugueses que buscavam novas oportunidades de vida e trabalho. O ano de 1953 marca o início da presença significativa de portugueses no Canadá com uma verdadeira "inundação" de gente. Na década de 1960, chegaram 60.000 portugueses. Ao longo dos anos de 1970, mais 80.000. A corrente migratória para o Canadá começou a decrescer nos anos 1980, à medida que Portugal entrava numa fase de maior prosperidade, por conta da União Europeia.

A maioria dos imigrantes portugueses que se dirigiam ao Canadá era originária dos arquipélagos da Madeira e dos Açores, embora os provenientes de Portugal continental também engrossassem esse fluxo populacional. Chegavam para trabalhar tanto na agricultura quanto na construção dos *caminhos de ferro* (ferrovias) canadenses.

Cinquenta anos após a chegada dos primeiros contingentes, o número de indivíduos naturais de Portugal ou seus descendentes formariam uma comunidade que reuniria cerca de 400.000 pessoas – número suficiente para, em algumas cidades, como Toronto, formarem "Pequenos Portugais", isto é, bairros onde a presença portuguesa é marcante.

Assim como outros imigrantes, os portugueses contribuíram para o multiculturalismo característico do Canadá. Estão distribuídos por várias das dez províncias e territórios que constituem o país, embora se concentrem mais nos centros urbanos das províncias de Ontário e Montreal. Em Toronto, capital da província de Ontário, está a maioria dos portugueses e luso-descendentes, reunindo mais de 170.000 pessoas. A seguir vem Montreal, na província do Quebec, com mais de 40.000. Contingentes significativos de pessoas de origem portuguesa encontram-se também nas províncias de Manitoba, Columbia Britânica e Alberta, revelando que estão inseridos tanto na parte francesa quanto inglesa do país bilíngue.

No Canadá, repete-se a experiência das comunidades portuguesas nos Estados Unidos: a integração na sociedade local foi se consolidando ao longo das décadas ao mesmo tempo que foi feito um esforço para se manter viva a língua e a cultura portuguesa entre os luso-descendentes por meio da fundação de clubes e associações que, juntamente com a Igreja Católica, se tornam os agentes mais importantes para preservar tradições.

Entretanto, em 2006 a comunidade portuguesa no Canadá enfrentou uma situação bastante constrangedora, quando imigrantes portugueses *indocumentados* acabaram deportados pelo governo canadense. O incidente pôs à mostra a política mais dura que o país passou a impor aos imigrantes – política essa que destoa totalmente da fama que o Canadá gozava até então, a de ser uma terra multiculturalista por excelência, que acolhia bem imigrantes das mais variadas origens.

O incidente mereceu a atenção da imprensa tanto canadense quanto portuguesa. Um jornal português comentou: "O emigrante português tem cabelo encaracolado, é trabalhador, *percebe* (entende) de construção civil, põe as crianças na escola, vai à missa aos domingos, joga futebol à quinta-feira e é por isso que o governo canadiano o quer expulsar do país". Além do fenótipo, a imagem está associada à morigeração no trabalho, o valor dado à educação da geração seguinte, à religião e ao lazer.

Nem sempre os canadenses concordam com as decisões de seu governo. Rick Mercer, um dos cômicos mais populares do país, satirizou a decisão de deportar os imigrantes portugueses num programa televisivo de grande audiência; afirmou que o partido conservador mandava embora mão de obra qualificada e concluiu com a seguinte frase que resumiria a postura governamental: "tornar o Canadá um pouco menos qualificado, um português de cada vez".

O retorno dos repatriados em 2006 causou muita revolta e tristeza entre os portugueses, que alegavam ter sido surpreendidos pela decisão do governo canadense que os obrigou a deixar para trás quase tudo o que possuíam, acabando com o sonho de retornar para Portugal apenas para "passar férias", como noticiou o jornal português *Público* em março do mesmo ano.

Enfim, são as contradições impostas pelos tempos atuais, que reacendem a xenofobia e fazem dos imigrantes bodes expiatórios privilegiados para os problemas internos dos países que antes os receberam bem.

"Puertas abiertas" na Venezuela

A década de 1950 também inaugurou uma nova corrente migratória portuguesa para a América do Sul, dirigida para a Venezuela. A manutenção dos ritmos de saída contribuiu para que, no início do século XXI, a Venezuela reunisse uma comunidade de portugueses ou luso-descendentes próxima dos 400.000 indivíduos.

A emigração para a Venezuela atraía jovens do sexo masculino, que raramente tinham idades superiores a 30 anos. Esse perfil explica-se pela atividade que os portugueses desempenharam por lá, vinculadas à euforia em torno da exploração do petróleo. Tentar a sorte nos campos petrolíferos venezuelanos pareceu-lhes atraente na medida em que a situação econômica e social em Portugal deteriorava-se rapidamente.

Havia também o estímulo do governo venezuelano em chamar imigrantes para ocupar o território e poder desenvolver o setor agrário com mão de obra qualificada europeia. Assim, o governo instituiu a política de "*puertas abiertas*" entre 1947 e 1958, incrementando a vinda de muitos portugueses para o país.

A legislação que se seguiu, impondo restrições à entrada de imigrantes, poderia ser contornada no caso de pessoas com familiares residentes na Venezuela. A "carta de chamada" foi o artifício usado pelos portugueses para manter a Venezuela como destino de emigração, mesmo depois do fechamento das "portas".

Os madeirenses compunham a maioria do contingente de emigrantes, seguidos de longe pelos emigrantes naturais dos distritos do Norte, como Aveiro e Porto.

No ano de 2009,[5] os portugueses radicados na Venezuela somavam aproximadamente meio milhão de indivíduos, perfeitamente integrados no país receptor. Por conta disso, o governo português procura manter relações próximas tanto com os luso-venezuelanos quanto com o presidente Hugo Chávez, que, em 2007, referiu-se à comunidade portuguesa na Venezuela como "trabalhadora e alegre", afirmando que os lusos são vistos "com afeto" pelos venezuelanos, sobretudo por estarem ligados a serviços como "as padarias, os *talhos* (açougues), as mercearias e os restaurantes".

VALEU A PENA? GANHOS, PERDAS E TRANSFORMAÇÕES

Do final do século XIX e, depois, pelo menos até meados da década de 1970, a torrente da emigração de milhares e milhares de portugueses foi praticamente ininterrupta. A debilidade do desenvolvimento econômico de Portugal, a pobreza de largas camadas da população, a escassez de canais de mobilidade social, a pressão demográfica e a demanda por mão de obra no exterior alimentaram o fluxo torrencial.

Valeu a pena? Os portugueses que deixaram a terra natal ficaram satisfeitos? Os que ficaram ganharam algo?

A busca do equilíbrio entre buscar uma vida melhor e a saudade da terra natal não foi fácil, e muitas foram as consequências geradas a partir dessa situação dividida, boas e más. No plano individual, a opção pela emigração comportava, em curto prazo, um custo muito elevado, embora os benefícios a médio e longo termo pudessem trazer a compensação. Em outras palavras, a emigração era um risco aceitável se os resultados compensassem os sacrifícios iniciais.

As dificuldades vividas pelos portugueses nas suas trajetórias migratórias foram relatadas inúmeras vezes. A dureza das condições encontradas, os dramas por conta das rupturas com o local de origem e com os antigos referenciais de vida, as dificuldades de transporte, os problemas de adaptação na terra de acolhimento, as exigências profissionais no destino, a necessidade de integração em um meio (social e profissional) totalmente estranho, os sacrifícios feitos para maximizar a poupança.

Contudo, podemos dizer que boa parte dos projetos migratórios se traduziu em relativo sucesso. Como isso pode ser mensurado? Através de indicadores importantes, como a realização de poupança, que pode ser avaliada pelo volume de rendimentos enviados regularmente a Portugal; metade ou mais do salário total chegava a ser remetido para os familiares que estavam em Portugal.

A profusão de Casas de Emigrantes (entidades criadas pelos emigrantes de cada região para manter tradições, língua e cultura e servir como local de encontro), sobretudo a partir dos anos de 1960, bem como símbolos exteriores trazidos nos sucessivos regressos em férias, por exemplo, também são testemunhos dos avanços alcançados. Aliás, isso era bem visível ainda na década de 1990, principalmente nos meses de agosto (férias de verão), quando se multiplicavam em Portugal os carros com placas francesas, suíças, ou alemãs circulando nos dias das feiras semanais, em cidades da região do Minho, como Braga, Viana, Famalicão. Esses carros, muitas vezes acompanhados pelas *roullottes* (*trailers*), dirigidos por emigrantes circulavam também nas autoestradas que ligavam Portugal a outras partes da Europa.

Além disso, não é possível esquecer o processo de mobilidade profissional e social vivido pelos portugueses nos países hospedeiros. Se tomarmos como exemplo os percursos migratórios para a França, veremos que grande parte dos imigrantes abandonou as atividades agrícolas que exerciam em Portugal e passou a se dedicar a tarefas de reduzida qualificação no setor industrial e em menor grau no terciário. Mesmo que o processo de mobilidade social ascendente não tenha sido intenso, a "satisfação material" foi alcançada e a integração no destino tem se processado de forma relativamente harmoniosa, a ponto de alguns observadores defenderem até uma quase invisibilidade desses imigrantes no novo país. Foi de fato a melhoria na qualidade de vida dos portugueses que causou o "adiamento" nos planos de retorno a Portugal. Isso também ocorreu, de maneira geral, com os portugueses que tiveram sucesso nos demais países europeus, nos Estados Unidos, no Canadá ou na Venezuela, levando ao enraizamento da segunda geração.

No caso da migração para a Europa, a possibilidade de ir a Portugal com regularidade, para passar as férias, também foi um fator de peso para considerar a permanência no estrangeiro.

Ora, as primeiras gerações de emigrantes que deixaram Portugal a partir dos anos 1950 e 1960 passaram a maior parte da sua vida no estrangeiro. A segunda geração cresceu nos países de acolhimento e criou as suas próprias famílias. Seus membros estão integrados no mercado de trabalho no setor industrial ou de serviços, trabalham em escritórios ou até se transformaram em profissionais liberais.

Voltar à "pátria"? A ideia de voltar, mesmo que nunca se concretize, seduz mais os que escolheram países da Europa como destino do que os que partiram para outros continentes, especialmente a América.

É interessante comparar as experiências migratórias de luso-descendentes na Alemanha e nos Estados Unidos. No primeiro caso, muitos dos portugueses declaram que aspiram ao regresso à pátria e se recusam a considerar a possibilidade de se estabelecerem "definitivamente" na Alemanha, ainda que na prática o retorno seja uma possibilidade remota. Mesmo antes das mudanças que permitiram a livre circulação na Europa comunitária, não havia interesse maior em obter a cidadania alemã. No caso dos luso-descendentes radicados nos Estados Unidos, como vimos, muitos expressaram abertamente sua vontade de se estabelecer definitivamente no país de acolhimento e trataram de se naturalizar.

Seguramente, os projetos dos luso-descedentes se inserem na lógica mais ampla do país em que vivem. A Europa comunitária facilita a circulação e a mobilidade entre os cidadãos dos países-membros, por isso não há um grande benefício prático em se naturalizar francês, belga, suíço... Nos Estados Unidos, a situação é outra; o país é mais distante de Portugal e, além disso, existem vantagens significativas em conseguir a cidadania americana.

Do ponto de vista da própria sociedade portuguesa, a emigração serviu como uma válvula de segurança que limitou as tensões demográficas, econômicas e sociais que, caso contrário, teriam se ampliado na sociedade como um todo. O intercâmbio propiciado por conta das remessas ou dos contatos sociais também acarretou importantes impactos no país.

Do ponto de vista demográfico, permitiu o escoamento do elevado *crescimento natural* (grande número de nascimentos), que teria gerado problemas para fixação local das pessoas mais jovens. Entretanto, trouxe enormes custos para as populações no país, propiciando a drenagem de indivíduos em idade ativa e até de famílias inteiras, fazendo com que o processo de envelhecimento que existe hoje em muitas regiões de Portugal, caso não ocorra alguma surpresa, seja praticamente irreversível.

A emigração levou à queda da natalidade, à ausência de potencial fisiológico para o futuro (isto é, aqueles jovens que emigraram deixaram de se reproduzir) e, paralelamente, ao aumento da mortalidade (com a população envelhecida), especialmente forte no interior do país e nos arquipélagos atlânticos.

E as consequências da emigração para a economia portuguesa? Imediatamente identifica-se com as remessas, a sua parte mais visível. A importância desse fluxo para as finanças portuguesas foi muito grande, desde os finais do século XIX, continuando a ser vital ao longo dos séculos XX e XXI.

Entre 2006 e 2008,[6] a remessa anual média esteve acima dos 2.200.000 euros, (somente as provenientes da França chegam perto de 1 milhão de euros, segundo informações do Banco de Portugal). Quantia nada desprezível, ainda mais em tempos de crise...

Não podemos esquecer os impactos da emigração em outras esferas, como no campo social e cultural. O simples fato de gerar uma expectativa de mudança positiva na situação das populações no país de origem pode ser considerado um ganho. Os portugueses atravessaram circunstâncias difíceis, especialmente ao longo do século XX, durante o regime salazarista. A crise sociopolítica, acentuada na segunda metade do século, deteriorou ainda mais as condições de vida da grande maioria da população. Era difícil enxergar luz no fim do túnel. A possibilidade de obter sucesso em outros destinos ajudou os portugueses a passar de uma espécie de inércia psicológica para uma aspiração generalizada de melhoria das condições de vida. A emigração trouxe, então, uma mudança de atitude, não só em relação aos que emigraram, mas também contribuiu para mudar a perspectiva de vida dos que permaneceram na terra natal. A vontade de mudar, portanto, acabou contagiando todos.

O frequente contato mantido entre a população que ficou e a emigrada – através de cartas ou das visitas anuais no período de férias – induziu muitas alterações com fortes implicações sobre as comunidades locais: o aumento do rendimento das famílias, o consumo de artigos e serviços variados permitido pelas remessas. Mas não só. Novas atitudes surgiram entre os residentes, que apesar de continuarem a viver em meio eminentemente "rural", ficaram mais próximos da vivência dos ambientes "urbanos". Foram também responsáveis pela "urbanização" do campo auxiliados pelas novidades e notícias trazidas pelos familiares e amigos que haviam emigrado para o estrangeiro. Aprendendo como era a vida nos outros países, começaram a pensar que também poderiam mudar e melhorar o seu.

Concluímos que Portugal no final do século XX e início do XXI não é, nem do ponto de vista social, nem do ponto de vista cultural, idêntico ao seu perfil dos anos de 1960 e 1970. Muitas dessas alterações tiveram a contribuição, direta ou indireta, da emigração.

PORTUGALIDADE E LUSOFONIA: UMA RECEITA PARA O SÉCULO XXI?

Os portugueses são o resultado de uma história de mobilidade geográfica que não se resumiu à experiência da colonização (séculos XV a XIX), mas avançou século XX adentro, quando os lusos assumiram um lugar importante como emigrantes. Paralelamente, os que partiram desempenharam o papel de disseminadores da cultura, tradições e valores, assim como o de agentes da transformação do país que haviam deixado para trás.

Não é exagero afirmar que todas as famílias portuguesas foram tocadas pela emigração e que o emigrante é um tema central na construção da identidade nacional portuguesa. As comunidades portuguesas espalhadas pelo mundo contribuíram para a dinamização da economia de Portugal e, sem dúvida, para a valorização dos símbolos ligados à portugalidade e à lusofonia.

O ícone da portugalidade é a comemoração do Dia de Portugal, de Camões e das Comunidades Portuguesas, celebrado em 10 de junho. Junta, portanto, o país, seu maior escritor e um dos símbolos da identidade portuguesa que é a imagem de Portugal levada aos quatro cantos da terra pelas comunidades de portugueses e lusodescendentes. Atenção: a proposta não é apenas celebrar o país, ou a terra, mas celebrar uma cultura ligada especialmente a dois elementos, a língua e a mobilidade portuguesa.

O cantinho periférico que Portugal representa na Europa, identificado com o pequeno retângulo no extremo ocidental da península ibérica, agiganta-se com esse expediente, porque ultrapassa a geografia. Divulgar a ideia de portugalidade foi a forma encontrada pelos portugueses para ressaltar sua importância entre as nações. Sob essa denominação, procuram reunir o que acreditam ser o melhor de Portugal: sua abertura para correr, abraçar e acolher o mundo. Valorizam os homens e mulheres que saíram do país e contribuem para engrandecer o nome de Portugal por toda a parte. Conforme essa bandeira, os emigrados integram-se em outras sociedades, conquistam posições de relevância nos países de acolhimento, mas não esquecem sua origem e têm orgulho de Portugal.

Atrelado ao conceito de portugalidade está o de lusofonia. Como já foi dito, manter os laços com as comunidades portuguesas instaladas em outros países é uma das maneiras encontradas pelo governo português para angariar apoio político e econômico a Portugal, principalmente em momentos de instabilidades ou crise. Tal vantagem se ampliaria se, aos portugueses espalhados pelo mundo, unirem-se todas as outras nações que falam português.

A lusofonia seria uma espécie de irmandade simbólica entre os que falam a língua portuguesa. Aliada à propagação dessa ideia está a proposta de que, reconhecida tal irmandade, seria fácil estabelecer um espírito de cooperação entre os países-membros.

A Universidade de Coimbra é um dos referenciais mais importantes da cultura e da educação em Portugal. Por muito tempo foi o centro de formação das elites intelectuais, não só da metrópole, como também das colônias portuguesas espalhadas pelo mundo.

Portugal é, portanto, um grande interessado em promover a Comunidade de Países de Língua Portuguesa (CPLP). A CPLP, o instrumento da lusofonia, foi criada em 17 de julho de 1996 como "fórum multilateral privilegiado para o aprofundamento da amizade, da concertação político-diplomática e da cooperação entre seus oito membros". Sua Declaração Constitutiva foi assinada em Lisboa pelos chefes de Estado e de Governo de sete países de língua portuguesa – Angola, Brasil, Cabo Verde, Guiné-Bissau, Moçambique, São Tomé e Príncipe, Portugal –, sendo integrada, mais tarde por Timor-Leste. A comunidade engloba, portanto, cerca de 240 milhões de pessoas. O discurso de criação dessa comunidade funda-se em um pacto de amizade e de solidariedade entre iguais, ou seja, respeita a identidade própria de cada país lusófono.

Apesar desse discurso afinado com o "politicamente correto", dentro da própria CPLP existe quem acredite que o conceito de lusofonia é muito restrito e que deveria agregar outros valores para evitar insatisfações. Nos países onde existem grandes faixas da população que não utilizam o português na sua vida cotidiana, a lusofonia pode levar a um sentimento de exclusão, como ocorre em Moçambique, onde apenas 30% ou 40% da população utilizam o português.

Entretanto, essa é a bandeira que o governo português defende. No século XXI, parece ser uma das saídas para colocar Portugal numa posição mais representativa no interior da própria União Europeia e mesmo no concerto das nações. Se a lusofonia vingar, tornar-se de fato um valor, Portugal ganha destaque, pois exerce um papel privilegiado entre os países de língua oficial portuguesa (Brasil, os países lusófonos na África e Timor) e as demais comunidades lusófonas. Seria como recuperar parte da sua posição outrora mantida por meio do Império Colonial, não mais pela força militar ou política, mas agora pela força do apelo da lusofonia.

IDENTIDADES E REPRESENTAÇÕES

As discussões para definir o que seria a portugalidade ajudaram a construir as representações do que é "ser português" no estrangeiro. Engana-se quem pensa que isso é assunto ultrapassado. Tanto durante o Estado Novo (1933-1974) e no Portugal pós-Revolução dos Cravos (1974) como nos tempos mais recentes do Portugal europeu (desde 1986), a construção da identidade portuguesa manteve-se sob os holofotes. As velhas questões – como os emigrantes devem se comportar? Como podem tornar-se "mais portugueses"? – continuam em voga.

Para ajudar a criar e manter o vínculo com a terra natal, conforme a época e o local, uma de três imagens pode ser invocada: o "português como camponês", o "português como explorador" e o "português como emigrante".

* * *

A ideia do *português camponês* foi e ainda é promovida pelas associações de imigrantes em espetáculos de dança folclórica, festas ou festivais que lembram a terra mãe. Reportam a um passado rural idealizado, adotam um tipo de vestuário e relembram canções e danças com raízes na virada do século XIX para o XX. Os espetáculos criados a partir desse referencial distanciam-se da atualidade e pretendem explorar uma portugalidade apolítica, encapsulada num espaço geográfico e temporal distante e nostálgico.

De país de emigrantes a país de imigrantes? | 169

Não é difícil compreender por que esse também foi o modelo de portugalidade divulgado na época da ditadura de Salazar. Suas manifestações foram, então, transformadas, oficialmente, na "alma do povo". O regime salazarista procurou valorizar a imagem de um "Portugal português", ou seja, um país refratário às influências vindas do exterior (e qualquer pensamento distinto do oficial podia ser classificado como estrangeiro e, assim, desqualificado e até punido). Na década de 1930, o Secretariado de Propaganda Nacional do Estado Novo chegou a promover concursos para escolher a "aldeia mais portuguesa de Portugal" (a povoação mais característica, a menos afetada por elementos culturais exógenos) eleita com base na opinião de um júri composto por etnógrafos, poetas e escritores escolhidos a dedo. Grupos folclóricos também eram patrocinados pelo governo e colocados a serviço de uma ideologia nacionalista que respaldava o regime ditatorial.

O Estado Novo chegou a ter organismos próprios para o fomento e a multiplicação grupos folclóricos, como a Federação Nacional para a Alegria no Trabalho (FNAT),[7] a Junta Central das Casas do Povo, o Secretariado Nacional de Informação, entre outros.

Com a Revolução de 1974, esses tipos de manifestações e espetáculos promovidos no tempo da ditadura saíram de moda. Por outro lado, curiosamente, canções folclóricas acabaram incorporadas por músicos "de esquerda", como José Afonso, em versões modernizadas em que deixavam de ser identificadas com os camponeses do Norte (politicamente conservadores) e se aproximavam da "realidade" dos trabalhadores do Sul (mais contestadores da ordem tradicional). Com essa nova roupagem, o *português camponês* adquiriu a imagem de "instigador das transformações revolucionárias" e não mais de "depositário da moralidade tradicional", como antes. Era a hora e a vez do "folclore revolucionário".

Porém, longe de uma euforia "de esquerda", o folclore passaria a ter um novo estatuto. Patrocinado por organizações estatais e também privadas ligadas ao turismo e à emigração, dentro e fora de Portugal, ele mudou um pouco de cara, mas continuou a ser usado no sentido de prover a sensação de pertença nacional entre os emigrantes desterritorializados. Com os *ranchos* (grupos) folclóricos, o português emigrado podia "voltar à pátria" para "lembrar como é ser português". O Estado democrático português continuou a se valer da força dos "valores camponeses" e criou, em 1977, a Federação do Folclore Português, que reúne hoje mais de 2.000 associações culturais e recreativas e cerca de 300 grupos folclóricos que divulgam danças, cantos, trajes típicos, sublinhando um caráter politicamente neutro.

Assim como o folclore, as escolas de língua portuguesa fora do país, patrocinadas pelo Estado português, cumprem o importante papel de manter a identidade portuguesa e unir as diferentes populações migrantes em torno do "modo de ser português". Descolada agora do estigma fascista, a lusofonia é aceita, inclusive por intelectuais de

Uma das formas encontradas pelo governo salazarista para divulgar seus modelos de portugalidade foi construir um parque temático para crianças, chamado Portugal dos Pequenitos, com reproduções em miniatura dos principais monumentos portugueses, de aspectos da diversidade regional do país e de símbolos da presença portuguesa nas então províncias ultramarinas na África, no Brasil, em Macau, na Índia e no Timor. Localizado na cidade de Coimbra, Portugal dos Pequenitos é ainda hoje um dos parques lusos mais visitados.

esquerda, como a melhor forma de manter a identidade coletiva. O que se busca agora promover é uma "identidade nacional benigna" e puramente cultural.

Mais recentemente, com a integração na UE, a identidade ligada às "especificidades portuguesas" deve se conciliar com os interesses do país que precisa ser reconhecido como "europeu".

* * *

A segunda maneira de celebrar a portugalidade é a que valoriza o *português explorador*. Aqui não se valorizam mais as "tradições camponesas", mas sim os feitos dos grandes navegadores e exploradores da época em que o país foi potência mundial. Qual é a novidade? É a fusão da imagem dos navegadores e exploradores com os emigrantes contemporâneos. Os portugueses que emigram são, nessa visão, os descendentes diretos daqueles aventureiros corajosos, que partem em busca de novas oportunidades no estrangeiro.

Se no final da década de 1970 e 1980 os Descobrimentos estavam associados às injustiças e brutalidades inerentes à dominação colonial, era difícil se ancorar nesses episódios para criar uma identidade positiva. Foi preciso aguardar os anos 1990 para que os portugueses recuperassem o orgulho do seu passado. Tal transição consubstanciou-se com a Expo-98, que mostrava como Portugal "transformou a economia mundial e a comunicação entre os povos". Outro passo importante foi tentar reconstruir as relações com as ex-colônias, vistas agora como uma espécie de capital cultural e político. A organização da CPLP, em 1996, deve ser entendida nesse contexto.

* * *

Por fim, a portugalidade pode valer-se da valorização da figura do *português emigrante*. Durante o regime salazarista vigorava uma política isolacionista (embora com especificidades, como veremos). Naquela conjuntura, associava-se aos que optavam por deixar a terra natal uma carga muito negativa: entre os mais radicais, eram encarados como "traidores", indivíduos que "abandonaram a pátria". Entretanto, esse viés negativo, somado às medidas restritivas impostas à emigração pelo salazarismo, não logrou diminuir a intensidade do fluxo de emigrantes (o que, no fim, acabava por beneficiar o próprio Estado, através das remessas que chegavam ao país).

Depois do 25 de abril de 1974, o Estado português alterou sua política em relação aos emigrantes. Facilitou o processo de reunificação familiar dos emigrados e passou a identificá-los não mais com o fracasso coletivo e individual, mas com uma fonte de orgulho para a nação. Nos últimos tempos, para compensar a nova realidade de um Portugal praticamente restrito ao território europeu (somado às ilhas) e periférico em relação à Europa, reforçou-se a visão positiva da emigração. Essa nova visão, ao lado da promoção da lusofonia, serve também como justificativa para estimular a integração dos portugueses (de Portugal e das comunidades espalhadas) com as ex-colônias da África e da Ásia e com o Brasil.

Paralelamente, o país procurou e procura alimentar o "mundo lusófono" com uma oferta generosa de bolsas de estudos para centros portugueses (como, por exemplo, o Instituto Camões), que são instrumentos importantes na difusão da língua e da ideologia lusófona. E não ficou por aí. Várias cátedras – como a "Vasco da Gama" (Instituto Universitário Europeu, Itália), a "Jaime Cortesão" (Universidade de São Paulo, Brasil)

172 | Os portugueses

ou a "Manuel da Nóbrega" (Universidade do Vale do Rio dos Sinos) – foram criadas em universidades estrangeiras para promover pesquisas de cunho acadêmico.

RECEBENDO RETORNADOS E IMIGRANTES

Nas últimas décadas, os portugueses começaram a experimentar algo inédito: receber contingentes crescentes de população imigrante, ao invés de unicamente "perder gente" para os quatro cantos do planeta.

Essa mudança teve início com o regresso dos portugueses radicados nas ex-colônias africanas, imediatamente após a Descolonização e desdobrou-se com a chegada de imigrantes brasileiros, africanos oriundos dos PALOPS, europeus do Leste, asiáticos e pessoas vindas de países-membros da União Europeia.

Impressionados com a quantidade de estrangeiros arrolados nas estatísticas recentes podemos ficar tentados a rotular Portugal como um país de imigrantes. Entretanto, apesar do aumento da população estrangeira residente, os portugueses ainda emigram bastante. Existe, por exemplo, um importante movimento de portugueses para países africanos de língua oficial portuguesa, por conta dos investimentos feitos nas relações comerciais e culturais entre esses países e Portugal que, de sua parte, cede tecnologia e pessoal qualificado e, sobretudo, ajuda a formar quadros qualificados entre os próprios africanos. Portugal espera com isso criar um futuro mercado para os produtos e serviços que tem a oferecer, como também obter vantagens na aquisição de produtos africanos. (E não é só Portugal que pensa assim. O Brasil, aproveitando-se da "língua comum", também está de olho nesse mercado potencial e envia igualmente missões comerciais e diplomáticas à África na tentativa de ampliar sua participação nos negócios do continente.)

Enfim, em tempos de globalização, a circulação de pessoas é um fato, e os portugueses continuam sensíveis a isso.

Os "repatriados" vindos da África

O fenômeno social do "retorno" de mais de meio milhão de portugueses[8] num curto espaço de tempo, entre 1974 e 1976, teve um impacto enorme em Portugal. Angola e Moçambique foram as ex-colônias que mais contribuíram com número de retornados (95% do total).

Embora com algum atraso com relação a outros europeus, o repatriamento de portugueses faz parte de um movimento ocorrido na Europa a partir dos anos 1940

A chegada de mais de meio milhão de refugiados vindos das ex-colônias portuguesas teve grande impacto na configuração populacional do país. Na imagem: contêineres de *retornados* (Lisboa, 1975).

em consequência dos processos de descolonização ocorridos no pós-guerra. *Repatriamento* é um termo usado para designar a chegada de refugiados vindos de ex-colônias tornadas independentes, incluí basicamente colonos etnicamente identificados com as populações das metrópoles europeias.[9]

A maioria da população lusa radicada nas colônias tinha emigrado para lá a partir dos anos 1960, respondendo às orientações da política colonial que pretendiam estimular um rápido desenvolvimento econômico nos territórios africanos. A queda do regime em abril de 1974 criou as condições para um rápido processo de descolonização, e o Estado português foi incapaz de assegurar um processo de transição tranquilo e eficiente. Os próprios portugueses radicados nas colônias não puderam intervir a seu favor e tomar as rédeas da transição, pois, por conta da ditadura vigente até então em Portugal, estiveram excluídos das decisões políticas que afetavam suas vidas. Assim, o clima de hostilidades e conflito racial que se instaurou nas ex-colônias contra os portugueses concorreu para que o retorno dos emigrantes se desse de forma atabalhoada e sem organização.

Os portugueses que voltaram da África preferiram instalar-se nas regiões do país onde viviam familiares ou onde achavam que poderiam conseguir emprego mais facilmente. Por isso, dirigiram-se para seus distritos de origem ou para a área metropolitana de Lisboa. Entre os regressados a Portugal, não se constituiu uma "coletividade identitária", com base em um estreitamento maior entre aqueles que haviam compartilhado a experiência do retorno. Predominou, isso sim, o estreitamento dos laços com as populações nos locais de residência, trabalho ou estudo.

A emigração de portugueses para os territórios coloniais da África havia se dado em um contexto diferente daquele que levava enormes contingentes de lusos para os países da Europa, como a França, por exemplo. Neste último caso, o grosso do fluxo era composto por mão de obra barata sem oportunidades em Portugal. No que se refere à África, a emigração portuguesa recebera estímulo governamental e era constituída por mão de obra qualificada. Entre os retornados o analfabetismo não excedia os 6%, enquanto em Portugal atingia 30%.

Logo após a Revolução de 25 de abril de 1974, o Estado português introduziu uma política de apoio para viabilizar a reintegração dos retornados, através de doações, crédito para atividades econômicas em condições especiais e facilidade de acesso a empregos públicos. O Estado criou também o Instituto de Apoio ao Retorno de Nacionais (IARN). Mas tudo isso não evitou que muitos repatriados mostrassem certa hostilidade em relação ao regime político que havia se instalado com o fim do salazarismo, pois o retorno significou prejuízos financeiros e materiais para muitos deles. Além disso, os retornados enfrentaram problemas econômicos em sua nova vida em Portugal. Em 1981, o percentual de desemprego entre eles era duas vezes maior que o da população portuguesa em geral.

Para enfrentar as dificuldades, alguns grupos descontentes com a situação após o retorno procuraram criar associações, como a Associação dos Espoliados de Angola (AE-ANG) e a Associação dos Espoliados de Moçambique (AEMO). Essas associações estão na ativa ainda hoje e lutam para recuperar as perdas tidas no momento do repatriamento.

Os ajustes não foram e não são fáceis. Deve-se ter em conta que o retorno de meio milhão de indivíduos, cerca de 150.000 famílias, num curto espaço de tempo, se configurou como o mais importante movimento populacional ocorrido no país e aconteceu em um momento em que a sociedade portuguesa, como vimos, vivia profundas transformações.

A chegada de tanta gente provocou a alteração na proporção existente entre o total de homens e o total de mulheres em Portugal, com uma sobrepopulação masculina significativa. Gerou também o aumento da faixa de população de jovens em idade ativa, de mulheres em faixa de idade fecundas (em que há maior chance de engravidar) e de oferta de mão de obra qualificada. Como consequência, nos anos seguintes à entrada dos retornados (segunda metade da década de 1970), a população portuguesa ganhou maior dinamismo, com gente mais jovem, mais apta para o trabalho, com melhor preparo educacional.

Além disso, a entrada desses contingentes acabou abrindo as portas para que "ex-súditos do Império" de origem não europeia, em particular africanos dos PALOPs (cerca de 20.000 pessoas), também migrassem e se instalassem em Portugal.

A imigração dos africanos

Como vimos, a partir das décadas finais do século XX, a imigração deixa de ser um fenômeno residual e a presença significativa de estrangeiros passa a fazer parte do cotidiano dos portugueses. Para termos uma ideia da modificação: entre 1975 e 1999, os estrangeiros residentes em Portugal cresceram numa taxa média anual de 7,7%.

Até a década de 1960, a população estrangeira se encontrava numa faixa estável, em torno dos 25.000 ou 30.000 indivíduos. A maioria desses estrangeiros residentes era composta por europeus (67%) e brasileiros (22%). Entre os europeus, uma boa parte era constituída de espanhóis refugiados da Guerra Civil Espanhola, seguidos por ingleses, franceses e alemães.

A partir de meados da década de 1960, com a aceleração da industrialização e a concomitante internacionalização, ainda que incipiente, da economia portuguesa, a imigração aumentou. Concorreu também para a entrada de imigrantes em Portugal o desenvolvimento do turismo da região do Algarve, que atraiu ingleses e alemães interessados em fixar residência por lá.

Antes da Descolonização, a entrada dos africanos não era contabilizada como "imigração", mas enquadrava-se na categoria de "migração inter-regional". Naquela época, o fluxo de migrantes que se originava nas colônias africanas se dava por motivos escolares e pela oferta de trabalho na construção civil sem exigência de qualificação. Esse fluxo de entradas destinava-se basicamente a preencher espaços vagos por conta da emigração de portugueses para a Europa e do recrutamento militar durante as Guerras Coloniais. Depois da Descolonização, a estrada inaugurada por esses imigrantes favoreceu uma nova e mais intensa onda de africanos interessados em viver em Portugal. Tudo somado, a população estrangeira residente em Portugal quase duplicou em cinco anos, exclusivamente por conta da chegada dos africanos provenientes das ex-colônias.

176 | Os portugueses

O peso da imigração africana implicou profundas mudanças de caráter qualitativo no perfil da população estrangeira residente. Se na década de 1960 a maioria dos estrangeiros era natural da Europa e os africanos correspondiam a uma percentagem mínima, em 1981 os africanos já ultrapassavam os imigrantes europeus.

Logo depois da instalação do regime democrático no país, coexistiam dois tipos de imigração africana: a de refugiados, basicamente protagonizada por angolanos e moçambicanos, e a "laboral", constituída majoritariamente por trabalhadores cabo-verdianos para a construção civil. O perfil dos imigrantes africanos também era diferenciado entre si. Havia mais jovens (e estudantes) entre os angolanos e moçambicanos e mais famílias entre os que vinham de Cabo Verde. Entre os cabo-verdianos chegavam aqueles com menor escolaridade e menor qualificação profissional. Os oriundos de São Tomé e Príncipe e Guiné-Bissau eram mais heterogêneos.

A partir de meados da década de 1980, essas distinções desapareceram, passando a predominar os fluxos de trabalhadores, independentemente da origem nacional dos imigrantes. A qualificação escolar média dos imigrantes dos PALOPs era muito baixa.

O que aconteceu, depois de três décadas, com os imigrantes africanos que se estabeleceram em Portugal e seus descendentes? São bem aceitos? Estão integrados ou sofrem algum tipo de discriminação? Seus filhos são plenamente reconhecidos como portugueses ou não? A situação dos africanos é diferente da dos brasileiros? Essas questões serão vistas mais adiante, dentro de um quadro mais abrangente sobre a imigração em Portugal.

Imigrantes da Europa oriental

No início dos anos 2000, começou a se tornar visível em Portugal a presença de imigrantes provenientes da Europa central e oriental. De fato, entre as 183.000 autorizações de permanência concedidas, mais de 100.000 foram para imigrantes daquelas regiões da Europa e, entre essas, mais de 65.000 para ucranianos. Eles chegavam em busca das oportunidades de trabalho que a florescente economia portuguesa oferecia.

Que mudança! Somando a população estrangeira legalizada que residia em Portugal, no ano de 2006, o quadro mostrava que, embora os brasileiros e os naturais de Cabo Verde constituíssem as comunidades majoritárias, os ucranianos ocupavam a terceira posição entre os estrangeiros.

Entre 2001 e 2004, do conjunto das autorizações de permanência concedidas a cidadãos estrangeiros, o *ranking* era liderado pela Ucrânia, seguido em ordem decrescente por Brasil, Moldávia, Romênia, Cabo Verde, Angola, Rússia, Guiné-Bissau, Bulgária e São Tomé e Príncipe. Por isso não soa tão estranho o anúncio dos Fins de Tarde Eslavos, evento promovido em pleno verão lisboeta de 2008:

Nos próximos dias [...] as portas da Reitoria da Universidade de Lisboa (UL) abrem-se para os Fins de Tarde Eslavos, um evento que assinala a criação e lançamento da Licenciatura em Estudos Eslavos, pela Faculdade de Letras da UL. Os Fins de Tarde Eslavos contarão com representantes das embaixadas da Polônia, Rússia, Ucrânia, Croácia, Bulgária, Eslováquia, Eslovênia, República Checa e Sérvia, da Associação SOBOR, da Associação dos Ucranianos em Portugal e do Clube dos Checos e Eslovacos em Portugal. Serão apresentadas mostras culturais dos diferentes países, onde a música, a poesia e a gastronomia são alguns dos ingredientes que contribuem para este menu tipicamente global. A Licenciatura em Estudos Eslavos, que iniciará o seu funcionamento no próximo ano letivo, vem dar resposta às necessidades múltiplas de uma comunidade eslava emergente em Portugal e pretende defender o interesse em assegurar às gerações vindouras uma educação que contribua para o rejuvenescimento saudável, conhecedor e eficaz da sociedade portuguesa e afirmar a urgência do cruzamento de línguas e culturas num mundo de globalização.

Com os "eslavos" chegaram também profissionais altamente qualificados, que se instalaram em Portugal no início dos anos 1990. Eram cientistas e acadêmicos que abandonaram a Europa oriental depois da Queda do Muro de Berlim. Boa parte desses profissionais foi bem-vinda e absorvida pelas universidades portuguesas de criação mais recente, como a Universidade da Beira Interior, do Algarve. Embora o seu número não fosse muito significativo, colocou Portugal no mapa dos destinos migratórios considerados pelos europeus do Leste.

E os asiáticos

Os asiáticos também começaram a chegar em maior número a Portugal na década de 1990. Eram especialmente chineses que se valeram das ligações mantidas por séculos entre Portugal e Macau.[10]

A imigração de asiáticos não tem a importância numérica dos outros contingentes de imigrantes em Portugal, mas aumentou significativamente nos anos 2000.

Uma boa parte desses imigrantes está no ramo dos "pequenos negócios" que fazem parte do dia a dia dos portugueses, embora falem muito mal a língua local. Imiscuem suas lojinhas entre o comércio mais tradicional das cidades e oferecem produtos *made in China* de qualidade duvidosa, mas a preços bastante acessíveis. Do lado de fora, aparentam ser pequenos estabelecimentos, com uma porta acanhada dando para a calçada, mas, em seu interior, podem se transformar num labirinto de corredores e prateleiras com uma infinidade de produtos para todos os gostos. (Isso não ocorria na década de 1990.) Administram também restaurantes de comida chinesa, em que trabalham familiares ou conterrâneos dependentes.

Embora dirijam seus próprios "negócios", não estão (pelo menos até agora) culturalmente integrados no novo país. Afastam-nos da população portuguesa, especialmente as barreiras da língua, as óbvias diferenças culturais e as crenças religiosas distintas.

Portugal recebe também "*indianos*". *Indiano* é um termo genérico usado no país que coloca no mesmo grupo populações com origem e trajetórias muito variadas, envolvendo imigrantes provenientes da Índia, do Paquistão, de Bangladesh, e até de Moçambique.[11] São alguns milhares de indivíduos concentrados em Lisboa. Sua inserção econômica nas principais cidades portuguesas está ligada aos pequenos negócios e trabalhos domésticos.

Esses novos e crescentes fluxos imigratórios asiáticos ajudam a enriquecer e tornar mais variada a sociedade portuguesa, com gente que fala línguas diferentes do português e tem uma cultura distinta da civilização de base cristã ocidental.

"Imigração de luxo"

Perto de um quinto dos estrangeiros que têm autorização para residir em Portugal são naturais de países como Reino Unido, Espanha, Alemanha, Holanda e França. O que eles querem por lá? Sol e tranquilidade.

Enquanto os imigrantes da Europa oriental, da África e mesmo do Brasil estão em busca de trabalho, os "imigrantes de luxo" da União Europeia, principalmente britânicos, querem sossego e bons preços, pois o custo de vida é bem mais baixo em Portugal. E, mesmo que os preços não se mostrem mais tão convidativos (Portugal começa se alinhar ao padrão europeu, sobretudo depois da adoção do euro), mudar para Portugal passou a ser uma decisão que envolve a chamada "qualidade de vida". O "imigrante de luxo" escolhe esse destino porque aprecia a segurança, o clima e a hospitalidade do país.

O perfil do "imigrante de luxo" é: um indivíduo com mais de 50 anos e recursos suficientes para se *reformar* (aposentar) cedo e passar a ter em Portugal, de preferência no Algarve, uma vida de descanso sem problemas financeiros.

Contudo, a partir dos últimos cinco anos, esse perfil está mudando, uma vez que cerca de pelo menos um terço desses imigrantes integram uma faixa etária mais jovem, entre 35 e 50 anos, são, quase todos, de quadros profissionais superiores ou empresariais, e escolhem Portugal para trabalhar.

O conjunto dos "imigrantes de luxo" tem cerca de 250.000 pessoas, com elevado poder de compra e plenamente integradas na sociedade: não se sentem discriminadas e colocam seus filhos nas escolas locais.

Existem cerca de 4 mil alunos de nacionalidade estrangeira nas escolas algarvias (cerca de 7% dos alunos do Algarve) parte já nascidos lá e parte que chegaram acompanhando seus pais. É o reflexo da opção feita por 60% dos estrangeiros residentes na região, que escolhem escolas portuguesas para a educação de seus filhos.

Em 2005, o número de cidadãos estrangeiros que residiam legalmente no Algarve ultrapassava os 87.000, representando um crescimento de mais 30% em dois anos. A maior comunidade de estrangeiros é do Reino Unido, e na mesma época eles ultrapassavam os 10.000 residentes, seguidos dos alemães, holandeses e franceses. (Além desses imigrantes com boas condições econômicas, não esqueçamos os espanhóis, tratados em outro capítulo.)

Ser imigrante em Portugal

Portugal ainda não entende muito bem a realidade da imigração, mas quer entender. O governo português de fato tem se esforçado para compreender o impacto da presença significativa de estrangeiros no país. Também tem procurado saber como eles levam a vida para ter uma ideia dos desafios à sua melhor incorporação à sociedade portuguesa. Assim, são diversas as instituições criadas para tentar definir e executar "políticas eficazes de integração dos imigrantes".[12]

Universidades e centros de pesquisa produzem inúmeros trabalhos específicos e fundações promovem com frequência fóruns de discussão sobre o tema. Cineastas demonstram especial predileção pelo assunto e seus desdobramentos, produzindo diversos filmes sobre a mulher imigrante, as crianças recém-chegadas, o cotidiano do trabalho, entre outros enfoques.

A própria ONU (Organização das Nações Unidas) contribuiu com um relatório – "Ultrapassar barreiras: Mobilidade e Desenvolvimento Humano" – divulgado em outubro de 2009, em que compara 42 países de destino de imigrantes. De acordo com esse documento, Portugal é o país que tem a "melhor política de integração". Pouco tempo após receber a notícia, o ministro Pedro da Silva Pereira comentou, num artigo para a imprensa, que Portugal fora reconhecido como

> um exemplo de generosidade e boas práticas. Este é um facto que merece bem a atenção da sociedade portuguesa. Afinal, não é todos os dias que ficamos a saber que Portugal se tornou campeão do Mundo nalguma coisa.

Em seguida, reforçou que o governo vinha tomando todas as medidas necessárias para afirmar a política de integração dos imigrantes como "um dos pilares da nova geração de políticas sociais orientadas para a coesão social e a igualdade de oportunidades". Entre tais medidas, citou "uma nova e mais justa lei da nacionalidade e uma nova e mais humanista lei de estrangeiros".

As boas intenções por parte do governo português foram reconhecidas pela ONU, mas, como sabemos, nem sempre políticas governamentais e belos discursos conseguem, efetivamente, aplainar os problemas existentes no cotidiano do imigrante.

Para além das diferenças entre ideal e real, podemos perguntar: a integração é possível? Já sabemos que em Portugal (diferentemente do que ocorre em outros países europeus) ela é desejável, mas de que forma e quais seus custos, tanto para os portugueses quanto para os que chegam? Para um imigrante ser bem recebido e adaptar-se em Portugal, é melhor ser "brasileiro", "africano" ou "europeu oriental"?

Estudos rigorosos e a própria experiência mostram que existem contradições entre o discurso governamental – "um país com a experiência de Portugal não pode deixar de desejar para os imigrantes que acolhe nada menos do que aquilo que exige para os seus emigrantes espalhados pelo mundo" – e o modo como os imigrantes são vistos e tratados no dia a dia pelos portugueses. Por exemplo, ainda é muito forte na população a mentalidade herdada da época em que Portugal era uma poderosa metrópole colonial (e, por muito tempo, também escravista). De acordo com essa forma de pensar, os portugueses acabam ainda hoje vendo "os outros", os imigrantes, com base em uma hierarquia que define *status* maior para certos povos ou "raças" que para outros, tratados como gente inferior. Esse preconceito, algumas vezes, acaba desembocando em atitudes discriminatórias dentro do país.

Outra mentalidade que pode provocar ainda hoje um tratamento diferencial dado a cada um dos grupos de imigrantes é o resquício da ideologia nacionalista que caracterizou a política portuguesa durante todo o século XIX, desde a perda do Brasil em 1822. No século XXI, esse pensamento nacionalista revestiu-se da versão da lusofonia em que Portugal ocupa um lugar privilegiado na "irmandade dos povos de língua portuguesa". Tanto numa quanto noutra maneira de pensar, os portugueses, embora não tenham mais seu Império, continuam no topo da hierarquia com que classificam as pessoas segundo a origem. Aqui vai um esquema dessa hierarquia estereotipada que faz parte do senso comum em Portugal.

1) Portugueses – são os mais cultos, mais civilizados e aptos para funções que requerem inteligência, discernimento e capacidade de liderança.

2) Brasileiros – vêm logo abaixo dos portugueses, mas ocupam um papel subalterno. São capazes de trabalhar essencialmente em hotelaria e de servir em

De país de emigrantes a país de imigrantes? | 181

Apesar das políticas de "integração dos imigrantes" e do apelo exercido pelo discurso de valorização da lusofonia, os africanos que vivem em Portugal ainda se sentem vítimas de preconceitos e discriminação.

182 | Os portugueses

restaurantes, casas noturnas, bares e lojas, além de serem úteis nos empregos da construção civil e nos serviços domésticos. São demasiadamente sexualizados.

3) Europeus do lado oriental – são tipos suspeitos, não são dignos de confiança. São piores que os brasileiros, mas preferíveis aos africanos.

4) Africanos – negro e africano é a mesma coisa. Os africanos estão abaixo dos brasileiros e das pessoas vindas da Europa oriental. São desqualificados, indesejáveis, forasteiros, "gente muito diferente" e frequentemente são uns marginais. Na imprensa, os negros praticamente só aparecem sob a égide da criminalidade, da degradação e do deslocamento.

Em Portugal, o termo *africano* é usado comumente como sinônimo de *negro* (o resquício do "pensamento imperial" que trata a todos por "negros", impede o reconhecimento de diferenças importantes existentes entre os grupos oriundos da África). Entre os portugueses, há uma dificuldade bem maior em aceitar os imigrantes africanos e oferecer-lhes emprego. Discriminados por conta de sua "raça", os africanos tendem a ser afastados dos quadros predominantes da sociedade de acolhimento, em outras palavras, são marginalizados. Por conta desse afastamento e dos preconceitos que sofrem na sociedade portuguesa, acabam obrigados a conviver mais entre si. Além dos problemas diretamente ligados ao racismo, os africanos têm maiores dificuldades de acesso a moradia digna, emprego formal e serviços de saúde pública.

Antigamente, os africanos vinham logo abaixo dos brasileiros. Mas a presença recente do contingente migratório do Leste Europeu promoveu uma reordenação na classificação dos imigrantes feita pelos portugueses. "Europeu do Leste" passou a ser uma categoria intermediária entre "brasileiro" e "africano". Nessa nova ordenação, os brasileiros continuam a gozar uma certa "preferência" enquanto que os "do Leste" têm maior aceitação que os "africanos".

Ainda sobre a hierarquia de alteridades, o Brasil deve ser considerado um modelo para os países de ex-colonizados na África, pois é uma espécie de irmão mais velho dos países africanos até poucas décadas atrás dominados por Portugal. Segundo esse discurso, o Brasil, onde a democracia racial opera há mais tempo, é um país mestiço ou mulato, enquanto os africanos, por serem "novos na experiência de mestiçagem", são "mais pretos".

O assunto "imigrantes" aparece todos os dias na imprensa escrita e televisiva. Uma pesquisa publicada em 2009[13] examinou matérias e artigos que saíram em três jornais portugueses entre 2003 e 2005 para saber qual o olhar predominante com relação aos imigrantes. Os resultados mostraram que são recorrentes as matérias negativas sobre os negros africanos. Também deixaram claro que, em meados do ano 2000, o aumento da pressão migratória fazia crescer a contradição entre a política de imigração – que reconhecia e valorizava as diferenças culturais – e a "cultura nacional portuguesa" – que tinha olhos voltados para o passado e uma vontade mal disfarçada de mobilizar pessoas para expulsar os que "ameaçam a identidade nacional".

Lideranças de comunidades de imigrantes africanos queixavam-se que os noticiários com enfoque negativo interfeririam, entre outras coisas, na autoestima dos jovens filhos de imigrantes. A ação do Acime (Alto Comissariado para a Imigração e Minorias Étnicas), órgão subordinado à Presidência do Conselho de Ministros do Governo Português, junto aos jornalistas, conseguiu diminuir a tendência de retratar os negros apenas de forma pejorativa.

Ainda nos primeiros anos do século XXI,[14] uma parcela importante de portugueses encarava a imigração com um "sentimento de insegurança". Os africanos estavam associados ao tráfico de drogas, à *SIDA* (Síndrome da Imunodeficiência Adquirida, para nós AIDS) e aos distúrbios da ordem. Os brasileiros, por seu turno, estavam vinculados à prostituição, enquanto os "do Leste" às máfias.

Sobre o trabalho, a imagem dominante entre os portugueses era a de que os imigrantes faziam o trabalho que os portugueses não queriam fazer. Muitos portugueses, entretanto, achavam também que os imigrantes *não* trabalhavam *mais* que os portugueses. Contudo, a percepção dos portugueses com relação à vontade de trabalhar dos imigrantes variava bastante conforme o grupo mencionado: 44,6% dos portugueses entrevistados acreditavam que os "do Leste" trabalhavam mais que eles próprios, ao passo que em relação aos "africanos" o percentual despencava para 27,6%. Na última posição, estavam os "brasileiros". Apenas 15% dos entrevistados acreditavam que os brasileiros eram capazes de trabalhar mais do que os portugueses!

Sobre as habilitações desses imigrantes, os portugueses reconheciam o alto grau de instrução entre os vindos "do Leste". Para quase 70% dos entrevistados eles possuíam inclusive mais habilitação do que precisavam para o trabalho que desempenhavam em Portugal. Com relação aos "brasileiros" esse índice caía para pouco mais de 16% e apenas 12% para os "africanos".

Quando foram inquiridos sobre a "proximidade ou intimidade" com os grupos de imigrantes, muito poucos portugueses responderam que ficariam "muito incomodados" se seus filhos se cassassem com um imigrante. Os brasileiros novamente compõem o grupo mais aceito (quase 90%), enquanto os africanos ficam próximos dos 76%, e os "do Leste" 77,1%.

184 | Os portugueses

Poderíamos nos estender mais, mas já parece claro que, em Portugal, embora haja uma forte tendência a considerar a maioria dos imigrantes subalternos, é melhor estar no grupo dos "brasileiros" do que no dos "africanos". Porém, melhor ainda, é fazer parte dos imigrantes vindo de "países ricos" (do "Primeiro Mundo"). Na verdade, eles não são considerados exatamente "imigrantes", não são classificados como um grupo étnico ou uma "raça" distinta, são apenas "estrangeiros", em geral bem recebidos e vistos com bons olhos.

Além disso, em que pese a intenção e ação positiva de órgãos importantes, como a Acime, fica perfeitamente claro que esses órgãos tratam apenas dos imigrantes em condições de "subalternidade" e não dos "estrangeiros".

Embora haja uma política definida no sentido de procurar inserir os imigrantes "subalternos" na sociedade portuguesa, algumas vozes são céticas quanto à possibilidade real de sucesso, pelo menos em curto prazo. Um dos principais obstáculos é ainda o conjunto de valores construídos na órbita do Império Colonial e na trajetória histórica de dominação de outras populações. Outros são as dificuldades econômicas que por vezes aumentam e fazem crescer a má vontade para com os "forasteiros".

Notas

[1] Grosseiramente pode-se dividir o território continental em três grandes zonas: a zona Norte, que contribuía com mais de 80% dos emigrantes; a zona central inclui Castelo Branco, Leiria, Lisboa e Santarém e contribuiu com um percentual mais modesto para o contingente total de emigrantes; a região Sul, formada pelos distritos alentejanos de Beja, Évora e Portalegre, e os de Setúbal e Faro (este último na região do Algarve) apresentavam os mais baixos índices emigratórios.

[2] Essa ajuda financeira foi proposta no dia 5 de junho de 1947, pelo Secretário de Estado norte-americano George Marshall (sob a presidência de Harry Truman), e pretendia a reconstrução da economia e o combate à fome e à pobreza.

[3] Estimativas da distribuição de portugueses pelo mundo: Europa – 1.300.000; África – 540.000; América do Norte – 1.000.000; América do Sul – 1.600.000; América Central – 6.000; Ásia – 30.000; Oceania – 55.000.

[4] Sua presença pode ser ilustrada através de um *ranking* estadual: os portugueses são a terceira comunidade no Havaí, a quinta em Rhode Island, a oitava em Massachusetts, a décima segunda em New Jersey, a décima terceira na Califórnia e a vigésima sexta em Nova York.

[5] Dados provenientes do IPRI (Instituto Português de Relações Internacionais), da Universidade Nova de Lisboa (UNL).

[6] Dados publicados pelo Observatório da Emigração, criado em 2008 com base num protocolo entre a Direcção-Geral dos Assuntos Consulares e Comunidades Portuguesas (DGACCP) e o Centro de Investigação e Estudos de Sociologia/Instituto Universitário de Lisboa.

[7] Criada em 1935, a FNAT permaneceu com esse nome até abril de 1975. Seus estatutos foram modificados apenas em 1979, quando passou a designar-se Inatel – Instituto Nacional para o Aproveitamento dos Tempos Livres dos Trabalhadores.

[8] Os retornados constituíram um contingente muito grande, embora haja controvérsia quanto aos números: algumas fontes falam em 470.000 pessoas, outras dizem que ultrapassariam os 500.000. A base dessas informações é o Recenseamento de 1981, que incluía uma pergunta relativa à residência dos inquiridos até 31 de dezembro de 1973. A partir daí foi possível apurar o montante da população que até aquela data era constituído por cidadãos que regressaram da África a partir de 1974.

De país de emigrantes a país de imigrantes? | 185

[9] Dos anos 1940 até finais da década de 1960, participaram desse tipo muito particular de migração mais de 4 milhões de pessoas. Comparativamente, o número de meio milhão de portugueses só foi superado pelos cerca de 1.600.000 franceses repatriados. Contudo, proporcionalmente, o repatriamento de portugueses da África levou a um aumento de 5% da população portuguesa, enquanto no caso dos franceses esse número ficou perto de 3% do total da população. Tal movimento ocorreu também na Inglaterra (550.000), Itália (400.000), Holanda (300.000), Espanha (150.000) e Bélgica (100.000). No caso português, o repatriamento ocorreu num espaço de tempo muito curto, basicamente durante o ano de 1975.

[10] A China reincorporou esse antigo território de dominação portuguesa (uma península e duas ilhotas, com um total de 21 km^2) em 19 de dezembro de 1999, depois de 442 anos de controle português.

[11] A presença de *indianos* muçulmanos em Moçambique antecede a era colonial e teve origem em dois fluxos distintos: o primeiro e mais antigo constituiu-se de pregadores-marinheiros provenientes da península arábica; o segundo, mais recente, remonta ao século XIX e teve sua origem no continente indiano, tendo sido promovida pelo Império Britânico, que promovia o fluxo de mão de obra da Índia para suas colônias na África.

[12] Acime (Alto Comissariado para a Imigração e Minorias Étnicas); Acidi (Alto Comissariado para a Integração e Diálogo Intercultural); CNAI (Centro Nacional de Apoio ao Imigrante); CLAII (Centros Locais de Apoio à Integração do Imigrante); Campo (Centro de Apoio ao Imigrante no País de Origem); PII (Plano para a Integração dos Imigrantes), entre outros.

[13] Aqui estou me valendo dos dados arrolados em Borges, Imigrantes africanos e negros brasileiros: a identidade imaginada na imprensa portuguesa e brasileira, *Cadernos do Leme*, Campina Grande, v. 1, n. 1, jan./jun. 2009, p. 67-81.

[14] De acordo com pesquisa realizada em 2003 pelo Observatório de Comunicação (Obecom).

UMA HISTÓRIA EM CINCO ATOS

FINISTERRA OU DOS CONFINS DA PENÍNSULA ATÉ O MAR OCEANO

Finisterra é o nome de um cabo que se localiza na região da Galiza, norte da Espanha, mas serve muito bem para dar uma ideia sobre o que era considerado, num passado remoto, o território extremo ocidental da península ibérica: o fim do mundo! Em direção ao ocidente, a partir daquele ponto, não haveria nada.

A região que fica na parte mais ocidental da península ibérica foi, entretanto, ocupada há milhares e milhares de anos. Foram localizados vestígios que remontam ao período Paleolítico (há cerca de 40.000 anos), indicando que a ocupação humana naquele espaço se deu em paralelo à de outras partes da Europa. Ali viviam os iberos, como ficaram conhecidos os povos que por lá se estabeleceram nessa época.

Por volta do quinto milênio antes da era comum, as comunidades humanas instaladas naqueles territórios passaram por transformações fundamentais típicas daquilo que se convencionou chamar de "Revolução Neolítica", que implicava a domesticação de animais, numa incipiente agricultura e maior sedentarização. Também nessa época registra-se a utilização de instrumentos de pedra polida e artefatos de cerâmica. As transformações continuaram e, por volta da segunda metade do terceiro milênio antes da era comum, uma nova tecnologia foi incorporada, com o uso dos metais (cobre e bronze), ocorrendo, paralelamente, a generalização da agricultura e da pecuária, bem como a introdução da tecelagem. Esse conjunto de transformações conhecido como "Segunda Revolução Neolítica" teria propiciado o aumento da população, que, a partir daí, tendeu a se concentrar em povoados.

Durante a Idade do Ferro, a cultura local foi enriquecida pela entrada de novos povos, provenientes da Europa, do Mediterrâneo e da África. Os celtas, linguisticamente relacionados com os bretões e os gauleses, chegaram por terra àquelas paragens (por volta do ano 1000 a.e.c.), fixando-se por lá em aldeias e dedicando-se à agricultura. Eles já conheciam o uso do ferro e trouxeram também suas gaitas de foles, instrumento musical que mais tarde seria incorporado ao conjunto de tradições musicais portuguesas. Duas culturas distintas, ibera e celta, predominaram, portanto, no espaço do atual território português, dando origem, de acordo com alguns estudiosos, aos chamados povos celtiberos.

Além disso, povos vindos do Mediterrâneo oriental, entre eles fenícios e gregos, estabeleceram feitorias no litoral leste e sul da península ibérica e entabularam relações com a população local, incrementando a exploração das riquezas minerais.

CASTROS: "BALUARTES DE RESISTÊNCIA"

Foi entre o final da Idade do Bronze e os primórdios da Idade do Ferro na península ibérica que se desenvolveram os *castros* (do latim *castrum*, fortificação). Eram aglomerações populacionais isoladas e fortificadas construídas no alto de colinas, serras e montes (normalmente com altitudes médias entre 200 e 500 metros) para que pudessem dominar a paisagem e enxergar a distância. Estavam instalados em terreno de substrato granítico e o granito era o material geralmente utilizado na construção das muralhas e das casas, feitas de blocos recortados toscamente. As casas possuíam planta circular, com cerca de 5 metros de diâmetro, as paredes eram formadas por pequenas pedras unidas com cascalho, sem qualquer argamassa. O piso das habitações era de saibro batido. No seu interior havia uma lareira e, ao centro, um buraco para um poste que suportava a estrutura da cobertura de colmo.

A cultura castreja – que atingiu seu auge entre os séculos III a.e.c. e I e.c. – era de grande originalidade, tanto por conta de suas estruturas de moradia, como por seus complexos sistemas defensivos, compostos por muralhas de pedra e fossos que circundavam, em função da topografia, a mancha de habitação. Tudo indica que havia um clima de beligerância permanente entre os castros vizinhos ou entre eles e os invasores que porventura entrassem no território. O surgimento dos castros no Norte teria sido uma reação de defesa diante dos movimentos migratórios vindos da área indo-europeia da *meseta* (planalto) e das regiões meridionais. (Em Portugal existe quem afirme que esses antiquíssimos castros em território português "podem ser situados numa longa tradição cultural de resistência local [ibérica] ao invasor". É, entretanto, evidente o conteúdo ideológico dessa afirmação.)

Atualmente há um esforço para que os vestígios da cultura castreja sejam considerados Patrimônio Europeu da Cultura, pois representam os primórdios da cultura ibérica.

Exemplos (reconstrução) de edificações típicas dos castros: casas circulares, feitas de pedra.

Os turistas que forem a Portugal podem aproveitar a viagem para conhecer as áreas que ainda conservam resquícios dessas construções típicas. Os castros de proporções maiores encontram-se na região próxima do litoral, na zona que fica entre os rios Douro e Minho, onde também são conhecidos como *citânias* ("pequenas cidades"). Entre as mais famosas estão: a citânia de Briteiros, na região de Guimarães, e a citânia de Sanfins, próxima da cidade de Paços de Ferreira, situada na região do Vale do Sousa perto da cidade do Porto.

O estado de conservação dos castros ou citânias varia bastante. Em certos locais, o granito, matéria-prima das edificações, chegou a ser aproveitado para outras construções ou para *calcetar* (calçar) ruas.

E CHEGAM OS ROMANOS...

No século III a.e.c., os romanos começam a cruzar e a colonizar a península ibérica. A conquista romana no espaço peninsular se deu em meio a sua luta contra os cartagineses pelo domínio do mar Mediterrâneo. Foi, portanto, na época das Guerras Púnicas[1] que os romanos chegaram até a *Iberia* e ali se instalaram. Os cartagineses também pretenderam conquistar a península, mas seu domínio foi incompleto e efêmero.

A Segunda Guerra Púnica pôs termo à dominação cartaginesa e, a partir de então, durante os séculos II e I a.e.c., os romanos puderam sujeitar e romanizar os povos lá instalados. Já na época do imperador Augusto a conquista estava terminada (25 a.e.c.).

Quando chegaram à região dos castros, os invasores romanos tentaram fazer com que seus habitantes descessem do alto dos montes para povoar as novas cidades estrategicamente construídas no sentido de incrementar a economia e facilitar o processo de aculturação.

Os castros começaram a ser abandonados por volta do século I. Entre as mudanças que se seguiram, a principal foi na língua falada. As populações "nativas" abandonaram o linguajar tradicional e começaram a falar latim. Os deuses celtas continuaram a ser objeto de culto, embora começassem a abrir espaço para os deuses romanos. Preservaram-se a mentalidade guerreira e algumas das atividades econômicas e artísticas desenvolvidas anteriormente.

A romanização da península ibérica efetivamente promoveu a constituição de um espaço único, no qual se congregaram as populações e as culturas que vinham se interpenetrando de longa data. A dominação romana constituiu-se, de fato, numa profunda mudança, que se manifestou em todo o espaço que constitui hoje o território português, originando uma forte transformação das paisagens e dos modos de viver. A população passou a ocupar as terras baixas. A rústica economia de montanha – caracterizada por culturas de cereais episódicas nas encostas e pela larga utilização de produtos dos bosques – foi sendo substituída por uma economia baseada em áreas cultivadas com solos remexidos por arados de madeira, divididas em unidades agrárias fixadas pelas necessidades de tributação. Os caminhos calçados (estradas romanas e "caminhos velhos", cujos vestígios prevalecem em nossos dias) passaram a interligar as principais cidades existentes e também outras, que se iam construindo no ocidente do Império Romano. Com a romanização, houve uma maior interligação entre as regiões. Por exemplo, uma estrada estratégica entre o porto de Lisboa e as terras mais férteis do Norte foi construída para escoar produtos e transportar pessoas. Essa estratégia de propiciar a comunicação completava-se com a construção de pontes de pedra que atravessavam os grandes rios (algumas delas também chegaram aos nossos dias). Os modos de vida se diversificaram, e muitos foram enriquecidos com o comércio e a circulação de produtos.

Finisterra ou dos confins da península até o Mar Oceano | 193

A península ibérica sob o domínio romano foi dividida em três províncias, e o espaço que correspondia à Lusitânia (que é a base do atual território português) avançava sobre o que é hoje parte da Espanha. Várias concentrações urbanas dessa época deram origem a muitas cidades que existem até hoje em Portugal.

Foi ainda obra dos romanos dar nomes aos povos que encontraram na Ibéria. Aos que ocupavam todo o centro-norte da península ibérica (território que hoje é Portugal), a *Lusitania*, chamaram de lusitanos. Aos povos restantes, localizados ao sul da península, chamaram de celtas, porque falavam diversas línguas e apresentavam culturas distintas entre si.

A romanização da península não se deu de maneira uniforme, mas foi gradativamente se impondo. Como consequência da intensa e prolongada colonização romana, os modelos romanos do Direito e da administração urbana (o município) foram incorporados e se tornaram elementos fundamentais do sistema político não só em Portugal como também no Império que os portugueses construiriam. Essa seria, pois,

Ruínas da cidade romana de Conímbriga. A cidade foi habitada desde, pelo menos, o século IX a.e.c. e pôde prosperar graças à "paz romana" estabelecida na *Lusitania*.

O declínio de Conímbriga foi precipitado pela crise político-administrativa que se abateu sobre o Império Romano e acelerado por conta das invasões bárbaras. Em meados do século V e.c., Conímbriga foi capturada e saqueada pelos suevos, o que ocasionou o seu paulatino abandono. Três séculos depois, restavam só ruínas.

Viriato — em cuja homenagem foi erguida até uma estátua na cidade de Viseu (foto) — foi um líder da resistência das tribos lusitanas contra o domínio romano. Em leituras sem base histórica, mas de muito apelo nacionalista, ele é tido como um herói português, símbolo da "vontade de independência" dos lusos contra os inimigos de Portugal.

a forma de controle que eles levaram para o mundo quando iniciaram os seus próprios empreendimentos de colonização muitos séculos depois que o Império Romano deixara de existir (as Câmaras municipais constituíram as bases administrativas do Império Ultramarino, que se consolidou ao longo dos séculos XV e XVI).

Outra marca do período romano foram os aquedutos que transportavam água por grandes distâncias (como os de Elvas, Tomar, Coimbra, Lisboa) e a arte das esculturas de mármore, dos pavimentos de mosaicos e dos túmulos entalhados.

Fora das cidades, as *villas* romanas tornaram-se o centro das grandes propriedades rurais. Nas *villas,* além da criação de gado, cultivavam-se gêneros diversos, como a oliveira, a videira, o trigo e o centeio, a figueira e a cerejeira. Na região ao longo do rio Tejo, algumas *villas* ficaram conhecidas por criar os apreciados cavalos lusitanos.

Com base nas necessidades da civilização romana, desenvolveram-se outras atividades econômicas, como a exploração de pedreiras (que forneciam blocos de pedra para construção), de minas de ouro e de chumbo (na região Norte) e de cobre e ferro (na região Sul). Na costa meridional e em torno do estuário do rio Sado, concentrou-se a produção da conserva de peixe. No tempo em que os fenícios estiveram na península, tornaram a pasta de atum uma iguaria apreciada; mais tarde ela seria o principal produto de exportação do Algarve romano. A conserva de peixe exigia grande quantidade de sal, que era extraído na região costeira. A secagem do peixe, a cerâmica e os têxteis eram atividades importantes desde esse período e se mantiveram como uma das principais bases da economia portuguesa até tempos recentes.

Não obstante, é preciso sublinhar que as populações ibéricas não se submeteram pacificamente desde o início à dominação romana. É lembrada até hoje a resistência encarniçada que os chamados lusitanos impuseram à conquista dos romanos, simbolizada pela figura do líder Viriato, que ao final acabou derrotado.[2] Em outra leitura de marcado viés ideológico e que faz uso do passado para justificar questões posteriores, Viriato é "o precursor da vontade de independência dos lusos, especialmente no que respeita aos seus vizinhos castelhanos".

Viriato é tido pelos portugueses como herói nacional. Como se chegou a isso? Como se construiu uma "memória" que exalta o seu papel como líder da resistência contra invasores "estrangeiros"? Tudo indica que as histórias edificantes sobre a luta de Viriato e os lusitanos contra os romanos tenham sido divulgadas pela primeira vez pelo grego (ou sírio) Posidônio[3] (*c.*135 a.e.c.-*c.* 50 a.e.c.). Posidônio descreveu Viriato como um herói puro e justo e exaltou suas virtudes guerreiras. Essas imagens, por sua vez, seriam retransmitidas e glosadas por outros historiadores, sem grande rigor crítico. No Renascimento, Viriato já era o grande símbolo da resistência autóctone contra a ocupação. Aproveitando-se do fato de Viriato estar ligado aos povos lusitanos, os portugueses elevaram-no ao patamar de seu herói e, com o passar dos séculos, gerações sucessivas de historiadores foram adicionando elementos que transformaram Viriato numa figura mítica e até num nacionalista patriota *avant la lettre*. (A historiografia recente em Portugal procura evitar que se continue a transmitir, acriticamente, a versão tradicional.)

SOB DOMÍNIO DOS POVOS GERMÂNICOS

O espaço ibérico foi alvo das invasões germânicas que se seguiram ao domínio romano. Elas não trariam modificações essenciais à organização românica (continuaram usando a mesma moeda), entretanto, a supremacia das cidades foi esmorecendo gradativamente e, com ela, a estrutura administrativa centralizada.

No ano de 411, entraram no atual território português os alanos (vindos da região do Cáucaso), os vândalos (de origem escandinava) e os suevos (que haviam sido expulsos de seus territórios anteriores pelos hunos). Em 416, chegaram os visigodos, também de origem germânica, mas já romanizados. Os visigodos, como aliados dos romanos, vieram com a tarefa de expulsar alanos, vândalos e suevos do território.

Os suevos haviam chegado à península ibérica por terra e por mar e se fixado no norte de Portugal, ao lado dos lusitanos já romanizados. Conseguiram expulsar alanos e vândalos e formar um reino forte, cujo apogeu se deu em meados do século v. Sua hegemonia estendia-se sobre a *Calecia* (Galiza) e parte da Lusitânia. As principais aglomerações urbanas dessa época eram Braga (a capital do reino) e Lugo.

A evolução do reino suevo baseou-se, entre outras coisas, na difusão da religião católica e na importância da organização eclesiástica que conseguiram impor. Embora o cristianismo tenha sido introduzido na península ibérica durante os séculos II e III, a conversão dos monarcas suevos ao catolicismo, em 550, foi o passo decisivo para a implementação da nova religião. Seu reino agrupou sob a mesma autoridade eclesiástica as dioceses meridionais, localizadas na Lusitânia, com a cidade de Braga convertendo-se no primeiro bispado de Portugal (Toledo se tornou a Sé eclesiástica da Espanha). (Com tal organização, o cristianismo sobreviveria na Ibéria, apesar dos quinhentos anos de domínio islâmico.)

A combatividade era uma característica dos suevos, mas eles seriam finalmente sobrepujados pelos visigodos. O domínio visigodo manteve-se hegemônico de meados do século v até o início do VIII, mas as marcas que restaram de sua passagem por terras lusas são raras. Atribui-se essa limitada contribuição ao fato de não terem introduzido novas formas de organização ou inovações técnicas de qualquer tipo. Teriam apenas se apropriado e se aproveitado das estruturas implantadas ainda pelos romanos.

198 | Os portugueses

O vocabulário introduzido pelos povos germânicos na península foi muito reduzido e não houve alterações na estrutura linguística latina. De maneira geral, os povos germânicos apresentavam uma civilização dominada pela guerra e pelas armas. O impacto cultural, e mesmo o econômico, exercido pelos povos germânicos na península não se compara ao do domínio romano que o precedeu, nem ao período seguinte, quando viria o domínio muçulmano. Assim, muitas vezes, o período de hegemonia dos povos germânicos é lembrado como um "interlúdio" entre o meio milênio da cultura romana e o meio milênio da cultura islâmica, ficando a influência dos germânicos, também chamados de bárbaros, praticamente abafada.

Isso, entretanto, é uma simplificação, pois algumas das heranças mais importantes do tempo dos germânicos foram: a organização eclesiástica do território peninsular (com os suevos) – que possibilitou que a religião católica se tornasse mais forte –, a conversão do rei dos visigodos ao catolicismo (acompanhado de seus bispos e dos principais nobres visigodos, os "magnatas", em 589) e a elaboração de uma lei geral, aplicada a toda a península, o Código Visigótico. Com essa lei, foram estabelecidos os traços fundamentais de uma sociedade medieval: um corpo social tripartido, formado por clero, nobreza e povo. Um clero rico e poderoso, uma nobreza proprietária e militar, um povo comandado pelos nobres e pela Igreja.

A ISLAMIZAÇÃO DA PENÍNSULA IBÉRICA

Entre os anos 710 e 732 do calendário cristão, exércitos árabes e seus seguidores berberes do norte da África atravessaram a Ibéria e invadiram também o território que hoje corresponde à França. A penetração dos muçulmanos na Europa foi rápida e facilitada pela divisão entre os cristãos. Em 715, a vaga muçulmana já tinha tomado quase toda a península ibérica, restando apenas a região das Astúrias, ao norte. Essa região transformou-se no refúgio e local de resistência de alguns chefes visigodos.

Entre os visigodos estava Pelágio, que, em 718, chegou a vencer um exército mouro em Covadonga. A Batalha de Covadonga seria mais tarde considerada um episódio emblemático do início do processo que os cristãos chamaram de "Reconquista". De modo geral, considera-se que o processo todo tenha levado oito séculos (até a Tomada de Granada, último reino mouro, pelos cristãos em 1492), mas, de fato, isso depende muito da área da península que seja considerada. No caso do atual território português, a região de Braga e do Porto foram reconquistadas em 868; Coimbra, definitivamente, só em 1064, Lisboa foi tomada pelos cristãos em 1147, mas Faro (na região do Algarve) só em meados do século XIII. Por isso mesmo, a influência árabe sobre as populações

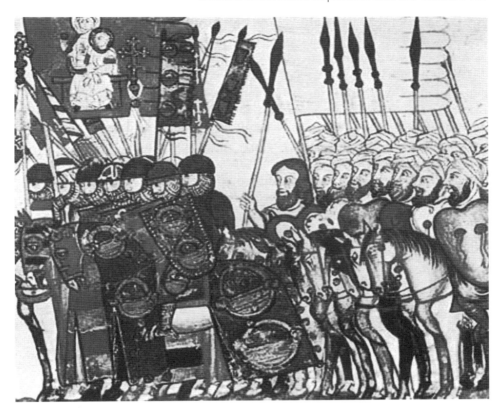

Iluminura medieval com a imagem de exércitos muçulmanos e cristãos. Em 715, os muçulmanos já eram os senhores de toda a península ibérica, com exceção da região das Astúrias. A reação dos cristãos a esse domínio ficaria conhecida como Reconquista, processo que se estenderia até o século xv.

ibéricas variou de intensidade, sendo mínima nas regiões que ficam ao norte do rio Douro e nas regiões montanhosas do interior (por lá, a influência germânica continuou forte, com os chefes locais defendendo-se dos "invasores"), mais intensa nas terras entre a Estremadura e a Beira Litoral, enquanto no sul, sobretudo no Algarve, o grau de influência foi o mais elevado e a estrutura da sociedade sinalizada no Código Visigótico foi inteiramente desmantelada.

O domínio mulçumano converteu ao islamismo grande parte da população estabelecida na área da península ibérica que corresponde hoje a Portugal. Uma estratégia utilizada foi adaptar ou reconstruir edifícios de antigos templos sob a forma de mesquitas. A conversão forçada sob o peso das forças militares foi outra. Mas também seduziram as vantagens comerciais obtidas com a participação nas rotas de comércio controladas pelos muçulmanos. Aliás, as trocas comerciais contribuíram com frequência para estabelecer relações pacíficas mesmo entre muçulmanos e cristãos ainda apegados à sua fé.

A postura dos islâmicos em relação às populações que viviam nas regiões conquistadas variou. Se as pessoas se mostrassem dispostas a aceitar os preceitos religiosos do islamismo, eram integradas política e socialmente com os mesmos direitos e deveres dos demais muçulmanos; se mantivessem sua fé (cristã ou judaica), poderiam manter suas propriedades, e mesmo os seus cultos (com alguns limites), sendo, entretanto, obrigadas a pagar tributos específicos; por fim, quem pegasse em armas e resistisse à dominação muçulmana poderia ser morto ou escravizado. Graças a essa atitude dos governantes mouros, nas áreas onde a religião dominante era a muçulmana, a convivência foi relativamente pacífica entre muçulmanos, cristãos e judeus.

Essa postura de tolerância por parte dos islâmicos só mudaria na época das invasões almorávidas – dinastia muçulmana que dominou o norte da África e a península ibérica no século XII. Os almorávidas eram excelentes guerreiros, disciplinados, aferrados a suas crenças e intolerantes para com outros tipos de religião, diferentemente dos mouros que os precederam no domínio da península.

As relações entre cristãos e muçulmanos pioraram também por conta do espírito de Cruzada e do projeto de "reconquistar" todo o território aos mouros que passou a motivar os cristãos, especialmente a partir do século XI.

Cinco anos após a chegada dos árabes à península, boa parte do território já estava em suas mãos. Os territórios que correspondiam à Lusitânia e à Calécia foram dominados pelos exércitos muçulmanos em 716.

Durante os cinco séculos seguintes, o espaço que corresponde ao território atual de Portugal esteve dividido entre cristãos e muçulmanos. O período se caracterizou por avanços e recuos nas fronteiras que sinalizavam o domínio de cada uma das partes, embora os cristãos conseguissem avançar aos poucos em direção ao sul.

Mas foi somente em 879 que os cristãos atingiram pela primeira vez o limite do rio Mondego (região da atual cidade de Coimbra). A conquista definitiva dessas terras só ocorreu muito mais tarde, em meados do século XI. O avanço em direção ao território limitado pelo rio Tejo, mais ao sul, foi uma vitória dos finais do mesmo século. Porém, o Tejo só passou a constituir a linha divisória entre os territórios cristão e muçulmano na terceira década do século XIII.

Portanto, o processo da Reconquista não foi exatamente um "rolo compressor", empurrando continuamente os "infiéis" de volta para o norte da África, como os cristãos passaram a contar essa história e como ficou registrado no senso comum.

Mas, antes de continuar com o assunto da Reconquista, é importante saber que os povos da península ibérica se beneficiaram no período do domínio árabe de um conjunto de conhecimentos científicos e culturais trazidos na bagagem dos invasores e proporcionados por sua política de relativa tolerância. Muito dos clássicos gregos, da filosofia e da matemática, foram redescobertos pelos ibéricos através de traduções árabes. Instrumentos como o astrolábio e a bússola foram introduzidos por eles para facilitar a navegação no mar. A experiência árabe contribuiu para a elaboração de mapas e para o desenvolvimento da construção naval, incentivada por conta da navegação no oceano Índico, cujas técnicas eram muito diferentes das conhecidas e utilizadas para navegar no mar Mediterrâneo. Esse conhecimento seria mais tarde decisivo para a navegação no Atlântico.

A arquitetura ibérica também incorporou elementos árabes, como o uso dos mosaicos, que seriam utilizados de várias maneiras pelos cristãos, inclusive na elaboração de murais que descreviam episódios heroicos e cenas da vida cotidiana.

Embora na região do Portugal muçulmano a língua vernácula tenha se mantido latinizada, foram "importadas" do árabe incontáveis palavras e termos técnicos para designar plantas e utensílios. Muitos deles nós continuamos a usar todos os dias. Uma pequena amostra: alface, alfazema, acelga, cenoura, laranja, limão, azeitona, azeite, chafariz, álcool, algarismo, almanaque, alfarrábio, álgebra, zero, zênite, elixir, xarope, entre tantos outros. Também são numerosos os termos usados em atividades comerciais, como armazém, ou outros ligados a pesos e medidas, como almude, arroba, quilate, calibre, resma e fardo.

Do ponto de vista da economia, porém, pode-se dizer que o maior impacto técnico se deu na agricultura. Foram os árabes que introduziram as grandes rodas hidráulicas que transportavam água dos rios para os campos. Através desse mecanismo houve uma melhoria acentuada na forma de se irrigar a terra e, com isso, poder ampliar as áreas agrícolas.

Vestígios do que seria uma "cidade" muçulmana ainda podem ser encontrados em Portugal, sobretudo em Lisboa, visitando-se o bairro da Alfama (note-se o prefixo "al", comum às palavras de origem árabe) e suas sinuosas vielas não muito diferentes do que foram na época em que os cruzados conquistaram em cidade, em 1147. Aliás, a influência moura em Lisboa foi tão marcante que os lisboetas, até hoje, são conhecidos como "mouros" ou "alfacinhas". Entretanto, sobre esta última designação, há algumas controvérsias relativas à sua origem: há quem explique que nas colinas de Lisboa primitiva verdejavam já as plantas utilizadas na culinária, na perfumaria e na medicina que recebiam genericamente o nome de "alfaces". Como vimos, "alface" vem do árabe, o que poderá indicar que o cultivo da planta começou na época da ocupação da península pelos fiéis de Alá. Há também quem sustente que, num dos cercos de que a cidade foi alvo, os habitantes da capital portuguesa tinham como alimento quase exclusivo as alfaces das suas hortas. O certo é que a palavra ficou consagrada e, de Almeida Garrett a Aquilino Ribeiro, de Alberto Pimentel a Miguel Torga, os grandes da literatura portuguesa habituaram-se a tomar "alfacinha" por lisboeta.

A "RECONQUISTA" E O NASCIMENTO DE PORTUGAL

As guerras que confrontaram cristãos e muçulmanos na península ibérica tiveram início muito antes de os cruzados combaterem na distante Terra Santa. Nas regiões montanhosas do norte da península, os reinos cristãos que sobreviveram à invasão muçulmana faziam constantes incursões nos territórios ao sul dominados pelos islâmicos. No século XI, essas investidas ultrapassavam a região de Braga e chegavam até a região de Toledo, no atual Estado espanhol.

No entanto, se os cristãos atacavam vindos do norte, da África chegava um suporte militar revigorado, trazido pela dinastia dos almorávidas (1061-1147), que deu novo fôlego à Ibéria moura.

O acirramento das disputas fez com que os cristãos pedissem ajuda além dos Pirineus. O auxílio veio da parte dos cavaleiros ligados aos príncipes capetíngios de Borgonha. No final do mesmo século XI, o nobre Henrique de Borgonha, um desses cavaleiros, conseguiu impor seu domínio sobre as terras em torno do porto da cidade conhecida por *Portus Cale* ("Terras do porto", que daria origem ao nome Portugal), na foz do rio Douro e o condado Portucalense passou a ser governado por ele, como prêmio pelas vitórias militares. (A consolidação do condado Portucalense teria importância vital no processo de reconquista.)

A segunda metade do século XII reservou maiores confrontos entre cristãos e muçulmanos, sobretudo com a dinastia almóada[4] que penetrara na Europa pelo Marrocos. Porém, já no século seguinte a vantagem militar seria dos cristãos.

O clima permanente de disputa, de idas e vindas das fronteiras e de áreas dominadas ora por uns, ora por outros, não impediu, entretanto, que se criassem também modos de convivência entre as partes. De fato, em muitas áreas e até por longos períodos ocorreu uma integração intensa, sobretudo por via das relações comerciais entre árabes, judeus e cristãos, de diferentes origens sociais, residentes na zona ocupada por uns ou outros ou provenientes de outras localidades. Admitindo que exércitos e forças militares não são os melhores disseminadores de língua e cultura e que a difusão civilizacional é feita sobretudo por intercâmbios pacíficos, podemos compreender o papel fundamental que os mercadores muçulmanos e judeus tiveram na difusão da língua árabe (que se tornou a língua franca a partir do século VIII) e na integração entre os povos.

Um dos efeitos dessa integração foi a existência dos "moçárabes" ("tornado árabe"), que eram os indivíduos cristãos que tinham permanecido como tais mesmo sob domínio islâmico em troca de um tributo pago aos invasores – mantinham sua religião, mas adotavam certos hábitos árabes. De outra parte, havia os "mudejares", árabes que viviam sob o domínio e as regras dos cristãos, mas continuavam praticando sua fé muçulmana, sua língua e seus costumes.

Finisterra ou dos confins da península até o Mar Oceano | 203

D. Henrique (1057-1114), conde de Borgonha, juntou-se a Afonso VI, rei de Leão e Castela, na luta contra o domínio mouro na península ibérica e, pelos serviços prestados, recebeu o condado *Portucalense* para governar, tornando-se vassalo de Afonso VI. Da união de D. Henrique com D. Teresa, filha de D. Afonso VI, nasceria D. Afonso Henriques, que, mais tarde, seria o primeiro rei de Portugal.

Não obstante os momentos de convivência pacífica, o processo de reconquista foi violento e chegou a usar da pilhagem para manter-se no decorrer dos séculos. Povoações e terras mouras conquistadas eram espoliadas e depois doadas aos nobres cristãos que haviam participado da luta, como recompensa. Dessa maneira garantia-se a continuidade da guerra, que se autofinanciava, e o poder centralizado em torno da figura dos reis.

O conjunto arquitetônico formado pelas igrejas e fortificações construídos na época da luta contra os muçulmanos reflete o enorme espólio reunido por reis e nobres com o apoio da hierarquia católica. Entre meados do século XII e meados do século seguinte, quando as vitórias cristãs se multiplicaram, houve um verdadeiro surto de construções que revelam a necessidade imperativa de manter a todo custo a área "reconquistada". São obras bastante sólidas, com muitas ameias e poucas entradas e aberturas, por uma questão de segurança.

* * *

Vejamos então as etapas da Reconquista que contribuiriam para a construção e a consolidação do Estado português.

O período todo das guerras de Reconquista envolveu lutas não só entre muçulmanos e cristãos, mas também entre os próprios cristãos pelo poder nos territórios reintegrados. Nessas brigas, reinos foram extintos e outros surgiram, a partir da região das Astúrias, no norte ibérico. Nasceram, por exemplo, o reino de Oviedo, o condado ou reino da Galiza, o reino de Leão e o condado de Castela. Na região pirenaica formaram-se os reinos de Navarra e de Aragão. Em 1037 houve a união dos reinos de Castela e de Leão.

De início, a estrutura administrativa dos reinos era bastante rudimentar, e os reis precisavam contar com a ajuda de algumas famílias da nobreza para governar as terras conquistadas. Os governadores recebiam o título de condes e deveriam obedecer ao chamado de seus reis para guerrear sempre que necessário. Os limites dos domínios não eram muito precisos, o que também criava conflitos entre os nobres mais poderosos.

O reino de Portugal surgiria de uma dessas desavenças.

Terras do reino de Leão que ficavam numa região localizada entre os rios Minho e Douro haviam parado nas mãos de um conde chamado Vimara Peres no século IX. Uma descendente desse conde, a condessa Mumadona, fundou em Guimarães (originalmente Vimaranes) um convento e um castelo, o Castelo de São Mamede; a cidade ganhou destaque e o condado foi obtendo cada vez mais autonomia. (Essa autonomia é que permitiria, mais tarde, a separação do condado Portucalense do reino de Leão.)

Enquanto o condado Portucalense se fortalecia, a guerra contra os mouros continuava. Em meados do século XI, o rei Fernando Magno, de Leão e Castela, conquistou

Finisterra ou dos confins da península até o Mar Oceano | 205

Quando o condado *Portucalense* decretou sua independência, tornando-se, então, reino de Portugal, D. Afonso Henriques intitulou-se rei dos portugueses. Por ocasião de sua morte, as fronteiras do reino haviam se expandido e Portugal já era um Estado forte na península, tendo resistido a ataques dos inimigos cristãos, de Leão e Castela, e muçulmanos, vindos do sul.

definitivamente Coimbra e o território delimitado pelo rio Mondego. O rei Afonso VI (que reinou entre 1065-1109), também de Leão e Castela, estendeu o domínio cristão até Toledo (1085). A derrota sofrida logo na sequência por seus exércitos, na Batalha de Zalaca (1086), poderia ter significado um retrocesso, mas levas de peregrinos francos vieram à península ibérica para ajudar o reino cristão na luta contra os mouros.

Dois cruzados de Borgonha, primos entre si, Raimundo e Henrique, participaram dessa luta contra os infiéis. Por suas vitórias contra os muçulmanos, os dois nobres foram recompensados com casamentos com as filhas do rei D. Afonso VI: Raimundo casou-se com Urraca (1091) e Henrique com Teresa (1094), filha ilegítima do rei. Mas os dois nobres eram rivais entre si. A necessidade premente de união perante o inimigo comum, os muçulmanos, obrigou-os a evitar um confronto armado e a firmar um pacto sucessório para dirimir as questões sobre a herança da coroa castelhano-leonesa. Entretanto, essa "paz armada" mudou com a atuação militar e política do infante Afonso Henriques, filho de D. Henrique e de D. Teresa.

Como compensação por serviços prestados ao reino de Leão, Henrique havia reivindicado também a posse das planícies atlânticas do território conquistado aos mouros desde o rio Minho até o rio Mondego. O condado Portucalense que afinal lhe coube governar, depois de algumas disputas, assumiria o estatuto de reino, o reino de Portugal. O filho de Henrique de Borgonha, D. Afonso Henriques intitulou-se rei em 1139 e estabeleceu a capital do reino de Portugal na cidade fortificada de Guimarães. Ainda hoje, quando visitamos a cidade de Guimarães, encontramos, numa muralha de pedra, a inscrição: "Aqui nasceu Portugal".

Para consolidar seu domínio sobre aqueles territórios, D. Afonso Henriques teve que enfrentar "fogo inimigo" dos dois lados. Do norte, cristãos do reino de Leão e Castela cobiçavam o reino de Portugal, levando D. Afonso Henriques a protegê-lo com soldados, armas e mais fortificações, para manter sua independência. Ao sul, enfrentava os ataques das comunidades muçulmanas sob domínio almorávida. Mesmo assim o reino de Portugal se manteve e, ainda na primeira metade do século XII, ampliou seu território expandindo-se para o sul. A capital foi transferida de Guimarães para Coimbra, mais interessante economicamente, que seria a sede do reino até 1255, quando então Lisboa passou a ser a capital.

Já na época de Afonso Henriques houve um esforço para o aperfeiçoamento da indústria naval, útil na luta tanto contra os mouros quanto contra os castelhanos. Depois de vários anos de combate contra os leoneses-castelhanos, os portugueses saíram vitoriosos. O reconhecimento oficial da Independência de Portugal veio em 1179, através de uma bula do papa Alexandre III.

Da época que Afonso Henriques havia se proclamado rei de Portugal (1139) até sua morte (1185), os anos se passaram e as fronteiras do reino haviam se expandido muito. A prática de colocar os nobres a serviço do rei e, depois, recompensá-los com terras por seus esforços deu a Portugal condições para se tornar um Estado forte e unificado séculos antes de outros países europeus.

Num ritmo relativamente rápido de crescimento, o reino de Portugal chegou finalmente a alcançar o extremo sul da península e incorporar a região do *Al-Garb al-Andaluz* ("o ocidente de Andaluz") ou o nosso conhecido Algarve, com o rei português Sancho II. A conquista final, que conformará praticamente a atual fronteira de Portugal, será a tomada de Silves e Faro, os últimos redutos mouros no Algarve, no ano de 1249.

AL-GARB AL-ANDALUS

Em meados do século XI, mais da metade do atual território português era ainda muçulmano, cerca de 53.000 km². Gradualmente, a ofensiva cristã foi diminuindo as terras sob domínio mouro. Aproximadamente um século depois, o Tejo passou a ser a fronteira, restando aos mouros pouco mais de 37.000 km², ao passo que, nas primeiras décadas do século XIII, o Islã detinha algo próximo a 15.000 km². Em 1249, ano da conquista definitiva, eram escassos 2.500 km² que estavam nas mãos dos árabes. A partir dos meados do século XIII, as duas metades já estavam unidas sob um mesmo reino.

Alguns nobres, como era praxe, foram recompensados com a concessão de terras na expansão territorial possibilitada pela conquista do Algarve. Os cristãos de Portugal, através da velha prática do saque, puderam encher suas arcas e tomar para si os castelos mouros. Um clima de relativa tolerância, entretanto, foi mantido pelos novos senhores a fim de evitar uma sangria da população. Alguns direitos foram preservados e as práticas religiosas muçulmanas foram toleradas, embora em grau menor, se comparadas à política que os muçulmanos haviam adotado em relação aos cristãos. Assim, a região pôde prosperar moderadamente.

Essa situação colocou os portugueses numa posição privilegiada diante de seus vizinhos europeus, pois Portugal havia "retomado" os territórios ocupados pelos muçulmanos mais de dois séculos antes que a conquista de Granada (1492) fosse efetivada por Fernando de Aragão e Isabel de Castela e confirmasse o fim do domínio mouro no restante da península ibérica.

A tomada do Algarve teve, entretanto, a desvantagem de trazer à tona os olhares cobiçosos dos castelhanos, que também tinham dado continuidade ao seu processo de expansão em direção ao sul com o objetivo de possuir uma saída para o Atlântico por lá. A conquista portuguesa do Algarve jogou água fria nessas pretensões. Os castelhanos foram então forçados a comercializar com o exterior através de portos fluviais, na região da Andaluzia, Sevilha e Córdoba, em vez de usar os portos oceânicos de Lagos e Tavira.

O conflito de interesses entre portugueses e castelhanos se intensificou. Os castelos fronteiriços, antes destinados a afastar os muçulmanos, agora eram construídos e mantidos, com altos custos, para evitar que os castelhanos invadissem os domínios portugueses. Por conta da definição das fronteiras entre os reinos, as escaramuças, as invasões e os combates entre os dois não cessaram nem depois da assinatura de um acordo que definia oficialmente a separação territorial entre os reinos em 1297; só sossegariam no início do século xv.

Nesse ponto é relevante refletir sobre o "nascimento de Portugal". Embora haja um discurso tradicional que afirme que Portugal nasceu do condado Portucalense, isso corresponde apenas a uma parte da história. Essa versão é correta se pensarmos na dinastia reinante e no nascimento da elite nobre que girava em torno dela. Porém, as estruturas sociais vigentes no sul islâmico também exerceram papel fundamental na constituição de Portugal. A formação do Estado português com sua religião, língua e cultura características foi resultado direto das brigas e da posterior união do "norte cristão" com o "sul muçulmano".

A CRUZADA DO OCIDENTE

O "espírito de cruzada" contra os mouros não surgiu de um momento para o outro. Foi, sim, algo que se consolidou ao longo do tempo, como motivação e justificativa para a guerra e a dominação.

Papel relevante teve o papa Urbano II (pontificado entre 1088 e 1099), que, estrategicamente, deu início a uma cruzada geral em direção ao ocidente, com o fim de libertar o restante da península ibérica do jugo muçulmano. Em curto prazo, essa manobra não surtiu muito efeito, uma vez que quatro séculos de contato haviam aproximado muçulmanos e cristãos ibéricos, criando relações comerciais e culturais, além de acordos políticos e vínculos de caráter pessoal entre as partes. Podemos afirmar que, pelo menos até meados do século xiv, a península ibérica constituiu um exemplo de coexistência entre as três religiões – judaica, muçulmana e cristã – em que cada uma das comunidades havia conseguido preservar sua língua, suas normas e tradições. Não seria exagero afirmar que os ibéricos davam um exemplo surpreendente, se comparado ao clima de intolerância que reinava além dos Pirineus.

Gradativamente, contudo, essa atitude foi mudando. Os cristãos foram, pouco a pouco, tornando-se senhores poderosos e, como resultado, a antiga tolerância baseada

A ordem militar de Santiago, instituída por Afonso VIII de Castela, desempenhou um importante papel na Reconquista. Seus cavaleiros conquistaram, entre 1234 e 1249, grande parte do Baixo Alentejo e o Algarve. Como recompensa, a ordem foi agraciada com terras nessas regiões.

na necessidade de coexistir deu lugar a perseguições de cunho religioso. A atitude mais radical dos muçulmanos liderados pelas dinastias almorávida e almóada também contribuiu para pôr fim às boas relações e ao convívio entre as populações de fé distinta.

As ideias que vigoravam no restante da Europa cristã foram então incorporadas na península ibérica e as pregações de guerra contra os infiéis acabaram por dar o tom. O fanatismo religioso impregnou ambos os lados. A guerra contra os mouros na península ibérica foi colocada em pé de igualdade com a guerra de libertação da Terra Santa, vingando, por fim, a ideia da Cruzada do Ocidente. Os botins e as indulgências concedidas aos cruzados por Roma atraíram cavaleiros de várias partes da Europa, que chegaram para ajudar os cristãos da península em diversas ocasiões entre os séculos XII e XIV.

Na expulsão dos "infiéis", as ordens religiosas e militares criadas ou introduzidas em Portugal foram extremamente importantes. Os guerreiros templários e hospitalários e as ordens cisterciense, franciscana, dominicana, de Calatrava e de Santiago[5] assumiram papel decisivo nas guerras que adquiriram o caráter de cruzada. Os templários e hospitalários empenhavam-se na luta propriamente dita e as ordens religiosas como um todo atuavam na organização da ocupação das áreas incorporadas aos muçulmanos. A tarefa era clara: "expulsar os mouros e libertar as terras para Cristo", "reintegrando-as" ao domínio cristão.

As ordens religiosas e as sés de cada cidade foram beneficiadas com doações de terras tomadas dos derrotados.

A CONSOLIDAÇÃO DO PODER REAL

Ao final da Reconquista, a sociedade portuguesa estava longe de ser um todo uniforme. No Norte, uma hierarquia feudal se mantinha através de relações contratuais, vivendo de uma economia essencialmente agrária. Os senhores das terras protegiam os camponeses contra os potenciais agressores externos em troca de uma parte das colheitas.

Na região Centro, a sociedade organizava-se com base nas cidades, concentrando a burguesia que havia prosperado com o trabalho artesanal e o comércio. A necessidade de alimentos para suprir a demanda das cidades, em meados do século XIII, ajudou os proprietários rurais da região a enriquecer, mas a oferta de trabalho nas cidades afastou os trabalhadores do campo e deu origem a uma escassez de mão de obra agrícola. Isso levou a que os proprietários começassem a conceder aos camponeses direitos limitados à terra em troca de pagamentos em dinheiro ou em espécie.

No Sul, o modelo predominante diferia dos anteriores. Nem barões, nem municípios dominavam o cenário social. Ali predominava a elite dos cavaleiros das ordens militares e religiosas.

Entretanto, o espaço geográfico e "social" que se consolidava construía-se em torno da figura do rei.

Nos séculos XI e XII, ser rei na península ibérica tinha uma conotação diferente da que viria a ter nos séculos seguintes; significava ser senhor de um *Regnum*, isto é, de uma terra que não estava enfeudada a ninguém, apenas dependendo de um imperador ou de um papa para ganhar legitimidade. Afonso Henriques conseguiu exatamente isso, que a Santa Sé reconhecesse Portugal como reino e ele como rei. A independência do reino de Portugal deu aos sucessivos reis portugueses a possibilidade de alargar seus territórios, bastando para isso participar da Reconquista. Com a Reconquista, o rei adquiria o poder de distribuir as terras "recuperadas" como bem entendesse e de organizar e administrar os territórios incorporados a seu reino.

Dessa maneira, o rei possuía a prerrogativa de oferecer um pedaço de terra a quem o apoiava: aos nobres leais e à Igreja (as abadias e as dioceses foram largamente contempladas). Pagava, assim, pela ajuda dos cruzados e pelo reconhecimento papal, ao mesmo tempo que aceitava a supremacia da cultura e da fé transmitida pela instituição católica. Quando houve interesse, os reis portugueses premiaram com terras também alguns pequenos proprietários. O rei ainda dispunha de terras em quantidade suficiente para si próprio, os chamados *reguengos*, que formavam o seu patrimônio pessoal.

Ao fazer tal distribuição, o rei determinava o corpo da sociedade, definia as hierarquias e as interdependências, mantendo o esquema tripartido consagrado: a nobreza combate, o clero reza e cuida da ordem espiritual e o povo trabalha.

A administração que girava mais diretamente em torno do rei era, inicialmente, dividida entre três dignitários: o mordomo-mor, que se ocupava dos bens do rei e da casa real; o chanceler-mor, que assessorava e aconselhava o rei, guardando o selo, isto é, o objeto que impunha ordens reais; e, finalmente, o alferes-mor, que tinha a tarefa de chefiar as forças militares, compostas pela nobreza que se reunia durante as guerras (recordemos que o exército permanente é uma invenção da Era Moderna). Com o tempo, as funções e os cargos foram se diversificando, e esses homens, assim como outros senhores próximos ao rei, podiam ser chamados para falar em assembleia.

Tais assembleias, as chamadas Cortes, ofereciam ao rei, em nome do clero, da nobreza e, mais tarde (a partir de 1254), do povo, um resumo daquilo que ia se passado no espaço português, incluindo possíveis queixas dos súditos. Nas oportunidades em que as Cortes se reuniam, o rei procurava dar resposta às demandas, ao mesmo tempo que aproveitava para pedir dinheiro para a organização do Estado em formação, alegando a necessidade de constituir alianças – através de casamentos, o que, obviamente, implicavam em dotes – ou para eventuais guerras.

Entre os séculos XI e XIV, outras prerrogativas e tarefas importantes se impuseram à figura do rei, como a elaboração da legislação avulsa, que foi sendo promulgada e só posteriormente compilada, a concessão de "forais" (documentos que cuidavam da organização do povoamento e da fiscalidade) e de "cartas de feira" (que consagrava os lugares próprios para o comércio). Enfim, havia uma série de mecanismos que se integravam num conjunto de políticas para garantir aos reis o controle da terra (com a prerrogativa de dar e subtrair).

Além da organização e do controle do espaço, paralelamente se verificou entre os reis uma preocupação com a proteção do comércio marítimo, que se revelava essencial, não só pela extensão da área costeira, como pela necessidade de lutar contra piratas e assim assegurar a entrada de mercadorias essenciais ao reino (cereais, madeiras, ferro e panos).

Por outro lado, "o rei era o rei dos homens que habitavam seu reino", por isso era fundamental para a consolidação e unificação do território povoar ou repovoar as terras que iam sendo reintegradas. Nesse período, Portugal e a Europa em geral atravessaram uma fase de crescimento populacional que só estancou com as crises que caracterizaram o século XIV e a Peste Negra, que adentrou o país entre 1348 e 1349, trazendo enorme devastação e a morte de, pelo menos, um terço da população. Outras ondas de pestes atingiram Portugal ao longo dos anos trezentos e início dos quatrocentos, levando a uma estagnação ou mesmo decréscimo populacional.

Porém, a maior preocupação dos reis portugueses do século XIV pareceu ser manter-se no poder e enfrentar com sucesso as lutas com outros monarcas pelo equilíbrio político na península ibérica.

PORTUGUESES CONTRA CASTELHANOS

Desempenhar o papel de rei era uma aspiração de muitos cavaleiros que se envolveram na Reconquista. A ambição seguinte era dominar *todo* o espaço peninsular e adotar o título de imperador!

Durante a Idade Média, vigorava a ideia de que o poder real nos reinos cristãos ibéricos estava intimamente ligado a uma função unificadora. Mais do que isso, era visto como uma missão divina a reconquista dos territórios aos infiéis para "entregar à Cristandade", ou seja, um só domínio aos olhos do verdadeiro Deus. A noção romana de *Imperium* (império) e o Direito romano tinham como corolário o desenvolvimento administrativo, fiscal e militar de amplos territórios que garantiria ao detentor do poder central uma força incontestável.

Um exemplo que demonstra essa aspiração unificadora é o rei Afonso VI (de Leão e Castela) ter adotado em 1077, por conta própria, o título de *Imperator Totius Hispaniae* – imperador investido de um poder supremo em relação aos demais reis ibéricos. Obviamente, sua política expansionista para unificar a península encontrou entraves por parte de outros reinos ibéricos e, acima de tudo, defrontou-se com a reivindicação portuguesa de se transformar em reino independente, que se deu justamente nesse período.

Outros reis da península se acharam no direito de exigir a mesma proeminência em relação aos demais, em nome do desempenho na "missão da Reconquista", porém, nos deteremos no caso luso-castelhano.

Como vimos, portugueses e castelhanos brigavam constantemente por conta da fluidez das fronteiras entre os reinos e da possibilidade de incorporação de novas terras nas guerras contra os mouros. Quando Portugal incorporou o Algarve, a relação com Castela piorou ainda mais. Nem alianças consagradas por casamentos reais, nem tratados de paz definindo limites territoriais conseguiram pôr um fim às disputas territoriais entre portugueses e castelhanos, que muitas vezes desembocavam em verdadeiras guerras.

No século XIV, para manter o clima permanente de desconfianças e disputas entre portugueses e castelhanos, somou-se aos sonhos imperiais e às disputas fronteiriças a rivalidade pelo controle sobre o estreito de Gibraltar, que permitia o comércio entre o Mediterrâneo e o Atlântico.

REI E NOBREZA: ÀS VEZES EM CONFLITO

No final da Reconquista, as relações entre os reis e os nobres portugueses começaram a mudar.

A desaceleração no ritmo da tomada de terras sob domínio muçulmano criou entraves ao enriquecimento e fortalecimento da nobreza. O poder desse grupo junto ao rei provinha da sua função nas campanhas militares. Quando as campanhas diminuíram, seu *status* viu-se encolhido na mesma proporção. Paralelamente, o poder centralizador do rei se fez cada vez mais presente através do desenvolvimento de mecanismos fiscais, coercitivos e administrativos.

Com isso, ser próximo ou parente de membros da realeza era fator capital para a manutenção ou ascensão social das famílias nobres. Os que não tinham esse privilégio ficavam descontentes. Os que, ao contrário, tinham o privilégio de estar próximos ao rei procuravam estimular o clima de desconfiança e disputas para assegurar suas regalias.

Entre 1270 e 1330, registraram-se inúmeras revoltas nobiliárquicas contra os reis, particularmente em Portugal, pela manutenção de privilégios senhoriais e contra a imposição de centralização real. Também houve muita disputa pela coroa envolvendo filhos ilegítimos e bastardos e brigas por conta do favorecimento da realeza portuguesa às famílias castelhanas ou de reis castelhanos às famílias portuguesas.

A situação de "favorecimento", de certo modo, era comum, uma vez que as ligações de parentesco e aliança entre as várias famílias nobres da península remontavam a gerações. Assim, apesar dos protestos nas Cortes, não havia muito como evitar as ingerências mútuas e os conflitos de interesse.

A célebre história de amor e tragédia envolvendo D. Pedro e Inês de Castro, figura ligada a uma importante família luso-castelhana, foi fruto direto desse tipo de querela política.

PAIXÃO, MORTE E VINGANÇA: D. PEDRO E INÊS DE CASTRO

Hoje, mais de seis séculos depois, a história de amor que uniu o soberano português D. Pedro I e sua predileta, Inês de Castro, continua viva na memória popular e na cultura erudita portuguesas.

Poetas, dramaturgos e cineastas ainda recorrem ao tema e inspiram-se na saga do casal que envolve, além de amor e poder, a disputa política entre portugueses e castelhanos.

Naquela época, os interesses políticos sobressaíam em matéria de casamentos de sangue azul. Por conta do xadrez político, os indivíduos eram forçados a não levar em conta seus desejos afetivos quando o que estava em jogo eram as questões familiares e de Estado. Servir de moeda de troca entre as famílias nobres e os reinos era o destino e a obrigação dos filhos da nobreza e, sobretudo, da realeza. Uma vez consumado o matrimônio, o dever era procriar e garantir herdeiros. Por outro lado, em nome desses mesmos interesses, um rei podia repudiar sua prometida ou mesmo sua esposa.

Os tratados internacionais selavam-se com matrimônios e, por isso, as princesas tinham um grande valor. Numa época em que eram comuns os casamentos que serviam para resolver as costumeiras querelas entre os dois reinos ibéricos, Afonso IV, rei de Portugal da dinastia de Borgonha, casou-se com a princesa Beatriz, filha do rei Sancho IV de Castela. Desse consórcio nasceram sete filhos, entre eles Pedro.

Seguindo o costume, Pedro teve seu casamento acertado com D. Branca, também princesa castelhana, mas ele a repudiou, alegando ser ela débil física e mentalmente.

Finisterra ou dos confins da península até o Mar Oceano | 215

O mosteiro de Alcobaça abriga os túmulos de D. Pedro I
e Inês de Castro, cuja história de amor, vivida há mais de seiscentos anos,
continua presente na memória portuguesa.

Pedro então se casou com outra princesa de Castela, Constança Manuel, em 1339. Na comitiva que acompanhava Dona Constança se encontrava a galega Dona Inês de Castro, uma das damas de companhia da princesa. Pedro apaixonou-se pela dama.

O romance entre os dois não agradou o rei Afonso IV, a corte ou o povo, sobretudo, alega-se, por conta da amizade próxima estabelecida entre Pedro e os irmãos de Dona Inês, considerados influência perniciosa para o infante e herdeiro do trono luso. Para acabar com o caso amoroso, em 1344, o rei mandou Inês de Castro para o exílio, na fronteira castelhana.

Do casamento entre Pedro e Constança nasceram três filhos, dos quais sobreviveram apenas Maria e Fernando. Quando Pedro ficou viúvo, em 1345, conseguiu trazer Inês de volta do exílio. Os dois passaram a viver juntos, para desgosto do rei e escândalo da corte.

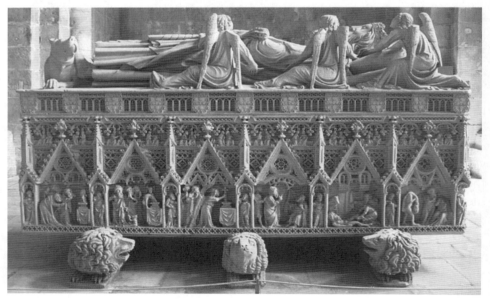

Considerados obras-primas da escultura gótica, os túmulos de D. Pedro I de Portugal e de D. Inês de Castro, ricamente trabalhados, trazem as figuras do rei e da rainha (postumamente coroada) rodeadas de anjos. Cenas bíblicas também decoram os monumentos.

Apesar de todos os esforços e pressão do pai, Pedro manteve o relacionamento com sua favorita Inês, que lhe deu quatro filhos. Começaram a circular boatos sobre um casamento secreto entre Pedro e Inês. Afonso IV então tomou uma atitude radical. Na ausência do filho, ordenou a morte de Inês. Isso provocaria uma guerra entre pai e filho, que acabou apenas com a intervenção da rainha Dona Beatriz, mãe do herdeiro.

Quando foi coroado rei, em 1357, Pedro I anunciou que havia sim se casado com Inês em segredo antes da sua morte e que ela deveria ser lembrada e reverenciada como rainha de Portugal. Pedro não havia perdoado o assassinato da amada e puniu de muitas maneiras todos os que haviam sido contra Inês. Uma das inúmeras vinganças foi a tétrica cerimônia do beija-mão ao cadáver da rainha morta.

O caso de amor, assassinato e vingança foi imortalizado por Camões em *Os lusíadas*. Os versos que se referem a Inês de Castro estão no Canto III, estrofes 120 a 135. O início é muito conhecido e recitado de cor por muitos portugueses:

> Estavas, linda Inês, posta em sossego,
> De teus anos colhendo doce fruito
> Naquele engano da alma, ledo e cego,
> Que a Fortuna não deixa durar muito,
> Nos saudosos campos do Mondego,
> De teus fermosos olhos nunca enxuito,
> Aos montes insinando e às ervinhas
> O nome que no peito escrito tinhas.
> (Camões, *Os lusíadas*, III, 120)

D. Pedro I também mandou construir dois esplêndidos túmulos no mosteiro de Alcobaça, para onde transladou o corpo de Inês e a ela se juntou quando morreu, em 1367. Jazem juntos até hoje, frente a frente, para que, segundo a lenda, "possam olhar-se nos olhos quando despertarem no dia do Juízo Final".

UMA NOVA DINASTIA

Antes de sua morte, porém, D. Pedro I teve outro relacionamento que lhe deu um filho bastardo chamado João.

Quando D. Pedro I – o Cruel, o Justiceiro ou o "louco amante de Inês", conforme o ponto de vista – morreu, foi sucedido pelo filho Fernando, coroado D. Fernando I em 1367, que governaria até falecer em 1383. Depois disso, foram dois anos de crise política envolvendo a sucessão.

Por conta de alianças e acordos feitos ainda no tempo em que D. Fernando I era vivo, Portugal corria agora o risco de acabar sendo governado pelo rei D. Juan I de Castela. Na corte portuguesa havia, inclusive, nobres a favor dessa possibilidade como, por exemplo, a viúva do falecido rei português.

Boa parte da população portuguesa e diversos outros nobres, entretanto, não gostavam da ideia de um governo castelhano comandando os portugueses. João, também conhecido como mestre de Avis, filho ilegítimo de D. Pedro I e meio-irmão do falecido rei Fernando I, entrou na disputa pelo trono com grande apoio desse segundo grupo.

Quando a crise se agravou, com a notícia de que os partidários de Castela queriam assassinar o mestre de Avis, a população de Lisboa revoltou-se e expulsou a rainha e seus aliados. Com isso, uma invasão por parte de Castela parecia inevitável. Os notáveis de Lisboa aclamaram então D. João "regedor e defensor do reino". Sob o comando de D. João, os habitantes da cidade começaram a se preparar para enfrentar os castelhanos.

A invasão de Portugal ocorreu no início de 1384 e, em fevereiro, Lisboa já estava sitiada por terra; em maio chegou a frota castelhana, impedindo o abastecimento da cidade.

Semanas antes, a frota portuguesa havia deixado o Tejo para não ficar bloqueada, dirigindo-se ao norte para socorrer cidade do Porto, uma das raras praças de guerra que ainda resistia. Em julho, a frota portuguesa regressou abastecida de homens, armas e suprimentos e conseguiu romper o isolamento que o bloqueio inimigo impunha aos lisboetas. Para azar dos castelhanos, a peste também começou a dizimar seus exércitos. Finalmente, em setembro, levantou-se o cerco de Lisboa.

Nesse meio tempo, o mestre de Avis, pediu ajuda aos ingleses, que acolheram de bom grado a possibilidade de aliar-se aos portugueses na luta que ainda não havia acabado, formando frente contra a aliança franco-castelhana. (Não nos esqueçamos de que a Guerra dos Cem Anos, que opunha França e Inglaterra, estava em plena marcha.)

Além de resistir, combater e estabelecer alianças, era necessário dar legitimidade jurídica ao movimento "patriótico" em torno da liderança do mestre de Avis. Tal movimento contava com forte adesão de professores e estudantes da universidade, bacharéis e doutores em Direito civil e canônico. Esse apoio e o empenho em desqualificar os outros candidatos ao trono português foram fundamentais para justificar a escolha de D. João como o rei dos portugueses. Em 1385, o mestre de Avis foi coroado como D. João I. Foi essa, portanto, a conjuntura que levou ao fim da dinastia de Borgonha e deu início a uma nova dinastia no poder, a de Avis.

ALJUBARROTA, "A BATALHA DAS BATALHAS"

Uma vez reconhecido como legítimo rei de Portugal, D. João I dedicou-se a expulsar os invasores castelhanos do território português. A batalha decisiva aconteceu em Aljubarrota, no dia 14 de agosto de 1385. O combate, que faz parte da memória nacional portuguesa até hoje, foi imortalizado na Crônica de Fernão Lopes que conta a vitória magistral contra o exército castelhano, muito mais numeroso e mais bem equipado que o português.

Fernão Lopes (*c*.1380-*c*.1460), considerado o maior cronista de Portugal, recheava seus relatos de elementos documentais para que fossem tidos como testemunhos do passado. Ao descrever a Batalha de Aljubarrota, afirmou que os castelhanos contavam com 5.000 lanças, 2.000 cavaleiros, 8.000 besteiros e 15.000 peões – números sem dúvida superestimados para realçar a coragem e o heroísmo dos combatentes lusos. Quanto aos portugueses, estes tinham apenas 1.700 lanças, 800 besteiros e 4.000 peões. Assim, em lanças os portugueses estavam numa desvantagem de 3 contra 1; contavam com apenas um décimo dos besteiros e menos de um terço dos peões, além de não disporem de cavaleiros. Tudo parecia estar contra eles, mas a inteligente estratégia empregada na luta levaria à derrota do exército castelhano com cerca de 3.000 mortos no campo de batalha. O rei castelhano fugiu e retornou a Sevilha.

Com essa vitória, a Independência dos portugueses ficou assegurada. Tratados de paz assinados na sequência definiram as questões pendentes entre os dois reinos, como a devolução de terras limítrofes conquistadas de ambos os lados e a troca de prisioneiros. Como Castela demorou a engolir a derrota e a resignar-se com a renúncia de seus direitos em relação à coroa portuguesa, um tratado definitivo só seria concluído em 1411, mais de 25 anos depois de Aljubarrota.

Por conta disso, o rei D. João I procurou manter sua política de proximidade com os ingleses, havendo rapidamente troca de missões diplomáticas de ambas as partes. Os ingleses, é claro, rapidamente reconheceram o novo monarca e a nova dinastia. A ligação entre os dois reinos foi selada com o casamento de D. João I com Dona Filipa de Lencastre (termo aportuguesado para Lancaster), da família real inglesa.

D. João I tratou de aproveitar todas as oportunidades para legitimar a nova dinastia com eventos, construções e monumentos que celebrassem a fundação da Casa de Avis e a "intervenção divina" a favor das tropas portuguesas.

Por outro lado, D. João I substituiu os clérigos na administração do Estado, introduzindo os funcionários laicos com formação em leis, muitos dos quais professores da Universidade de Lisboa. Seus sucessores manteriam o mesmo procedimento, cercando-se de oficiais com boa formação, constituindo aquilo que se convencionou chamar "nobreza de serviço", que acabou por dar origem a verdadeiras linhagens de oficiais da burocracia estatal. Esse procedimento favoreceu a centralização política sob a figura real (e seria adotado em vários outros países da Europa Ocidental na Era Moderna).

O filho de D. João I, o rei D. Duarte (1433-1438) – que provavelmente aprendera com o pai que muitas vezes a versão é mais importante que os fatos – nomeou Fernão Lopes para escrever a História geral do reino. A narrativa recontou os fatos sob uma ótica bastante favorável aos portugueses (em detrimento dos castelhanos) e exaltou as virtudes da nova linhagem real e as vantagens que os súditos teriam em submeter-se a ela.

Na passagem da obra conhecida como "Crônica de D. Pedro", por exemplo, Fernão Lopes anotou:

> [...] a justiça é uma virtude que contém todas as virtudes, e assim todo aquele que é justo cumpre toda a virtude, porque a justiça, como lei de Deus, proíbe que tu forniques e que sejas comilão, e respeitando isso, cumprem-se as virtudes da caridade e da temperança [...] [a justiça] é muito necessária ao rei e mesmo aos seus súditos, porque, se há no rei virtude de justiça, ele fará as leis para que todos vivam com retidão e em paz. E os súditos, sendo justos, respeitarão as leis que ela impõe, e ao respeitá-las, não farão injustiça a ninguém.

AS UNIVERSIDADES

Cabe aqui um "parêntesis" sobre a universidade portuguesa que revelou tanta força no episódio da luta contra os castelhanos.

As instituições universitárias na Europa remontam à Idade Média. Uma universidade funcionava como uma "corporação" de alunos e professores, organizada nos mesmos moldes de outras corporações de ofício. Podiam ensinar todos aqueles que tivessem licença para tal atividade e cobrar dos alunos pelas aulas dadas. Paulatinamente, essas corporações específicas passaram a ser chamadas de universidades e procuraram garantir uma autonomia cada vez maior perante as autoridades eclesiásticas, os governantes e mesmo as próprias *comunas* (associações urbanas). A partir do século XIII, as universidades foram ganhando a desejada autonomia. Multiplicaram-se por vários lugares da Europa graças ao desenvolvimento econômico e à maior importância das cidades, recebendo entre os estudantes filhos de artesãos e comerciantes. O ensino promovido por essas instituições era o "Estudo Geral", ou seja, o estudo de temas distintos dos temas religiosos que eram reservados somente aos clérigos.

Em Portugal, a referência documental mais antiga a estudantes aparece ligada à Catedral de Braga, em 1072, e o mais antigo professor de que se tem memória em Portugal é um tal Pedro Gramático, que dava aulas em 1088. O Estudo Geral de Lisboa, ou Universidade de Lisboa, foi criado oficialmente pelo rei D. Dinis em 1290, com autorização do papa Nicolau IV, incluindo as faculdades de Artes, Direito Canônico (Cânones), Direito Civil (Leis) e Medicina. Ao longo do século XIV, a sede alternou-se entre Lisboa e Coimbra até ser definitivamente instalada em Coimbra em 1537. (Foi por isso que D. João I foi jurado rei pela Corte na cidade de Coimbra, com a chancela dada pela universidade.)

A universidade portuguesa não era tão importante quanto as instituições universitárias de outros locais da Europa, como Paris ou Bolonha. Durante séculos, os portugueses que queriam e podiam procuravam universidades mais prestigiadas fora de Portugal. Contudo, essa instituição cumpriu um importante papel ao formar quadros tanto para a Igreja quanto para o Estado português.

EM DIREÇÃO À EXPANSÃO MARÍTIMA

Ao interpretar os acontecimentos em torno do ano de 1385, os historiadores portugueses se dividem. Há os que acham que se tratou meramente de uma briga política entre os partidários dos castelhanos e os que se agregavam em torno de D. João no chamado "grupo nacional". E há os que, por outro lado, defendem que foi uma verdadeira revolução social e política em que até o povo se posicionou. As rivalidades políticas e sociais, exacerbadas pela crise econômica (lembremos as mortes e a desestruturação das populações e da produção causadas pela peste), forneceram ao grupo nacional o essencial de suas fileiras: pessoas desenraizadas e sem trabalho aglomeradas nas principais cidades portuguesas.

Todos concordam, porém, que o reinado de D. João I abriu o caminho para a centralização do poder monárquico e mesmo para o advento da monarquia absoluta (que atingiria seu auge no século XVIII) em Portugal.

Embora D. João tenha sido proclamado rei pelas Cortes (a assembleia que reunia representantes dos três estados em Portugal) de Coimbra, elas jamais conseguiram controlá-lo, como ocorria, por exemplo, com a monarquia na Inglaterra, controlada pelo Parlamento desde a Magna Carta de 1215.[6] Durante seu reinado, D. João I não cedeu ao pedido de convocação anual das Cortes e, alegando dificuldades materiais, raramente convocou os três estados, assumindo uma política centralizadora a exemplo daquela posta em prática pela dinastia anterior, de Borgonha, à qual era ligado. A prerrogativa real foi escrupulosamente mantida pelo monarca, que, apesar da pressão das Cortes, nomeava ele próprio os seus conselheiros.

Com a dinastia de Avis, houve a renovação do corpo político que reservou um lugar especial aos letrados. Ao longo do tempo, a "nobreza de serviço" teve seu papel reforçado através de numerosas doações reais – propriedades fundiárias, poderes jurisdicionais, patronatos de igrejas – que possibilitaram a essas novas linhagens constituir patrimônio e se tornar também nobreza militar.

Isso não quer dizer, obviamente, que as instituições tradicionais, como a Igreja católica, deixaram de ser importantes na nova arquitetura de poderes. Na verdade, a elite do poder em Portugal passaria a ser composta, além do rei, pelo corpo eclesiástico, pela nobreza militar possuidora de grandes extensões de terra e pelos comerciantes engajados no empreendimento expansionista orquestrado pela Casa de Avis.

A consolidação da dinastia de Avis e do poder real não foi um processo simples. Como seria de se esperar, houve nobres descontentes com a política imposta pelos reis de centralização maior do poder e de fortalecimento da "nobreza de serviço". Os membros da alta nobreza queixaram-se ao soberano em numerosas oportunidades por ter que pagar imposto (as sisas). Abominavam também a ascensão social e econômica dos *fidalgos*. *Fidalgo,* originalmente, designava o membro de uma nobreza menor, categoria que tinha privilégios baseados no sangue e na qualidade dos seus cavaleiros, mas que estava abaixo dos *magnatas*, ou nobres de primeira categoria na escala social da sociedade estamental da época. Embora desfrutassem de regalias, os fidalgos estavam sempre na dependência do rei ou de um magnata (um duque, um conde). Com o passar do tempo, integraram-se aos serviços burocráticos e passaram a conformar o séquito do rei; estavam obrigados, caso necessário, a combater pelo reino a cavalo.

Além disso, a política imposta pela nova dinastia gerou dissidências e descontentamento na alta nobreza por frustrar suas aspirações em ampliar o tamanho de suas terras. Contra os interesses dessa facção, levantavam-se também a pequena nobreza (fidalgos), desejosa de ver redivididas as terras no próprio Portugal, e os comerciantes e artesãos, que lutavam por um maior *status* na sociedade portuguesa da época.

Todos os portugueses, sem distinção, entretanto, sofriam as consequências da crise geral do século XIV. Grosso modo, a situação econômica do reino era precária, não só por conta da guerra empreendida contra os castelhanos, como também pelas campanhas militares anteriores em que os portugueses haviam se envolvido.

Uma saída para enfrentar todo esse conjunto de problemas e, ao mesmo tempo, ajudar a consolidação da dinastia de Avis foi dirigir as atenções para uma empresa lucrativa que unisse os distintos grupos. Os olhares voltaram-se então para o norte da África. Como vimos em outro capítulo, D. João I foi capaz de compor uma estratégia que teve o efeito de unificar as aspirações e interesses em torno do objetivo de aceder ao ouro e às especiarias levantinas, de um lado, e de outro manter o espírito de cruzada tão caro à nobreza. A empresa oferecia a possibilidade de recompensar os envolvidos com novas terras a serem incorporadas através das conquistas territoriais africanas, bem como com a criação e distribuição de cargos civis, militares e religiosos, juntamente com as *tenças*,[7] mercês e dotes. A burguesia também seria amplamente beneficiada com o empreendimento, através do comércio de mercadorias e metais preciosos.

Ao longo do século xv, os reis e nobres da dinastia de Avis dedicaram-se à navegação, ao reconhecimento, à exploração e à organização do império que se constituía a partir da expansão marítima pela costa africana. Singrar o Atlântico, o Índico e o Pacífico, e onde mais mar houvesse passou a fazer parte da vida dos portugueses pelos séculos que se seguiram.

Na imaginação coletiva dos portugueses, a segunda dinastia está ainda hoje envolta numa aura incomparável.[8] Foi aquela que salvaguardou a liberdade e a independência, assim como foi aquela que colocou Portugal no caminho do descobrimento de novos mundos e da construção de um império comercial sem precedentes.

Notas

[1] Primeira Guerra Púnica – 264-241 a.e.c.; Segunda Guerra Púnica – 218-201 a.e.c.

[2] Entre os anos de 147 a 139, os romanos enfrentaram a guerrilha levada a cabo por esse lusitano que conseguiu infligir numerosos reveses aos romanos, forçando Roma a negociar e reconhecer a autoridade de Viriato sobre a Lusitânia. Contudo, seu sucesso não durou muito, pois as divisões internas dos povos celtiberos não foram superadas, e eles foram incapazes de formar uma frente comum contra os romanos. Viriato acabou assassinado, e daí por diante as tribos lusitanas ficaram à mercê do poder romano.

[3] Algumas fontes dizem que ele era grego, e outras que ele era sírio (esta última em Mattoso (ed.), *História de Portugal*, Lisboa, Estampa, 1993, v. 1, p. 215).

[4] Dinastia muçulmana que sucedeu aos Almorávidas (1130-1296).

[5] A ordem militar dos hospitalários foi fundada em Jerusalém em 1099. Meio século antes, comerciantes italianos haviam fundado ali uma casa para acolher os peregrinos, logo depois acrescida de um hospital, destinado a tratar deles. Daí surgiu seu nome. Já a ordem de Calatrava nasceu em 1164, na Espanha. Dela desmembrou-se um ramo que teria dado origem, segundo algumas versões, à ordem de São Bento de Avis, em Portugal, no século XII. A ordem de Santiago é de origem castelhano-leonesa, instituída por Afonso VIII de Castela (reinado entre 1158 e 1214) e aprovada pelo papa Alexandre III (papado entre 1159 a 1181).

[6] Foi somente durante o período da dinastia Tudor (sobretudo com Henrique VIII, 1509-1547, e Elizabete I, 1558-1603) que a Inglaterra conheceu um período em que os monarcas conseguiram limitar a atuação do Parlamento e gozar de um poder absoluto.

[7] Tenças é um tipo de pensão com que o rei português beneficiava aqueles que lhe tivessem prestado algum serviço relativo a conquistas ou batalhas.

[8] O casal formado por D. João I e Dona Filipa de Lencastre passou para os contemporâneos uma imagem de união e amor conjugal (que se manteve através dos tempos) "abençoada" com oito filhos, sendo que seis sobreviveram até a vida adulta. Entre eles, D. Duarte, o mais velho, erudito, sucedeu a seu pai em 1433, mas teve reinado curto, morrendo em 1438 provavelmente de peste; D. Henrique, o Navegador; e o mais novo, D. Fernando, o Infante Santo, que morreria no cativeiro durante o Cerco de Tanger.

DA CONSOLIDAÇÃO DE UM IMPÉRIO AO FIM DE UMA ERA DOURADA

Nos finais do século XIV, os portugueses rumaram para a consolidação do maior império comercial e marítimo da época. Dos anos quatrocentos até o início dos oitocentos assistiriam à ascensão e, depois, ao esfacelamento dos domínios coloniais que levou o país, outrora rico e poderoso, a uma posição periférica e dependente no cenário mundial.

AS ARTES

O florescimento das artes e da cultura acompanhou as transformações e deixou testemunhos inequívocos da época de ouro do Império Português.

A arte gótica estava em alta nos anos quatrocentos e quinhentos em muitos países da Europa ocidental, inclusive Portugal. Na arquitetura portuguesa havia uma unidade notável nas construções de igrejas e conventos espalhados de norte a sul do país. Os maiores destaques são igrejas de Caminha e Vila do Conde (no Norte); a igreja de Marvão e os mosteiros de Santiago de Palmela, São João Evangelista dos Loios (em Évora), o mosteiro de Jesus (em Setúbal) e as catedrais de Lamego, Guarda e Silves (no Centro-Sul do país).

Mas não foram somente as construções religiosas que seguiram um estilo gótico com sotaque português. Os palácios, com destaque para os de Leiria, Guimarães, Torres Vedras e Santarém, e a arquitetura militar, em que os exemplos mais significativos são os castelos de Vide, Elvas e Marvão, também foram feitos utilizando-se das formas arrojadas, da predominância das linhas verticais e dos ornamentos rebuscados empregados de maneira a inspirar nas pessoas "um santo terror", espanto e admiração. Diante de construções assim, era difícil ao homem comum não pensar que estava submetido a um grandioso e incontestável poder superior.

A partir dos Descobrimentos, Lisboa se tornou ponto de passagem obrigatório para as embarcações que seguiam as rotas oceânicas. A Torre de Belém, construída em estilo manuelino e concluída em 1520, foi uma das fortalezas erguidas para proteger a cidade e sua barra.

O Mosteiro dos Jerônimos é apontado como a principal joia da arquitetura manuelina. Seu estilo monumental, com uma fachada de 300 m de extensão, remete à riqueza dos Descobrimentos portugueses. A construção foi iniciada em 1501, mas as obras só terminariam quase cem anos depois.

Já nos finais do século xv anuncia-se o chamado estilo manuelino, que pode ser reconhecido na igreja do Convento de Jesus (em Setúbal), na igreja de Nossa Senhora do Povo (nas Caldas da Rainha) e na capela do Fundador (Batalha), onde se encontra o túmulo de D. João i e de sua mulher. O manuelino, que é típico de Portugal, combinava o gótico florido com motivos da Renascença acrescidos de influências das navegações e dos descobrimentos portugueses, que foi o que lhe conferiu sua originalidade.

Quando pensamos na pintura desse período, lembramos sempre dos exemplos italianos, holandeses e espanhóis. Pouco se fala dos artistas portugueses. Entretanto, o nascimento de uma escola de pintura em Portugal foi uma das novidades do século xv. Havia então uma grande circulação de artistas pelas cortes europeias, e muitos pintores italianos e flamengos (como, por exemplo, Van Eyck, em 1428) estiveram em Portugal. Da mesma maneira, pintores portugueses também trabalharam fora do país, como Álvaro Pires de Évora, em Pisa, ou João Gonçalves, em Florença. A pintura portuguesa desse período sofreu, portanto, influências variadas, sobretudo flamengas e italianas. A mais célebre é o políptico de São Vicente de Fora, atribuído a Nuno Gonçalves, que se tornou pintor real em 1471. Para aquilatar o prestígio desse pintor, basta dizer que ele é para a pintura portuguesa o que Camões é para a poesia.

Nessa época, os principais centros de cultura letrada eram o convento de Santa Maria de Alcobaça (que produzia literatura moral e religiosa) e o de Santa Maria de Coimbra (onde se faziam crônicas sobre a história portuguesa limitadas a enumerar acontecimentos, nomes e datas). As primeiras crônicas portuguesas importantes são também dessa época, escritas por autores que hoje são clássicos da prosa portuguesa: Fernão Lopes ("Crônica de D. Pedro i", "Crônica de D. Fernando" e as duas primeiras partes da "Crônica de D. João i"), Gomes Eanes de Zurara ("Crônica da Guiné", e a parte final da "Crônica de D. João i", que relata a Tomada de Ceuta), Rui de Pina (autor das crônicas de D. Duarte, de D. Afonso v e de D. João ii). O florescimento desse gênero literário, que exalta a nação portuguesa e a dinastia de Avis, muitas vezes com o patrocínio real, não é mera coincidência. De uma perspectiva mais geral, os portugueses, depois da vitória na Batalha de Aljubarrota e no clima da grande aventura da navegação oceânica, sentiam-se no auge, a ponto de afirmar que "o melhor rei do mundo, a melhor terra do mundo, os melhores homens do mundo, são os de Portugal".[1]

GARANTIR AS ROTAS E AS CONQUISTAS

Para que Portugal pudesse construir um império, a monarquia forte e centralizada que se instaurou com a dinastia de Avis foi fundamental. Os poderes paralelos, representados não só pela nobreza, como também pela Igreja Católica e pelas municipalidades, acabaram tendo que, se não harmonizar-se, pelo menos conviver de forma a garantir os projetos maiores destinados a superar as crises que caracterizaram o período e viabilizar a expansão portuguesa.

Essa expansão se deu em diferentes etapas. A primeira etapa está voltada para a descoberta e exploração das ilhas atlânticas: os arquipélagos da Madeira, que se destacaram pela produção de açúcar, e o dos Açores, que abastecia a metrópole com cereais e gado.

O segundo momento põe em foco o reconhecimento da costa africana. Sem subestimar o acesso aos metais preciosos (ouro especialmente) ou a exploração de outras matérias-primas, o tráfico de escravos foi responsável pela maior parte dos lucros portugueses advindos da prospecção pela África. O comércio de seres humanos se manteve durante os séculos seguintes como atividade econômica fundamental.

A terceira fase consiste na exploração das rotas que levavam à Ásia. A navegação do oceano Índico, assim como os caminhos explorados pelas embarcações lusas colocavam à disposição do pequeno reino continental não só o ambicionado comércio das especiarias e de outras mercadorias altamente lucrativas, como possibilitava a cruzada contra o Islã. Nesse contexto, entende-se o episódio envolvendo Vasco da Gama, logo após seu desembarque em Calecute. "Que diabo vos traz aqui?" – teriam lhe perguntado, em castelhano, dois tunisinos. Ao que ele responderia: "Vimos em busca de cristãos e de especiarias". O comércio que estava nas mãos dos muçulmanos passou então a ser controlado por portugueses instalados em feitorias.

A política de expansão na Ásia tornou-se primordial a partir daí. Na carta que enviou ao papa solicitando a confirmação das bulas e cartas pontificais que garantissem a dominação lusa naqueles territórios e a salvaguarda das rotas de navegação e comércio, o rei D. Manuel I não só descreveu todas as riquezas que seu navegador lá encontrara, como também se autointitulou "Senhor da Guiné e da Conquista, Navegação e Comércio da Etiópia, Arábia, Pérsia e Índia".

Referia-se ao domínio das rotas e terras no Atlântico Sul. Além de incorporar territórios do continente americano às conquistas portuguesas, os lusos empenharam-se em controlar as rotas de navegação no Atlântico Sul e interligar os dois importantes pilares do Império que se desenhava: América e África.

As informações iniciais relativas ao novo território americano não foram auspiciosas no sentido da disponibilidade de produtos que interessassem imediatamente ao comércio. Nesse quesito, as terras "descobertas" foram no mínimo decepcionantes e, assim, as atenções continuaram voltadas para as fabulosas riquezas do Oriente. D. Manuel I despendeu poucos recursos (humanos e materiais) na nova conquista, limitando-se a enviar algumas expedições que apenas confirmaram que havia poucos gêneros interessantes a serem explorados, com exceção do pau-brasil.

Entretanto, um elemento imporia mudanças à política inicialmente definida pelo soberano português em relação àquela porção de território: o interesse de outras nações pelo Brasil. De um lado, os indefectíveis castelhanos. Os soberanos da Espanha não deixaram de organizar viagens para essas bandas. A situação ficou mais crítica quando o português Fernão de Magalhães ficou a serviço dos monarcas espanhóis por sentir-se lesado nas suas expectativas em relação à recompensa pelos serviços prestados ao rei D. Manuel I. Para piorar, Magalhães descobriria uma passagem para o oceano Pacífico, chegando às ilhas Molucas, colocando mais "pimenta" (o trocadilho foi irresistível) na já tradicionalmente complicada relação entre os reinos ibéricos.

O caldo engrossou com a intromissão de outros visitantes indesejáveis no reduto que os lusos consideravam seu: os franceses. Francisco I, monarca francês, estava interessado em entrar na disputa pelos novos territórios, divididos até então entre portugueses e espanhóis, com as bênçãos papais. Abertamente, o rei francês questionou os tratados que haviam repartido o mundo em duas metades.

Por conta das incursões de estrangeiros, os portugueses foram obrigados a mudar de atitude. A polêmica levantada por Francisco I baseava-se no argumento de que não era a *descoberta* que garantia a possessão, mas a *ocupação* permanente das terras. Assim, para manter seus domínios no Atlântico Sul, apesar dos interesses prioritários voltados para a Ásia, a Coroa portuguesa dá início a uma política de ocupação efetiva, com a implantação permanente de colonos nas costas do futuro Brasil. Isso garantiu então o "pé português" nos três continentes.

"DANÇAR CONFORME A MÚSICA"

Organizar o maior império da época, ligado através dos mares, exigiu muita criatividade e flexibilidade da parte dos portugueses. A escassez de recursos humanos e materiais colocava obstáculos importantes para a efetiva consolidação do domínio luso nas terras e diante dos povos "submetidos". Por isso mesmo acabaram adotando diferentes estratégias. Em muitas oportunidades, os portugueses se ajustaram muito bem às situações que se apresentaram, em outras palavras, "dançaram conforme a música".

O calcanhar de Aquiles eram os parcos recursos humanos com que Portugal podia contar para sustentar as posições alcançadas nos quatro cantos do planeta. A debilidade demográfica era uma verdade insofismável. A saída encontrada foi a organização política, militar e comercial implantada nas diferentes partes do Império. O medo que os portugueses provocavam nos nativos, de maneira geral, e a péssima fama de cruéis e impiedosos que granjearam nos contatos mantidos nos territórios incorporados aos seus domínios imperiais colaboraram para seu sucesso.

A história mostraria, entretanto, que, apesar de todos os esforços, a conservação dos domínios por um tempo indefinido era tarefa inexequível diante dos concorrentes europeus, pois ultrapassava os meios disponíveis em Portugal para administrar, defender e garantir as áreas de exploração.

NA ÁFRICA

Sem dúvida, a primeira reação nos contatos entre portugueses e africanos era a curiosidade. De ambas as partes. Como compreender, de acordo com os parâmetros conhecidos, o "outro" que se apresentava?

Quando chegavam, os portugueses causavam um misto de medo e admiração, isso devido aos navios, às armas, às roupas e ao aspecto físico. Algumas das populações africanas com as quais os lusos se relacionaram tomaram-nos, num primeiro momento, por mortos vivos (os *vambi*), pois na cosmologia local a morada dos defuntos estava localizada na água e os espíritos dos antepassados encarnavam no outro mundo em corpos "brancos e vermelhos". Aí estava a receita básica para os primeiros choques e mal-entendidos. Na sequência, revelados como simples mortais e com interesses muito definidos, os portugueses seguiam na tentativa de dominação a partir de métodos baseados na violência, legitimados pelo espírito de missão cristã e justificados pelo direito de poder dominar populações consideradas cultural e racialmente inferiores.

Por outro lado, os portugueses souberam aproveitar-se das possibilidades abertas pelos contatos interculturais e pela miscigenação com outros povos (que lhes foi muito peculiar). De fato, foram mestres em absorver e adaptar todos os conhecimentos que lhes pareceram interessantes.

Uma tática que repetidamente usaram "para dominar" foi a de "dividir". Aproveitaram-se, em inúmeras ocasiões, das divisões internas existentes nas sociedades nativas para "conquistar", isto é, introduzir a sua maneira de viver, sua cultura e seus valores, e fazer valer seus próprios interesses.

Embora essas estratégias todas tenham alcançado sucesso relativo, criaram um sentimento negativo contra os portugueses – mistura de medo, ira e revolta –, propiciando ataques furiosos por parte dos nativos, revidados com igual ou maior intensidade pelos dominadores.

De toda sorte, feitorias e fortalezas pontilharam os territórios africanos, permitindo aos portugueses dar continuidade ao seu roteiro pelos mares e terras orientais, estabelecendo entrepostos militares e comerciais nas ricas e cobiçadas Índias Orientais.

As diferenças culturais e religiosas dos portugueses em relação aos nativos na África serviram para legitimar a violência contra os que não se submetiam aos interesses econômicos lusitanos.
Na imagem: africanos conhecidos como *cafres* pelos portugueses.

NA ÁSIA

A Coroa portuguesa traçou os planos para organizar seu império na Ásia também com base na instalação de feitorias e fortalezas. Seu sucesso estaria assentado no poder naval que os portugueses mantinham no oceano Índico. Desse ponto de vista, as armadas lusas seriam, portanto, a chave para assegurar o "império da pimenta" (que também incluía outros produtos como gengibre, cravo, noz-moscada, canela). O objetivo maior era desbancar os árabes no comércio que faziam nas rotas do Índico e, ao mesmo tempo, privar as cidades italianas do monopólio da redistribuição dos produtos asiáticos na Europa.

Entretanto, já a partir da segunda viagem comandada por Pedro Álvares Cabral, ficou claro que nem tudo se resolveria através de ameaças, instalações militares, embaixadas ou diplomacia. Cedo as mesuras transformaram-se em bombardeios e as vozes que sobressaíram foram as dos canhões. Para manter apoio permanente em terra, combinado com o domínio dos mares, os portugueses procuraram repetir na Ásia a fórmula usada na África, reprimindo as povoações que ousavam desobedecer. Dessa maneira derrubaram alguns obstáculos.

Porém, cientes de sua debilidade de recursos humanos e materiais para manter essa postura, cuidaram de utilizar meios alternativos. Além de empregar força própria e violência para garantir seus interesses na Ásia, os portugueses trataram de conceder a navios estrangeiros licenças de transporte pagas pela passagem pelo mar Vermelho. Ficavam, assim, com parte dos lucros dos concorrentes.

Estimularam também a fixação de conterrâneos portugueses em pontos-chave das rotas comerciais. Um dos arquitetos dessa política foi D. Francisco de Almeida, que levou camponeses e oficiais mecânicos de Portugal para cidades que compunham a malha que interligava as rotas de navegação e defendeu uma política de casamentos com os habitantes locais. Enfim, na Ásia, o "império da pimenta" estruturou-se em torno do sistema de fortalezas, do domínio naval que os portugueses conseguiram impor e dos exércitos que garantiam as possessões e o comércio no além-mar.

Já em 1515, as linhas de organização do império português nas Índias estavam desenhadas. Os portugueses dos séculos XVI e XVII chamavam de "Índias" a zona compreendida entre o Oriente Próximo e o arquipélago australiano.

As conquistas se transformaram numa fonte de cargos e postos militares para as famílias de fidalgos. O Estado da Índia (que englobava a África Oriental até Timor), por exemplo, tinha até um representante do rei de Portugal como vice-rei. É claro que nem sempre as nomeações (mais políticas do que por competência) foram bem-sucedidas e, por conta disso, muitas vezes os interesses dos monarcas não eram preservados e a corrupção podia grassar. Mas era o ônus a pagar. Todos estavam interessados nas oportunidades de negócio, mas nem todos estavam preocupados com as questões políticas e militares concernentes à manutenção das feitorias que eram as bases do "império da pimenta". Isso levou a que, em meados do século XVI, Portugal procurasse reorganizar esse canto do império, instituindo, por exemplo, os *vedores* da Fazenda para evitar as falcatruas e desmandos que muitas vezes ocorriam contrariamente aos interesses do rei.

O comércio por lá tinha por base o sistema de feitorias, que eram grandes centros de compra de mercadorias, posteriormente enviadas para Lisboa. No Oriente, o maior

Frota das Índias aportada em Lisboa. Para garantir um comércio eficiente com as Índias, os portugueses estabeleceram linhas de navegação regulares entre Portugal e as cidades, fortalezas e feitorias que faziam parte do Império Português na Ásia. A mais importante era a Carreira da Índia, que largava anualmente do porto de Lisboa com destino a Goa e empreendia uma arriscada viagem, sujeita a naufrágios, ataques de inimigos e assaltos de piratas.

núcleo da organização comercial era a Casa da Índia, que, como empório, ficava apenas atrás de Lisboa, o maior da Europa.

De nada adiantaria ter entrepostos comerciais espalhados se não houvesse um eficiente sistema que interligasse os pontos de entrada e saída de mercadorias. Era fundamental manter um serviço regular que colocasse Lisboa em contato com os demais pontos de comércio no Oriente. Essa ligação essencial era feita através da "Carreira da Índia", isto é, a viagem de ida e volta entre Portugal e as Índias. O tempo de ida e volta da carreira que fazia o difícil e perigoso percurso podia chegar a um ano e meio, incluindo um período de estadia em Goa.

Na China e no Japão

As embarcações lusas foram além e chegaram ao Índico e parte do Pacífico, entrando em contato com os chineses e japoneses. Nessa época, China e Japão já eram países organizados politicamente e bem armados, em condições de confrontar os "visitantes". E foi o que, de fato, ocorreu.

Se no Índico a estratégia de impor-se pela força naval teve sucesso, o mesmo não ocorreu nos mares da China. Os navios portugueses não conseguiram submeter os chineses. Também com relação ao Japão, os portugueses tiveram que recorrer a outros métodos.

Enquanto na África e nas Índias as divisões internas beneficiaram a ofensiva portuguesa e sua política de instalação de uma rede de feitorias e fortalezas que garantia o comércio nas rotas marítimas, no Japão e na China a mesma tática não deu certo, pois chineses e japoneses eram relativamente mais fortes e militarmente organizados que os povos da África e das Índias.

Os portugueses aportaram na China em 1509. Até então as relações comerciais com os chineses eram feitas através de uma longa rota terrestre, a Rota da Seda, que atravessava a Ásia Central, alcançando os portos orientais do mar Negro ou a cidade de Constantinopla, onde se ligava à Europa através dos intermediários italianos, sobretudo venezianos. A ambição dos portugueses era, pois, substituir a Rota da Seda por uma rota marítima que ligasse Lisboa diretamente às fabulosas mercadorias chinesas.

A China atravessava um momento de reestruturação com a ascensão de uma nova dinastia ao poder que, diferente da dinastia anterior, considerava a atividade comercial desonrosa, contribuindo para desarticular um dinâmico comércio que era feito através de sua grande frota composta por embarcações que, em muitos sentidos, eram superiores às europeias. Os novos governantes agora mantinham apenas uma marinha de guerra.

A China era um império politicamente centralizado e cada província era governada por um mandarim que representava diretamente o imperador. Com uma organização

Da consolidação de um império ao fim de uma era dourada | 235

A chegada dos portugueses ao Japão, em meados do século XVI, propiciou o desenvolvimento de um comércio lucrativo para os lusos. O viajante Fernão Mendes Pinto foi um dos que registraram a presença portuguesa no sudoeste asiático. Sua obra *Peregrinação* foi publicada em 1614 (trinta anos após a morte do autor) e tornou-se um dos mais famosos livros de viagens da literatura portuguesa. Fernão Mendes Pinto chegou a ser chamado de "o Marco Polo português".

Ao se dar conta do grande potencial existente nas relações comerciais estabelecidas entre lusos e japoneses, as autoridades portuguesas em Goa tornaram o comércio com o Japão um monopólio da Coroa, consolidando, a partir de 1550, uma carreira marítima com escalas em Malaca, Macau e Japão.

política eficiente e donos de uma cultura sofisticada, os chineses estavam preparados para resistir às investidas dos portugueses. Diante disso, a diplomacia e a religião foram armas portuguesas para a aproximação.

O impacto causado nos portugueses diante dos chineses foi enorme. Não se defrontavam com grupos isolados e desarticulados, ou rivais entre si, mas com um povo socialmente organizado e, em muito sentidos, mais avançado que os próprios lusos. As cidades chinesas apresentavam condições de saneamento, moradia e calçamento de fazer inveja às principais cidades europeias, como a querida Lisboa.

Assim, a via da diplomacia predominou no contato com os chineses, muito embora altos e baixos tenham marcado as relações luso-chinesas, que oscilavam por conta da política dos imperadores no poder.

O comércio sofria com essas idas e vindas, até que, finalmente, surgiu uma alternativa interessante: os portugueses foram autorizados a se estabelecer em Macau. Com isso, o intercâmbio seria mantido e controlado pelos chineses, mas os portugueses teriam um ponto onde se concentrar a partir de 1557. Esse arranjo permitiu que os lusos se mantivessem na posse de Macau, um território de menos de 29 km² encravado na China, até o dia 20 de dezembro de 1999. Portanto, Macau foi colonizado e administrado pelos portugueses por mais de quatrocentos anos.

Como intermediários de um lucrativo comércio entre China e Japão, os portugueses entraram na Terra do Sol Nascente em 1543. A atuação dos portugueses correspondia ao interesse japonês por seda e porcelanas chinesas e ao dos chineses pela prata japonesa. Todas as partes envolvidas tiveram vantagens: japoneses, chineses e portugueses, estes últimos resolvendo o problema de escassez de metais preciosos e garantindo metal suficiente para manter suas próprias trocas, de maneira pacífica, com a China. A conjuntura era propícia para esse arranjo porque os japoneses estavam com suas relações comerciais com os chineses interrompidas. As disputas que marcaram as relações sino-japonesas foram, portanto, sabiamente aproveitadas pelos portugueses em benefício próprio.

Os japoneses encontravam-se praticamente isolados do mundo exterior. Estavam espalhados por um território compartimentado, constituído por quatro ilhas principais e centenas de pequenas ilhas cuja área estava sujeita a fortes tempestades que dificultavam a navegação. Apesar disso, os portugueses estabeleceram contatos com o Japão; foram os primeiros europeus a fazê-lo. Nessa época, o Japão enfrentava uma situação interna marcada por lutas de poder entre os senhores feudais, apesar de, nominalmente, serem governados por um imperador. O processo de unificação do Japão só seria concluído no século XVII. Os portugueses souberam, então, aproveitar-se das sangrentas guerras civis entre os poderosos senhores de terra e chegaram a vender armas de fogo para muitos deles. Devido à autonomia mantida por cada senhor feudal japonês, os portugueses puderam fazer alianças com alguns (contra outros) e manter pontos de comércio espalhados pelo território.

Outro fator que pesou a favor dos portugueses foi que, diferentemente dos chineses, os japoneses não dispunham de marinha de guerra ou piratas.

No Japão, tanto quanto na China, as diferenças culturais em relação aos portugueses eram enormes, não só por conta dos hábitos (vestimentas, comida, higiene), mas também pela religião. Mesmo assim, ou até por conta disso, a pregação religiosa foi um instrumento utilizado pelos portugueses para se aproximar dos japoneses. A Companhia de Jesus, dos padres jesuítas, teve um papel importante de favorecer os interesses portugueses tentando converter japoneses ao cristianismo.

Por outro lado, isso também causou descontentamento. Ainda que alguns importantes senhores locais tenham se convertido, a reação geral dos que se mantinham fiéis às tradições foi significativa. A intervenção cristã acirrou a má vontade local para com os estrangeiros, levando, muitas vezes, a atos de violência contra os portugueses. Apesar do seu papel no Japão, a situação dos portugueses nunca foi estável. Complicou ainda mais com a reação religiosa local e com a entrada no circuito de holandeses e ingleses que, espertamente, não traziam missionários nas suas embarcações e se diziam inimigos dos portugueses.

Gradativamente, a posição e a utilidade dos portugueses para o Japão foram sendo minadas. Depois da série de perseguições aos cristãos em 1637, quando milhares deles eram martirizados, os portugueses foram, dois anos mais tarde, finalmente expulsos do Japão.

NA AMÉRICA

A partir da expedição comandada por Pedro Álvares Cabral, o território começa a integrar o espaço sob domínio da bandeira lusa. Do mesmo modo que ocorreu com os contatos na África e na Ásia, o encontro com as terras e as populações americanas revelou diferenças não só com relação aos povos do continente europeu, como também diante das próprias lendas que o imaginário da época havia criado.

A paisagem, a fauna, a flora, os habitantes. Tudo foi motivo de espanto e discussão. Os nativos seriam seres humanos ou não? Teriam alma? E a nova terra, seria o paraíso ou o inferno?

A diversidade dos nativos, divididos em grupos étnicos, e estimados em alguns milhões, a belicosidade e o canibalismo de certas tribos somados à necessidade de se conhecer as potencialidades da terra fizeram com que a Coroa inicialmente optasse por valer-se dos "lançados". Os lançados eram geralmente degredados (condenados por crimes em Portugal), que foram simplesmente largados no litoral. Se sobrevivessem,

Ao tentar compreender os povos e as paisagens da América, os cronistas e viajantes europeus ora a associavam ao paraíso, ora ao inferno. No frontispício da obra intitulada *Historia Antipodum*, publicada no século XVII, a América é retratada entre ambos.

poderiam servir de intermediários entre os portugueses e os nativos. Trabalhando direito, quem sabe, teriam até o perdão da Coroa! De fato, vários deles acabaram sendo muito úteis no momento posterior da colonização portuguesa das novas terras.

Nas primeiras décadas, entretanto, o território ficou em segundo plano. Afinal, comparando o potencial da África e do Oriente, a Terra de Santa Cruz não era lá muito atrativa: não havia estoques metálicos entesourados; não havia produtos lucrativos disponíveis e não havia uma rede de comércio como em outras regiões onde os portugueses já estavam fixados. Além disso, as populações, demasiado rudes, aos olhos dos lusos, mesmo se comparadas com os reinos africanos, tinham uma vida material pobre e desinteressante.

Os portugueses procuraram aproveitar pelo menos aquilo que a terra ofertava, instalando as já tradicionais feitorias, iniciando a exploração do pau-brasil com base no escambo com as populações nativas. Expedições guarda-costas também eram enviadas com alguma regularidade para reconhecer o extenso litoral e cuidar para que outros europeus, sobretudo os espanhóis e os franceses, não se aproveitassem em benefício próprio da terra recém-incorporada aos domínios lusitanos.

A necessidade de garantir a posse e a parca disponibilidade de recursos da Coroa para arcar com todos os riscos e custos levou à elaboração de variadas políticas para explorar os territórios. A instituição das capitanias hereditárias, em vigor no início da década de 1530, delegava a particulares a tarefa de colonizar os territórios. Mediante a concessão de privilégios e direitos aos donatários, a Coroa passava inteiramente a responsabilidade e, sobretudo, os riscos da empresa colonizadora aos súditos agraciados com uma faixa de terra nos domínios americanos. É claro que os direitos cedidos vinculavam-se a uma série de obrigações, que se revelariam um fardo pesado demais para muitos dos capitães donatários. A maioria das 15 capitanias fracassou. Apesar disso, a experiência do regime de capitanias, anteriormente utilizado no arquipélago da Madeira, teve pontos positivos, pois aumentou a presença dos portugueses no enorme território brasileiro, estimulou a prática da agricultura e a fixação dos colonos e incrementou a miscigenação entre portugueses e mulheres nativas, que propiciou o aumento da população aculturada.

De qualquer maneira, os resultados limitados e as mudanças na geopolítica europeia fizeram com que a Coroa portuguesa introduzisse um modelo de colonização de caráter misto, que, embora não tivesse acarretado na extinção das capitanias, introduziu uma política centralizada no Governo Geral (a partir de 1548). Procurava assim coordenar os esforços para defesa, ocupação e exploração do território, tanto diante das ameaças externas quanto dos ataques contra os portugueses da parte das populações nativas que, a partir da ocupação sistemática, passaram a ser expulsas de seus territórios ou utilizadas como mão de obra cativa.

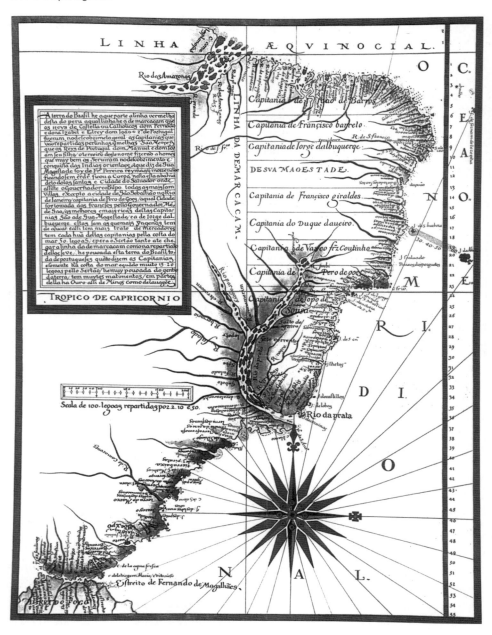

A instituição das capitanias hereditárias foi uma das estratégias utilizadas pela Coroa portuguesa para tentar viabilizar a ocupação e a colonização efetiva dos amplos territórios sob seu domínio no espaço americano.

Da consolidação de um império ao fim de uma era dourada | 241

A *Alegoria da América*, de Johannes Stradanus, retrata o relacionamento do europeu com as terras descobertas no século XVI a partir de uma visão eurocêntrica. O europeu é simbolizado pela figura masculina e aparece vestido e civilizado, enquanto a América é representada pela figura feminina, nua, disponível e selvagem. Outras interpretações identificam a América como uma virgem a ser deflorada pelos europeus.

Os projetos portugueses visavam lucrar o máximo possível com a América. O povoamento e a dominação cultural passaram a fazer parte dos objetivos a partir do momento que Portugal percebeu que outros países cobiçavam o "seu" território. Então, a Coroa incentivou o estabelecimento de vilas, que também eram centros administrativos e religiosos, além de possibilitar o desenvolvimento de um comércio interno voltado à fixação e manutenção de seus habitantes. Colonos passaram a trazer consigo sementes, animais e ferramentas e a formar pequenas roças. Quando tinham mais recursos, plantavam cana e construíam engenhos de açúcar de olho no mercado europeu para o produto.

Com o tempo, as plantações de cana cresceram e exigiram terrenos maiores e um grande número de trabalhadores para o cumprimento de tarefas pesadas, por longas jornadas, organizadas de modo a obter máxima produtividade. Os portugueses, além de serem poucos, não tinham interesse em trabalhar dessa forma. Usaram então nas plantações índios escravizados (a mão de obra indígena sustentou a economia colonial por todo o século XVI), mas acabaram optando por trazer um grande contingente de escravos africanos para o Brasil. O sucesso da empresa açucareira viabilizou a colônia portuguesa e permitiu o avanço da economia como um todo, o crescimento da população branca, negra e mestiça e um controle administrativo mais eficiente por parte da metrópole. O aumento do número de engenhos fez crescer o de vilas e cidades.

Na colônia, os portugueses podiam adquirir escravos negros a um custo relativamente baixo e, assim, com frequência, ter uma vida mais fácil do que teriam em Portugal. Na América portuguesa, os senhores de engenho eram os mais abastados e os de maior *status*,[2] em seguida vinham os criadores de gado. Havia também os colonos que viviam de produzir alimentos, em terras próprias ou arrendadas, os comerciantes, que traziam as mercadorias do reino e as trocavam por produtos locais, os donos de vendas, que abasteciam as vilas, engenhos e fazendas e os mercenários e soldados empregados na defesa contra índios e corsários.

No final do século XVI, os portugueses haviam conseguido dominar boa parte da faixa costeira e impor seus valores e sua ordem nos espaços colonizados. Em breve, a América iria tornar-se um território extremamente importante na dinâmica imperial lusa.

A ESPADA E A CRUZ

Um dos sustentáculos mais importantes para a conquista portuguesa de todos os seus territórios coloniais foi a união do espírito de cruzada com o de missão.

Em Portugal, a Igreja, por conta do padroado real,[3] aproximava a Coroa da Santa Sé. Desde o início da expansão, os portugueses afirmavam suas intenções de evangelizar os povos que encontrassem. A Santa Sé, por sua vez, concedeu esse *dever* e esse *direito* aos portugueses. A espada e a cruz de mãos dadas.

Cumprindo sua parte, a Coroa garantiu o envio de missionários para a África, o Oriente e a América, começando com as ordens mendicantes e, depois, com a Companhia de Jesus, a ordem que mais se destacaria nesse papel. Nas Índias, por exemplo, foram fundadas casas religiosas, criadas dioceses, e até mesmo o Arcebispado de Goa (1558), ficando a cidade como a capital religiosa do Estado da Índia.

A perspectiva religiosa dos navegantes portugueses era carregada de preconceitos e, como resultado, eles identificavam elementos da fé dos outros povos como representações do diabo. Muito rapidamente as religiões do Oriente (hinduísta, budista, islâmica), assim como aquelas das populações africanas e ameríndias submetidas foram associadas ao culto do demônio, o que dava as bases éticas e morais para justificar um processo de conversão forçada. Diante de uma conduta assentada no pensamento de que a "verdadeira" fé era a deles (católica) e que o diabo estava "no outro", não se davam conta de que, sob a ótica do outro, eles é que poderiam ser considerados "o mal".

No caso das populações nativas das Índias, a intolerância dos portugueses em relação aos cultos e crenças locais só exacerbou os ânimos, causando graves perdas de ambos os lados. A resistência das populações locais e a insistência dos portugueses em sua política de conversão resultaram, num prazo mais longo, no incremento das dificuldades para a penetração lusitana na região das Índias e no aumento da má fama dos lusos, que passaram a ser não só temidos e combatidos, mas odiados. A vulnerabilidade dos portugueses era maior quando deixavam as áreas das feitorias e fortalezas, aventurando-se mais para o interior. Podiam ser atacados, assaltados e mortos. Assim, a resistência da população nativa teve como consequência direta o confinamento dos portugueses no interior das muralhas fortificadas.

Mesmo assim, conseguiram alcançar os objetivos que estimularam a exploração daqueles territórios, pois o poder de fogo da frota portuguesa, no mar e nos rios, garantia o controle das populações locais.

A chegada dos portugueses, entretanto, não tardou a ser seguida por outros europeus, que, com seus navios, também alcançaram a terra pródiga em artigos comerciais interessantes. Nesse caso, destacaram-se os holandeses e ingleses que impuseram severas perdas ao esquema colocado em prática pelos lusos no "império da pimenta".

No caso brasileiro, a situação foi um pouco diferente. Em 1551, o rei D. João III obteve do papa a fundação da diocese de São Salvador com jurisdição sobre todo o território português na América (até então estava subordinada ao bispado do Funchal, na ilha da Madeira). A presença da Igreja foi fundamental, e a Companhia de Jesus ocupou lugar de destaque, desde meados do século XVI, assumindo a tarefa de catequizar os indígenas bem como de educar a população luso-brasileira ao longo dos primeiros séculos da colonização. Os desafios para transpor as instituições portuguesas para o Novo Mundo foram inúmeros, mas, bem ou mal, acabaram superados. Estado e Igreja se juntaram para "incorporar" a população nativa, impondo políticas que pretendiam regulamentar relações nem sempre pacíficas entre índios e colonos.

ENQUANTO ISSO, EM PORTUGAL...

Sem dúvida alguma, dos finais do século XV até as primeiras décadas do século XVI, os portugueses, sob a dinastia da Casa de Avis, vivenciaram um período de esplendor

244 | Os portugueses

que jamais seria alcançado novamente. Foi curto, mas fulgurante. Por mais ou menos trinta anos, Portugal foi o símbolo da prosperidade. Porém, o reino logo enfrentaria os primeiros sinais da decadência e da dificuldade em manter o gigantesco domínio no além-mar.

Desde ascensão da Casa de Avis, Portugal passou por profundas transformações internas. Nos finais do século XIV, não passava de um pequeno reino com recursos muito limitados, mas que havia conseguido impor sua independência diante de um vizinho poderoso como Castela. Não foi pouca coisa. Além de enfrentar os castelhanos, atravessou um período de extrema dificuldade (como, aliás, boa parte da Europa) que foi a terrível Peste Negra.

A peste atingiu o território luso em setembro de 1348 e devastou o país. Nas décadas seguintes, volta e meia fez aparições em Portugal, causando pesadas perdas até meados do século XV. Provocou a morte de pelo menos um terço da população no pior momento (meados do XIV) e fez com que faltasse gente de norte a sul do país. Os desdobramentos, como a queda na produção agrícola e a fome, levaram a revoltas, no campo e nas cidades.

Foi então que, como último recurso, os portugueses se lançaram à aventura marítima e acabaram numa posição privilegiada na Europa Ocidental. Entretanto, fica fácil entender quão frágil era essa posição.

Não é possível subestimar a transformação no país: o afluxo das riquezas advindas do Império e canalizadas para a metrópole, a abertura para novos mundos, novas culturas e novas alteridades. Mas é justo apontar que essas mudanças não afetaram estruturas-chave da sociedade, como o fato de se conservar a divisão tripartite, herdada da época medieval. Não mudou também a organização em torno do poder senhorial e da Igreja. Em outras palavras, os frutos colhidos a partir da expansão e da incorporação de novos territórios foram distribuídos muito desigualmente entre os portugueses. Concentraram-se na Coroa e nas mãos dos poderosos da nobreza e do clero. Portanto, essa riqueza não chegou a mudar a vida da maioria da população em Portugal.

Nem mesmo as mentalidades puderam ser totalmente modificadas.

É certo que a época dos Descobrimentos caracterizou-se pelo florescimento intelectual também chamado de "humanismo dos Descobrimentos". Foi ele que fez com que a cultura portuguesa desse ao mundo a obras de Luís de Camões, Gil Vicente, Damião de Góis, João de Barros e André de Resende. Nas áreas técnicas, propiciou os indispensáveis tratados de navegação e cosmografia de homens como Duarte Pacheco Pereira, João de Castro, Diogo de Teive, entre outros.

O século XVI testemunhou também a renovação da universidade em Portugal que, em 1537, instalou-se definitivamente em Coimbra, tornando-se, agora sim, um dos centros mais prestigiados da Europa. Já não ficava atrás de importantes universidades localizadas na Espanha, Inglaterra, França. O Colégio das Artes[4] foi outra marca da cultura humanista que se expandiu em Portugal.

Enfim, não há dúvida de que cultura, arte e ciência tiveram avanços notáveis entre os portugueses.

Mas nem tudo foi brilhantismo. A sociedade portuguesa como um todo pouco mudou e esse pouco que mudou talvez não tenha sido para melhor.

Comecemos pelo comércio. Apesar do seu incremento, talvez em níveis exponenciais, se comparado a épocas anteriores, o fortalecimento da burguesia portuguesa foi muito menos espetacular do que se poderia esperar. A nobreza concorria com os comerciantes e os "nobres mercadores" levavam vantagem, por conta de privilégios adquiridos e dos cargos administrativos que desempenhavam. Em outras palavras, a mobilidade social permaneceu muito limitada e os estratos superiores tradicionais mantiveram sua posição de proeminência. A pouca margem para a ascensão social e a conquista de algum prestígio se faziam especialmente através dos ofícios reais ou municipais ou por meio das carreiras eclesiásticas. O mesmo acontecia nas áreas urbanas: as câmaras municipais mantiveram-se fechadas a uma participação mais efetiva de grupos exteriores à nobreza.

As escassas possibilidades de mobilidade, portanto, estavam concentradas nas mãos dos monarcas que tinham o poder de controlá-las, pois ao rei cabia a distribuição de *cartas de nobreza* (títulos de nobreza) como recompensa a quem ele bem entendesse.

Contudo, mudanças profundas (para pior) ocorreram em certos setores. O tom da transformação se deu num diapasão mais alto, ditado pela introdução da escravatura em Portugal, pela repressão e a conversão forçada dos judeus e pela atuação da Inquisição.

ESCRAVIDÃO AFRICANA EM PORTUGAL E NAS COLÔNIAS

A escravatura já tinha praticamente desaparecido da Europa quando, a partir do século xv, Portugal passa a destoar desse cenário. A expansão dos domínios ultramarinos, sobretudo na África, contribuiu para que o número de escravos nas mãos de senhores portugueses atingisse proporções altíssimas para o padrão europeu.

O tráfico de cativos ampliou-se consideravelmente, não só para alimentar as plantações introduzidas nos arquipélagos atlânticos, mas, sobretudo, para sustentar as necessidades de mão de obra nas colônias americanas. No Brasil, os portugueses haviam se deparado com o problema de falta de mão de obra submissa e em quantidade suficiente para tocar as plantações de cana de açúcar voltadas para o mercado mundial. Optaram, então, por trazer escravos da África que supririam as demandas da grande lavoura e, ao mesmo tempo, incrementariam o lucrativo tráfico negreiro. A propriedade escravista tornar-se-ia a característica principal da agricultura brasileira do período colonial. Com o passar do tempo, a escravidão acabou por integrar-se a todos os setores produtivos, nas áreas rurais e urbanas, disseminada em pequenas ou grandes escravarias, situação que persistiu muito além do período colonial.

Na metrópole, a presença de escravos africanos também era grande e estava concentrada na região de Lisboa e no sul do país. Segundo testemunhos da época, descontados os evidentes exageros, os escravos pululavam na capital, presentes em todas as casas e fazendo todo e qualquer serviço.

Porém, nas colônias, a mão de obra escrava era mesmo vital, tanto que o comércio de escravos rapidamente se tornou a principal fonte de lucro para os portugueses.

DAS JUDIARIAS À CONVERSÃO FORÇADA

A partir de meados do século XIV, a península ibérica mergulhou num período de intolerância religiosa, marcado por perseguições e violências.

A situação tornou-se crítica especialmente no que diz respeito aos judeus, e recrudesceu de tal maneira que culminou com a sua expulsão de todos os reinos que constituíam a Espanha, imposta pelos Reis Católicos em 31 de março 1492. O decreto assinado pelos soberanos se enquadrava nos seus planos de unificar o território não só do ponto de vista político, mas também através da unidade religiosa, o que implicava uma política de defesa da fé cristã e a identificação de inimigos comuns.

A história de perseguições contra os judeus começara nos finais do século XIV, quando sofreram uma série de ataques por toda a península ibérica. As massas, inflamadas por sermões que diziam cobras e lagartos sobre os judeus – "inimigos da fé católica", "responsáveis pela morte de Jesus Cristo", "agiotas impiedosos", entre outros epítetos –, invadiram os bairros judeus de muitas cidades e cometeram inúmeras atrocidades contra seus habitantes.

Historicamente, desde o final do período medieval as relações mantidas pelos reis com os judeus eram contraditórias. A comunidade judaica desempenhava um papel importante na sociedade, especialmente com o renascimento comercial e urbano. Entre os judeus havia muitos médicos, estudiosos, comerciantes, financistas e artesãos (principalmente ourives). Os reis, muitas vezes, recorriam aos judeus quando precisavam, por exemplo, de auxílio financeiro ou de funcionários para a impopular função de coletor de impostos.

Contudo, a homogeneização religiosa pretendida pelos monarcas espanhóis terminou por impor limites à liberdade de culto e mesmo de circulação dos judeus. Isso levou à criação dos guetos (locais de moradia separados dentro das cidades) e à determinação de vestimentas específicas capazes de identificá-los mais facilmente. Com o tempo, a escalada de perseguições foi crescendo e, no governo dos Reis Católicos, chegou-se à impossibilidade de coexistência da minoria judaica no seio das populações cristãs. Então, eles foram expulsos (juntamente com os muçulmanos). A medida não apenas deu um prazo de poucos meses (no máximo quatro) para que os judeus decidissem ficar se se convertessem, mas também proibiu aos que queriam deixar a Espanha de carregar bens como moedas, metais preciosos, cavalos ou armas.

Muitos dos que optaram por não abandonar o judaísmo, deslocaram-se para Portugal, uma vez que o soberano português, D. João II, autorizou a instalação das famílias mais ricas no reino em troca de uma boa compensação financeira.[5] Embora seja difícil precisar o número de refugiados (entre 30.000 a 100.000 indivíduos), o monarca permitiu também que, com o pagamento de uma quantia menor por cabeça, judeus expulsos ficassem por um período de oito meses em Portugal e, daí por diante, seguissem para outros destinos. Os que nada puderam pagar foram reduzidos à escravidão.

A presença judaica em Portugal já era significativa há séculos. No final do século XV, eles representavam 3% (perto de 30.000 pessoas) da população portuguesa. Tinham uma relativa autonomia para manter seu estatuto particular e praticar sua religião. Viviam reunidos nas *judiarias*, com suas instituições próprias, seus oficiais, as suas leis, privilégios e obrigações. A grande maioria vivia nas cidades e dedicava-se a ocupações tipicamente urbanas. Os judeus em Portugal desempenhavam um importante papel econômico, sobretudo no comércio e nas finanças do reino; vários deles eram banqueiros, financistas ou mercadores (embora também houvesse judeus miseráveis e indigentes). Em Portugal, contribuíam também nos campos técnicos e científicos, da medicina à astronomia, passando pelas artes e ofícios. Portanto, eram um grupo importante para a Coroa, que sempre lhes protegeu contra a hostilidade latente da população (que, mesmo assim, podia, muitas vezes, desembocar em ondas de violência).

Com o decreto de expulsão imposto pelos Reis Católicos, a já expressiva população judaica instalada em Portugal aumentou consideravelmente diante da chegada dos refugiados. Contudo, pouco tempo depois (1496), D. Manuel (o sucessor de D. João II) rompeu a tradicional política de tolerância para com os judeus, pois as negociações relativas ao seu casamento com Isabel de Aragão, filha dos Reis Católicos, exigiam a expulsão de mouros e judeus também do território português.

Para contornar a cláusula e iludir os sogros, o rei D. Manuel usou uma artimanha: os judeus poderiam ficar, mas deveriam deixar de ser judeus. Dessa forma, D.

248 | Os portugueses

Manuel impôs a conversão, uma conversão ao menos aparente. (Essa medida teve como motivo principal evitar os grandes prejuízos que os portugueses teriam com a expulsão dos judeus, entre elas a sangria de valores e de milhares de artesãos.) As *judiarias* foram extintas, as sinagogas viraram igrejas e os judeus, de um momento para outro viraram cristãos, só que *cristãos-novos*, em contraposição aos *cristãos-velhos*, considerados os legítimos.

Assim, com um golpe de pena, extinguia-se oficialmente a presença judaica em Portugal e nascia um novo grupo social com estatuto diferente: os cristãos-novos, também chamados de *marranos* ou *conversos*.

Mesmo assim, os cristãos-novos não tiveram paz. Eram considerados gente suspeita e precisavam provar a todo momento a ausência de práticas judaizantes em seu cotidiano. O preconceito estendeu-se às ocupações ligadas à administração do reino e às ordens militares e religiosas, onde, para ingressar, o indivíduo precisava comprovar ser de "sangue puro", ou seja, sem antepassados judeus ou mouros.

Entretanto, muitos continuaram a praticar clandestinamente o judaísmo. Alguns indivíduos de origem judaica, escondendo seu passado, conseguiram inclusive aceder à nobreza e às ordens militares ou ingressar na universidade e até na administração eclesiástica. Mas corriam sempre muito risco.

A população, instigada por pregações antissemitas, promovia ataques contra cristãos-novos "suspeitos". Um dos mais dramáticos e violentos ocorreu em 1506, em Lisboa.

A situação dos judeus tornou-se mais grave quando a Inquisição instalou-se em Portugal em 1536, e em 1547 passou a funcionar plenamente. (Sua atividade só cessaria no país quase três séculos depois, em 1821). Apesar das vantagens trazidas à Coroa com a presença judaica em Portugal, a monarquia portuguesa finalmente empenhou-se na instalação da Inquisição no país porque avaliou que a presença do Santo Ofício fortaleceria o poder real, já que, mesmo a Inquisição sendo uma instituição muitíssimo poderosa, a nomeação do inquisidor-geral era prerrogativa dos soberanos portugueses.

A INQUISIÇÃO EM PORTUGAL

Embora tenha sido fundada para combater as "heresias" que grassavam na Europa entre os séculos XII e XIII, no século XV a Inquisição sofreu adaptações para servir de instrumento de defesa da religião católica e, paralelamente, para a consolidação do poder real, especialmente na península ibérica.

Em Portugal, o alvo principal dos inquisidores eram os praticantes do judaísmo. Para persegui-los e julgá-los, tribunais do Santo Ofício foram instalados nas cidades de Lisboa, Évora e Coimbra. Esses tribunais tinham um alcance enorme, por conta do duplo estatuto que gozavam: eram eclesiásticos, com poderes delegados pelo papa, mas também eram tribunais da Coroa, uma vez que, como foi dito, o inquisidor-geral era nomeado pelo rei. A Inquisição, portanto, tinha ligação direta com o monarca, mas também respeitava os interesses da Igreja. Detinha, assim, um poder enorme e estava entre os mais importantes aparelhos burocráticos da península ibérica no Antigo Regime.

Uma particularidade da Inquisição ibérica foi a organização com base em "tribunais de distrito" que abarcavam grandes dimensões territoriais e se valiam de uma rede de "comissários" (os chamados *familiares*) recrutados entre a população laica para atuar como informantes secretos da instituição em troca de pagamentos, distinções e privilégios.

Uma maneira empregada pelos cristãos-novos para escapar da mira da Inquisição era fazer doações ao rei e subsidiar a expansão portuguesa. Todavia, nem mesmo o rei podia conter a aversão dos cristãos-velhos com relação aos cristãos-novos, que tinham participação destacada nas atividades comerciais, na aquisição de bens fundiários, administração do Estado e nas câmaras municipais. A população mais humilde se regozijava em ter um bode expiatório para seus problemas e perseguia os suspeitos de judaísmo com a conivência e o incentivo de nobres e autoridades. O cerco aos cristãos-novos intensificou-se e, no século XVII, a Inquisição chegou a seu auge em Portugal.

O impacto social da exclusão sistemática sem precedentes dos criptojudeus e seus descendentes e do estatuto distintivo assegurado aos agentes delatores foi imenso em Portugal. O clima de desconfiança, insegurança e traição envenenou as relações na sociedade portuguesa. O clero e a universidade, onde muitos cristãos-novos haviam feito carreira, foram bastante afetados pela intolerância religiosa. O próprio pensamento ficou comprometido, pois todos temiam desagradar o Santo Ofício. Diversos campos das artes e das ciências retrocederam por conta da censura religiosa que pairava sobre os portugueses. A morte e o confisco de bens dos condenados pela prática do judaísmo também repercutiram no desenvolvimento econômico de Portugal como um todo. Se, em um primeiro momento, o confisco era fonte de receita para o Estado envolvido na consolidação do Império Ultramarino, no longo prazo, teve consequências perversas, pois provocou uma fuga de capitais, conhecimentos e habilidades, carregados por pessoas que, temendo a Inquisição, preferiram emigrar. Em resumo, a Inquisição e a intolerância religiosa privaram Portugal de pessoas dinâmicas, com poder econômico e capacidade intelectual. Os cristãos-novos emigrados instalaram-se em locais como a França, Países Baixos e Itália, onde puderam desenvolver suas atividades com maior tranquilidade.[6]

O impacto político também foi significativo. Com o tempo, a Inquisição adquiriu tal poder e desenvolveu tamanha autonomia que obrigava o rei a recuar em diversas situações.

A ação controladora e punitiva inquisitorial se fazia sentir em três instâncias: no clero, nos quadros administrativos e na disciplina da população. A fiscalização da população afetava diretamente o cotidiano dos portugueses, pois, muito além da perseguição aos acusados de criptojudaísmo, o Santo Ofício caçava todos os que praticavam crimes contra a Fé e atos condenáveis, como a blasfêmia, as práticas supersticiosas (magia, bruxaria), as atitudes contra o Tribunal (esconder prisioneiros em fuga, prestar falso testemunho) e os desvios sexuais contrários à moral cristã.

Com relação à coibição das práticas supersticiosas, a atuação da Inquisição portuguesa diferiu um pouco da caça às bruxas que grassava em outros países, sobretudo na Europa Central e do Norte. Os portugueses, como tantos outros povos, estavam acostumados a recorrer às magias, crendices, poções milagrosas e benzimentos, mas não sofreram uma repressão tão violenta especificamente por conta disso.

Podemos dizer também que as chamadas superstições da população em geral não foram tão reprimidas quanto em outros lugares porque a Igreja, em Portugal, não se sentia tão ameaçada pelo protestantismo que crescia em diversos outros países. A Igreja Católica portuguesa desfrutava de uma posição sólida e muito poderosa. Além disso, em Portugal, havia outros mecanismos para controlar a população: as *Visitas pastorais*. Os bispos ou seus delegados submetiam a população a visitas anuais de inspeção, onde os pecados, delitos e desvios eram denunciados e "corrigidos" pelos visitadores. O poder episcopal na jurisdição sobre os leigos constituiu-se num poderoso aliado do Estado e da Igreja e, efetivamente, controlava e punia os portugueses que não se adequassem aos ditames da religião e aos interesses do governo. É possível dizer até que as atividades dos visitadores equivaliam a "pequenas Inquisições". Portanto, a população portuguesa estava sob o controle de instituições que se mantiveram fortes e atuantes desde o século XVI até as primeiras décadas do XIX e que possuíam mecanismos de vigilância e punição que se complementavam.

Havia uma certa divisão de tarefas entre os tribunais do Santo Ofício e as Visitas pastorais. Enquanto os primeiros preocupavam-se mais com os cristãos-novos e outros hereges, as Visitas diocesanas debruçavam-se sobre os crimes de cunho moral e os desvios de crença. Assim, enquanto a Inquisição caçava os cristãos-novos (eles eram cerca de 80% dos denunciados), as "pequenas inquisições" visavam aos cristãos-velhos (praticamente a totalidade dos casos).

As Visitas pastorais cuidavam também dos concubinados, dos adúlteros, dos desviados sexuais, dos alcoviteiros, dos devassos. Pertenciam à alçada da Inquisição a bigamia, a sodomia e a bestialidade.

Enfim, em meio a todo um ambiente de florescimento econômico, intelectual, artístico, de contato com outros povos, os portugueses se depararam com instrumentos de repressão e controle fortíssimos. Essa mistura teve forte impacto na construção do perfil da sociedade portuguesa e no seu relacionamento com outros indivíduos e grupos.

Sem dúvida, a prolongada vigência do Santo Ofício no país está entre os traços fundamentais para a compreensão histórica dos portugueses. Ela deixou marcas profundas na sociedade ao institucionalizar o espírito de intolerância, ao organizar e fornecer as bases morais para denúncias e perseguições e ao desprezar fortunas, talentos e méritos por questões "de sangue". Do ponto de vista econômico, a Inquisição colocou, inclusive, sérios obstáculos ao desenvolvimento do capitalismo, ao privar Portugal de gente com recursos financeiros significativos e de contatos comerciais relevantes nas mais importantes praças de comércio. A intolerância religiosa obrigou também o país a abrir mão de um capital imaterial relevante relativo aos saberes científico, técnico e médico.

SOB DOMÍNIO ESPANHOL

O final do século XVI reservava um duro golpe para os portugueses. A dinastia que havia conduzido Portugal à expansão e levado o pequeno reino a uma posição de destaque no concerto das nações europeias chegou à sua extinção quando seu último rei, D. Sebastião, desapareceu em agosto de 1578, aos 24 anos de idade, na fatídica Batalha de Alcácer-Quibir. Abalou também os portugueses o fato de terem sido vergonhosamente derrotados pelo rei do Marrocos. Metade dos combatentes portugueses pereceu e a outra metade foi aprisionada. Vários fidalgos só seriam libertos mediante resgate. Muitos morreriam nas prisões inimigas. A fracassada expedição trouxe também enormes dívidas a Portugal que agravaram as dificuldades econômicas advindas do reinado anterior, quando começou a ficar mais clara a fragilidade das posições conquistadas no Oriente e os limites de suas possibilidades de enriquecer a população do reino. Para completar, criou-se um problema sucessório de difícil resolução que reascendeu conflitos de interesse entre os nobres portugueses que envolviam também os espanhóis. Assim, o país mergulhou numa crise política, econômica e até mesmo moral e emocional sem precedentes, que ainda hoje faz parte da memória coletiva portuguesa.

Foi nesse ambiente que surgiu o movimento do sebastianismo, quando muitos passaram a acreditar que todos os problemas acabariam com a volta milagrosa de D. Sebastião a Portugal.

Politicamente, foram feitas algumas tentativas de solucionar internamente o problema da sucessão ao trono, mas, em 1580, Portugal, enfraquecido, perderia sua independência. Era o fim da Casa de Avis e o início do domínio espanhol, sob a dinastia Habsburgo. Felipe II da Espanha acabou coroado, em 1581, como Felipe I de Portugal. Com os Habsburgo, os espanhóis realizaram a tão polêmica integração da península ibérica. A elite dominante portuguesa enterrara seus sonhos de construção de um Império Ibérico sob seu controle. Assim, as ideias separatistas não tiveram tanto peso dessa vez, a não ser por um certo "patriotismo cultural" presente entre as pessoas do povo (camponeses, pescadores, artesãos e pequenos comerciantes) que não impediu, porém, a consolidação da hegemonia espanhola.

A vitória do rei Habsburgo, como seria de esperar, deu margem a que a ele fossem atribuídas algumas frases sobre Portugal. Entre elas: "Herdei-o, comprei-o e conquistei-o". Verdade ou mito, o fato é que o novo rei procurou acomodar a situação, não só adotando o título Felipe I, como vimos, mas garantindo uma autonomia jurídica e constitucional aos portugueses. Os compromissos assumidos antes do desfecho do processo sucessório garantiam pontos essenciais como: não alterar liberdades, privilégios, usos e costumes tradicionais da monarquia portuguesa; manter em vigor toda a legislação portuguesa; atribuir os cargos de vice-rei ou de governador de Portugal a portugueses ou membros da família real; deixar o comércio das Índias e Guiné somente nas mãos de portugueses; suprimir impostos e limitações à circulação de mercadorias na fronteira dos dois países; manter o português como a língua dos atos oficiais.

Enfim, não é, portanto, de estranhar que a União Ibérica tenha recebido o apoio entusiasta de boa parte da nobreza lusa: não só dava garantias de manutenção de privilégios, como também "protegia" contra a crise que havia se instalado nas últimas décadas. Além do mais, diferentemente do passado, seria muito difícil enfrentar agora o exército espanhol, de indiscutível superioridade numérica, e o soberano mais poderoso da Europa de então.

Mesmo que, mais tarde, o episódio fosse descrito como uma traição das elites contra a liberdade do povo português, o fato é que os que detinham poder decisório e de fazer acordos em Portugal optaram por uma solução pragmática que seria inclusive apoiada pelo alto clero, pelos mercadores mais ricos e por muitos outros súditos portugueses temerosos de novas guerras. A versão de que Portugal teria sido invadido ou anexado à Espanha surgiu bem depois.

Felipe I de Portugal (II de Espanha) cumpriu a sua parte no acordo, mas isso não se dará com seus sucessores. Esse fato, somado a outros como a deterioração da situação econômica e política dos países ibéricos, levará os portugueses a lutar contra a união das Coroas ibéricas na chamada Guerra da Restauração.

A RESTAURAÇÃO DA SOBERANIA

Em sessenta anos de domínio filipino, muita água rolou. Se nos primeiros tempos houve uma relativa tranquilidade, reflexo da reorganização política e econômica do reino, tal situação não vigorou no restante do período. No século XVII, a Europa Ocidental assistia à consolidação de diversos Estados nacionais, muitos deles sob monarquias absolutistas. Por isso, essa foi uma época de incontáveis alianças entre monarquias contra outras monarquias inimigas, envolvendo o continente europeu, os mares e os territórios coloniais. Essas alianças e disputas foram temperadas por questões religiosas, desdobradas a partir das Reformas Religiosas do século anterior.

Portugal era, tradicionalmente, aliado da Inglaterra. O mesmo não se pode dizer da Espanha e da França, que também eram inimigas entre si. A Holanda estava em posição difícil, pois na época também estava incorporada ao Império Habsburgo.

O "império da pimenta" era a joia de Portugal, fornecendo lucros enormes através da Carreira das Índias, porém, todos os países estavam de olho nesse comércio e queriam beliscar alguma coisa, mesmo que fosse através de contrabando ou de ataques de piratas e corsários. Com a União Ibérica, os portugueses esperavam contar com a proteção da esquadra espanhola na Carreira das Índias. Mas a expectativa foi totalmente frustrada.

A União Ibérica mexeu profundamente no tabuleiro político e os portugueses acabaram por herdar todas as inimizades da Espanha. Durante o domínio filipino (1580-1640), os portugueses viram-se envolvidos na linha de frente dos conflitos europeus, confrontando antigos aliados como a Inglaterra, acirrando velhas diferenças com franceses e holandeses e disputando a hegemonia na península ibérica com os próprios espanhóis.

Nas primeiras décadas dos anos seiscentos, a Carreira das Índias e as embarcações lusas que transitavam naquele espaço tornaram-se alvos privilegiados dos inimigos da Espanha e, agora, também de Portugal. Logo, a nobreza e a alta burguesia portuguesas perceberam a armadilha em que se haviam metido e suas graves consequências.

A "Invencível Armada" espanhola organizada por Felipe II, em 1588, para atacar a Inglaterra com cerca de 200 navios de guerra (31 portugueses) foi aniquilada pelos ingleses auxiliados por uma tempestade de verão. O episódio comprometeu de vez a reduzida segurança que as embarcações lusas tinham ao lançar-se ao mar. Com a derrota da Armada, o comércio português no oceano ficou extremamente vulnerável aos ataques de corsários e piratas ingleses e holandeses. Mais de 40% dos navios mercantes portugueses iriam a pique entre 1590 e as primeiras décadas do século XVII.

As elites portuguesas viram que já era hora de recuperar a soberania nacional e, em 1637, fizeram do nobre João de Bragança rei de Portugal com o título de D. João IV. A Espanha reagiu e a luta seguiu até que, em 1640, os lusos venceram a Guerra da Restauração e obtiveram sua independência (reconhecida somente em 1668 pela Espanha, por um tratado de paz). O momento de revoltar-se fora bem escolhido, porque a Casa de Habsburgo estava com problemas advindos da Guerra dos Trinta Anos (1618-1648),[7] de uma revolta na Catalunha e de uma guerra nos Países Baixos. Com

D. João IV começou a dinastia de Bragança, tida como "natural de Portugal" e não estrangeira como a Habsburgo. A Casa de Bragança reinaria em Portugal entre 1640 e 1910, sendo também a dinastia reinante no Império do Brasil entre 1822 e 1889.

Paralelamente, por conta da insegurança gerada na rota oriental, os investimentos e os interesses portugueses começaram a se deslocar para a Carreira do Brasil, que, embora de início fosse menos lucrativa, era muito mais segura. Na segunda metade do século XVII, já estava claro que o "império da pimenta" português havia ruído e que o domínio dos poderosos e temidos portugueses sobre os mares chegara ao fim. Dos despojos do "império da pimenta" aproveitaram-se primeiro os holandeses e depois os ingleses.

O novo governo em Portugal tratou de manter a paz com os inimigos da Espanha bem como adotou uma posição de relativa neutralidade nos conflitos europeus. Contudo, as aspirações das potências estrangeiras relativamente aos entrepostos comerciais e fortalezas portuguesas fizeram com que Portugal se tornasse mais um "inimigo atraente" do que um "aliado desejável", por conta do pouco poderio militar de que dispunha na ocasião. Os portugueses fizeram o que puderam, mas diplomacia não conseguiu garantir a estabilidade. O reinado de D. João IV e o de seu sucessor, Afonso VI, enfrentaram dificuldades em garantir a dominação portuguesa no Brasil. Os holandeses, nesse caso, foram a maior ameaça: contrabandeavam açúcar e faziam incursões no território.

BRASIL, "A VACA LEITEIRA DE PORTUGAL"

Consta que D. João IV chamou o Brasil de "a vaca leiteira de Portugal". Num momento em que ruía o "império da pimenta", a frota portuguesa estava em frangalhos e os holandeses cobiçavam Angola e o Nordeste brasileiro, os portugueses tiveram que optar entre a rota do Oriente e a do Brasil. A balança pendeu para o Brasil, que, a partir daí, seria o centro das atenções do Império Português, e para o Atlântico, o eixo principal dos seus negócios ultramarinos.

Da exploração do pau-brasil ao comércio do açúcar, passando pelo tráfico atlântico de escravos, é possível dizer que a cobiça pelo território luso na América só aumentou. A Carreira do Brasil se consolidou então com base no comércio do açúcar, especiaria muito valorizada nos circuitos comerciais europeus, e no de escravos.

Os holandeses, que haviam tomado o "império da pimenta", lutaram bravamente para dominar as possessões africanas e americanas que estavam nas mãos dos portugueses. Durante o século XVII, os portugueses foram obrigados a enfrentar os holandeses tanto no campo militar como na "guerra" pela hegemonia da produção e do lucrativo comércio do açúcar. Os palcos dessa briga se localizaram em regiões tão distintas e

Da consolidação de um império ao fim de uma era dourada | 255

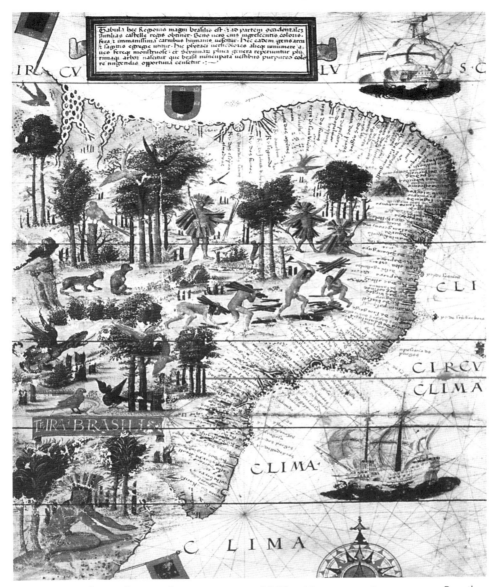

Da época da confecção deste mapa, em 1519, até o momento em que o Brasil se tornou "a vaca leiteira de Portugal", o território brasileiro cresceu como alvo da cobiça e das atenções portuguesas além-mar. A partir da exploração do pau-brasil (retratada na imagem), o Brasil se mostraria cada vez mais interessante, à medida que foram se desenvolvendo, nessas terras, a produção da cana-de-açúcar, a exploração das riquezas minerais e o extremamente lucrativo comércio de escravos.

distantes como a Flandres e o Mar do Norte, o estuário do Amazonas, o interior de Angola, a ilha de Timor e a costa do atual Chile.

É claro, as disputas eram travadas especialmente por conta de questões econômicas, ligadas à circulação e comercialização de produtos como o cravo-da-índia e a noz moscada das Molucas, a canela do Ceilão, a pimenta do Malabar, a prata do México, do Peru e do Japão, o ouro da Guiné e do Monomotapa, o açúcar do Brasil e os escravos negros da África Ocidental.

Com isso, houve uma longa sucessão de guerras e escaramuças, encerradas por tratados que nem sempre eram cumpridos, dando início a novos conflitos.

Um antagonismo ideológico também confrontava um Portugal católico e missionário a uma Holanda (Províncias Unidas) ardentemente animada por ideais calvinistas. Nos anos de 1620 era comum ouvir dos portugueses que os holandeses "não passavam de bons artilheiros", à parte isso, "só serviam para ser queimados como irremediáveis hereges".

A marinha e o exército holandeses eram muito mais eficientes e organizados que os portugueses. E a atuação das companhias de comércio das Índias Orientais e Ocidentais impunha prejuízos enormes às atividades desenvolvidas por Portugal. Assim, os holandeses puderam impor pesadas baixas ao comércio e ao domínio luso nas diferentes partes do Império Português. Uma consequência importante da intervenção holandesa nos assuntos portugueses foi a enorme queda no tráfico atlântico, que envolvia escravos, açúcar e tabaco, gerido por Portugal.

Se o século XVII foi um período difícil para todos os europeus, por conta de guerras, doenças e depressão econômica, para os portugueses foi ainda pior.

O conflito luso-holandês que toca mais de perto os brasileiros se desenrolou em duas frentes: o nordeste brasileiro e a costa ocidental africana.

Nas primeiras décadas do século XVII, os holandeses tiveram sucesso no Golfo da Guiné, abocanhando o comércio do ouro e parte do comércio de escravos. Em 1612 instalaram-se no rebatizado forte Nassau. O forte de São Jorge da Mina foi tomado por eles em 1638. Em 1641 ocuparam Angola. Entre 1624 e 1625 tomaram e depois perderam a Bahia, no Brasil. Porém, instalaram-se com mais sucesso na capitania de Pernambuco, em 1630, e ocuparam dois pontos nevrálgicos: Olinda e Recife. O domínio prolongado instituído pelo holandês Maurício de Nassau em Pernambuco significou o mais sério golpe no já um tanto abalado comércio luso.

Apesar de suas conquistas, Nassau deixaria Pernambuco e retornaria à Europa em 1644 por conta de desavenças pessoais com a Companhia das Índias Ocidentais. Na sequência, as hostilidades entre Portugal e Holanda continuaram, pois os holandeses não queriam deixar o que os lusos insistiam em chamar de América portuguesa. Uma longa batalha, vencida pelos portugueses, finalmente colocou termo ao domínio holandês em 1654.

O ABSOLUTISMO DA DINASTIA DE BRAGANÇA

Com a dinastia de Bragança iniciou-se uma nova etapa da história dos portugueses, sobretudo a partir do reinado de D. Pedro II (1667-1706), quando o papel das Cortes portuguesas decaiu irremediavelmente e o absolutismo passou a vigorar com toda força em Portugal. Com esse regime, as Cortes só seriam consultadas novamente no século XIX. Isso, contudo, não quer dizer que a nobreza e o alto clero deixaram de ter voz no país.

No ambiente de consolidação da posição da casa reinante houve um embate entre os que defendiam o importante papel dos cristãos-novos para o desenvolvimento econômico e aqueles que os perseguiam e que exigiam uma atuação ainda mais firme da Inquisição na condenação e confisco dos bens dos judeus convertidos. Entre os que defendiam a relevância dos cristãos-novos para o reino e as colônias estava o padre Antonio Vieira (1608-1697), pregador da capela real e grande orador. Por conta disso, esse jesuíta seria perseguido e aprisionado. Ao ser finalmente libertado, ficou proibido de exprimir suas opiniões. Mais uma vez venceram os conservadores e a Casa de Bragança continuou a permitir as perseguições contra judeus e convertidos. A Inquisição saiu fortalecida e pôde atuar sem obstáculos e intensamente até meados do século XVIII.

A vitória na Guerra da Restauração e a instalação da nova casa reinante não abriram o caminho para alterações substanciais na ordem social estabelecida e a nobreza e o alto clero reassumiram seu papel político de proeminência em Portugal, tudo fazendo para manter seus privilégios e benefícios. Isso inviabilizou maiores mudanças nas instituições políticas e, o que é pior, alijou os homens de negócio e de grandes fortunas rotulados com a pecha de cristãos-novos.

Os ventos da depressão econômica que varriam a Europa sopraram também em Portugal. Por conta da crise, a concorrência acirrou as disputas entre as potências europeias, que procuravam impor cada vez mais uma política econômica típica dos Estados absolutistas, o mercantilismo. (O termo designa o conjunto de teorias e práticas econômicas relativas ao intervencionismo estatal na economia com políticas monopolistas e fiscais rígidas. As estratégias utilizadas variaram de Estado para Estado. Algumas defendiam o metalismo, ou seja, a crença na acumulação de metais preciosos como a única forma de enriquecimento dos Estados. Outras defendiam a política de manter a balança comercial favorável, com exportações superiores às importações.) Em Portugal, também houve teóricos e políticos que acreditavam que o importante era fomentar a indústria portuguesa e, assim, exportar mais, conseguir ouro e equilibrar a balança de comércio. Tentou-se por um tempo até implantar uma legislação protecionista,

O padre Antonio Vieira é uma das figuras mais importantes do pensamento português do século XVII. Seu olhar crítico sobre a sociedade e o mundo em que vivia está contido nas obras que legou à posteridade, nas quais manifestou suas posições sobre o direito dos índios, a condição dos escravos negros, a perseguição aos judeus e a intolerância reinante entre os portugueses.

proibindo a entrada de produtos manufaturados estrangeiros, e de fomento à criação de manufaturas nacionais, estimulando a entrada de técnicas e técnicos estrangeiros para incrementar a produção. Um dos objetivos era produzir artigos que concorressem diretamente com os franceses vendidos a preços proibitivos. Não obstante o esforço, os produtos portugueses eram de qualidade inferior e, apesar de proibida, a importação continuou. Uma necessária aliança com os ingleses também contribuiu para o insucesso das medidas, minando a incipiente indústria portuguesa de lã e tecidos.

A industrialização não avançou muito em Portugal e os portugueses tiveram que esperar a descoberta do ouro brasileiro para retomar algum fôlego em sua economia.

A VIRADA PARA O LADO INGLÊS

Por mais desejável que fosse, a neutralidade era impossível na política europeia do século XVII. No início, os portugueses oscilaram entre França e Inglaterra, as duas potências que despontavam na época. A oscilação não era inerente aos lusos considerando-se tudo o que estava em jogo: disputas, alianças matrimoniais e políticas, interesses conflitantes. Por fim, Portugal optou por se aproximar dos ingleses, ingressando na grande aliança contra a França, da qual faziam parte, além da Inglaterra, os Países Baixos e a Áustria.

A adesão a essa aliança rendeu alguns benefícios à Coroa portuguesa nos territórios coloniais americanos, como o reconhecimento do direito português sobre as duas margens do Amazonas, contra as pretensões francesas, e sobre a fronteira na embocadura do rio da Prata, contra a vontade da Espanha.

Por outro lado, Portugal acabou envolvido na Guerra de Sucessão da Espanha, (1702-1714) para evitar a união dinástica de França e Espanha através da Casa de Bourbon.[8] Como os portugueses eram aliados dos ingleses e estes queriam impedir a união que daria a franceses e espanhóis um enorme poder no continente europeu, os portugueses tiveram que participar da luta. E mais, foram obrigados a abandonar sua política protecionista em relação aos tecidos de lã (que tentavam fabricar internamente) e importá-los da Inglaterra, que precisava de consumidores para a sua produção em franco desenvolvimento.

Portugal vislumbrou outra resposta à crise econômica e passou a estimular a viticultura e a produção de vinho adequado ao gosto do consumidor inglês, o Vinho do Porto. Assim, os portugueses importavam regularmente os têxteis ingleses (para consumo na metrópole e também no Brasil) e exportavam seu vinho para a Inglaterra. Essas medidas, tomadas desde o último quartel do século XVII, consolidaram a dependência da economia portuguesa em relação à Inglaterra muito antes da assinatura do Tratado dos Panos e Vinho,[9] em 27 de dezembro de 1703, pelo qual Portugal ficava obrigado a abrir o seu mercado à importação de lã inglesa, tendo como contrapartida a exportação facilitada dos seus vinhos para Inglaterra. Embora tenha contribuído para a afirmação da produção vinícola em Portugal, essa política condenou à destruição a incipiente indústria de lanifícios portuguesa (o tratado vigoraria até 1836).

O tratado não foi o único vilão a jogar por terra as tentativas de reformar a economia portuguesa. Mas serviu para reforçar a integração de Portugal na esfera de influência inglesa, colocando os portugueses definitivamente na órbita da preeminência britânica. No século seguinte, a economia portuguesa estaria submetida de maneira crescente e irreversível aos interesses econômicos da Inglaterra com consequências funestas para desenvolvimento do país.

CHEGAM OURO E DIAMANTES DO BRASIL

Para alívio dos portugueses, foi descoberto ouro no Brasil no final do século XVII, metal que entrou com abundância na metrópole na primeira metade dos anos setecentos.

O afluxo do ouro, que inundou a economia lusa nas primeiras décadas do XVIII, foi uma nova oportunidade que os portugueses tiveram de ocupar uma posição importante diante das outras nações europeias. Porém, a oportunidade não foi aproveitada, porque os portugueses não souberam ou não quiseram – isto não muda muita coisa.

A Casa de Bragança, na figura de D. João V, não criou as condições para que os enormes recursos que entravam fossem investidos em setores produtivos. Não só isso se deveu à situação de dependência criada em relação à economia inglesa, mas também à dilapidação do metal que entrava em despesas suntuárias. Gastava-se com o custeio de uma corte luxuosa e com a manutenção do "prestígio real", como, por exemplo, a construção do palácio-convento de Mafra, recorrendo à importação maciça de artistas estrangeiros e à aquisição de obras de arte portuguesas e estrangeiras, além dos próprios materiais usados na construção, praticamente todos importados. Assim, boa parte dos recursos advindos do Brasil ficava apenas de passagem no reino, pois saíam para o pagamento das importações dos produtos estrangeiros que chegavam a Portugal.

As minas de ouro descobertas nos atuais estados de Minas Gerais, Goiás e Mato Grosso, entretanto, trouxeram algum alento à situação econômica portuguesa, pois com elas ficava mais fácil pagar o déficit da balança comercial.

No final da década de 1720, minas de diamante foram descobertas na região do Cerro Frio, em Minas Gerais.

Quando a notícia das descobertas brasileiras se espalhou e as primeiras embarcações chegaram a Portugal carregadas de ouro e, depois, de diamantes, os outros europeus invejaram os portugueses.

Os registros ainda impressionam. A extração de ouro atingia patamares incríveis. De uma média de quase 1.500 kg nos primeiros cinco anos do século XVIII a mais de 15.000 kg em meados do mesmo século, somando-se as entradas provenientes de Minas, Goiás e Mato Grosso. Foi o período o auge da produção. Na segunda metade dos anos setecentos, apesar do declínio, o fluxo de metais preciosos que chegava à metrópole ainda era bastante grande. Para se ter uma ideia, entre 1795 e 1799, período de decadência irreversível, mais de 4.000 kg de ouro, uma quantia ainda vultuosa, chegou a Portugal, interferindo, inclusive, no valor do ouro na Europa. A entrada de diamantes chegou perto de dois milhões de quilates, afetando também seu preço na Europa, diminuindo 75% do valor.

A Coroa procurou de todas as formas controlar a exploração das riquezas minerais. Durante o século XVIII, mudou diversas vezes a maneira de fiscalizar e taxar essas riquezas, além de tentar coibir seu contrabando.

No início do século XVIII já se dizia:

> a Índia e a Mina [na África] que hoje tem Portugal é o Brasil; porque a Índia já não é Índia, e o Brasil não só pelo ouro que manda, mas pelos diamantes, não em bizalhos [bolsinhas], mas em caixas que todos os anos vem a este Reino, é o que o faz tão opulento como se vê e experimenta.[10]

Pena que a riqueza não foi investida na criação de indústrias nacionais ou na melhoria das condições de vida do povo português, ou como disse um poeta: "a maré alta passou por nós como vento e deixou o país como dantes".

A CORRIDA DO OURO NO BRASIL E A OCUPAÇÃO DO INTERIOR

As descobertas dos metais e das pedras preciosas tiveram consideráveis desdobramentos nas terras americanas sob domínio luso. A ocupação e o povoamento da região mineira, no interior do Brasil, foi uma delas.

A incorporação de um território cada vez maior se dava na medida em que novas descobertas eram feitas nos rios e riachos das regiões mineiras, pois o ouro de aluvião foi que caracterizou a mineração no Brasil dos anos setecentos. A notícia da descoberta do ouro se espalhou como rastilho de pólvora e no seu encalço assistiu-se a um deslocamento ímpar de população, não só colonos das zonas litorâneas da colônia, onde a ocupação lusa se concentrava, mas também reinóis em busca de riqueza rápida e fácil. A corrida do ouro atraiu milhares e milhares de pessoas, sobretudo do norte de Portugal e dos arquipélagos (Madeira e Açores). Diante da magnitude do afluxo de portugueses para o Brasil, a Coroa decidiu impor limitações à saída do reino e instituiu, em 1720, o regime de passaportes.

O crescimento da população foi resultado também do aumento acelerado do contingente de africanos importados à força para servir de mão de obra nas minas. Durante o século XVIII, as médias anuais poderiam alcançar mais de 20.000 negros. Os portugueses reconstruíram as feitorias para o tráfico negreiro no golfo da Guiné, organizando, a partir da Bahia, um comércio de escravos ainda mais ativo. No Brasil, os negros atuavam em praticamente todas as atividades econômicas da colônia portuguesa.

Estimativas com relação à população no Brasil apontam que, em meados do século XVII, contando brancos e não brancos, haveria em torno de 150.000 habitantes (dos quais 50.000 brancos), excluindo-se a população indígena não submetida. Por volta de 1770, registravam-se perto de 1.500.000 habitantes, cerca de dez vezes mais que no século anterior!

A descoberta dos metais deslocou o eixo econômico da colônia para o Sudeste e transformou o Rio de Janeiro no principal porto e em sede do governo. Além disso, dinamizou o mercado interno com a necessidade constante de abastecimento na região das minas.

Em meados do século XVIII, aproximadamente a metade do atual território brasileiro já era conhecida e explorada, assim como a população correspondente submetida ao domínio luso. O Tratado de Madrid (1750) reconheceu internacionalmente a mudança na colonização portuguesa estabelecendo uma nova linha demarcatória entre as Coroas ibéricas em substituição ao antigo Tratado de Tordesilhas.

O povoamento ocorrido na época da corrida do ouro tinha um caráter eminentemente urbano, itinerante, com a organização de núcleos de ocupação, mais ou menos efêmeros (em função da exploração do ouro de aluvião), onde os homens compunham a maioria da população.

Esse povoamento itinerante e, de certa forma, aventureiro fez generalizar a prática do concubinato, ao mesmo tempo que, conforme o século XVIII avançava, aumentava a camada populacional composta por indivíduos mulatos e negros forros (homens e mulheres), resultado de uma miscigenação intensa, maior do que em outras sociedades escravistas do litoral brasileiro ou mesmo de outras regiões escravistas da América, incluindo Caribe e a região sul dos atuais Estados Unidos.

Marcas dessa época dourada podem ser encontradas do lado de cá do Atlântico ainda hoje, nas cidades históricas mineiras que compõem um circuito turístico conhecidíssimo, integrando Ouro Preto (antiga Vila Rica), Sabará, Mariana, São João D'el Rei e Congonhas do Campo.

O REINADO DO MAGNÂNIMO

Dos finais do século XVII até 1822 (ano da Independência), o Brasil foi "a essência do Império Português". Há quem diga que foi "a essência do próprio Portugal", pois foram as riquezas brasileiras que sustentaram a independência portuguesa diante da Espanha depois de 1640. E também foram elas que colocaram os portugueses novamente nos trilhos da prosperidade, ou pelo menos foi o que os lusos pensaram antes de descobrir que a prosperidade imaginada era uma ilusão.

O reinado de D. João V (1706-1750) pode dar uma boa ideia do que foi feito com a fortuna vinda do Brasil. É reconhecido o gosto do rei pela ostentação e pela magnificência. O dispendioso rei francês Luis XIV era o modelo para o monarca português. Não é mera coincidência o fato de o esplendoroso e gigantesco palácio-convento de Mafra ter sido construído na época de D. João V com nada menos que 50.000 homens trabalhando na obra monumental, que é um impressionante exemplar da arquitetura barroca portuguesa. Para contentar a população de Lisboa, o rei iniciou a construção de um aqueduto destinado a regular o abastecimento de água na cidade (que só foi concluído no reinado seguinte).

Em que pese o fato de o governo de D. João V, o Magnânimo, ter começado em meio a mais uma guerra europeia que confrontou Portugal e Espanha, o armistício assinado pelo Tratado de Utrecht (1713) permitiu aos portugueses um período de relativa paz por quase meio século. Com os frutos da exploração aurífera no Brasil, Portugal se firmou novamente como um Estado respeitado e independente. Porém, uma independência enfraquecida, sobretudo no plano econômico, por conta da subordinação aos interesses britânicos.

Seguindo a política de seu pai, D. João V confiou a *governação* (governo) a secretários de Estado e a favoritos que governavam de fato enquanto ele se ocupava das artes e das letras, despendendo somas enormes. Pode-se dizer que foi também um rei mecenas, cercando-se de intelectuais importantes e financiando a publicação de obras e a tradução de manuais estrangeiros. Ainda durante seu reinado foi fundada a Academia Real de História e, do ponto de vista da cultura e da arte, o barroco manifestou-se em sua plenitude na arquitetura, mobiliário, talha, azulejo e ourivesaria.

A despeito de tudo isso, mudanças estruturais profundas não se fizeram e os últimos anos do reinado de D. João V não foram brilhantes. Portugal sentiu os efeitos da queda da entrada dos rendimentos provenientes do Brasil, que repercutia negativamente nas finanças públicas. O aumento da receita pública e privada que caracterizou a primeira metade dos anos setecentos não havia sido empregado em transformações significativas no plano econômico, como também não havia transformado a estrutura social vigente em Portugal. Agora, os bons ventos já haviam passado.

Construído a partir do reinado de D. João v, o aqueduto de Lisboa resistiu ao terremoto que atingiu a cidade em 1755. Ao longo dos anos foi sendo ampliado e se manteve em funcionamento até 1968. Desde a nascente da Água Livre, onde tem início, até o Reservatório da Mãe d'Água das Amoreiras, seu término, o aqueduto ultrapassa 14 km.

Foi nessa época que o diplomata Luís da Cunha escreveu *O testamento político* – uma das mais relevantes obras políticas portuguesas –, em que expõe seu programa para governar o país e faz um diagnóstico da situação de Portugal.

> Deus não pôs os cetros nas mãos dos príncipes para que descansem, senão para trabalharem no bom governo dos seus reinos. [...]
>
> A insensível e crudelíssima sangria que o Estado leva é a que lhe dá a Inquisição, porque diariamente com medo dela estão saindo de Portugal com os seus cabedais os chamados cristãos-novos. Não é fácil estancar em Portugal este mau sangue, quando a mesma Inquisição o vai nutrindo pelo mesmo meio que pretende querer vedá-lo ou extingui-lo [...] a ignorância em que estão os acusados dos nomes dos que os acusaram,

e que deverão contestar para escaparem ao fogo, e a prova que fazem as testemunhas singulares para a veemente presunção de que o réu tinha uma leve tintura do sangue hebreu são as verdadeiras causas desta lastimosa tragédia [...].

Luís Antonio Verney, outro intelectual, publicou *O verdadeiro método de estudar* (1746), em que propunha uma nova forma de aprendizado e novas práticas pedagógicas, que traziam críticas sérias aos métodos de ensino utilizados pelos jesuítas. A obra se constrói em torno de 16 cartas que analisam todas as disciplinas que eram então ensinadas em Portugal.

As propostas de Verney seriam fundamentais para que o marquês de Pombal, de quem trataremos na sequência, implementasse reformas na Educação. Antes, porém, Verney, assim como outros intelectuais portugueses de sua época (diplomatas, cientistas, funcionários), foi taxado de "estrangeirado", por haver vivido fora de Portugal e, na volta, trazido para o país as ideias iluministas que circulavam na Europa.

Os portugueses adeptos do iluminismo acreditavam que o atraso de Portugal era resultado direto da falta de cultura e que, para progredir, era necessário espalhar pelo país "as luzes da razão". Defendiam ainda que a falta de cultura se devia ao "ensino teórico, especulativo e dogmático" ministrado nas escolas portuguesas. Com essas ideias, ganharam inimigos poderosos, como os jesuítas, que praticamente mantinham o monopólio do ensino em Portugal, e demais setores influentes da sociedade portuguesa católica, conservadora e autocrática que não queriam sequer ouvir falar em novas formas de pensar.

LUZES E SOMBRAS DO CONSULADO POMBALINO

Entretanto, a partir da segunda metade do século XVIII, Portugal ficaria sob o comando de um homem polêmico, que procuraria mudar os rumos da história do país.

Sebastião José de Carvalho e Melo, mais conhecido como marquês de Pombal, foi indicado para a Secretaria de Estado da Guerra e Negócios Estrangeiros no apagar das luzes do governo de D. João V e, depois, tornou-se o ministro todo-poderoso de D. José I (sucessor de D. João V) por todo o seu reinado. O período em que permaneceu à frente da política portuguesa, mais de 25 anos (1750-1777), é chamado de "despotismo pombalino".

A política colocada em prática por Pombal tinha como objetivo eliminar tudo que pudesse fazer sombra ao poder real, não importando se fosse da nobreza (metropolitana ou das colônias) ou do clero. O marquês acuou as famílias da alta aristocracia e procurou centralizar ainda mais o poder nas mãos do rei.

Do ponto de vista da economia, buscou alternativas para tirar Portugal da crise instalada a partir da decadência da produção aurífera do Brasil e liderou uma série de reformas administrativas, econômicas e sociais no país.

Apoiou a reconstrução de Lisboa após o terremoto de 1755 com base em um planejamento urbano racional. Sua atitude diante da calamidade que atingiu a cidade pode ser sintetizada pela frase a ele atribuída: "E agora? Enterram-se os mortos e alimentam-se os vivos".

Pombal conseguiu aumentar a arrecadação fiscal, pois incentivou a produção agrícola, o comércio e as manufaturas, através do favorecimento das grandes casas comerciais e dos grandes capitalistas a quem concedeu contratos e permitiu a formação de companhias de comércio monopolistas em áreas como a do vinho e da pesca, tudo isso repercutindo na dinamização da marinha portuguesa. (Embora contribuíssem para o avanço da produção e o comércio, as companhias sofreram forte oposição dos pequenos produtores.) A política pombalina também concedeu privilégios à Real Fábrica de Sedas e à Cordoaria Nacional.

Contra a Igreja, Pombal perpetrou lances de mestre. Chegou a romper relações diplomáticas com a Santa Sé em 1760 (retomadas anos mais tarde). E embora não tenha extinguido oficialmente a Inquisição em Portugal (que permaneceu em vigor *de jure* até 1821), esvaziou o poder do Tribunal, subordinando-o à autoridade do rei. Um exemplo dessa manobra foi a obrigatoriedade de sanção real para todos os veredictos.

Como adepto de ideias iluministas que os "estrangeirados" haviam introduzido no país, Pombal pôs fim aos autos de fé e à discriminação acintosa dos cristãos-novos e procurou reformar a educação no país com vistas a integrar os educandos ao Estado.

Acreditava que a Companhia de Jesus era como "um Estado dentro do Estado", um "poder oculto" que se imiscuía nos negócios do Estado em favor dos interesses da Igreja. Para minar esse poder, expulsou os jesuítas de Portugal e das colônias. (Os jesuítas regressariam a Portugal em 1829 a pedido do rei D. Miguel.) A política pombalina não denota necessariamente irreligiosidade do ministro, mas um projeto de secularização sob a bandeira de que a "razão de Estado" estava acima dos interesses da Santa Sé.

Após expulsar os jesuítas, procurou laicizar a educação. Remodelou a Universidade de Coimbra e, nos demais níveis do ensino ministrado nas principais vilas e cidades do reino, instituiu cursos de Literatura Latina, Retórica, Gramática Grega para preparar o acesso aos estudos universitários. Criou o Colégio dos Nobres, em Lisboa, para formar os jovens filhos da aristocracia no "espírito moderno" que queria imprimir, ocupando o espaço antes monopolizado pela Companhia de Jesus. Entretanto, teve problemas com sua política educacional, pois não bastava criar instituições sem encontrar mestres capacitados. Como havia escassez de pessoal competente para viabilizar as reformas, elas não puderam ser, na prática, muito inovadoras ou profundas.

Da consolidação de um império ao fim de uma era dourada | 267

O marquês de Pombal foi figura polêmica, com admiradores e detratores, e ainda hoje suscita posições antagônicas entre os que se dedicam a analisar o chamado Consulado Pombalino (1750-1777). Da reconstrução de Lisboa até a expulsão dos jesuítas, passando pela reforma do sistema educacional e pelas medidas para incrementar a economia metropolitana e das colônias, há muito espaço para debater a obra realizada pelo ministro de D. José I.

No Brasil, fiel às suas diretrizes, Pombal aplicou medidas semelhantes às da metrópole. Extinguiu as capitanias hereditárias (enfraquecendo o poder dos nobres), reforçou a fortificação das fronteiras e transferiu a capital de Salvador para o Rio de Janeiro (em 1763). Para tentar diminuir a influência econômica inglesa e facilitar o recolhimento de impostos, fomentou a produção colonial através da criação de companhias de comércio no Grão-Pará, Maranhão, Pernambuco e Paraíba.

Para defender as possessões portuguesas, favoreceu sua ocupação. Consolidar a posse dos milhares e milhares de quilômetros que separavam as terras sob domínio da Espanha daquelas sob a autoridade da Coroa portuguesa, nos rincões do extremo meridional e, especialmente, da Amazônia, era tarefa dificílima. A saída foi incitar o crescimento populacional estimulando a miscigenação e o casamento entre brancos e índios. Além disso, Pombal converteu os índios em "colonos", ou seja, súditos. Com isso, revogou todas as leis que permitiam a escravização indígena, por serem incompatíveis com o *status* de súdito atribuído aos índios, e liberou-os da tutela religiosa dos jesuítas. Acabava, assim, o trabalho dos religiosos nos aldeamentos, que passaram a ser considerados vilas e administrados por um diretor subordinado à Coroa. Em cada vila era obrigatório haver pelo menos uma escola, com um mestre para os meninos e outro para as meninas, sendo proibido o uso de outro idioma que não o português (o nheehgatu, que era a língua geral amazônica, inclusive, foi proibido). Os indígenas deveriam ter sobrenome português. A nudez e as habitações coletivas à maneira das tribos locais foram proibidas.

Para garantir a posse da região que hoje corresponde ao atual estado do Rio Grande do Sul, Pombal recrutou soldados e enviou armamentos e açorianos para colonizar os espaços conquistados.

Com a morte do rei D. José I, sua filha e sucessora, D. Maria I, afastou Pombal. O marquês foi então acusado de uma série de crimes, sendo finalmente desterrado em uma de suas propriedades, onde viria a falecer em 1782. Não se poderia esperar outra coisa, uma vez que ele havia granjeado muitos inimigos poderosos entre o clero e a nobreza.

A morte, entretanto, não relegou Pombal ao esquecimento. Sua figura continua sendo evocada, embora sem unanimidade (como déspota insensível ou como símbolo da modernidade), a cada vez que se discutem as formas de tornar Portugal um país mais relevante no concerto das nações.

METRÓPOLE E COLÔNIA INVERTEM PAPÉIS

O final do século XVIII assistiu a mudanças profundas não só em Portugal, mas em toda a Europa. A Revolução Francesa e o furacão napoleônico afetaram todo o Velho Mundo e a Viradeira alterou a vida dos portugueses.

Para garantir a manutenção da Coroa e da colônia americana sob a dinastia de Bragança, D. João VI deslocou-se com sua corte para o Brasil. Sob o ponto de vista monárquico, o artifício deu certo, mas deixou Portugal a mercê dos ataques das tropas napoleônicas e totalmente dependente da atuação dos ingleses.

Partida da família real para o Brasil. A transferência da sede da monarquia portuguesa para o Brasil causaria uma reviravolta nas relações entre a metrópole e a colônia, deslocando o eixo da vida administrativa e econômica do Império Português para a colônia.

Viradeira é como é chamada a mudança na política após a morte de D. José I e o fim do governo pombalino. A rainha D. Maria I renovou parte do alto escalão do governo e devolveu poderes à nobreza, neutralizando a política do tempo de Pombal. A Igreja recuperou sua força anterior. Alguns monopólios mercantis foram extintos, outros se mantiveram, sob controle governamental. Cresceu o número de fábricas no reino, sobretudo no setor têxtil, mas a indústria portuguesa continuou a ter problemas de atraso técnico em relação aos concorrentes estrangeiros que ficariam muito evidentes no século seguinte.

Mesmo se dando conta da fragilidade de seu país perante as novas potências europeias (Inglaterra e França) e procurando não se envolver em suas disputas, os portugueses não ficavam imunes aos conflitos internacionais. Quando Napoleão Bonaparte começou a invadir "países conservadores" para "levar aos povos os ideais da Revolução Francesa" – como ele justificava suas ambições e ações militares –, Portugal, aliado da Inglaterra, também foi atacado e ocupado pelas tropas francesas, sobretudo para que os portos portugueses fossem fechados aos navios ingleses. A invasão napoleônica levou à transferência da corte portuguesa para o Brasil em 1808, com D. João VI (filho de Maria I, que enlouquecera) à frente.

O Brasil tornou-se, então, o centro do Império governado pelos Bragança, que abandonaram os súditos que habitavam Portugal para salvar a própria pele e tentar manter o que restava de seus domínios. A família real portuguesa instalou-se no Rio de Janeiro, acompanhada de uma grande comitiva composta por membros da nobreza e da administração. Isso significou a transferência de todo o aparelho institucional da monarquia para a colônia e representou a subversão de uma lógica organizacional instaurada desde a expansão ultramarina europeia; agora, a colônia era "mais importante" que a metrópole.

O artifício de D. João VI teve o indiscutível mérito de garantir a manutenção da Coroa e da colônia americana sob a égide da dinastia de Bragança. Mas os portugueses que ficaram em Portugal sofreram não uma, mas três invasões de exércitos franceses, em 1807-08, 1809 e 1810. Nas três ocasiões, os portugueses, a duras penas, conseguiram expulsar os invasores com o auxílio imprescindível das tropas inglesas. Para a Inglaterra, era importante manter Portugal livre da França e, com isso, garantir a entrada de seus produtos manufaturados nos mercados consumidores em terras europeias e além-mar.

O que mudou na antiga metrópole

Com a expulsão definitiva dos franceses e, na ausência da família real, a liderança no governo em Portugal passou para mãos inglesas. A hegemonia econômica inglesa cresceu quando Portugal passou a ser, na prática, quase que um protetorado britânico.

Os portugueses, que viviam dificuldades econômicas ainda maiores por conta das lutas contra Napoleão, irritaram-se profundamente com medidas adotadas a uma distância conveniente por D. João VI no Brasil: 1) 1808 – abertura dos portos brasileiros às nações amigas, oficialmente acabando com o monopólio português; 2) 1810 – assinatura de tratados que garantiam privilégios alfandegários aos produtos britânicos nas alfândegas portuguesas (decisão que atinge duramente a economia e o comércio de Lisboa e do Porto); 3) 1815 – elevação do Brasil a Reino Unido (oficializando o fato de que a antiga colônia agora estava em pé de igualdade com a ex-metrópole).

Descontentes, os habitantes de Portugal cobraram o retorno da família real a Portugal. Queriam também o fim da regência de lorde Beresford, o oficial britânico que comandara a expulsão dos franceses do território português. Havia até grupos secretos que tinham ideias liberais ou conspiravam clandestinamente para acabar com o domínio inglês.

D. João VI, proclamado rei desde 1818, não tinha muita vontade de voltar a Portugal. Para fazer frente à pressão, autorizou a repressão às sociedades secretas e aos partidários do liberalismo. Isso foi o estopim para uma série de revoltas urbanas de intelectuais e populares ocorridas em 1820. Os manifestantes impediram que Beresford continuasse a governar e reivindicaram a convocação das Cortes (a assembleia que reunia os representantes da nobreza, do clero e do povo) para elaborar uma nova constituição para o país. Oficiais subalternos e burgueses aderiram ao movimento. O regente inglês foi deposto e constituiu-se um governo interino. As Cortes reuniram-se solenemente (após mais de um século de inatividade) em janeiro de 1821 para redigir uma Carta Magna.

Sem poder protelar mais, D. João VI, com sua comitiva, voltou a Portugal, deixando um filho, D. Pedro, no Brasil na condição de príncipe regente. Porém, nada seria como antes na vida dos reis portugueses. A nova Carta constitucional concluída em 1822, de inspiração liberal, estabeleceu limites ao poder real em nome do respeito às liberdades individuais. Seu texto contemplava a abolição de todos os privilégios, extinguia a Inquisição, decretava a liberdade de imprensa e a independência dos poderes (executivo, legislativo e judiciário), entre outras medidas. Eis um trecho:

> A casa de todo o Português é para ele um asilo. Nenhum oficial público pode entrar nela sem ordem escrita da competente Autoridade, salvo nos casos, e pelo modo que a lei determinar [...]. A propriedade é um direito sagrado e inviolável, que tem qualquer Português, de dispor sua vontade de todos os seus bens, segundo as leis [...]. A livre comunicação dos pensamentos é um dos mais preciosos direitos do homem. Todo o Português pode, sem dependência de censura prévia, manifestar suas opiniões em qualquer matéria, contanto que haja de responder pelo abuso desta liberdade nos casos, e pela forma que a lei determinar [...]. A lei é igual para todos. Não se devem, portanto, tolerar privilégios do foro nas causas cíveis ou crimes, nem comissões especiais.

Os portugueses

Entretanto, o entusiasmo liberal teve vida curta, durou de agosto de 1820 a abril de 1823. Setores mais conservadores da sociedade portuguesa ligados à velha ordem absolutista uniram-se a Dona Carlota Joaquina, esposa de D. João VI, e seu filho D. Miguel para acabar com a festa e recuperar o poder perdido.

Mas, antes de continuar esse assunto, vejamos as principais transformações que a transferência da família real trouxe para o Brasil.

O que mudou no Brasil

A decisão régia de abrir os portos brasileiros às nações amigas, tomada graças às pressões dos britânicos, terminara oficialmente com o chamado "pacto colonial" (definido pelo direito à exclusividade metropolitana em relação ao comércio com a colônia). A partir daí, a realeza passou a adequar a cidade do Rio de Janeiro ao seu novo papel de sede da monarquia.

Embora o Rio de Janeiro fosse o principal porto da colônia – com intensa atividade comercial, pois era o ponto de ligação entre as diferentes partes do território e com a própria metrópole –, mantinha as características típicas das cidades coloniais: ruas estreitas e tortuosas, casas acanhadas e desprovidas de comodidades encontradas em Lisboa, praticamente sem infraestrutura e sem palácios adequados à realeza e com pouquíssima atividade cultural ao gosto dos nobres portugueses. A população rondaria os 60.000 habitantes, com uma porcentagem significativa de escravos.

Se o Brasil causou má impressão aos recém-chegados, estes também trouxeram bastante incômodo à população local passado um primeiro momento de orgulho por receber hóspedes tão importantes. Várias famílias foram desalojadas para abrigar os membros da comitiva real. Por outro lado, os habitantes do Rio de Janeiro, e mesmo o Brasil, acabaram ganhando algumas compensações como a instalação da imprensa régia, a fundação da academia e do hospital militar, a criação do Banco do Brasil, da Biblioteca Real, da Academia de Belas Artes e do Jardim Botânico.

Rapidamente, a população local com alguma condição econômica sucumbiu às modas europeias e, por imitação, passou a adotar vários hábitos europeus para a alegria dos comerciantes de mercadorias de luxo. A imitação, como não poderia deixar de ser, levou a situações inusitadas, como a adoção dos lenços ou turbantes na cabeça por parte das mulheres no Brasil. Dona Carlota Joaquina e as damas que a acompanhavam haviam desembarcado com os tais panos para ocultar os cabelos cortados no navio por conta de uma infestação de piolhos. As brasileiras passaram a fazer o mesmo achando que aquilo era a última moda na Europa!

A presença da corte portuguesa teve também impactos mais sérios como a permissão para que manufaturas finalmente pudessem ser instaladas no Brasil, a implantação de órgãos administrativos do Estado e a abertura de várias escolas de ensino superior, como as faculdades de Medicina da Bahia e do Rio de Janeiro. A motivação que levou à criação dessas instituições foi a urgência em desenvolver remédios e tratamentos para doenças tropicais, ainda desconhecidas, às quais o grupo recém-chegado à América Portuguesa não tinha resistência. Mas a repercussão do fato foi bem maior. Diferentemente da Espanha, Portugal, até aquele momento, não permitia o ensino superior em sua colônia americana. Os monarcas lusos queriam obrigar as elites coloniais a instruírem-se na própria metrópole, nos moldes da Universidade de Coimbra, para consolidar os laços entre colonos e a metrópole e a Coroa portuguesa. Agora, porém, o Brasil já tinha suas próprias faculdades.

Com *status* de Reino Unido, o Brasil e seus habitantes passaram a poder sonhar com voos mais altos e independentes.

A PERDA DEFINITIVA DA "JOIA DA COROA"

Durante a estadia da corte no Brasil não foram poupados esforços para favorecer o povoamento. Em 1810, o Brasil tinha pouco mais de 3.600.000 habitantes e, em 1820, esse número ultrapassava os 4.200.000. O crescimento não foi apenas natural, mas também resultou de uma política de incentivo à imigração.[11]

Entre 1808 e 1822 várias medidas incentivaram o desenvolvimento econômico do Brasil, tanto na agricultura como nas manufaturas, que tiveram progressos enormes. A abertura dos portos ao comércio internacional e o crescimento das trocas comerciais concorreram para que o comércio atlântico de escravos disparasse, passando de uma média de entradas entre 5.000 a 7.000 (antes de 1808) para mais de 20.000 nos anos que seguiram (1809-1811), para alcançar a marca de 40.000 no final da década de 1820. Na contracorrente, cada vez mais o governo da Inglaterra pressionava para colocar um fim ao tráfico negreiro. De acordo em acordo, os portugueses aos poucos foram cedendo aos interesses ingleses também nesse quesito.

Sem dúvida alguma, todas as transformações que aconteceram na antiga colônia nos 13 anos de estadia da realeza de Portugal no Brasil contribuiriam para o processo que acabaria com a Independência em setembro de 1822.

A presença e a atuação da corte portuguesa em terras brasileiras evidenciaram o crescente conflito de interesses entre os habitantes de Portugal e os habitantes do

Brasil. Os daqui, em especial a elite luso-brasileira, beneficiavam-se das novas medidas político-econômicas, enquanto os de lá experimentavam as agruras do "abandono" dos dirigentes e do declínio comercial. Enquanto os primeiros passaram a querer mais e mais autonomia com relação a Portugal, os segundos queriam que tudo voltasse a ser como antes, quando viviam numa verdadeira metrópole colonial.

Com a volta de D. João VI a Portugal e com D. Pedro governando o Brasil, cresceu o movimento que desejava uma ruptura definitiva entre o Brasil e Portugal. O regente, que havia sido criado no Brasil e talvez se sentisse mais brasileiro do que português, tinha ambições políticas de tomar as rédeas do processo. O círculo de pessoas próximas ao regente (nobres, militares, negociantes e bacharéis formados em Coimbra), é óbvio, apoiava sua liderança. D. Pedro sofria também a influência de seu mentor, José Bonifácio de Andrada e Silva, um defensor de ideias "progressistas", como a gradativa extinção do tráfico negreiro e da escravidão e a livre entrada de imigrantes, embora fosse politicamente um "liberal conservador" que considerava a forma monárquica de governo a mais "adequada para o Brasil".

Estimulado, D. Pedro tomou medidas para melhorar a administração, o comércio e a agricultura brasileiros. No entanto, pressionado, terminou por jurar obedecer os princípios da constituição portuguesa (lembremos que Portugal queria a todo custo fazer com que o Brasil perdesse a posição de Reino Unido). Para mostrar força, as Cortes de Lisboa tomaram medidas administrativas que afetavam o Brasil sem que fossem submetidas à chancela do Rio de Janeiro, o que esvaziava, solenemente, a atuação de D. Pedro como regente.

D. Pedro ganhou popularidade no Brasil. Se isso representava um trunfo para o movimento separatista, significava um perigo potencial para as Cortes em Portugal, que resolveram chamar D. Pedro de volta. A ordem de retorno recebida pelo príncipe gerou uma forte reação dos brasileiros, que lhe pediam para desobedecer ao comando. Temendo um retrocesso, os separatistas preferiram apoiar D. Pedro. Rapidamente, o príncipe respondeu com a frase que todos conhecemos: "Como se trata do bem comum e da felicidade universal da nação, aceito: dizei ao povo que fico".[12]

Com certeza, aqui, "a felicidade da nação" deve ser entendida num sentido um pouco mais estreito, significando, de fato, a satisfação do restrito grupo da elite político-econômica luso-brasileira, formada por grandes proprietários de terra e por comerciantes, que foram os maiores beneficiários das ações que colocaram o Brasil nos trilhos da Independência. A elite, que incluía tanto brasileiros natos quanto portugueses que se haviam radicado no Brasil e cujos interesses econômicos estavam aqui concentrados, apoiou o processo que continuaria a manter as estruturas sociais

Da consolidação de um império ao fim de uma era dourada | 275

As Cortes constituintes tiveram início na sequência da Revolução Liberal do Porto. Foram abertas no dia 24 de janeiro de 1821(em agosto de 1821 chegaram os deputados vindos do Brasil) e funcionaram até 4 de novembro de 1822.

e econômicas vigentes, mas sem os riscos de uma retomada do poder por parte da antiga metrópole.

Nos primeiros momentos, D. Pedro ainda apostava na manutenção da união de dois Estados soberanos, sob a mesma Coroa. Entretanto, a ruptura efetiva mostrou-se inevitável diante da insistência de Lisboa em submeter e governar diretamente o Brasil. Em 7 de setembro de 1822, Pedro declara a Independência do Brasil e, em 13 de outubro, é aclamado imperador do Brasil. Essa proclamação conservou a ligação entre o Brasil e a Casa de Bragança (mantida até a proclamação da República em 1889).

Oficialmente, a Independência do Brasil só seria reconhecida por Portugal no final de 1825, com a assinatura de um Tratado de Paz e Aliança com o novo Estado e o pagamento de uma indenização de dois milhões de libras esterlinas a Portugal. Foram-se os anéis e ficaram os dedos. D. João VI, por seu turno, teve que ir adiante com seu reinado, e grande parte do tempo que lhe restou foi passado tentando equilibrar-se entre as disputas políticas de liberais e conservadores, que se digladiavam em Portugal.

Desde então, os portugueses praticamente desaparecem dos livros de História do Brasil, de tal maneira que os brasileiros desconhecem o que se passou com eles no restante do século XIX e no século XX. Um dos únicos elementos que mantém a "conexão" é a continuação do fluxo imigratório, que assegurou a entrada de portugueses no Brasil depois da Independência. Parece que o interesse só é reaceso com a Revolução dos Cravos (1974), inspiradora para as esquerdas, e a emigração de brasileiros na década de 1990. Entretanto, os portugueses continuaram a ter uma trajetória rica e interessante que vale a pena conhecer.

Nos séculos XIX e XX, eles enfrentarão desafios de toda ordem, sobretudo o de tentar livrar Portugal da pecha de país arcaico e atrasado.

Notas

[1] Labourdette, *História de Portugal*, Lisboa, Dom Quixote, 2008, p. 179.

[2] Os historiadores são unânimes em concordar que os senhores de engenho tinham um *status* ímpar na sociedade. Entretanto, há os que apontam que isso nem sempre significava uma situação econômica muito confortável, pois os senhores frequentemente estavam endividados com os comerciantes que lhes forneciam escravos, empenhando muitas vezes suas colheitas para pagamento de dívidas antes mesmo de elas serem comercializadas.

[3] O padroado real ou padroado régio conferia aos monarcas lusitanos o direito de cobrar e administrar os dízimos eclesiásticos (a taxa de contribuição dos fiéis para a Igreja). Cabia também ao monarca escolher os ocupantes do governo das dioceses, das paróquias e de outros benefícios eclesiásticos, bem como zelar pela construção e conservação dos edifícios de culto, remunerar o clero, e promover a expansão da fé cristã. O padroado real permitia que os reis portugueses exercessem um controle sobre as esferas temporais e as espirituais, tanto em Portugal como nas colônias.

[4] O Colégio das Artes foi fundado em Coimbra, por iniciativa do infante D. Pedro, e recebeu enorme impulso na época de D. João III. Seu principal objetivo era melhorar e renovar o ensino em Portugal a partir de uma visão humanista e laica que predominava na época.

Da consolidação de um império ao fim de uma era dourada | 277

5   A presença das poucas famílias judias que conseguiram legalizar-se em Portugal desencadeou um desequilíbrio na balança que regia as relações das famílias judias mais poderosas com os nobres cristãos, o que também serviria de motivo para as ondas de violência que caracterizariam os reinados seguintes.

6   Alguns números podem dizer muita coisa sobre a atuação do Tribunal do Santo Ofício na península ibérica: na Espanha, foram nada menos que 84.000 processos entre 1540-1700; em Portugal, atingiram o número de 45.000 entre 1536 e 1767.

7   A Guerra dos Trinta Anos começou como um conflito religioso entre católicos e protestantes e terminou por se tornar uma luta pela hegemonia europeia.

8   Depois da morte do último monarca da Casa de Habsburgo, Carlos ii, a Casa de Bourbon se viu com direito à Coroa espanhola. Ao final da guerra, a dinastia bourbônica sairia vitoriosa e assumiria o trono espanhol.

9   Também conhecido como Tratado de Methuen.

10   Disponível em: <http://ler.letras.up.pt/uploads/ficheiros/2972.pdf>; acesso em: mar. 2009.

11   O próprio casamento de D. Pedro com a arquiduquesa da Áustria, Dona Leopoldina, abriu caminho para o fluxo de imigrantes germânicos para o Brasil, especialmente para o Sul.

12   Há versões diferentes para a famosa frase proferida por D. Pedro na ocasião. A que todos aprendemos nas escolas brasileiras é: "Se é para o bem de todos e felicidade geral da nação, diga ao povo que fico".

À PROCURA DE NOVOS CAMINHOS

A Independência do Brasil foi uma grande perda para os portugueses. De agora em diante, teriam que aprender a viver sem essa colônia.

A sociedade também estava um pouco diferente. Novos grupos sociais ganhavam importância e desafiavam os antigos donos do poder. A própria instituição da monarquia nunca mais seria a mesma. O absolutismo e o Antigo Regime não teriam lugar no século XIX, período de revoltas liberais e reivindicações democráticas.

No Antigo Regime, ignorava-se a ideia moderna de igualdade entre os indivíduos. Ao invés da noção de "direitos", predominava uma lógica de "privilégios" desigualmente distribuídos entre as pessoas: privilégios de nascimento, privilégios de ocupação (acesso a cargos e funções burocráticas), privilégios particulares dados pelo rei a determinados indivíduos ou corporações (como tenças, benefícios, pensões, exclusividades). A sociedade estava estruturada numa complexa teia de hierarquias de *status*, em que cada um buscava a "distinção" e a riqueza nem sempre exercia papel central. Mesmo alguém que tivesse muito dinheiro, como os burgueses enriquecidos, era considerado socialmente inferior por não pertencer à nobreza. A nobreza se destacava ainda como o grupo que detinha a posse da maioria das terras do país além de diversos direitos exclusivos ligados à sua exploração; assim, a relação com a terra também era um fator de distinção social no Portugal oitocentista.[1]

No século XIX, com as ideias liberais, isso tudo começou a ser contestado em Portugal. Os que quiseram conservar poderes e manter tradições precisaram se adaptar aos novos tempos, seguindo a conhecida máxima de que "é preciso mudar para que as coisas continuem as mesmas".

A MONARQUIA CONSTITUCIONAL

Quando D. João VI retornou a Portugal, deu-se conta de que muita coisa estava diferente. Levado a jurar obedecer a Constituição, viu que seu papel como rei não seria mais o mesmo. O regime mudara para uma monarquia constitucional. O Estado português afastou-se do todo-poderoso regime absoluto quando a Constituição instituiu o sistema tripartido (com Executivo, Legislativo e Judiciário), previu o direito à liberdade individual, à livre expressão do pensamento, à igualdade de todos perante a lei (ou seja, não haveria mais privilégios de sangue) e garantiu a supremacia das Cortes legislativas. Agora, os súditos, através de representantes nessas Cortes, podiam ter uma posição mais ativa na política do país e fazer exigências maiores aos governantes. O sistema monárquico estava mantido, mas, obviamente, com uma grande redução dos antigos poderes do rei (essa redução drástica não duraria muito, como veremos).

A supressão de determinados tributos e obrigações também diminuiu o poder dos nobres senhores de terra e da Igreja sobre os camponeses e mesmo sobre o uso dos terrenos. O dízimo obrigatório pago à Igreja foi extinto. A sisa, um imposto que pesava sobre os bens de raiz, foi reduzida à metade. As coutadas e coudelarias,[2] privilégios da nobreza (adquiridos ainda no medievo), foram abolidas.

Com o fim de diversos privilégios senhoriais e vínculos feudais consagrados por lei, os trabalhadores do campo viram-se libertos de vários dos encargos e obrigações que tinham anteriormente e a terra ficou mais acessível a quem pudesse pagar por ela. Na verdade, os grandes beneficiados com essas medidas foram as pessoas que dispunham de capital para adquirir propriedades rurais, agora disponibilizadas e desoneradas, colocadas no mercado: nobres com dinheiro e burgueses (grandes comerciantes, empresários e banqueiros). Assim, as terras mais significativas continuaram longe do alcance da esmagadora maioria dos camponeses em Portugal.

A extinção do Tribunal do Santo Ofício foi outro golpe na realeza e na influência política do alto clero. Com isso, os portugueses puderam usufruir um clima mais tolerante e laico na educação, na difusão de ideias e nas próprias relações pessoais. A extinção do braço repressivo da Igreja Católica teve um duplo significado. Pôs em evidência a luta de muitos portugueses pela secularização da sociedade, da cultura e das instituições e acenou para um novo princípio, o da não intervenção da Igreja nos assuntos do Estado.

Com a nova Constituição liberal, teve início um processo de desmantelamento das estruturas tradicionais na produção artesanal, permitindo a reorganização do trabalho (até então predominantemente manual e feito na própria casa dos artesãos). Foi dado um incentivo de peso à formação de empresas, com a disponibilização de crédito e empréstimos (que tratariam de contornar a falta de capitais) para a contratação de mão de obra qualificada e a aquisição de maquinário. Além disso, as leis que entraram em vigor colocaram termo a vários entraves à liberdade de comércio e de indústria que existiam anteriormente.

Os bens da Coroa foram nacionalizados, revertendo para o Estado todas as terras reais e todos os direitos inerentes a elas, que foram incorporados à Fazenda Nacional. O governo liberal extinguiu ordens religiosas, mosteiros e conventos, o que resultou na desamortização de todos os seus bens, que, a seguir, foram vendidos em hasta pública. Com essas duas medidas, houve em Portugal um movimento de redistribuição da propriedade rural que anteriormente estava concentrada nas mãos da Coroa e da Igreja. Entretanto, isso também não propiciou o surgimento de um campesinato médio, uma vez que as propriedades acabaram nas mãos de quem podia de fato pagar por elas, como de resto ocorreu com as demais terras colocadas à venda no mercado. Ao final, o liberalismo oitocentista propiciou o surgimento de uma classe poderosa de burgueses terratenentes.

Não é difícil entender que a Constituição e as próprias ideias liberais em voga nessa época provocaram polêmica na sociedade portuguesa. A primeira metade do século XIX foi um período muito turbulento, com muitos protestos e embates políticos (que podiam acabar em pancadaria nas ruas), golpes e contragolpes e oscilações entre momentos de ventos liberais e períodos de hegemonia das forças do retrocesso.

Havia os chamados "conservadores", que queriam que tudo voltasse a ser como antes. Entre eles estavam altos funcionários, aristocratas e membros do clero de maneira geral (não só o alto clero, mas também os padres das paróquias constituíam um baluarte na defesa das tradições). Imagine se aceitariam passivamente as profundas transformações que prometia o golpe de pena constitucional! Esses defensores do Antigo Regime foram responsáveis pela violenta queda de braço com os adeptos do sistema de monarquia constitucional (e também com a minoria radical que já falava em república). A briga toda se estenderia por décadas em Portugal. Ao grupo incorporaram-se, posteriormente, comerciantes cujos negócios ficaram prejudicados com a Independência do Brasil.

"Liberais" eram todos os que defendiam a existência de uma Constituição. Entre eles havia os que aceitavam até certo ponto a nova ordem refletida pela Carta de 1822, mas não admitiam outras inovações. E havia também os radicais (muitos deles maçons), que queriam ainda maiores avanços: mais democracia, regime republicano, Estado laico e divulgação do pensamento anticlerical.

A Revolução Liberal de 1820, de fato, pretendeu extirpar todos os privilégios que encontramos nos quadros de uma sociedade de Antigo Regime. Contudo, na prática, boa parte dos que defendiam o liberalismo em Portugal era constituída por proprietários de terras ou negócios que teriam muito a perder com radicalismos que ameaçassem seus bens. Lutavam por mudanças até o ponto em que estas não interferissem nos seus "direitos" privados, sobretudo o de propriedade. O "liberalismo radical" que, de maneira inesperada, se consubstanciou no texto da Constituição de 1822 despertava a inquietação e o alarme desses "liberais, mas nem tanto", para não falar novamente da indignação do clero e da nobreza.

A grande maioria da população, por sua vez, não compreendia claramente o liberalismo dos radicais, nem a separação entre Portugal e Brasil. Os conservadores souberam então canalizar o descontentamento popular – fruto dos problemas da época em que a Corte esteve no Brasil e, depois, advindos da perda definitiva da colônia – em função de seus interesses.

Assim, a história mostrou que não havia base substancial para levar avante as propostas de modernização espelhadas nos artigos da Constituição de 1822. Elas tiveram um desfecho melancólico graças à falta de apoio do povo, à pressão vigorosa dos conservadores e às pregações antiliberais dos padres católicos. Em 1823, D. João VI já se sentiu à vontade para abolir a Constituição e revogar a atuação das Cortes liberais reunidas em 1821.

UMA DISPUTA EM FAMÍLIA: PEDRO E MIGUEL

D. Pedro I era imperador do Brasil, mas, também, era o filho mais velho e o sucessor de D. João VI em Portugal. Quando o pai morreu, em 1826, Pedro, que se tornou D. Pedro IV de Portugal, mesmo vivendo no Brasil, outorgou uma nova Constituição para os portugueses. Por essa nova Carta (imposta sem qualquer consulta às Cortes), o rei exerceria o *poder moderador*, ou seja, daria a palavra final com relação à nomeação de pares, convocação ou dissolução da Câmara dos Deputados, nomeações e demissões no governo, suspensão de magistrados, concessões de anistia e perdão, veto de leis decretadas pelas Cortes.[3] Com a Carta de D. Pedro, a nobreza também ganharia de volta várias regalias.

Tentando agradar tanto os conservadores como os liberais menos exaltados, D. Pedro procurou dar um basta nos protestos de ambos os lados, já que, mesmo com os evidentes retrocessos, garantia aos portugueses a existência de um texto constitucional.

Outros motivos, porém, foram usados para justificar as guerras civis que ocorreriam em Portugal entre 1828 e 1834. O principal foi a questão da sucessão ao trono que colocou em campos opostos os "conservadores" ou "legitimistas" (que apoiavam as pretensões de D. Miguel, adepto da volta ao Antigo Regime) e os "liberais" (que decidiram apoiar D. Pedro). Os "liberais" queriam manter a monarquia constitucional em Portugal e, naquela altura, D. Pedro pareceu-lhes a melhor opção diante de seu irmão menor ultraconservador.

À procura de novos caminhos | 283

A disputa em família entre D. Pedro e seu irmão D. Miguel mostrou
as vicissitudes dos avanços do liberalismo e a teimosa resistência do absolutismo.
Em Portugal, D. Pedro associou-se aos liberais (embora, no Brasil,
sua postura fosse absolutista), e seu irmão Miguel vinculou-se
à facção que queria a volta do Antigo Regime.

No Brasil, D. Pedro, ao longo de seu reinado (1822-1831), nunca seria chamado de liberal, pelo contrário; mas em Portugal, sim, ele acabou sendo, por ter se identificado com a luta pela existência de uma Constituição. Quem conhece a capacidade dos políticos em adaptar-se e fazer alianças apenas para manter-se no poder não estranha as diferentes posições "ideológicas" de D. Pedro dos dois lados do oceano. E ele não foi o único a oscilar. Muitos integrantes da elite política portuguesa (terratenente e comercial) também mudavam constantemente de postura e de aliados, dependendo dos interesses de ocasião. Ora eram mais "liberais", ora pareciam mais "conservadores".

Os que achavam que tinham mais a ganhar com Pedro, defendiam ser ele o herdeiro natural. Os partidários de Miguel, por sua vez, insistiam que Pedro havia traído os portugueses ao proclamar a Independência do Brasil, ficando, por conseguinte, inapto para assumir a coroa portuguesa, que seria, então, automaticamente de Miguel.

Considerando que os brasileiros jamais aceitariam a união pessoal das coroas do Brasil e de Portugal, D. Pedro abdicou de seus direitos em favor de sua filha mais velha, D. Maria da Glória, na época, com sete anos de idade. O plano era casar a criança com seu tio D. Miguel, a quem seria confiada a Regência até que a menina crescesse. Com isso, Pedro evitaria novas batalhas e garantiria seu poder no futuro.

D. Miguel, que estava exilado por conta dos diversos golpes que tentara dar para assumir o poder, voltou a Portugal com as mesmas antigas ambições. Ainda assim, jurou fidelidade ao irmão e à sobrinha-esposa e prometeu entregar o governo do reino a ela assim que Maria alcançasse a maioridade. Jurou ainda respeitar e fazer cumprir a Constituição. Entretanto, uma série de episódios acabou por levar D. Miguel a desafiar a Constituição e convocar as Cortes, dessa vez compostas por conservadores. Elas então proclamaram Miguel rei legítimo, anularam a Carta de 1826 e reabilitaram as leis tradicionais.

A resposta dos liberais não se fez esperar e, em 1831, eclodiu uma guerra civil entre "miguelistas" e "pedristas".

Monarquias conservadoras que poderiam apoiar os miguelistas – como a Rússia, Prússia e a Áustria – não o fizeram a contento, pois estavam envolvidas com a repressão de levantes e revoluções liberais que pipocavam por diversos lugares da Europa[4] (especialmente na França, mas também na Bélgica, na Holanda, nos Estados alemães e italianos e na Polônia). A Inglaterra também não viu por que ajudar D. Miguel, já que mantinha um lucrativo comércio com as jovens nações americanas, inclusive o Brasil, e não tinha interesse em que elas fossem recuperadas por suas antigas metrópoles coloniais.

Aproveitando-se disso, as forças que resistiam aos miguelistas apressaram-se a enviar a pequena rainha para a Inglaterra. Reuniram seus seguidores na ilha Terceira (nos Açores) e lá constituíram um governo em nome de D. Maria da Glória, ou melhor, D. Maria ii.

O movimento ganhou um apoio fundamental quando D. Pedro, que até então estava no Brasil, resolveu abdicar do trono em favor de seu filho (D. Pedro ii do Brasil) e partiu para a Europa. Nos Açores, assumiu pessoalmente a regência em nome da filha e passou a liderar de perto o grupo liberal. Em seguida, reuniu forças e seguiu lutando na guerra civil, até que, em 1834, conseguiu derrotar as tropas de D. Miguel. O irmão derrotado seguiu para o exílio e nunca mais voltou a Portugal.

A partir daí, D. Maria ii, cujo casamento com o tio acabou anulado, seria a rainha incontestável dos portugueses até 1853, quando veio a falecer. Seus sucessores seriam os filhos D. Pedro v (1853-1861) e D. Luís i (1861-1889), da mesma dinastia.

* * *

Mesmo que tenham se enfrentado numa guerra, não é muito fácil estabelecer claramente os limites que separavam "liberais" e "conservadores" ou "pedristas" e "miguelistas" em Portugal.

Como dissemos, os interesses pessoais dos que se inclinavam para um lado ou outro poderiam mudar ao sabor das circunstâncias. Isso ocorria principalmente entre os que pertenciam às camadas mais privilegiadas da população, tanto do ponto de vista econômico, quanto social e cultural. E mais: *grosso modo*, as disputas entre liberais e conservadores em Portugal eram, principalmente, um assunto de elite que contrapunha tendências políticas *dentro* do regime monárquico. (Os republicanos só seriam significativos mesmo no final do século XIX.) Mesmo na visão de mundo predominante na população portuguesa – católica e ainda reverente aos símbolos e tradições monárquicos –, a monarquia, reconhecida e legitimada com o aval da Igreja, não podia ser ameaçada. Assim, não surpreende que, depois de tanto sangue derramado, pouca coisa tenha de fato mudado, especialmente para o povo miúdo.

Embora tenha sido retratado pelos inimigos como fanático, despótico e desequilibrado, D. Miguel chegou a ter considerável apoio popular. Gente do povo chegou a ver nele um homem simples, apegado à terra e aos valores católicos. Vários o seguiram como a um líder carismático. Camponeses que o apoiaram, insuflados pelos padres, o fizeram não por adesão ao absolutismo ou à restauração do poder senhorial, mas sim por identificá-lo com a preservação de valores tradicionais e a estabilidade em contraposição a ideias "estrangeiras" ou "urbanas" que não compreendiam bem.

Podemos dizer que o liberalismo em Portugal não ganhou de fato tanto apoio popular como em outros países (a França, por exemplo), porque ainda não contava com tantos proletários e com uma classe média urbana significativa. Assim, o liberalismo que sustentavam os pedristas não foi tão "revolucionário" quanto o que surgiu em países mais urbanos e industrializados ou que estavam às voltas com questões nacionais importantes (como Itália, Polônia e Alemanha).

Além disso, a monarquia constitucional e todos os avanços e recuos da implementação do liberalismo em Portugal não lograram fazer no país nada semelhante ao que se passava com a monarquia parlamentar inglesa, por exemplo. De fato, a monarquia constitucional portuguesa não passou de uma caricatura da sua congênere britânica; não conseguiu equacionar os graves problemas sociais e econômicos (que se abateram no país com mais força após a perda do Brasil) e não dispôs de meios que lhe permitissem participar do processo de industrialização da mesma maneira que o governo inglês, por exemplo.

Do ponto de vista político, a divisão interna existente na corrente liberal e a forte influência dos conservadores vinculados à nobreza e à Igreja enfraqueciam qualquer iniciativa mais consistente de mudança no país.

Numa população total que em meados de 1870 girava em torno de 4.200.000 habitantes, apenas pouco mais de 700.000 constituíam a chamada população urbana, vivendo em núcleos habitados por entre 3.000 a 5.000 pessoas.

Se observarmos dados relativos à indústria portuguesa no final da década de 1860, veremos que foram recenseados pouco mais de 199.000 contribuintes ligados a profissões liberais ou comerciais e estabelecimentos industriais: a maior parte, cerca de 106.000, estava vinculada à chamada "pequena indústria" (moinho, teares, alfaiates, sapateiros, costureiras funileiros, entre outros) ou ao comércio (pouco mais de 73.000), sendo que os contribuintes ligados a profissões liberais alcançavam cerca de 10.000. Os restantes, que somariam algo em torno de 9.000 contribuintes, estavam vinculados à "grande indústria" (fiação, cardação, estamparia, tinturaria, tecidos, entre outras), ou seja, constituíam uma minoria que revela o atraso e a precariedade do processo de industrialização em Portugal e a consequente fragilidade da burguesia e do próprio proletariado urbano no país.

A burguesia concentrava-se nas principais cidades, Lisboa e Porto. No Porto compunham-se, sobretudo, de comerciantes ligados ao vinho[5] e, subsidiariamente, às atividades comerciais mantidas com o Brasil, além dos grupos ligados a operações bancárias (que tiveram um incremento a partir da década de 1870, graças, em grande medida, às remessas dos emigrantes). Predominava, obviamente, a pequena e média burguesia, porém, o grupo composto pela grande burguesia era bastante reduzido. Diferentemente do Porto, em Lisboa não havia atividades específicas importantes que identificassem sua burguesia (que de resto nem era muito numerosa), mas havia uma classe média significativa vinculada aos cargos da administração na monarquia constitucional.

Por tudo isso é que, em Portugal, o fim do Antigo Regime e o advento da "sociedade liberal" ocorreram menos por rupturas que por um processo em que predominaram readaptações e acomodações. O bloco social continuaria dominado pelos grandes senhores de terra, agora travestidos de uma roupagem mais "moderna" (passaram, por exemplo, a dar mais valor a atividades sociais não limitadas às tradicionais festas rurais e às romarias e procissões do calendário religioso; as apresentações musicais, os espetáculos de dança e de teatro adquiriram um lugar importante no gosto das classes privilegiadas).

A burguesia, comercial e industrial, por boa parte do século XIX ainda ficaria relegada a um papel secundário. Só mais tarde, na segunda metade dos anos oitocentos, é que a conjugação de atividades mercantis e financeiras permitirá um maior destaque econômico e a afirmação política da grande burguesia.

Em termos culturais, os portugueses ficarão ainda por muito tempo reféns de um modo de vida e de valores tradicionais ligados à vida rural que marcava o cotidiano da maioria da população.

MAIS AGRURAS

O fim da guerra e a vitória da monarquia constitucional foram importantes, mas não trouxeram a tranquilidade que os portugueses tanto desejavam. Os desafios a serem vencidos eram enormes e as décadas de 1830 e 1840 seriam complicadas.

A começar pelas dificuldades econômicas ligadas à perda do Brasil, que havia privado os portugueses de recursos que poderiam ser vitais para um desenvolvimento industrial, por exemplo. Do ponto de vista social, Portugal contava com uma população composta em sua grande maioria por camponeses que viviam com parcos recursos.

As mudanças institucionais adotadas durante o reinado de D. Maria II não impuseram reformas sociais ou agrárias e não melhoraram os sistemas de produção agrícola nem foram capazes de aumentar os rendimentos da terra. Em relação ao papel dos municípios, as "reformas" políticas ficaram num vai e vem indeciso entre a total submissão ou alguma independência com relação ao poder central.

Cerca de 100.000 homens que haviam sido armados para a guerra agora estavam desmobilizados e sem trabalho.

Em termos políticos e institucionais, a estabilidade da monarquia estava longe de se concretizar, pois o grupo dos liberais monarquistas estava dividido entre os progressistas (também chamados de "vintistas") e os moderados ("cartistas") que discordavam em relação ao alcance do liberalismo dentro, é óbvio, do espectro limitado pelo regime monárquico. Os conservadores, mesmo com a derrota de D. Miguel, também não haviam desaparecido e continuavam pregando o retrocesso.

A situação de insegurança política piorou quando os progressitas ganharam um espaço maior dentro do governo e fizeram um movimento chamado "Revolução Setembrista" que favoreceu um novo texto constitucional apresentado como uma solução de compromisso entre a Constituição de 1822 e a de 1826.

A burguesia industrial urbana (em especial a ligada à indústria têxtil) aliou-se aos pequenos comerciantes contra o predomínio político dos proprietários rurais e dos grandes comerciantes e industriais, que começavam aos poucos a se destacar, e apoiou os progressistas. Em troca, esperava uma política de fomento à indústria que a favorecesse. Mas ficou desapontada, pois os resultados efetivos foram poucos.

A guerra civil só agravara a crise econômica e os progressistas não conseguiram se sustentar no poder por muito tempo. Não tiveram capacidade política para dar estabilidade ao país e foram substituídos pelos moderados, em 1842, que assumiram uma bandeira de "ordem e desenvolvimento econômico" com muito menos ímpeto que seus antecessores para realizar mudanças.

Mas nem mesmo os moderados conseguiram livrar Portugal das intrigas políticas. Além disso, aumentaram os impostos e instituíram novas taxas o que levou à insurgência e a eclosão de revoltas importantes das quais participou uma larga parcela da população, incluindo os estratos mais pobres e ignorantes das áreas rurais. Isso deu a chance para que os conservadores voltassem à carga e alimentassem o descontentamento atacando as medidas liberais como coisa do diabo e da Maçonaria. As reações violentas de protesto contra o regime acabaram por provocar a derrocada do governo liberal moderado.

A partir de então, para que a crise não se aprofundasse e as revoltas não tomassem rumos indesejados do ponto de vista da elite próxima ao poder, liberais e conservadores resolveram entrar em um tipo de acordo, sempre no espectro da monarquia constitucional. Com isso, depois de um longo período de guerras, disputas de ideias e agitações sociais, os portugueses finalmente conheceriam uma relativa estabilidade política na segunda metade do século XIX. A nova fase, politicamente mais tranquila, ganhou em Portugal o nome de Regeneração.

A REGENERAÇÃO

Na arquitetura da relativa conciliação, os mesmos grupos, liberal e conservador, se articularam em torno de dois partidos com novos nomes: o Partido Histórico (dos liberais) e o Partido Regenerador (dos conservadores). Para ambos faltava força política que permitisse voos solitários, portanto, optaram por um acordo tácito em que imperava um sistema de rodízio entre os dois partidos no poder político, o *rotativismo* – uma espécie de imitação, à moda lusa, do sistema parlamentar inglês. Conservadores e liberais partiram então para um jogo de cartas marcadas.

Na década de 1850 havia um consenso de que era fundamental introduzir medidas sociais e administrativas que garantissem o progresso material do país e tanto um partido como o outro procuraram seguir esse plano. Porém, até o início dos anos 1870, os políticos não tinham conseguido fazer nada de significativo e a tal estabilidade começou a ruir.

Um grupo de intelectuais, conhecido como Geração de 70, passou a denunciar as contradições da monarquia constitucional e a inconsistência dos partidos, além de chamar a atenção para os problemas econômicos resultantes das dívidas assumidas pelos governos anteriores. Ressaltavam com palavras aquilo que os portugueses já vinham sentindo: as condições de vida estavam novamente piorando.

O século XIX reforçou a situação periférica de Portugal, e da península ibérica como um todo. Mesmo tendo conseguido contornar várias das dificuldades que marcaram

À procura de novos caminhos | 289

O surto de construções que caracterizou o final do século XIX inclui duas pontes sobre o rio Douro. A ponte D. Luís (na imagem) foi feita entre 1881 e 1886 para ligar a cidade do Porto à Vila Nova de Gaia.

290 | Os portugueses

a primeira metade dos anos oitocentos e proporcionado alguma estabilidade a partir dos anos de 1850, as reformas propostas pelos governos da Regeneração não lograram eliminar o atraso de Portugal em relação ao restante da Europa. Os portugueses continuavam vivendo em um país agrário, com um processo de industrialização tímido, dominado pelos interesses dos grupos dos grandes proprietários e submetido aos valores da Igreja.

Do império construído a partir da época dos Descobrimentos e do comércio internacional, muito pouco havia restado. O que sobrara aos lusos, no final das contas, era o pequeno território europeu e, ali, quase tudo estava por fazer. O país continuava na dependência da importação de produtos industrializados e com uma balança comercial muito desequilibrada. Para mudar, dizia-se na época, seria necessário implantar uma nova agricultura, um novo comércio, uma nova indústria.

Diante das pressões sociais e da ameaça de perder a soberania para outras nações, o governo português procurou fomentar a produção do trigo (base da alimentação), através de uma política de fixação de preços internos mínimos. Incentivou o cultivo dos *baldios* (terrenos incultos e desaproveitados) pelos camponeses e introduziu novas culturas, tais como a batata e o arroz. A viticultura expandiu-se nas regiões meridionais, já que na área do Douro a praga de filoxera[6] gerou uma quebra da produção vinícola.

O governo tentou ainda diminuir o isolamento das regiões de produção agrícola, especialmente aquelas que produziam vinho, cortiça, seda, gado, frutas. Importante estímulo foi dado às vias de comunicação através do desenvolvimento da rede de estradas e dos meios de transporte, especialmente o ferroviário. Em cinco décadas, de 1852 a 1900, a malha rodoviária passou de 218 km para 14.230 km, enquanto a rede ferroviária partiu de escassos 36 km em 1856, para 2.381 km em 1902. Também são dessa época de obras públicas as pontes sobre o rio Douro, "Dona Maria Pia" e "D. Luís", que hoje constituem cartões postais da cidade do Porto.

Para modernizar o país e arrancá-lo da situação de atraso em relação aos outros países da Europa, o governo favoreceu a instalação de tecnologias como o telégrafo e o telefone, além de reformar os correios.

O programa geral de obras públicas foi essencialmente financiado com recurso a empréstimos externos, sobretudo ingleses.

Para dinamizar a indústria, com o apoio entusiasmado da burguesia, o governo investiu na formação de técnicos e aderiu às Exposições Internacionais (desde a Exposição de Londres de 1851). Autorizou também a criação de sociedades anônimas. Contudo, tais medidas não tiveram o sucesso esperado por conta de problemas como a escassez de matérias-primas, o secular atraso tecnológico, o despreparo dos recursos humanos disponíveis, sem contar a forte concorrência internacional.

À procura de novos caminhos | 291

Mesmo com as promessas da política econômica dos governos da Regeneração, os portugueses continuariam a viver em um país essencialmente agrário e pobre. Na imagem: *Charneca de belas ao pôr do sol* (1879, óleo sobre tela de Antonio Carvalho da Silva Porto, um dos fundadores do naturalismo em Portugal).

Outra obra de Antonio Carvalho da Silva Porto (*Colheita, ceifeiras*, 1893) mostra o trabalho das ceifeiras em paisagem associada ao Alentejo, com suas vastas planícies sob sol intenso.

Também para desenvolver a economia foi criado o Instituto Industrial e da Agricultura, que pretendia estimular a produção de gêneros para o mercado externo – vinhos do Douro, gado, casulos de seda, cortiça, laranjas e frutos secos destinados essencialmente à França e à Grã-Bretanha.

A nota negativa de todas essas medidas foi o aumento da dependência econômica em relação ao estrangeiro e a crescente dívida pública. Por conta disso, no final do século XIX a balança comercial portuguesa passou a apresentar um déficit enorme, a produção agrícola viu-se profundamente penalizada e os esforços para a industrialização, mais uma vez, tinham sido frustrados.

Embora a população tenha crescido ao longo do século XIX, passando para 5,5 milhões de habitantes, a maioria era composta por camponeses, cuja condição de vida continuava difícil ou mesmo miserável. Nesse quadro, a emigração não cessou de crescer, registrando na década de 1850 uma média anual próxima dos 10.000 emigrantes; no final do século XIX alcançou 27.000 saídas anuais em média. Aliás, a forte emigração que marcou o último quartel do século XIX tornou-se uma importantíssima fonte de divisas, através das remessas dos emigrantes.

Tudo somado, a política colocada em prática pelos governos da Regeneração não conseguiu arrancar Portugal do arcaísmo social e econômico, herança que continuaria a pesar no século XX. Os portugueses continuariam a viver em um país essencialmente agrário e bastante dependente da importação de produtos industrializados. Embora a burguesia tenha se fortalecido e crescesse o número de profissionais liberais e intelectuais nas cidades, as forças tradicionais, representadas pela aristocracia e pela Igreja, mantinham-se firmes e atuantes.

ÁFRICA, A BOLA DA VEZ NO SONHO IMPERIAL

No século XIX, os portugueses continuavam com sonhos imperiais. Poderiam construir, a partir dos escombros, um outro império? Seria possível encontrar um "novo Brasil"? Que tal na África?

Os territórios africanos recebiam uma cota de atenção dos lusos desde o século XVIII. Na época pombalina, para citar um exemplo, houve tentativas de instalação de uma indústria metalúrgica, assim como a fundação de povoações no interior do continente, que visavam aumentar a influência portuguesa na zona ocidental e oriental da África. No século XIX, tendo perdido o Brasil, o governo português voltou sua atenção para as possibilidades de Angola.

Entre as décadas de 1830 e 1880, foram comuns as expedições lusas pelo interior do continente africano com o objetivo de comprovar o direito dos portugueses àquelas paragens, com base na primazia de sua exploração e ocupação. Aproveitavam para fazer relatórios com descrições científicas das regiões visitadas.

Ocupar os espaços africanos deixou de ser apenas um projeto para receber, a partir de então, um forte e concreto apoio político. Com isso, se enxergava a possibilidade de fazer renascer as glórias passadas, com a construção de um "império africano".

Todavia, não era fácil colocar em prática essa virada africana. Em que pese todo o empenho para mobilizar os portugueses para as questões coloniais e fazer o projeto do império colonial na África ser assumido como um projeto nacional pela elite e pela população, o Brasil continuava a ser o destino preferencial de emigração dos portugueses. Os emigrantes não tinham interesse em viver na África se podiam ir para o Brasil. As áreas portuguesas na África não passavam de pequenos estabelecimentos no litoral, na costa ocidental e na costa oriental. Além disso, o grande atrativo econômico das possessões africanas tinha sido sempre a exploração do tráfico de escravos para o Brasil. Por ser tão lucrativo desestimulava investimentos em outros setores, como a colonização de fato.

Afora isso, de um ponto de vista mais geral, as potências europeias já haviam acordado para o potencial do território africano e nem se davam ao trabalho de reconhecer os eventuais direitos invocados pelos portugueses. A única coisa que contava era a posse afirmada pela presença nos territórios, se possível uma presença militar, e para fazer isso, as potências mais ricas estavam em condições muito melhores que Portugal.

A opção pelo incremento da escravatura esbarrava agora nas vozes que se levantavam contra a escravização dos negros, considerando-a um inadmissível atentado aos direitos humanos. A atuação do governo inglês na luta contra a escravidão – incluindo campanhas de opinião contra Portugal, entre as décadas de 1830 e 1850 – foi decisiva para fazer Portugal retroceder no tráfico de escravos. Além disso, mesmo entre os portugueses havia abolicionistas, embora fossem raridade.

Até o final do século XIX, vigorava uma espécie de política de tolerância que em certa medida explica a demora portuguesa em reagir à pressão dos países europeus, sobretudo a Inglaterra, contra a escravidão. A explicação para isso encontra-se na presença de interesses econômicos imediatos relativos ao comércio e ao uso de escravos e na falta de correntes filantrópicas e humanitárias antiescravistas como as que existiam, por exemplo, na própria Inglaterra.

Em 1761, o marquês de Pombal abolira a escravidão em Portugal e nas colônias das Índias, mas ela foi mantida nos domínios portugueses da África e da América. Em 1854, foram libertos, por decreto, todos os escravos do governo das colônias portuguesas. Dois anos mais tarde, foram libertos todos os escravos da Igreja nas colônias. Em 1869, produziu-se finalmente a abolição completa da escravidão no que restava do Império Português.

Antes, entretanto, da abolição definitiva, houve um período intermediário (iniciado em 1854) em que todo o escravo que viesse a obter alforria, por qualquer modo, ficaria não propriamente livre – como seria de esperar –, mas sim *liberto*. Os libertos eram obrigados ainda a trabalhar de graça por períodos de sete a dez anos. A venda do serviço dos libertos era também considerada lícita "por todo o tempo em que eles ficam obrigados a prestá-lo, ou por uma parte qualquer desse tempo". Para "amenizar" um pouco a situação dessa gente, era proibido por lei separar marido e mulher, pais e filhos nas vendas. A Lei do Ventre Livre portuguesa, de 1856, impunha que os filhos de escrava que viessem a nascer depois da sua publicação teriam de servir gratuitamente os seus senhores até os 20 anos de idade, e só após esse período ficariam livres. Em 1858, saiu o decreto que impunha um prazo máximo de 20 anos para o fim da escravidão em todo o território sob administração portuguesa.

Enfim, tanto quanto no Brasil, foi difícil para Portugal largar o osso da escravidão. A estratégia adotada pelo governo português seguiu, em boa medida, a mesma adotada pelo governo imperial brasileiro, apenas com alguns anos de "atraso".

Com a aplicação do Código Civil de 1869 às colônias foram abolidas todas as formas de escravidão, embora fossem mantidos, em alguns casos, vínculos entre senhores e escravos até 1878, provavelmente por conta da impossibilidade de se efetuar o pagamento das indenizações previstas em lei.

Toda a legislação posterior à abolição da escravatura se explica pela nova postura com relação às possessões coloniais, que procuravam estimular atividades econômicas e mercantis e promover a instrução como forma de acesso ao progresso. Porém, na prática, não conseguiu alterar a posição subalterna em que se encontravam as populações de origem africana.

* * *

A questão central para os portugueses permanecia assegurar sua soberania histórica na África, que estava ameaçada pelo avanço dos ingleses e dos franceses. As duas potências tinham um projeto comum de interligar suas colônias no continente: os ingleses no sentido norte/sul e os franceses no sentido leste/oeste (região que hoje corresponde a zonas da Zâmbia e do Zimbábue). No meio da luta desses gigantes, Portugal não estava só. Alemanha, Bélgica, Holanda, Itália e Espanha, entre outros, também queriam manter ou adquirir sua fatia da África.

Quando finalmente realizou-se a Conferência de Berlim (1884-1885), que fez a repartição dos territórios africanos entre os europeus, coube a Portugal o direito de ocupar a zona interior de Angola e Moçambique. Nessa ocasião, a Inglaterra sustentou as reivindicações portuguesas. É fácil entender esse apoio se pensarmos que, aos ingleses, não interessava ter um país forte como a França, por exemplo, instalada nessas regiões. A presença de um país mais fraco militarmente, como Portugal, era muito mais cômoda.

(Os portugueses continuariam a manter o domínio sobre os territórios de Angola e Moçambique, até o fim do regime ditatorial, em 1974, sempre com a esperança de transformá-los em "novos brasis", estimulando o fluxo de população branca portuguesa para efetuar o "povoamento", o aproveitamento, a valoração e desenvolvimento econômico das possessões africanas, embora com pouco sucesso nesse quesito.)

O caso do mapa cor-de-rosa

Em 1887, um mapa que apresentava a imagem da África Meridional portuguesa, onde Angola e Moçambique apareciam como um único território, foi levado à Câmara dos Deputados. Escorando-se nas decisões do Congresso de Berlim, o ministro dos Negócios Estrangeiros de Portugal "presumiu" que elas incluíam a autorização para estabelecer-se também nos territórios que ligavam as terras angolanas e moçambicanas, projeto acalentado de longa data. O espaço pintado de cor-de-rosa representava o território que os portugueses se autoatribuíam.

Imediatamente, a Inglaterra reagiu, deixando claro que não aceitaria a atitude portuguesa, pois interferia nos planos britânicos de estender seus domínios em linha ininterrupta da cidade do Cairo à cidade do Cabo. O ministro português, entretanto, não arredou pé de sua posição, contando com o apoio dos alemães.

A situação ficou insustentável quando os ingleses deram um Ultimato (11/01/1890) para que os portugueses se retirassem da parte central da África austral e renunciassem de vez a qualquer pretensão sobre aquela área. Se não aceitassem os termos, as relações diplomáticas entre Portugal e Inglaterra seriam cortadas e o conflito seria resolvido pela força (desproporcionalmente maior entre os ingleses, é claro).

Os portugueses tentaram ainda uma arbitragem internacional para resolver a pendência. Porém, nenhum dos países europeus quis intermediar a questão. Diante disso, o governo de Lisboa sucumbiu à ameaça e mandou evacuar os territórios em questão.

Nada mais desgastante do que ter o orgulho nacional golpeado. A reação dos portugueses foi a de uma anglofobia radical, na imprensa e nas ruas. Entre protestos e demonstrações de repúdio aos ingleses, os portugueses cantavam uma canção (que hoje, com a letra modificada, é o hino de Portugal[7]): "A Portuguesa". Um trecho da versão original de 1890 pode dar uma ideia do clima vivido no país, difícil não só pela

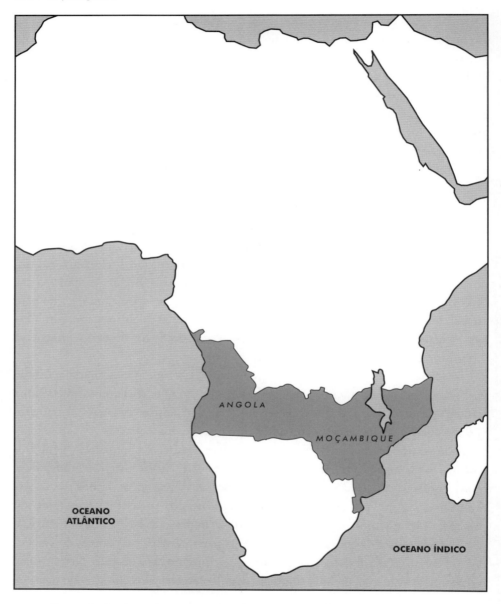

Em meio às disputas europeias pelos territórios africanos, no século XIX, Portugal procurou demarcar sua soberania histórica em Angola e Moçambique enquanto cobiçava toda a zona intermediária entre as duas regiões. Acima, o famoso mapa cor-de-rosa (representado em cinza escuro) em que os portugueses revelaram suas pretensões sobre a África, exasperando a Inglaterra.

À procura de novos caminhos | 297

As aspirações portuguesas de ampliar seus territórios na África entravam em confronto com os interesses da poderosa Inglaterra, que pretendia estender seu domínio da cidade do Cairo, ao norte, à cidade do Cabo, ao sul, como ilustra esta charge.

crise interna, que piorava, mas por conta da humilhação imposta pelos tradicionais aliados. Atente-se para os rancorosos versos que falam diretamente dos bretões.

> Heróis do mar, nobre povo,
> Nação valente, imortal,
> Levantai hoje de novo
> O esplendor de Portugal!
> Entre as brumas da memória,
> Oh, pátria sente-se a voz
> Dos teus egrégios avós,
> Que há-de guiar-te à vitória!
> Às armas, às armas!
> Sobre a terra, sobre o mar,
> Às armas, às armas!
> Pela pátria lutar!
> Contra os Bretões marchar, marchar!

O fato é que, com ou sem hino, os portugueses acabaram se submetendo à vontade da Inglaterra.

AINDA ASSIM, BRILHAM INTELECTUAIS E ARTISTAS

O século XIX português não se caracterizou apenas por crises sociais e econômicas ou por dificuldades em superar o tão falado "atraso de Portugal". A vida cultural e intelectual portuguesa foi fecunda, deixando uma rica herança para os séculos seguintes.

Escritores, romancistas, poetas, historiadores, enfim, intelectuais, através de sua pena e sua atividade política e cultural, refletiram sobre os principais dilemas vivenciados pelos portugueses, deixando testemunhos importantes para a compreensão "da alma" desse povo.

É difícil mencionar alguns deles sem cometer injustiças ou esquecer nomes. Assumindo todos os riscos de uma escolha, lembro de Almeida Garrett (1799-1853), Alexandre Herculano (1810-1877), Antero de Quental (1842-1891), Eça de Queirós (1845-1900), Guerra Junqueiro (1850-1923), Camilo Castelo Branco (1825-1900) e Oliveira Martins (1845-1894).

Almeida Garrett, um dos maiores de sua geração, introduziu o romantismo em Portugal com o poema "Camões", de 1825. Além de versos e romances históricos, escreveu peças encenadas no Teatro Nacional em Lisboa e em diversas outras casas de espetáculos que iam se incorporando à paisagem oitocentista lusa. Ao longo do século XIX, a cultura burguesa, laica e urbana ganhava espaço no país e os artistas se beneficiavam desse novo clima cultural.

A polivalência de talentos também foi uma marca dessa época. Alexandre Herculano, por exemplo, foi poeta, romancista e historiador de relevo por ter remodelado por completo a concepção e a maneira de se produzir História em Portugal, tratando a História como uma ciência. A produção histórica, aliás, adquiriu maior destaque nessa época por conta de iniciativas dos governos liberais que incentivaram os pesquisadores (como, por exemplo, a de reunir na Torre do Tombo a maior parte dos arquivos das instituições eclesiásticas agora nacionalizadas).

Os literatos portugueses mais destacados foram os que levaram em consideração as novas condições vivenciadas pelos portugueses com a implantação de ideias liberais no país e a volta dos emigrados que traziam, além de dinheiro, novas formas de ver o mundo. Embora a maioria da população portuguesa continuasse camponesa e analfabeta, os ares de cidades como Lisboa e Porto, os caminhos de ferro, as estradas construídas durante a Regeneração e a remodelação de antigas vilas e aldeias modorrentas do Norte serviram de mote e inspiraram os romancistas mais talentosos.

O século XIX propiciou duas produções literárias importantes: a dos românticos e a dos realistas. Entre os primeiros estavam Alexandre Herculano, Almeida Garrett, Camilo Castelo Branco e Júlio Diniz. Estes dois últimos, com suas incursões pela escola realista, abriram caminho para o brilhante Eça de Queirós, autor dos ainda hoje muito lidos *O primo Basílio*, *Os Maias* e *O crime do Padre Amaro*. As obras de Eça de Queirós, ao denunciar a hipocrisia social e religiosa da sociedade portuguesa, não só chocaram os conterrâneos, como também levaram muitos a rever valores arraigados.

O grupo de pensadores mais importantes do período ficou conhecido como a Geração de 70 (em referência à década de 1870). Além de vários dos escritores citados, esse grupo reunia também artistas, cientistas, professores, jornalistas e aristocratas, que contribuíram para a efervescência cultural nas décadas finais dos anos oitocentos. A Geração de 70 forneceu também os principais expoentes do liberalismo português que pretendiam que Portugal se modernizasse, saindo do atraso em relação à Europa, através do desenvolvimento industrial e comercial. Almejavam também a consolidação de uma sociedade em que predominassem valores burgueses e, politicamente, adotasse o regime parlamentar. Vários integrantes da Geração de 70 eram, inclusive, anticlericais, positivistas e racionalistas. Entretanto, do ponto de vista da ação prática, da intervenção política profunda, a Geração de 70 parece que ficou a dever alguma coisa. Contudo, sua importância para a produção literária portuguesa do século XIX foi enorme.

O FADO E A "ALMA PORTUGUESA"

Ah, o fado... É impossível não falar do fado na cultura lusa, pois esse gênero musical tem lugar cativo no gosto português.

Foi na segunda metade do século XIX que o fado adentrou os salões aristocráticos e as tavernas populares, atingindo todos os tipos de audiências, embora seja, até hoje, identificado com a vida boêmia.

Os portugueses costumam dizer que o fado reflete a "alma portuguesa" ao cultivar a saudade e o fatalismo. Identificam o fado também com sentimentos contraditórios: tristeza e desilusão, mas também esperança e alegria. Entre tantos títulos podemos citar "Fado dos fados":

> Naquele amor derradeiro
> Maldito e abençoado
> Pago a sangue e a dinheiro
> Já não é amor, é fado

"Coimbra", de Fernando Carvalho:

> Coimbra tem mais encanto
> na hora da despedida
> que as lágrimas de meu pranto
> são amores que lhe dão vida

Ou ainda "Não há fado sem saudade", de Antonio Mourão:

> Não há fado sem saudade
> Minha voz embora triste
> Com bom destino de amor
> Minha voz embora triste
> Com bom destino de amor
> O direito que lhe assiste
> De gritar a própria dor
> O direito que lhe assiste
> De gritar a própria dor

Proporcional à sua importância para a cultura portuguesa são as divergências com relação às suas origens. A explicação popular vincula o fado a um passado mouro, outras atrelam-no à Modinha (gênero musical popular nos séculos XVIII e XIX), outra, ainda, admite uma ascendência brasileira. Como não tenho a pretensão de interferir nessa polêmica, prefiro contar um pouco de sua popularização ao longo do século XIX.

A disseminação dessa variedade musical, a partir dos meados do século XIX, coincidiu com um período de instabilidade e insegurança para os portugueses. Embora se

O fado (1910), obra de José Malhoa (1855-1933), retrata o fadista Amâncio acompanhado por Adelaide Facada. A tela apresenta diversos elementos tradicionalmente associados ao fado: além das figuras expressivas, destacam-se o vinho, a guitarra portuguesa e o ambiente simples.

manifestasse inicialmente na forma de música, de dança e de canto, o fado encontrou expressão própria com a guitarra portuguesa.

Ao se falar de fado interpretado por cantores, naturalmente vem à baila o nome da grande Amália Rodrigues (1920-1999). Mas já no século XIX, fazia muito sucesso em Lisboa a intérprete Maria Severa Onofriana (1820-1846), que levou o gênero musical das tavernas para as ruas da Mouraria.

Foi nos tempos da Regeneração, de todo modo, que o fado tomou os bairros da Alfama, da Mandragoa, do Bairro Alto, e transformou Lisboa toda na "capital do fado".

Contudo, Lisboa logo sofreria a "concorrência" de uma outra expressão original, uma variação do fado "tradicional", o "fado de Coimbra". A Coimbra dos estudantes e dos românticos inspirou obviamente músicas de amor e saudades – temas caros aos fados em geral –, mas também de carinho pela cidade acolhedora, de recordações dos tempos de juventude e do espírito de camaradagem estudantil. O popular "Coimbra é uma lição", de Raul Ferrão e de José Galhardo, é um típico "fado de Coimbra":

> Coimbra do Choupal,
> Ainda és capital
> Do amor em Portugal,
> [...]
> Coimbra dos doutores,
> P'ra nós os teus cantores
> A fonte dos amores
> És tu.
> Coimbra pé uma lição
> De sonho e tradição
> O lente é uma canção
> E a lua a faculdade
> O livro é uma mulher
> Só passa quem souber
> E aprende-se a dizer
> Saudade.

De Lisboa e de Coimbra, o fado se espalhou e rompeu as fronteiras portuguesas, transformando-se em gênero musical mundialmente conhecido e apreciado até hoje. Os emigrantes tiveram boa parcela de responsabilidade na disseminação do gosto por esse gênero musical, mas suas referências a sentimentos humanos universais também permitiram ao fado conquistar corações mundo afora.

Mesmo assim, o fado não deixou de ser reconhecido como um tipo de música genuinamente identificado com a "alma portuguesa", que, aliás, é outro tema caro aos escritores no país. Diversos intelectuais portugueses dedicaram-se a colocar no papel o que seria, afinal, "a alma" do seu povo.

O etnógrafo e escritor Teófilo Braga, por exemplo, apresentou uma definição que caracteriza a "alma portuguesa" pela capacidade de resistir do povo português "desde as incursões dos celtas e lutas contra a conquista dos romanos até à resistência diante das invasões da orgia militar napoleônica". Para ele, as feições dessa "alma" seriam: tenacidade e coragem indomáveis diante das maiores calamidades, com uma enorme capacidade de adaptação que coloca em evidência seu gênio e sua ação colonizadora; profunda sentimentalidade, obedecendo aos impulsos que a levam às aventuras heroicas e à idealização efetiva, com que o amor é sempre um caso de vida ou de morte; capacidade especulativa pronta para a percepção de todas as doutrinas científicas e

A "alma portuguesa" intrigava o grande poeta Fernando Pessoa (1888-1935). A escultura em sua homenagem (foto) evoca as tertúlias intelectuais mantidas por Pessoa e seus amigos nos cafés de Lisboa.

filosóficas, como o revelaram talentosos pensadores portugueses da Idade Média e da Renascença; gênio que sintetiza o ideal moderno de civilização.

É indiscutível que as palavras de Teófilo Braga têm a capacidade de fazer bem ao ego de qualquer português, não?

Fernando Pessoa (1888-1935) foi outro dos que se dedicou a descrever o que entendia por "alma portuguesa", aproveitando para falar também do fado, em "O fado e a alma portuguesa", publicado no *Diário de Notícias Ilustrado* em 1929:

> Toda a poesia – e a canção é uma poesia ajudada – reflecte o que a alma não tem. Por isso a canção dos povos tristes é alegre e a canção dos povos alegres é triste.
>
> O fado, porém, não é alegre nem triste. É um episódio de intervalo. Formou-o a alma portuguesa quando não existia e desejava tudo sem ter força para o desejar.
>
> As almas fortes atribuem tudo ao Destino; só os fracos confiam na vontade própria, porque ela não existe.
>
> O fado é o cansaço da alma forte, o olhar de desprezo de Portugal ao Deus em que creu e também o abandonou. [...]

Não foi apenas nesse texto que Fernando Pessoa tentou destrinchar a "alma portuguesa". Em outros escritos, para essa tarefa, adotou perspectivas históricas, filosóficas, sociológicas e até religiosas. Entre as marcas mais fortes do "homem português", Fernando Pessoa identificou "ser tão cabisbaixo" (talvez por conta das crises vivenciadas na própria época em que viveu o poeta), mas também "ser fundador" (criar civilizações), "ser múltiplo" ("trabalhador e obscuro") e até ser português sem ser português, ou seja, "estrangeirado e afrancesado". Para Fernando Pessoa, o principal problema dos portugueses é "ser tudo e não se adaptar a ser menos do que isso".

É claro que não são só os escritores de renome que se sentem aptos a dizer o que é a "alma portuguesa". O senso comum em Portugal também dá seus palpites e o mais recorrente é de que o que verdadeiramente descreve a "alma portuguesa" é o sentimento da "saudade".

Se alguém quisesse fortalecer essa ideia, pode argumentar com os dados da lista[8] compilada por uma empresa britânica com as opiniões de mil tradutores profissionais que colocava a palavra *saudade*, em português, como a sétima mais difícil do mundo para se traduzir. Isso pode significar que saudade é mesmo uma especificidade portuguesa.

"Saudade" é, de fato, uma das palavras que mais aparecem nas poesias e nas músicas portuguesas. Descreve a mistura dos sentimentos de perda, distância e apego. Etimologicamente, ela vem do latim *solitas* ou *solitatis* (solidão), na forma arcaica de *soedade, soidade* e *suidade* e sob influência de "saúde" e "saudar". Entre as versões que circulam para explicar o lugar especial na língua portuguesa que essa palavra ocupa, está a que remete à época dos Descobrimentos, quando foi empregada para definir a solidão dos portugueses em terra estranha, longe dos entes queridos.

IDEAIS REPUBLICANOS

A década final do século XIX assistiu ao agravamento da agitação política e social que se iniciou com a reação à humilhação imposta aos portugueses pelo já mencionado Ultimato inglês.

A situação financeira do reino se deteriorava rapidamente por conta do endividamento gerado pela política de "progresso material" implementada no período da Regeneração.

Foi então que o Partido Republicano começou a se consolidar como uma força política de maior relevo, ainda que estivesse à margem do poder, por conta da alternância entre liberais monárquicos e conservadores que dominava a política portuguesa. As ideias republicanas avançavam, mesmo a passos lentos, desde 1820. Em meados do século, ganharam mais adeptos inspirados na Revolução de 1848 que agitava a França. Entretanto, o republicanismo português já guardava uma especificidade: a defesa da república baseada tanto no municipalismo quanto no federalismo. O movimento da Regeneração, acalmando os ânimos em Portugal, contribuiu para frear essa primeira escalada dos ideais republicanos em Portugal.

A partir das décadas de 1860, entretanto, os princípios republicanos voltaram a se espalhar por corações e mentes e foram penetrando em setores do exército e da universidade e em todos os meios intelectuais que pregavam o cientificismo, o positivismo e o anticlericalismo. O socialismo não tinha muitos adeptos em Portugal e os poucos socialistas que havia resolveram engrossar as fileiras republicanas.

Em 1876, foi fundado o primeiro diretório do Partido Republicano no país. No terceiro centenário da morte de Camões, em 1880, os militantes aproveitaram para fazer proselitismo das ideias republicanas (como se vê, a figura de Camões se presta à propaganda de muitas ideologias). Dez anos depois, o Ultimato britânico serviu de motivo para o ataque republicano virulento contra os incompetentes partidos monárquicos. Só a figura do rei, muito respeitada pelos portugueses, foi poupada, por enquanto. Já no século XX a monarquia estava desgastada o suficiente para receber dos militantes republicanos todas as críticas pelos problemas sociais que castigavam os portugueses.

Com isso, o partido republicano foi se afirmando como uma alternativa de poder aceitável, sobretudo, no início do século XX, por conta das sucessivas crises político-econômicas que atingiram o país e que desembocaram em um regicídio em 1910.

A República foi apresentada aos portugueses como *a* alternativa para uma pátria prejudicada pela corrupção, o escândalo, o compadrio e os desastres econômicos da monarquia, frutos, sobretudo, do período de grandes gastos com obras sem que as finanças estivessem em ordem no país. A adesão ao regime republicano era a expressão do desejo de passar do "velho" para o "novo", no caso, mudando o regime. Com a República, esperava-

Uma revolução, em 1910, instaurou o regime republicano carregado de promessas que, entretanto, não se cumpririam por conta do arcaísmo em que o país ainda estava mergulhado.

se também mais tranquilidade em termos de relações internacionais, que, nessa época, apresentavam sinais de levar novamente Portugal a se enredar em conflitos de larga escala.

A revolução de 5 de outubro de 1910 finalmente instalaria o regime republicano em Portugal. Porém, boa parte das suas promessas não se cumpriria.

A PRIMEIRA REPÚBLICA

O novo regime assumiu um país em que mais de 60% da população ativa vivia do setor primário ou agrícola. A enorme dívida pública herdada dos governos anteriores havia piorado significativamente o nível de vida da população em geral.

A República começou com leis que procuravam levar à paulatina laicização da sociedade, introduzindo, por exemplo, a separação entre Estado e Igreja, o divórcio e a validade exclusiva do casamento civil. Porém, todas essas medidas, que caracterizavam um pensamento de vanguarda, deviam ser aplicadas a uma sociedade com estruturas arcaicas demasiado sólidas que dificilmente absorveriam rápido e de bom grado as mudanças.

O país continuava com problemas estruturais seculares, como a falta de cereais que constantemente obrigava à importação de gêneros alimentícios. O solo em geral continuava pobre e sujeito a erosão. O regime irregular dos rios portugueses, ora causando secas, ora inundações catastróficas, permanecia um dos grandes obstáculos ao desenvolvimento agrícola. O subsolo não dispunha de riquezas minerais.

Graças aos progressos da higiene individual e da salubridade pública a população se expandia e com isso crescia também a necessidade de alimentá-la.

Outros dados vêm corroborar a ideia de que em Portugal o arcaísmo era um fato. Embora metade dos portugueses que compunham a população ativa vivesse da agricultura, a distribuição da propriedade da terra não havia sofrido mudanças de peso. As diferenças regionais permaneciam: a norte do Tejo, uma zona de agricultura familiar, onde predominavam as pequenas explorações, e ao sul do mesmo rio, predominavam as grandes propriedades concentradas nas mãos de muito poucos. Essa divisão impunha uma diferença fundamental no modo de exploração da terra. Enquanto no Norte a maioria esmagadora das pequenas explorações familiares vivia num regime próximo da subsistência, no Sul os grandes latifúndios eram explorados através do recrutamento de trabalhadores assalariados. Isso significava que, *grosso modo*, perto de 70% da população agrícola (os pequenos proprietários do Norte ou os que sobreviviam dos salários miseráveis no Sul) vivia no limiar da pobreza.

Com consequência direta para o desenvolvimento econômico do país, em particular da indústria, Portugal dispunha de um acanhado mercado interno e sua indústria era de pouca monta, tendo um papel pífio na economia e na sociedade, se comparada à agricultura.

Numa situação dessas, antes que as condições econômicas e sociais da maioria melhorassem sensivelmente, era mesmo difícil que mudanças políticas profundas acontecessem. Assim, a passagem da Monarquia para a República se deu num clima conturbado. Por mais que houvesse um esforço, nem a implantação da Constituição de 1911 deu aos portugueses a tranquilidade que se esperava. A agitação política e social iniciada no final do século XIX se estendeu pelo XX e deu o tom dos primeiros anos da nascente república portuguesa.

Institucionalmente, a instabilidade marcada por confrontos entre os grupos políticos levou a uma verdadeira "dança de cadeiras" no poder. Entre 1910 e 1916, foram 45 os governos constitucionais.

A deflagração da Primeira Guerra Mundial e a entrada de Portugal no conflito comprometeram os projetos de recuperação do país, pois agudizaram a crise econômica e os protestos sociais. As greves, as intrigas políticas e as perturbações da ordem pública favoreceram o recurso a governos de cunho autoritário como o Consulado Sidonista (1917-1918), que instituiu uma ditadura militar, mas enfrentou a oposição de diversos setores, incluindo a imprensa e o meio operário, e que terminou com o assassinato do líder Sidónio Pais.

Os portugueses que adentram o século xx

Nem sempre é fácil apreender a participação do "povo miúdo" nesse cenário de instabilidade econômica, social e política do começo do século em Portugal. De todo modo, além dos camponeses, maioria da população, havia um pequeno grupo de proletários e operários fabris que se concentravam nas duas maiores cidades do país, Lisboa e Porto, além de outros representantes em áreas com alguma atividade industrial, como a região da Covilhã, ligada à indústria têxtil. A pífia industrialização tinha como resultado a baixa expressão do número de fábricas, a escassa produção de artigos manufaturados e o baixo contingente de pessoal operário empregado, sobretudo comparado a outros países da Europa. Além disso, faltava matéria-prima como ferro ou carvão. As fábricas mais importantes estavam no setor têxtil, de moagem, da alimentação, das indústrias de madeira e mobiliário, a metalúrgica e a corticeira. A maioria abastecia o mercado interno e o ultramar. Assim os operários, apesar da agitação que eram capazes de fazer, não somavam um grupo muito expressivo. Os números são controversos, fala-se que não ultrapassariam os 100.000 indivíduos, enquanto outras fontes estimam em 200.000 (um quarto na indústria têxtil), distribuídos por cerca de 5.000 fábricas, nas vésperas da Primeira Guerra. Com pouca ou nenhuma instrução, não dispunham de algo semelhante a uma "consciência de classe" politizada ou de possíveis interesses comuns. Mesmo assim, houve entre eles alguma penetração de elementos socialistas, anarquistas ou comunistas, a partir dos finais da década de 1910.

Havia ainda nas duas cidades principais o grupo composto pelos empregados de baixo escalão das grandes companhias de comércio e transporte, e o grupo dos funcionários públicos.

Os camponeses e pequenos proprietários não passavam de uma massa apática sem nenhum tipo de organização política, rude, analfabeta e pobre. A maioria atuava como rendeiros na propriedade de outros, pois quase 40% das terras, no final da Primeira República, estavam sendo exploradas sob o regime de arrendamento. O mais complicado para essa parcela substancial da população era o fato de ainda continuar a viver em condições próximas à servidão, sujeita a um forte controle clerical, sobretudo dos padres das suas aldeias, plenas de superstições, que não escapavam também à influência dos principais proprietários de terras e dos chefes políticos.

Na faixa litorânea, o grupo dos pescadores, tão ou mais miseráveis que os camponeses, eram um contingente importante, mas que se apresentava como potenciais candidatos à emigração, na busca de uma vida melhor.

Apesar de todos os percalços, a burguesia conseguiu assumir uma posição importante no país em detrimento da nobreza que perdeu privilégios com a instituição da monarquia constitucional. Cada vez mais, os burgueses enriquecidos no comércio e na indústria construíam casas e palacetes, embora ainda procurassem imitar o padrão das casas dos nobres. Com o dinheiro ganho na indústria, na *banca* (setor bancário), ou mesmo no Brasil, vários tentavam reproduzir o estilo de vida dos grandes proprietários de terra e alcançar o mesmo prestígio social, comprando títulos e enfeitando os dedos com anéis de brasão. Outros, pelo contrário, chegaram a recusar títulos de nobreza, orgulhando-se das suas origens modestas e do fato de terem conseguido vencer apenas com esforço pessoal, num sinal de que os valores demoram mais, mas também mudam. Outras pessoas se afirmavam na nova sociedade apenas pelas funções que exerciam: membros do governo, diplomatas, advogados, farmacêuticos, médicos, professores, funcionários.

Nas duas primeiras décadas do século xx, a população portuguesa continuou a crescer, não obstante o aumento contínuo dos níveis de emigração e mesmo as perdas causadas pela pandemia de gripe em 1918 (60.000 mortos) e pela participação na Grande Guerra que resultou em morte ou ferimento de 10.000 homens.

Percalços da República

A situação de instabilidade conduziu por fim ao golpe militar de 28 de maio de 1926, que desembocou no regime ditatorial que ficaria no poder até a Revolução de 1974.

As forças políticas da Primeira República tinham se desmembrado em tantas correntes, esfacelando-se na luta pelo poder, que, em 1926, as instituições republicanas estavam tão desprestigiadas como as da Monarquia em 1910. Muitos setores da sociedade, liderados pela pequena burguesia e por inúmeros profissionais liberais, desgastados pelas sucessivas crises haviam exigido a suspensão da normalidade constitucional na esperança de que uma ditadura implementasse mudanças que renovariam a vida política do país.

Portugal fora o terceiro país da Europa – depois de França e Suíça – a proclamar um governo republicano, contudo os fortes traços arcaicos da sociedade, mais uma vez tinham impedido uma grande reviravolta nos destinos da nação. O desdobramento republicano veio tão somente por conta do alto grau de desgaste da monarquia vigente.

As ideias republicanas, sim, ganharam força nas décadas finais do XIX, mas o projeto prioritário dos que alcançariam o poder com o advento da República era conter qualquer iniciativa de cunho "revolucionário", ou seja, evitar grandes reviravoltas sociais.

Além disso, a República portuguesa instalou-se num quadro mais amplo de uma Europa conservadora e predominantemente monárquica, o que também ajuda a explicar a postura contrária a grandes mudanças do governo do novo regime. Ela visava assegurar a todo custo a ordem pública interna para obter o reconhecimento das demais potências estrangeiras.

O objetivo do governo era impedir que os ventos "subversivos" varressem o país. Para a maioria dos dirigentes republicanos era fundamental passar uma imagem de República ordeira, respeitável e burguesa. Mas, na prática, isso não foi possível. As dissidências logo afloraram e o conflito deu o tom durante toda a vigência da Primeira República.

A história atribulada da Primeira República passou por diferentes fases. Uma república forte, entre 1910 e 1917, que se sustentou interna e externamente, apesar das dificuldades, sendo Portugal um dos poucos países europeus a ter optado pelo sistema republicano. O curto período entre 1917 e 1919, dominado pelas forças mais conservadoras e pela conjuntura desastrosa da Grande Guerra. E a tentativa frustrada de encontrar um caminho diferente, em 1919, encerrada em 1926. Ao final, a frágil república marcada por hesitações e incoerências deu lugar a uma ditadura militar.

E A IGREJA?

Durante a Primeira República, a Igreja ganhou destaque e a religiosidade recebeu reforços em Portugal.

Combatida duramente nas primeiras décadas do século XIX, a Igreja recuperou espaço no correr dos anos seguintes e retomou com força a tradicional intolerância que a caracterizava em Portugal. As ordens expulsas retornaram. Os jesuítas chegaram a recuperar o controle do ensino, através da instalação de colégios, a partir de 1829, pela mão de D. Miguel.

Contudo, a luta republicana contra o clericalismo dominante, no início do século XX, levou à segunda dissolução das ordens religiosas e à separação legal de Igreja e Estado em 1911. Como seria de esperar, as medidas instituídas pelo governo republicano que enfraqueciam o poder da Igreja foram mal recebidas pelo clero. Os bispos que protestaram foram exilados e as relações de Portugal com o Vaticano foram cortadas mais uma vez.

A população tradicionalmente católica, especialmente a do Norte, não viu com bons olhos os rumos tomados pelo governo republicano. Nos locais em que a Igreja

À procura de novos caminhos | 311

Apesar das oposições republicanas, a Igreja Católica continuava poderosa e influente em Portugal. Grande parte da população se dizia devota, o clero possuía inúmeros bens de raiz e participava de diversas atividades econômicas, e importantes instituições assistenciais e educativas do país eram mantidas e controladas por religiosos católicos.

permanecia muito influente, as mudanças legais levaram a um clima de desconfiança e resistência contra o novo regime.

Outras propostas levadas a efeito pelos republicanos também colocaram em guarda as parcelas mais tradicionais da sociedade. O programa governamental para a família, por exemplo, era um dos mais importantes do regime republicano, mas um dos mais difíceis de implantar, por conta da influência católica. Além do casamento civil e do divórcio, os republicanos pretendiam introduzir algumas mudanças com relação aos direitos da mulher e à proteção legal dos filhos. Esse era um ponto muito crítico, pois a condição da mulher portuguesa, muito semelhante, de resto, aos outros países mediterrâneos, era de total subalternidade. Com pouco acesso à educação – avaliavam os republicanos –, a maioria das portuguesas era ignorante e alvo fácil de padres fanáticos e charlatães de toda a espécie. Por outro lado, as mulheres detinham uma força que poderia influenciar os filhos, constituindo, portanto, um possível entrave à modernização e ao progresso.

A questão religiosa manteve-se como um tema importante e mal resolvido, porque a Igreja Católica, apesar de tudo, continuava a ser muito poderosa em Portugal no início do século XX. Mesmo considerando que as ordens religiosas tinham sofrido duros golpes, o clero secular praticamente não fora tocado e continuava a ter propriedades fundiárias nas cidades e no campo, além de participar ativamente de empreendimentos comerciais, industriais e financeiros.

Várias congregações ainda mantinham prestígio e dominavam as instituições de ensino. Dispunham dos seminários, que, além de propiciar a melhor educação disponível, de quebra continuavam a propagar a doutrina religiosa e a influenciar as massas.

A Igreja exercia ainda outro papel importantíssimo em Portugal, atendendo à população através da beneficência e da quase exclusividade do controle das instituições como asilos e hospitais. Sua atuação junto ao cotidiano dos portugueses, de norte a sul do país, era enorme.

Se o Estado republicano queria combater a influência dessa instituição na sociedade, teria que assumir muitas de suas funções e isso, ainda, não era possível.

A entrada de Portugal na Primeira Guerra Mundial colaborou para que o discurso anticlerical de muitos políticos fosse atenuado. Em meio à guerra e às privações causadas pela situação interna de instabilidade econômica e social, muitos políticos reconheceram o poder da religião organizada como forma de acalmar os ânimos e promover o conformismo. Essa foi a brecha que permitiu, mais uma vez, à Igreja Católica renovar sua proeminência na sociedade portuguesa.

Os jesuítas, novamente, puderam regressar ao país.

Entretanto, a situação enfrentada pela Igreja durante os anos iniciais da República em Portugal fez com que a instituição adotasse uma nova postura, mais diplomática, procurando estabelecer uma nova forma de relacionamento com o Estado. Em outras palavras, com a lição aprendida ao longo da Primeira República, a Igreja mudou sua política: ao invés da intransigência contra o regime republicano, estabeleceu alianças com setores poderosos mais tradicionais da população, os grandes proprietários, e buscou novos meios para estimular a fé popular e recuperar suas ovelhas perdidas. Para isso, contou, literalmente, com um milagre.

As aparições de Fátima e a devoção popular

A Grande Guerra e o pós-guerra provocaram uma enorme desestabilização na Europa, e não foi diferente para os portugueses. Desde a primeira metade do século XIX a sociedade portuguesa não enfrentava uma crise tão dramática.

A angústia e o desespero que tomaram conta da Europa favoreceram a intensificação da fé em geral e do culto mariano em particular. Portugal, como um país fortemente católico, não escapou da tendência e assistiu ao enorme crescimento da devoção popular à Maria mãe de Deus.

Foi nessa época que ocorreram as chamadas "aparições de Fátima", quando três crianças – Lúcia e seus primos Francisco e Jacinta – afirmaram ter visto Nossa Senhora. Lúcia teria ouvido dos próprios lábios santos algumas mensagens. Esses episódios teriam ocorrido entre maio e outubro de 1917, na freguesia de Fátima (Concelho de Ourém), num local chamado Cova da Iria. Segundo as três crianças, Nossa Senhora teria aparecido, uma vez a cada mês, para deixar as referidas mensagens e anunciar o fim da guerra. De acordo com o relato, que a Igreja tratou de divulgar, primeiro, a Mãe de Deus teria lhes mostrado uma visão do inferno:

> um grande mar de fogo que parecia estar debaixo da terra. Mergulhados em êsse fogo os demónios e as almas [...] flutuavam no incêndio levadas pelas chamas que d'elas mesmas saiam, juntamente com nuvens de fumo, caindo para todos os lados [...] entre gritos e gemidos de dôr e desespero. [...]

E dito que, para salvar "as almas dos pobres pecadores", Deus queria estabelecer no mundo a devoção ao Imaculado Coração de Maria. Em seguida, Nossa Senhora, ao mencionar as ofensas dos homens a Deus, teria citado explicitamente a Rússia (na época, agitada pelos levantes comunistas):

Lúcia e seus primos Francisco e Jacinta Marto – as crianças que afirmaram ter visto Nossa Senhora em 1917. Em meio à Grande Guerra e às ameaças comunistas, as aparições de Fátima revigoraram a devoção popular e reforçaram o poder da Igreja católica em Portugal.

À procura de novos caminhos | 315

O impacto gerado pelo chamado Milagre de Fátima não se restringiu a Portugal. Hollywood também se apropriou da história para produzir, em 1952, um filme em cores, estrelado por Gilbert Roland, Frank Silvera, Sherry Jackson e dirigido por John Brahm.

A guerra vai acabar, mas se não deixarem de ofender a Deus, no reinado de Pio XI começará outra pior. Quando virdes uma noite, alumiada por uma luz desconhecida, sabei que é o grande sinal que Deus vos dá de que vai punir o mundo pelos seus crimes, por meio da guerra, da fome e de perseguições à Igreja e ao Santo Padre. Para a impedir, virei pedir a consagração da Rússia a meu Imaculado Coração e a Comunhão Reparadora nos Primeiros Sábados. Se atenderem a meus pedidos, a Rússia se converterá e terão paz, se não, espalhará seus erros pelo mundo, promovendo guerras e perseguições à Igreja, os bons serão martirizados, o Santo Padre terá muito que sofrer, várias nações serão aniquiladas, por fim o meu Imaculado Coração triunfará. O Santo Padre consagrar-me-á a Rússia, que se converterá, e será concedido ao mundo algum tempo de paz.[9]

316 | Os portugueses

Depois, ao lado de Nossa Senhora, teria surgido "um Anjo com uma espada de fogo" que apontou para a terra e disse com voz forte: "Penitência, Penitência, Penitência!". Os meninos afirmaram ter visto ainda vários outros personagens, entre os quais anjos que, sob os dois braços da cruz, estavam "cada um com um regador de cristal na mão, n'êles recolhiam o sangue dos Mártires e com êle regavam as almas que se aproximavam de Deus".

Em que pese a dificuldade de se averiguar o tal milagre, o fato é que a Igreja soube explorá-lo habilmente no sentido de revigorar a fé, num momento particularmente crítico. Com a história das aparições, os padres conseguiram exercer grande influência sobre as massas populares, reforçando a forte devoção popular no país. O milagre de Fátima surgiu como algo capaz de reorganizar o catolicismo em Portugal. A propaganda organizada em torno das aparições foi inteligentemente construída, apresentando-se a Virgem como "Padroeira da Nação". Com base nisso, o milagre passou a ser usado para exprimir a ideia do início de uma nova época na história de Portugal, procurando vincular a decadência do país ao esquecimento do ideal de missão cristã por parte dos portugueses.

A figura do cônego Manuel Formigão é chave nesses desdobramentos, pois conseguiu estabelecer e propagandear uma ligação entre as aparições de Fátima, a batalha de Aljubarrota e o esforço de guerra da República, juntando assim, numa mesma celebração, a Nação, a República e Maria.

Desde então, o culto mariano cresceu enormemente. Foi construído o Santuário de Fátima, que é hoje um dos mais importantes santuários marianos do mundo, acolhendo milhares de peregrinos anualmente.

Os pastorzinhos Francisco e Jacinta faleceram nos anos subsequentes ao anúncio das visões, ele em 1919, aos 11 anos, e ela em 1920, aos 10 anos de idade. Sua beatificação foi aprovada pelo Vaticano em 1999, 50 anos depois do início do processo canônico. Lúcia ingressou na vida religiosa em 1926 e tornou-se freira carmelita em 1948. Publicou suas memórias em 1973, faleceu em 2005 e teve seu corpo transladado para o santuário de Fátima para que ficasse mais próximo dos peregrinos.

Notas

[1] Por isso é que muitos burgueses quando enriqueciam preferiam imobilizar a fortuna na compra de títulos de nobreza e terras, a fim de viver "à moda da nobreza".

[2] As *coutadas* davam aos proprietários das terras (mas não aos camponeses, arrendatários, foreiros e demais moradores locais) o privilégio de poder caçar e utilizar os recursos das matas. As *coudelarias* diziam respeito aos privilégios de criação e adestramento de cavalos.

À procura de novos caminhos | 317

[3] O poder moderador era delegado privativamente ao monarca, considerado, pela Constituição de 1826, a chave de toda a organização política. A concepção e a implantação do poder moderador, na prática, significava a subordinação dos outros três poderes: Executivo, Legislativo e Judiciário.

[4] O liberalismo ganhava terreno em diversos movimentos sociais que eclodiram à época. Tanto o liberalismo quanto as ideologias de fundo nacionalista encontraram terreno fértil entre populações que enfrentavam a carestia dos gêneros alimentícios, as transformações trazidas com a primeira vaga de industrialização, a proletarização dos camponeses, o desemprego das áreas urbanas e as péssimas condições de vida e de salário do operariado. A burguesia, ainda alijada do poder político e prejudicada pela crise econômica europeia, também engrossou as fileiras das revoltas liberais em vários locais.

[5] O Vinho do Porto era a principal exportação portuguesa, primordialmente para o mercado britânico. Pela barra do rio Douro saía mais da metade das exportações do país.

[6] Praga que ataca, especialmente, as videiras e é provocada por um inseto (o filoxera) que, ao se instalar em suas raízes, destrói a planta. Essa praga apareceu em Portugal pela primeira vez em meados da década de 1860, espalhando-se por todas as regiões vinícolas e provocando a quebra em mais de 50% da produção no último quartel do século XIX.

[7] Na última linha, a palavra "bretões" foi substituída por "canhões".

[8] Publicada em matéria do jornal *Folha de S.Paulo* em 23 jun. 2004.

[9] Disponível em: <http://www.vatican.va/roman_curia/congregations/cfaith/documents/rc_con_cfaith_doc_20000626_message-fatima_po.html>; acesso em: nov. 2009.

# DOIS GOLPES MILITARES

Dois golpes militares no século XX mudaram os rumos da história dos portugueses. O primeiro, de maio de 1926, impôs ao país uma ditadura militar. O segundo, em 1974, enterrou de vez o Estado autoritário e abriu espaço para a institucionalização do regime democrático.

O GOLPE DE 1926

Em 1926, cansada da incapacidade política da jovem república, a maioria da população havia perdido as esperanças no governo.

Nas cidades mais importantes do país, grupos anarquistas agiam com violência e o espectro do bolchevismo assombrava as classes privilegiadas. Manifestações de descontentamento e insegurança eram cada vez mais frequentes em Portugal.

A ânsia pela manutenção da ordem fez boa parte dos portugueses apostar em soluções políticas autoritárias como as que começavam a se instalar na Europa, o fascismo de Mussolini na Itália e a ditadura de Primo Rivera na Espanha. Portanto, o golpe de Estado perpetrado por militares em maio de 1926 não encontrou grande resistência. O Parlamento foi dissolvido e a ditadura instaurada em Portugal.

Artigos publicados pelo jornal *Diário de Lisboa* procuraram esclarecer o caráter e os objetivos do golpe: um movimento exclusivamente militar, nem conservador, nem radical, voltado para a "ressurreição nacional" e a moralização da administração pública.

A meta de garantir a ordem, entretanto, não foi atingida, ou melhor, de uma desordem civil, Portugal passaria a conviver com uma desordem provocada pelos próprios militares. O fato é que, para impor o novo regime, controlar as manifestações sociais e estabilizar a economia, os militares no poder começaram a tomar medidas repressivas. Acuados, muitos republicanos emigraram.

Desfile do comandante Gomes da Costa — um dos líderes do movimento militar que propunha acabar com a desordem política — e suas tropas vitoriosas em Lisboa, em 6 de junho de 1926. Gomes da Costa assumiu a presidência da República em 17 de junho, sendo deposto poucos dias depois, em 9 de julho do mesmo ano em meio a grande instabilidade. Em 1928, militares ainda mais rígidos tomariam o lugar de seus antecessores de farda no governo português.

No ano de 1928, um "golpe dentro do golpe" colocou no poder um grupo de militares mais rígidos que os anteriores. Para contornar a situação catastrófica das finanças agravada pelos empréstimos sucessivos do governo republicano, um professor da Universidade de Coimbra, Antonio de Oliveira Salazar, foi chamado a comandar a pasta das Finanças. Salazar assumiu o cargo com o poder de supervisionar o orçamento de todos os ministérios e o direito de veto em eventuais aumentos de despesa. Propôs um orçamento para os anos de 1928-29 que previa saldo positivo, e cumpriu à risca o plano. O sucesso de sua política financeira lhe trouxe grande popularidade. Com isso, abriu-se o caminho para uma nova mudança de rumos em Portugal: a implantação do chamado Estado Novo com Salazar no papel principal.

AS PRIMEIRAS DÉCADAS DO SÉCULO XX

Embora a maioria da população portuguesa continuasse a viver em situação precária e muito próxima da miséria, do ponto de vista da história de Portugal e da Europa, a virada do século XIX para o XX apresentou transformações dignas de nota.

O mundo mudou, e muito. O tráfego de automóveis ganhou as ruas das grandes cidades. Milhões de camponeses deixaram os campos da Europa e rumaram para a América. Mulheres das classes médias começaram a trabalhar fora de casa e a estudar mais. O sufrágio universal passou de ideia a fato (em alguns casos, abrangendo a população feminina) e se converteu na base de muitos governos estabelecidos. Na arte, as regras tradicionais e clássicas foram postas abaixo, em nome do modernismo. Enfim, até a Depressão dos anos 1930, os continentes europeu e americano viveram tempos efervescentes, sobretudo na década de 1920.

A Europa passou a abrigar uma população maior, mais urbana, mais velha, com uma esperança de vida em ascensão, ao mesmo tempo que as famílias passavam a limitar o número de filhos como forma de proporcionar maior bem-estar para todos os seus membros.

Entre 1920 e 1930, Portugal apresentou um crescimento populacional anual de 1%,[1] o que fez a população portuguesa subir de cerca de 6 milhões para 6,8 milhões. Nesse momento, 80% das pessoas estavam concentradas nas áreas rurais. Das restantes, 14% viviam divididas basicamente em seis cidades. Lisboa e Porto reuniam uma população de 594.390 e 232.280 pessoas, respectivamente.

Imaginário e representações

Mesmo sem ter observado transformações estruturais significativas no cotidiano material do povo português, o período que vai dos finais do século XIX a 1930 é rico de símbolos e instituições que "reinventam a nação". Como dizem alguns, foi o momento da "segunda fundação de Portugal". Trata-se de uma nova forma de os portugueses se identificarem como tais, de perceberem o seu país e de contarem a sua história.

A identidade de Portugal passou a incluir uma nova bandeira (que permanece atualmente), adotada em junho de 1911 em substituição da usada no regime monárquico, o hino nacional conhecido como "A Portuguesa"[2] (oficial até hoje), a instituição do Dia de Portugal e a glorificação de Camões. No caso da mitificação da figura do poeta, as comemorações do tricentenário de sua morte, em 10 de junho de 1880, foram fundamentais. Em 1925, o dia 10 de junho também foi consagrado a Portugal. Posteriormente, o Dia de Portugal viraria feriado nacional.

No processo de dar uma nova cara a Portugal e uma identidade favorável aos portugueses, os Descobrimentos dos séculos XV e XVI também foram relembrados e valorizados. Uma reforma ortográfica foi feita em 1911. E a própria ideia de patrimônio nacional enquanto tal também surgiu nessa época. É dos primeiros anos do século XX o fato de terem sido reconhecidas oficialmente como pontos turísticos importantes obras que compõem o patrimônio arquitetônico português, o que estimulou a visitação.[3]

Na virada para o século XX, os intelectuais que refletiam sobre a nação portuguesa se distanciaram um pouco dos pensadores da Geração de 1870. Antes, enquanto os pensadores se serviram das ideias modernas para agitar a sociedade e tentar transformá-la, agora, os intelectuais, embora não tivessem abandonado muitas daquelas ideias, partiam do pressuposto de que havia uma "realidade portuguesa" a ser levada em conta positivamente. Essa "realidade" ou "alma portuguesa" corresponderia a um modo particular de ser, perceptível por meio do resgate das lendas, dos costumes rurais, da vida no campo e da nostalgia (ou saudade). Alberto de Oliveira, um exemplo dessa nova geração, declarou nos anos 1890 estar aterrado com a perspectiva de Portugal, um dia, vir a ser um país igual a outros, ainda que mais ricos, da Europa.

Tudo isso leva a pensar que esse discurso sobre o que é "verdadeiramente português" ou sobre "a alma portuguesa" é *datado*, em outras palavras, *não foi sempre assim*, mas surgiu num determinado contexto histórico em que os portugueses temiam ficar sem uma identidade forte diante dos outros povos, mais bem-sucedidos, da Europa. Encontraram essa, que idealiza a vida no campo e certas tradições populares, e aquela, que valoriza o espírito empreendedor colonial.

Na década de 1920, o nacionalismo esboçado por Alberto de Oliveira era mais que uma moda literária, pois era encampado por um importante grupo denominado "aportuguesadores", formado por pintores, escritores, arquitetos e pensadores que se esforçavam por reconstituir e apresentar algo que fosse genuinamente português, isto é, que não tivesse sofrido alguma descaracterização por conta de influências estrangeiras.

A ideia de recolher elementos que definissem "o modo de vida português", entretanto, não era novidade. Podemos encontrar as origens desse interesse em trabalhos de intelectuais como José Leite de Vasconcelos ou Teófilo Braga. José Leite de Vasconcelos contribuiu de maneira decisiva com sua *Etnografia portuguesa*, publicada em 1881. Na mesma senda, *O povo português* (1885), de Teófilo Braga, apresenta uma vasta coleção de manifestações tradicionais (costumes, crenças, superstições, festas religiosas, cerimônias, jogos infantis, advinhas, danças, músicas, canções folclóricas).

Aos aportuguesadores interessava também o "Portugal maior", que, se não tinha a ver exatamente com as conquistas nas Índias, envolvia a histórica ocupação portuguesa do Brasil e a proposta de criação de "novos brasis" na África.

Contudo, sobre isso não houve consenso. Os aportuguesadores acreditavam na possibilidade de transformar as possessões portuguesas em "novos brasis" com a presença de imigrantes lusos. Mas outros contra-argumentavam afirmando que ir para a África não era a mesma coisa que ir ao Brasil; para a África não bastava enviar braços para arranjar emprego, era preciso começar do zero.

Enviar portugueses para a África àquela altura era mesmo difícil. A solução que alguns propuseram era aportuguesar culturalmente os africanos. Porém, também choveram críticas sobre essa ideia. Como fazê-lo se não se tinha nem ideia exata do contingente populacional dos territórios portugueses na África? Seriam cinco ou dois milhões de habitantes? Além disso, os africanos não eram vistos como portugueses, nem respeitados como tais. A Constituição portuguesa não se aplicava à África; ali vigoravam as Leis Orgânicas de 1914, que "respeitavam os usos e costumes dos indígenas", mas não lhes reconheciam direitos políticos. Legalmente, os nativos estavam apenas "sob proteção" das autoridades portuguesas.

Enfim, a África era um desafio tão grande que os intelectuais preferiram deixá-la de lado. Mas o Brasil continuava importante no projeto de melhorar a imagem dos portugueses. A missão reservada ao nosso país foi a de ajudar a afirmar ao mundo as qualidades da "raça portuguesa" e impor a língua portuguesa aos povos africanos submetidos ao domínio luso. O Brasil, dessa forma, fazia parte do "Portugal maior", ou, pelo menos, era a prova da força portuguesa no mundo.

Assim, as primeiras décadas do século xx estão plenas de contatos entre lusos e brasileiros. A presença do presidente de Portugal nas comemorações do Centenário da Independência do Brasil, destacando em seus discursos "a família lusíada" e explorando o tema da aproximação dos dois países, é um bom exemplo disso, mas não o único. As idas e vindas constantes de companhias de teatro e de escritores portugueses também ajudaram a manter os dois países ligados culturalmente.

A fachada de fraternidade escondia, contudo, uma grande rivalidade econômica. Produtos brasileiros concorriam no mercado internacional com os de algumas colônias portuguesas. Além disso, havia no Brasil um clima de disputa entre os brasileiros "nativistas" e os portugueses chamados por eles de "galegos". O nativismo era a face radical do republicanismo no Brasil e misturava-se ao ressentimento popular contra os comerciantes portugueses vinculados às atividades do comércio a retalho e de produtos alimentares e à prestação de serviços, especialmente no setor dos transportes. Para complicar, o movimento artístico modernista brasileiro da década de 1920 colocou o ponto final na posição privilegiada dos intelectuais portugueses no Brasil.

Da parte de Portugal, os sentimentos contraditórios em relação ao Brasil também eram comuns. A divulgação na imprensa lusa dos maus-tratos sofridos por portugueses imigrantes em fazendas de café brasileiras serviu de estopim para uma campanha antibrasileira nos jornais do país.

Nos anos finais da monarquia (lembremos da reação ao Ultimato britânico), mas, sobretudo, na época da Primeira República, consolidou-se em Portugal um forte patriotismo que tinha por referência o Estado como corporificação da "cultura portuguesa".

Essa cultura não era mais a cultura comum aos europeus, nem a cultura universal da busca da modernidade. Era agora a cultura das tradições, das artes e dos costumes característicos ou produzidos em Portugal. Muitos contemporâneos consideraram esse surto patriótico uma verdadeira revolução cultural, talvez a maior desde os avanços do século xv.

A tendência nacionalista exprimiu-se, preferencialmente, na insistência em temas e heróis históricos, no culto aos valores, modos e paisagens ditos "tipicamente portugueses" e no gosto por tradições rurais e da religião católica. A maioria dos literatos que se identificava com essa concepção escrevia na revista *A Águia*, que circulou entre 1910 e 1930.

Porém, esse nacionalismo "estreito" era atacado por outra corrente de expressão, mais "cosmopolita", que se abria à influência dos movimentos culturais ligados à urbanização na Europa da *Belle Époque*. Essa corrente veiculava suas ideias no semanário *Seara Nova* e congregava alguns dos maiores escritores portugueses do século xx, como Jaime Cortesão, Raul Proença e Antonio Sérgio.

Grupos modernistas também existiram em Portugal, a partir de meados da década de 1910, mas sua influência foi muito limitada. O grupo de jovens escritores e artistas modernistas só conseguiu despertar na maioria do público da época desprezo, sarcasmo ou indignação. Curiosamente, surgiram nesse cenário cultural alguns nomes que hoje são considerados ícones das artes e da literatura, como Florbela Espanca, Fernando Pessoa, Mário de Sá Carneiro, Almada Negreiros, entre outros. Esses artistas e escritores, rotulados de "inadaptados", não alcançaram o reconhecimento em seu próprio tempo. O grande Fernando Pessoa, por exemplo, só teve o seu talento e sua obra respeitados a partir da Segunda Guerra Mundial; a maioria dos seus escritos foi publicada postumamente.

Os inadaptados não tiveram de fato muita chance de sucesso de público e crítica num Portugal que tolerava com reservas os inconformistas, não identificados com a Igreja, agora protegida pelo Estado, ou com os valores que este defendia. Entretanto, a literatura e a arte eram um dos poucos espaços socialmente disponíveis para manifestar algum inconformismo, já que, desde o fim da distinção entre cristão-novo e cristão-velho, Portugal parecia "singelamente homogeneizado".[4] Com a implantação do regime autoritário tais espaços ficaram ainda mais limitados.

O ESTADO NOVO

"Estado Novo" é a expressão consagrada para designar o período de quase cinco décadas que separa o fim da Primeira República e o 25 de Abril de 1974. Esse intervalo de tempo reúne duas realidades distintas: o salazarismo (a ditadura militar com Antonio de Oliveira Salazar à frente do país, 1928-1968) e o marcelismo (período em que a ditadura foi liderada por Marcelo Caetano, 1968-1974).

O termo "Estado Novo" foi introduzido por Salazar e pelo grupo que ajudou a estruturar e manter o regime salazarista. Sua utilização não é estranha a nós brasileiros (basta lembrar o "Estado Novo" chefiado por Getúlio Vargas) ou aos espanhóis (que tiveram seu *Nuevo Estado*", chefiado por Francisco Franco). A ideia básica em todos os casos é transmitir a mensagem de que, no governo, há uma grande mudança em relação à situação anterior.

A mensagem específica em Portugal era que a turbulência socioeconômica e política presente desde a instalação da República chegava ao fim. O tempo agora seria de uma mescla de regeneração do "passado português heroico e grandioso" com "revolução nacional fundadora de uma nova sociedade". Bem, essa era a propaganda. Na prática as coisas seriam diferentes.

Do ponto de vista político e institucional, o ano de 1933 sugere uma nova etapa na história lusa, com a aprovação de outra Constituição em substituição à primeira Constituição republicana (de 1911), do Estatuto do Trabalho Nacional (inspirado na *Carta del Lavoro* fascista, que proibia os sindicatos livres e quaisquer outras formas de organização dos trabalhadores que não os Sindicatos Nacionais e Grêmios criados pelas instituições patronais) e do Instituto Nacional do Trabalho e Previdência, comandado pelo governo.

O novo regime também criou a Polícia de Vigilância e Defesa do Estado (PVDE, integrada ao Ministério do Interior, mas diretamente dependente de Salazar, o "chefe"[5] do Estado Novo), a polícia política, cujo objetivo era controlar toda e qualquer oposição ao governo.

O domínio autoritário do Estado Novo completava-se com a instituição do Secretariado da Propaganda Nacional (SPN, também dirigido por Salazar) com o intuito de divulgar o ideário nacionalista, padronizar as manifestações culturais e artísticas e controlar os órgãos de imprensa. Nas palavras de Salazar, o SPN serviria para "reeducar" e mobilizar o povo português em favor do novo contexto político.

Nessa época, foi fundada a Acção Católica Portuguesa, uma organização de leigos católicos subordinada à Igreja, que explicitava sua simpatia para com o novo regime e às posições que este tomava com relação ao controle social. Em 10 de novembro de

Página do único livro de leitura da Primeira Classe, fornecido pelo Estado e adotado nas escolas na década de 1930. Na época do Estado Novo, os estudantes portugueses recebiam uma educação cívica e moral de base religiosa, católica tradicional. A Lei nº 1910, de 23 de maio de 1935, por exemplo, preconizava explicitamente que a instrução deveria ser guiada pelos princípios da doutrina cristã.

1933, um documento assinado pelo papa Pio XI institucionalizou a Acção Católica Portuguesa, apoiando as diretrizes impostas pelo governo salazarista no plano político e reconhecendo a separação de funções e das áreas preferenciais de intervenção de cada parte (Estado e Igreja) assim como a subordinação da Igreja ao Estado nas questões políticas. O Estado português, por sua vez, reconhecia a autonomia da Igreja católica para atuar em Portugal como tutora nas esferas religiosa, moral, assistencial e educacional.

Nos anos seguintes, no tempo da Segunda Guerra Mundial, o salazarismo se consolidaria atingindo seu apogeu do ponto de vista institucional e de controle social e econômico.

A partir do imediato pós-guerra e com o desmantelamento dos principais regimes fascistas europeus, o Estado Novo entraria num período de crise, agudizada com o início da Guerra Colonial em Angola e a saída de Salazar da liderança do governo em 1968.

Mas quem foi este que comandou os portugueses por tanto tempo?

SALAZAR E SALAZARISMO

"Sei o que quero e para onde vou!" – essa frase foi proferida por Salazar em 27 de abril de 1928, ao tomar posse como Ministro das Finanças. Tinha 39 anos de idade e alguma experiência política no Parlamento português. Frequentara um seminário, recebendo a melhor educação formal disponível em Portugal na época, mas nunca foi além das ordens menores. Tornou-se professor em Coimbra e filiou-se ao Centro Católico Português,[6] o que favoreceu sua eleição para deputado ao Parlamento em 1921. Graças a seus contatos no Centro Católico e ao destaque que obteve com a publicação de artigos sobre Economia, tornou-se ministro, a convite dos militares no poder. Da pasta das Finanças, em 1928, passaria à presidência do Conselho de Ministros em 1932 (cargo que ocuparia até 1968).

Salazar, o "doutor Salazar", no tempo em que se encarregou das Finanças, teve uma atuação considerada excelente e obteve então grande popularidade. Por conta disso, viu-se em condições de impor aos militares que deixassem os seus postos no governo e voltassem aos quartéis. Os lugares vagos foram preenchidos com professores trazidos da Universidade de Coimbra. E Salazar tornou-se o chefe supremo do governo.

Com o tempo, ganhou a reputação de ser taciturno e adotar um estilo de vida espartano, muito apreciado pelos críticos do esbanjamento que havia caracterizado o comportamento de muitas autoridades em Portugal até então.

328 | Os portugueses

Salazar manteve-se quarenta anos no comando de Portugal neutralizando seus opositores ou sobrevivendo a várias conspirações e tentativas de golpe. Se comparado a outras figuras que atingiram o poder na mesma época, como Mussolini, por exemplo, ele imprimiu um caráter bastante particular ao seu longo governo. Salazar nunca fez uso de qualquer partido de massas para manter-se na liderança. Preferiu valer-se de uma máquina azeitada de propaganda que transmitia de si uma imagem equivalente à de um pai prudente ou de um salvador da pátria. Autointitulou-se sucessor de D. João IV de Bragança, o herói da nação na Guerra de 1640 contra os espanhóis. Ao ser acusado de promover um regime autoritário e repressivo e de sufocar as liberdades, evocava, para justificar seus desmandos, o período de motins e instabilidade social que se seguira à instauração da República, em 1910.

Salazar defendia um Estado forte, liderado por um executivo poderoso e negava ao regime parlamentar a capacidade de governar pelo bem comum. As linhas essenciais impostas por Salazar ao Estado Novo reforçavam as competências legislativas do executivo, na mesma medida em que esvaziavam o poder da Assembleia Nacional. (Isso ficaria ainda mais claro a partir de 1945, quando o Governo passou a ser o órgão legislativo oficial, transformando a Assembleia Nacional em órgão legislador excepcional. Desse modo, Salazar esvaziou de fato e de direito o legislativo e concentrou todo o poder no executivo; aboliu a eleição para presidente da República por sufrágio direto e esvaziou os poderes do ocupante desse cargo. Salazar, como presidente do Conselho de Ministros era quem detinha de fato o poder nas mãos, era o "chefe" na acepção mais completa do termo, um ditador.)

Na perspectiva da propaganda salazarista, o Estado Novo não era totalitário e sim um estado de direito, já que tinha uma Constituição aprovada por plebiscito popular e se pautava por dois valores fundamentais: Deus e a Pátria. Salazar não via incompatibilidade entre religião e Estado, mas defendia que era preciso dar "a César o que é de César, e a Deus o que é de Deus", por isso Estado e Igreja devem ficar cada um em sua área de atuação. Para mostrar que não havia contradição nessa forma de pensar, declarou que os valores católicos eram os fundamentos da sociedade portuguesa:

> Não discutimos Deus. A primeira realidade que o Estado tem a sua frente é a formação política do povo português; a segunda é que a essência dessa formação se traduz numa constante da História [...]. Por outras palavras, não podemos colocar o problema de uma qualquer incompatibilidade entre a política da Nação e a liberdade evangelizadora. Pelo contrário, uma sempre foi parte essencial da outra.

A pátria e o ideal cristão, juntamente com a família e o trabalho, estariam acima de tudo. A *família* seria o elemento básico da nação e do Estado e o *trabalho* teria a capacidade de enobrecer o homem, independentemente da atividade exercida. É claro

Elementos obrigatórios nas paredes das escolas durante o Estado Novo em Portugal: relógio, crucifixo e as fotografias de Salazar e Américo Thomaz. Além de louvar o regime salazarista durante o dia, nas escolas, à noite, em suas orações antes de dormir, as crianças deveriam lembrar que: "o bom menino reza a Deus, mas também pelos pais, pelos manos, pelos amiguinhos, por todas as pessoas, assim como reza para a Pátria e pela Igreja", conforme ensinava o livro da Primeira Classe.

que esse ideal de "família" referia-se a uma família específica, subordinada aos dogmas do catolicismo conservador, baseada na autoridade hierárquica do pai, na dedicação prioritária das mulheres ao lar e em filhos colaborativos e submissos. A família incensada pelo Estado Novo era aquela com a qual o regime podia contar para garantir a ordem vigente e responder às demandas do Estado sob a bandeira do patriotismo. Já o "trabalho" exaltado pelo salazarismo era o trabalho tipificado pelo Estatuto Nacional do Trabalho, subordinado aos interesses patronais e sem qualquer ação subversiva. Todo o movimento trabalhista que saísse do compasso imposto pelos ditames do Estado Novo era alvo de perseguição, pois não seriam tolerados desvios, reivindicações e protestos.

O salazarismo no comando do Estado justificava-se como o defensor da sociedade. Suas intervenções no domínio da economia seriam no sentido de "garantir uma melhor distribuição da riqueza produzida e o acesso aos benefícios da civilização". Em poucas palavras, Salazar procurava convencer os portugueses que governava com a "autoridade necessária" e a "liberdade possível", sendo que a manutenção de cada um desses princípios representava a garantia do outro. Aos portugueses não restaria opção senão adequar-se a essa realidade.

Na prática, Salazar assumiu posições políticas autoritárias, sufocou as vozes discordantes e ganhou forte apoio dos direitistas. Sua postura sobre a relação entre Estado e Igreja aliada à defesa dos valores católicos também lhe permitiram conquistar a simpatia do clero.

Seus discursos construídos com frases concisas e palavreado de fácil compreensão conseguiram seduzir a maioria da população portuguesa por um bom tempo, embora, concretamente, a situação econômica dos portugueses não tenha mudado muito, como atestam os elevados níveis de emigração mantidos durante o Estado Novo.

COLÔNIAS: POSSUIR, OCUPAR E CIVILIZAR

A Grande Depressão que afetou o mundo na década de 1930 teve repercussões profundas em Portugal e na construção do Estado Novo que se iniciava.

Até aquele momento a economia portuguesa gravitava entre dois eixos essenciais: a Grã-Bretanha, que lhe fornecia os bens de consumo, e o Brasil, fonte de dinheiro sob a forma de poupanças enviada pelos emigrantes. A crise colocou em causa esse sistema e obrigou Portugal a redimensionar a sua economia, seja tentando se tornar autossuficiente, seja procurando novos parceiros comerciais.

A política colocada em prática impôs medidas que restringiam os direitos dos trabalhadores, limitavam as despesas para com a Educação e os demais serviços públicos e reprimiam todas as opiniões políticas que pudessem interferir no caminho traçado pelo governo. Um sistema de vigilância policial, que se aperfeiçoaria ao longo das décadas, foi implantado nessa época.

No cenário de crise, os olhos lusos se voltaram novamente para a África por duas razões. Em primeiro lugar, por conta das riquezas que poderiam advir do "império africano", quer como mercado fechado para os vinhos e os têxteis portugueses, quer como fonte barata de produtos como o algodão. Em segundo lugar, pelas ameaças potenciais que vinham do exterior colocando em perigo o Império Colonial Português. Essas ameaças existiam desde o final do século passado, mas ganharam novo impulso na Depressão, pois as grandes potências coloniais (França e Inglaterra) abandonaram sua política tradicional de livre circulação e adotaram uma política de preferência colonial, isto é, favoreceram o comércio com seus respectivos territórios coloniais.

Em 8 de julho de 1930, o Estado Novo instituiu o Ato Colonial, que posteriormente seria incorporado à Constituição (em 11 de abril de 1933). Por esse Ato, proclamava-se que Portugal tinha a "função histórica e essencial de possuir, civilizar e colonizar domínios no ultramar". Com isso procurava deixar claro para o restante da Europa que Portugal não abriria mão de qualquer mínima parcela do território colonial e que outros Estados não podiam adquirir porções dele, a não ser em condições muito específicas.

Usando uma eficiente máquina de propaganda, o governo salazarista organizou uma série de manifestações para exaltar a missão civilizadora e colonizadora da nação portuguesa. A ideologia imperial que o Estado Novo definiu, na verdade, não era nova, inspirando-se nos regimes precedentes, inclusive na Primeira República. Continuava a reforçar a ideia de que a posse de um império era inseparável da independência nacional, servindo, inclusive, como garantia contra a pressão da Espanha com vistas à anexação de Portugal.

A partir daí, cada vez com maior intensidade, as economias coloniais passaram a integrar-se no processo de desenvolvimento econômico português. Participavam como mercado para os manufaturados portugueses e como fornecedoras de matéria-prima para a indústria de Portugal.

O lusotropicalismo como álibi colonialista

Até o início da década de 1950, o discurso colonialista português baseava-se num pretenso direito imperial de conquistar, explorar e difundir o catolicismo. As mudanças no cenário mundial ocorridas no pós-guerra evidenciaram o anacronismo dessa política, que também passou a ser efetivamente contestada quando os movimentos de libertação das colônias tomaram fôlego.

Portugal precisou buscar novos argumentos que legitimassem suas posições ou ao menos justificassem sua política colonial. A ditadura salazarista encontrou então uma alternativa ideológica, como revela o trecho de uma entrevista dada por Salazar a uma jornalista francesa, em 1951:[7]

> Os Portugueses devem provavelmente a sua fama de excelentes colonizadores à sua rara faculdade de adaptação. Com efeito, têm grande facilidade para se aclimatarem sob os céus mais inóspitos e compreenderem rapidamente a mentalidade, a vida, os

costumes e as atividades dos povos que lhes são estranhos. Quando o Português se lança na exploração aventurosa ou se instala no comércio, não organiza a sua vida à parte. Entra na vida, misturando-se nela tal como a encontra e tal qual ela se lhe oferece, sem, contudo, abandonar o seu próprio cabedal de conhecimentos, de hábitos e de práticas. A sua obra não é, seguramente, a do homem que passa, olha e segue o seu caminho, nem a do explorador que procura febrilmente riquezas fáceis e em seguida dobra a sua tenda para se afastar.

Salazar insistiu na ideia da suposta originalidade da colonização portuguesa e na faculdade inata dos portugueses de se misturarem às populações locais por meio da mestiçagem. Tais argumentos serviriam, a partir de então, como justificativa oficial do governo português em relação ao direito a manter suas colônias.

O que talvez nem todos saibam é que as conclusões do sociólogo brasileiro Gilberto Freyre, em especial sua Teoria do Lusotropicalismo, tiveram um lugar fundamental para a conformação dessa nova ideologia colonialista portuguesa. De fato, o Estado Novo salazarista legitimou o colonialismo luso com base em observações tiradas das obras do intelectual pernambucano tais como: o português colonizador é "avesso ao racismo, eroticamente vocacionado a ligar-se sem quaisquer preconceitos racistas com índias e negras" uma vez que o próprio português reinol é "produto de miscigenações de judeus, árabes, cristãos". A partir de ideias como essas, foi muito fácil para o Estado português afirmar que os portugueses não estavam, de fato, colonizando aqueles territórios africanos, porque eram um povo multirracial e pluricontinental. A Teoria do Lusotropicalismo serviu, portanto, como uma luva para as necessidades do regime colonial português.

E qual a reação do próprio Freyre diante dessa apropriação de suas palavras? Tudo indica que ele assumiu uma postura de complacência em relação a isso e suas consequências, pois, pelo menos ao longo das décadas de 1950 e 1960, manteve um vínculo próximo com o regime salazarista. Entre outras coisas, aceitou um convite oficial de Portugal para visitar as colônias na África e nas Índias. Mas não só. O intelectual brasileiro também permitiu a edição portuguesa patrocinada pelo governo de Salazar de vários textos de sua autoria – entre eles *Aventura e rotina*, *Integração portuguesa nos trópicos*, *O luso e o trópico*[8] – alguns também traduzidos para o inglês.

No Diário mantido por um membro do governo português daquela época (e posteriormente publicado) ficou registrado: "Almoço no Ritz em honra de Gilberto Freyre. Pareceu ávido de honrarias, homenagens e elogios de cinco em cinco minutos. Diz-me que concorda inteiramente com a nossa política africana". Esse trecho foi escrito em novembro de 1962, época em que a guerra colonial em Angola estava já em marcha.

Os vínculos de Freyre com a ditadura salazarista incluíram ainda uma colaboração regular, iniciada em abril de 1952, com o jornal lisboeta *Diário Popular*, dirigido por um salazarista (que, depois da Revolução dos Cravos, se exilou no Brasil).

As ligações de Gilberto Freyre com o regime ditatorial português receberam, na época, críticas de alguns intelectuais brasileiros, entre elas destaca-se a de Rachel de Queiroz. Na revista *O Cruzeiro* de abril de 1952, a escritora desaprovou o fato de Freyre ter aceitado o convite do governo salazarista. Em resposta, Freyre defendeu-se afirmando que manteve encontros com intelectuais conhecidos por sua hostilidade em relação ao ditador...

Independentemente do uso político das contribuições de Gilberto Freyre, ainda hoje há intelectuais que destacam a importância dos achados desse autor com relação às particularidades da colonização portuguesa e defendem, com razão, que o conceito de lusotropicalismo não pode ser limitado ao modo como o Estado salazarista dele se serviu nas décadas de 1950 e 1960.

AS RELAÇÕES COM A EUROPA

O advento e a consolidação do Estado Novo não tiveram problemas de recepção entre os países estrangeiros, sobretudo os europeus, embora as razões para isso fossem diferentes conforme cada caso.

O aliado mais tradicional, a Inglaterra, sentiu-se serenado com o restabelecimento da ordem em Portugal. A Itália fascista, obviamente, deu calorosas boas-vindas ao novo regime em muitas coisas parecido com o seu. A França, destino de exilados políticos, mostrou-se um pouco mais reservada, mas não chegou a condenar oficialmente o regime salazarista; aos poucos, as relações entre os dois países se normalizaram. Na Espanha, a recepção também foi simpática, especialmente a partir da guinada do governo espanhol para a direita; os vizinhos encetaram então relações diplomáticas cordiais.

Não seria exagero dizer que a diplomacia de Salazar retomou a tradição política que pautava Portugal desde a Restauração de 1640: defesa da independência nacional e a preservação do Império colonial. Depois de tanta água rolada por baixo da ponte, parece que Portugal estava no mesmo lugar, pois empregou duas velhas estratégias para tentar garantir a perenidade do regime diante das grandes potências: aliança com a Inglaterra e distanciamento dos assuntos europeus.

Essas escolhas são fáceis de entender. A Inglaterra ainda mantinha forte poder naval, o que ajudaria os portugueses a manter as ligações oceânicas com o "império africano", além de continuar a ser a principal parceira da economia lusa. Sobre os problemas e conflitos europeus, escaldada com a experiência da Grande Guerra, a diplomacia portuguesa reafirmava que a política europeia não lhe dizia respeito, já que Portugal era "uma potência atlântica", ou seja, voltada para o mar e para as colônias. Assim, Portugal deveria apenas cuidar de conservar a "amizade peninsular" para evitar o "perigo espanhol". Realmente, tudo soa muito parecido com os discursos do século XVII.

Em nome da manutenção dessa "amizade", entretanto, os portugueses acabaram intervindo a favor dos nacionalistas espanhóis, procurando ajudar a impedir a instalação de um regime de esquerda na península ibérica, que poderia significar, no decurso de um tempo, o fim do salazarismo e, talvez, a própria "sovietização" de Portugal. Em 1936, Salazar apoiou ativamente o movimento nacional espanhol, enviando, inclusive, alimentos e uma unidade de combatentes voluntários do Tércio da Legião Portuguesa, denominados "viriatos", em alusão a Viriato, o herói que resistira ao domínio romano. Em 1938, o governo português reconheceu o governo nacionalista da Espanha e, em 1939, assinou um pacto de amizade com o ditador Francisco Franco (o Pacto Ibérico). Esse acordo previa a manutenção das fronteiras entre os dois países e o apoio mútuo em caso de invasão, além de afirmar um desejo de neutralidade de ambos nos conflitos internacionais.[9]

Neutralidade na Segunda Guerra Mundial

O Estado português procurou deixar claro perante os outros países que não tinha qualquer interesse próprio e direto a defender na guerra. Essa mensagem de neutralidade pôde ser passada, entre outras coisas, graças ao hábil jogo diplomático realizado pelo próprio Salazar.

Obviamente, essa opção teve alguns custos, como a invasão de Timor pelos australianos e, em seguida, pelos japoneses (entre dezembro de 1941 e setembro de 1945). Em alguns casos, o governo português foi forçado a ceder aos interesses dos Aliados (especialmente, Grã-Bretanha e Estados Unidos), como no episódio das bases militares nos Açores (tratado no capítulo "De país de emigrantes a país de imigrantes?").

Mesmo assim, há quem defenda que Salazar simpatizava era com as potências do Eixo, invocando como exemplo as hesitações do Estado Novo na escolha de uma "neutralidade" que, ao final, seria favorável aos Aliados. Outros acreditam que as posições do ditador deveram-se à procura da melhor maneira de servir aos interesses de Portugal. Não adianta muito especular sobre as afinidades particulares de Salazar. Os fatos são que, se o país ajudou o regime de Franco, também foi obrigado a ajudar o combate de americanos e ingleses.

Com o término da guerra, o regime salazarista pôde contabilizar pelo menos três "vitórias". Garantiu a perenidade do Estado Novo e a integridade dos territórios coloniais, incluindo Timor.[10] Conseguiu também que os Aliados bancassem as necessidades mais prementes do país e salvaguardou a continuidade do comércio durante o período da guerra, o que lhe permitiu acumular reservas e divisas. Essas facilitariam a execução de uma política de desenvolvimento econômico no pós-guerra. Tão importante foi essa última "vitória" que permitiria um desenvolvimento industrial em escala até então desconhecida em Portugal e favoreceria uma mudança na política colonial que passaria a assentar-se na exportação de capital metropolitano e no investimento produtivo nas colônias africanas.

O PREÇO DA ESTABILIDADE POLÍTICA

A morte de D. Carlos II, último rei português, sem herdeiros diretos, no início da década de 1930, colocou fim às aspirações de um retorno à Monarquia. Embora monarquistas acreditassem contar com a simpatia de Salazar e esperassem seu apoio para um regresso à situação anterior a 1910, logo ficou claro que um regime monárquico estava fora de questão.

Alegando a pretensão de recolocar Portugal nos trilhos da conciliação e da tranquilidade – tão abaladas na Primeira República –, o ditador "salvador da pátria" afirmou em 1935 que isso só ocorreria com a congregação política do país em torno de uma proposta de "união nacional" sob o comando do próprio Salazar. Em termos práticos, deixava claro que o regime autoritário que se consolidava não pretendia fazer qualquer acordo ou estabelecer uma plataforma de entendimento com as oposições.

A partir daí, todos os partidos políticos, bem como associações secretas (a maçonaria, por exemplo), ficaram proibidos de atuar. Toda e qualquer manifestação contra o regime passou a ser reprimida como subversão ou comunismo. Instituiu-se o partido único, também chamado União Nacional, e os outros partidos foram dissolvidos ou reduzidos à ilegalidade. Após a proibição dos demais partidos políticos e das associações sindicais, foram realizadas as primeiras eleições legislativas (em 1934) de acordo com normas impostas pelo Estado Novo; a Assembleia Nacional passou a ser composta por um grupo de 90 deputados cujos nomes haviam sido propostos apenas pela União Nacional, ou seja, eram totalmente vinculados aos interesses do governo salazarista.

O principal braço de controle e repressão do Estado Novo era a polícia criada por Salazar. Quando foi instituída, chamou-se Polícia de Vigilância e de Defesa do Estado, depois, em 1945, teve sua designação alterada para Polícia Internacional e de Defesa do Estado, Pide, sigla pela qual é mais conhecida. Criada na década de 1930, a polícia salazarista mantinha semelhanças acentuadas com a Gestapo. Há suspeitas, inclusive, de que tenha sido treinada por sua coirmã alemã.

Para os fins a que se propunha, a Pide era eficiente ao extremo e prestava contas diretamente a Salazar. Reunia pouco mais que 2.000 integrantes efetivos, mas contava com uma rede de informantes secretos estimados em cerca de 10.000 pessoas estrategicamente espalhadas em todas as localidades e instituições portuguesas, atuando como os "olhos e os ouvidos" do regime. A onipresença da Pide seria fundamental para a sustentação de uma fácil *governação* (governança).

Todos os meios efetivamente empregados eram considerados válidos para manter o controle sobre os portugueses. O uso de tortura, de detenções aleatórias e até de assassinatos praticados pela polícia política aumentou sua eficácia, com base no terror que passaram a infundir aos suspeitos e descontentes. A Pide estendeu sua atuação também ao espaço colonial africano.

Paralelamente à Pide, Salazar valeu-se de um complemento fundamental para eliminar qualquer oposição ao Estado Novo: a censura. Nada poderia ser publicado ou veiculado por rádio ou, mais tarde, televisão sem que um exame minucioso do conteúdo tivesse sido feito por membros da administração governamental. A opinião pública acabava sendo, portanto, fortemente controlada. Havia a intervenção da censura até mesmo nas provas dos jornais; se o artigo ou matéria a ser publicado pudesse "alarmar a opinião pública", era imediatamente substituído por algum texto inofensivo aprovado pelos censores.

Outro elemento importante de sustentação do regime foi a instituição da Mocidade Portuguesa, um movimento que arregimentava a juventude, organizando-a em milícias à semelhança de outros regimes (nazista, fascista). Os rapazes e as *raparigas* (moças) da Mocidade Portuguesa[11] envergavam uniformes complementados por um cinto que ostentava a letra "S", de Salazar. Desde cedo aprendiam a incorporar o modelo proposto pelo regime e a ideia de que, assim, serviam à pátria. A presença do contingente era visível nas ruas, sobretudo, nos desfiles e comemorações de datas cívicas.

A Mocidade Portuguesa era uma organização oficial, integrada ao Ministério da Educação Nacional, que pretendia fazer com que os jovens aderissem ao regime e aos valores por ele pregados sob o *slogan* "Deus, Pátria e Família". Os jovens do sexo masculino eram organizados por faixas etárias: os *lusitos* (dos 7 aos 10 anos), os *infantes* (dos 10 aos 14), os *vanguardistas* (dos 14 aos 17) e os *cadetes* (dos 17 aos 25).

338 | Os portugueses

Os adultos não foram esquecidos. Muitos portugueses integravam a Legião Portuguesa, uma organização paramilitar fundada em 1936, que atuou até o 25 de abril de 1974. Seus militantes vestiam camisas verdes e acreditavam defender a ordem pública. Embora não fosse um movimento paramilitar fascista, os membros da Legião Portuguesa atuavam quando havia necessidade de usar força física para coibir manifestações populares subversivas.

O incentivo governamental tanto à Mocidade Portuguesa quanto à Legião Portuguesa tinha como objetivo "educar" o povo e conformá-lo às diretrizes do salazarismo.

A maioria da população, entretanto, não tinha voz política. Na lógica do Estado Novo, a estabilidade tinha um preço. Muito alto, podemos dizer, uma vez que instituiu na sociedade portuguesa um clima de desconfiança, delação e repressão, que, em muitos aspectos, faz lembrar os tempos hediondos da Inquisição.

PROSPERIDADE ECONÔMICA E CONTESTAÇÕES SOCIAIS

Embora a economia portuguesa tivesse conseguido ultrapassar o período da guerra numa situação de relativa prosperidade, logo surgiram problemas.

Apesar da modernização e da aceleração dos investimentos na indústria e na produção colonial, o setor agrícola permaneceu estagnado.

A prosperidade rapidamente gerou um processo inflacionário e a inflação foi combatida por meio de uma política financeira ortodoxa atrelada ao congelamento de salários na indústria, na agricultura e nos serviços. Como resultado final, a maioria dos portugueses não se beneficiou da fugaz melhoria econômica. Pelo contrário, em muitos casos, a situação degradou-se ainda mais.

Esse descompasso foi responsável pelo fim do equilíbrio político cuidadosamente construído nos anos iniciais do Estado Novo baseado na estabilidade dos preços e na tranquilidade social, aspirações de parcelas significativas da população. As novas condições levaram a um cenário de agitação social, já que parcela significativa dos portugueses passou a sofrer dificuldades de toda ordem, especialmente as ligadas ao abastecimento de gêneros alimentícios e de bens de consumo vindos do estrangeiro. A insuficiência dos ganhos e salários da maioria da população contrastava com o enriquecimento dos poucos beneficiados pela conjuntura de então, provocando mais insatisfação.

Alguns sinais de agitação social já haviam sido dados, mas o governo não teve a sensibilidade de decodificá-los, até que greves sucessivas começaram a ocorrer a partir de 1942.

A reação salazarista foi tratar os grevistas como traidores que queriam minar a ordem econômica e social vigente. A Guarda Nacional Republicana reprimiu duramente as paralisações dos trabalhadores e as manifestações de rua que, entretanto, se espalharam por todo o país, atingindo áreas urbanas e rurais, desde Lisboa e seu entorno, até as regiões Centro e Norte, onde predominava o pequeno campesinato. No Norte, o cenário dessas manifestações de descontentamento popular lembrava de alguma maneira o de meados do século XIX. Como aqueles do passado, os novos movimentos também contavam com a participação de padres que acabaram presos pela polícia política do regime. Porém, a contestação se concentrava com mais força mesmo era nas principais cidades do país.

As agitações sociais causaram um impacto indubitável na política. O fim da "paz social" foi um fato relevante para a subsequente mudança da situação interna.

Já em 1943 alguns elementos de oposição formaram o MUNAF (Movimento de Unidade Nacional Antifascista). Com a vitória dos Aliados, os oposicionistas encontraram um bom pretexto para realizar manifestações pró-democráticas e pró-socialistas. Para muitos deles, era inevitável que transformações políticas começassem a ocorrer. Alguns se sentiram mais à vontade até para colocar em xeque as realizações de Salazar e a legitimidade de seu poder pessoal.

Nesse clima hostil, o governo anunciou a dissolução da Assembleia Nacional e a convocação de eleições livres para presidente (para novembro de 1945), com a possibilidade de concorrerem variados grupos políticos. Um que recebeu adesão de milhares de portugueses foi o MUD (Movimento de Unidade Democrática), uma espécie de frente popular contra o Estado Novo. Até o Partido Comunista Português ficou animado e começou a reestruturar-se.

Entretanto, inúmeras limitações foram impostas à oposição pela legislação eleitoral vigente. Candidatos oposicionistas e seus simpatizantes foram intimidados e até mesmo agredidos e reprimidos pelos adeptos do salazarismo. Logo ficou claro que os resultados eleitorais seriam manipulados. Uma avaliação desse quadro fez com que o MUD optasse por abster-se, deixando de concorrer e permitindo, sem grande resistência, que mais uma vez os candidatos da UN elegessem a totalidade dos deputados da Assembleia.[12]

Na verdade, o que acabou instituído a partir de então foi uma ficção eleitoral que servia de fachada para simular a participação e o apoio popular ao sistema. Um eficiente jogo de cena, efetuado a partir da realização de eleições de quatro em quatro anos, permitiria um simulacro de liberdade de expressão e oposição ao governo. Regras viciadas da legislação vigente constituíam uma hábil estratégia para o regime continuar a dominar o país, enquanto as nações estrangeiras eram convencidas, por uma poderosa máquina de propaganda, de que a situação política em Portugal nada tinha de fascista e contava com o apoio popular. Uma oposição dividida[13] e sem meios de ação poderia fazer pouca pressão contra o regime.

Mesmo assim, com o sistema eleitoral implantado a partir de 1945, pequenas fissuras começaram a abalar as estruturas do regime salazarista. Bem ou mal, dissensões surgiam por toda parte, inclusive no próprio seio do partido único e governista, União Nacional, onde, paulatinamente, foram se consolidando fileiras um pouco mais liberais que passaram a exigir uma abertura maior do espectro político.

Durante as eleições presidenciais de 1958, as dissensões *dentro* do regime ficaram escancaradas. Salazar, que dirigia a política como presidente do Conselho de Ministros (ininterruptamente entre 1932 e 1968) escolheu para concorrer a presidente o almirante Américo Tomás. Os "dissidentes" escolheram o general Humberto Delgado, um líder carismático que também entusiasmava as massas populares. Apesar da falta de garantia da lisura do processo eleitoral, Humberto Delgado, o "General sem Medo", levou sua candidatura às últimas consequências.

A Pide, então, atuou para reprimir as pessoas que participavam na campanha eleitoral de Delgado. A imprensa controlada pela máquina do governo passou a chamar os pró-Delgado de subversivos.

Ainda assim, temendo os resultados, o Estado salazarista proibiu a fiscalização do escrutínio. Como era de se esperar, o resultado das eleições foi fraudado e o candidato de Salazar, Américo Tomás, venceu. A derrota de Delgado levou a protestos e denúncias de fraude eleitoral respondidos com uma forte reação repressiva por parte do governo.

Delgado, sem intimidar-se, declarou que a vitória lhe pertencia. Por conta das ameaças à sua segurança, conseguiu exilar-se (passou uma parte desse período de exílio no Brasil). Mas isso não adiantou muito, pois, em 11 de fevereiro de 1965, o general foi raptado e assassinado pela Pide em Badajoz, região fronteiriça entre Portugal e Espanha. Há indícios de que a emboscada preparada contra Delgado tenha recebido auxílio da polícia política franquista.

O resultado da tumultuada campanha eleitoral de 1958 foi um fechamento político ainda maior, com uma alteração do texto constitucional de forma a evitar risco semelhante para a ditadura em futuras eleições para a Presidência. A Lei nº 2.100 alterou o sistema eleitoral e o presidente passou a ser escolhido por um dito Colégio

Eleitoral, restrito, constituído por 602 membros e totalmente dominado por Salazar e seus adeptos.

Outro sinal importante do desgaste do regime foi uma petição assinada por milhares de portugueses, em 1959, que solicitava que Salazar se demitisse e permitisse a transição pacífica para um regime democrático. A resposta foi uma ação truculenta da Pide que prendeu dezenas de pessoas.

Aliás, a própria atuação da polícia política chegou a ser contestada publicamente, quando dezenas de personalidades católicas enviaram a Salazar uma carta aberta na qual denunciavam e condenavam as violências e crimes sistematicamente cometidos pela Pide. Novamente, a resposta do regime ditatorial comprovou que as coisas não mudariam tão cedo. Os signatários foram processados pela Pide por injúrias à prestigiosa corporação e acusados de fazer falsas afirmações e denegrir o bom nome de Portugal e o prestígio do Estado português no exterior.

O DECLÍNIO DO ESTADO NOVO

Aumentava cada vez mais a cobrança por liberdades democráticas. O descontentamento progressivo levou o regime a perder apoio de diversos setores que lhe haviam dado suporte desde a década de 1940, como o Exército, a Igreja e a maior parte da opinião pública.

Os exemplos concretos da perda de aliados foram muitos. Entre eles: uma tentativa de golpe de Estado organizada pelo Exército em 1961; o libelo do bispo do Porto, D. Antonio Ferreira Gomes, contra o regime e as restrições à liberdade de expressão; a radicalização dos intelectuais e sua adesão a posições mais à esquerda.

A década de 1960 assistiu à convergência de interesses de diversos setores da sociedade contra o regime salazarista conduzindo a uma situação insustentável que seria agravada pela candente questão colonial. Essa, efetivamente, dirigia o país a um beco sem saída. Para completar o quadro, Salazar ficou gravemente doente no final de 1968.

Marcelo Caetano tomou seu lugar no poder.

E quem era esse Marcelo Caetano? Ele foi ocupante de vários cargos no regime salazarista, entre eles, os de ministro das Colônias e ministro da Presidência do Conselho de Ministros (1955-1958). Nos anos 1950, era o número dois do regime, mas em 1958 foi afastado por Salazar dessa posição durante uma crise política interna. Aceitou, porém, assumir funções destacadas no partido único, União Nacional, como presidente da Comissão Executiva.

Até 1968, Salazar havia corporificado o regime ditatorial. Entretanto, suas condições de saúde terminaram por levar à sua exoneração da presidência do Conselho de Ministros e a nomeação do tal Marcelo Caetano, que gozava de prestígio dentro do regime mesmo sem ter o fôlego de Salazar.

Marcelo Caetano era favorável a algumas reformas. Dizia ser apreciador do doutrinário liberal, defensor da legalidade, partidário da democracia e adversário da violência. No discurso de posse procurou explicar qual seria seu estilo de governo: "continuidade e renovação" (!). Sem aparentemente dar-se conta da contradição, Marcelo Caetano e os marcelistas pretendiam tranquilizar as camadas mais conservadoras da população ao mesmo tempo em que buscavam o apoio daqueles que ansiavam por uma política renovadora e ousada.

Já nos dois primeiros anos de governo ficou claro que a anunciada "primavera marcelista" era uma bobagem. Tudo continuava igual e as "eleições" mais uma vez não mostraram surpresas. Nem a proposta de uma lei de imprensa, que suspenderia a censura prévia, foi levada adiante.

As asas da polícia política foram podadas um pouco e, com isso, alguns exilados puderam voltar a Portugal. Entretanto, a democracia liberal que havia sido prometida não se concretizara. A escolha do presidente em 1972 foi feita mais uma vez pelo Colégio Eleitoral restrito, de acordo com as mesmas regras impostas pela segunda reforma constitucional, de 1959, que se seguiu à primeira feita no ano de 1945.

Por essa época, as Guerras Coloniais, iniciadas no começo da década de 1960, estavam a todo vapor, agravando o quadro de descontentamento contra a ditadura. Aumentavam cada vez mais as despesas militares e o contingente de soldados enviados para lutar contra os rebeldes no ultramar.

AS GUERRAS COLONIAIS

As ligações entre Portugal e os territórios coloniais haviam se tornado mais e mais complexas e terminaram por colocar os portugueses numa verdadeira armadilha.

A ideologia nacionalista que embasava a Segunda República (os governos salazarista e marcelista) em Portugal exigiu sempre uma grande atenção e interesse do Estado para com os problemas coloniais.

Com a instituição do Ato Colonial, firmaram-se os princípios fundamentais da administração ultramarina e da missão histórica de Portugal a partir de então. Como vimos, as colônias representavam mais do que a soberania portuguesa, representavam

Embarque de tropas portuguesas para lutar na África. As Guerras Coloniais, além de comprometer parte substantiva dos recursos do Estado português, resultaram em pesadas perdas humanas e materiais.

Em Angola, as hostilidades contra o domínio português começaram em 1961. Salazar então definiu os termos em que se desenvolveriam as ações portuguesas: "Para Angola, imediatamente e em força". As forças lusas enfrentariam oponentes reunidos em organizações como o MPLA (Movimento Popular para a Libertação de Angola), o FNLA (Frente Nacional de Libertação de Angola) e a Unita (União Nacional para a Independência Total de Angola).

344 | Os portugueses

também a grandeza e o orgulho de ser "português", tanto é que a expressão "Império Colonial Português" obteve até mesmo a consagração oficial. Afinal, como dizia um *slogan* salazarista: "Portugal não é um país pequeno", basta olhar para a extensão das colônias portuguesas e trazer à lembrança os feitos portugueses durante o período de expansão que aconteceu nos séculos anteriores...

Contudo, a situação do pós-Segunda Guerra Mundial levou à consagração internacional do princípio de que todos os povos têm o direito a um governo próprio, impondo-se o anticolonialismo como um dos fundamentos da Carta das Nações Unidas. Isso deu grande impulso aos movimentos de independência nas colônias.

O mundo havia mudado muito. Se nos finais do século XIX a colonização era considerada pela ideologia vigente um "serviço prestado à civilização dos povos", depois da Segunda Guerra ela não passava de "um atentado à liberdade dos povos".

Claro está que começaram a se organizar esforços internacionais no sentido de levar Portugal a conceder a independência aos territórios ultramarinos, já transformados em 1952 em "Províncias Ultramarinas", portanto, teoricamente, partes integrantes do território nacional português.

A situação complicou-se ainda mais com a entrada de Portugal na ONU em 1955. A posição oficial do governo de que os territórios não eram de fato colônias, mas sim províncias gerou reações imediatas dos países-membros que não aceitavam a justificativa dos portugueses, dando início a uma polêmica diplomática que ficaria em pauta até 1974.

Se, até 1961, a batalha dos portugueses por suas colônias se dava apenas no nível diplomático, tendo como palco a sede da ONU e como armas os discursos e as moções, a partir dessa data, o conflito descambou para outros cenários, incluindo o das guerrilhas bancadas pelos separatistas nos territórios coloniais.

Enquanto na metrópole Salazar tentava equacionar a oposição crescente ao regime, a situação no ultramar começou efetivamente a degringolar, por conta das inúmeras revoltas e atos de terrorismo por parte dos que reivindicavam a independência. Eles espocavam por todo lado: Angola (a partir de 1961), Guiné (desde 1963) e Moçambique (a contar de 1964).

A soberania portuguesa viu-se ameaçada, e medidas variadas foram tomadas para favorecer Portugal nos conflitos. Uma delas foi o aumento do número de anos do serviço militar, acompanhado da intensificação do recrutamento de jovens portugueses.

Mesmo com esses reforços, a estabilidade não foi recuperada e a luta insana dos portugueses contra a guerrilha nas colônias arrastou-se por anos nos três palcos: Angola, Guiné e Moçambique. Isso demandava em enorme esforço militar e a mobilização de grandes contingentes de tropas, considerando-se a população do país. Estudos recentes mostram que as baixas portuguesas durante as Guerras Coloniais foram de cerca de 10.000 mortos e 20.000 feridos com sequelas, além de 140.000 com "*stress* traumático".[14]

Os efeitos das Guerras Coloniais tiveram relação direta com o fim da ditadura em Portugal, porque se tornaram o tema central dos ataques políticos ao regime.

A mobilização militar e a formação de quadros de oficiais obrigavam os estudantes a retardar ou a interromper seus estudos e o início de suas carreiras. Cresceu, então, entre os jovens e suas famílias uma hostilidade diante da guerra e do militarismo. Intelectuais e estudantes universitários encabeçaram protestos violentos contra a situação.

No início da de 1970, as Guerras Coloniais eram, portanto, a principal dor de cabeça do governo português. Mesmo em Portugal, não havia mais como defender a ideologia colonialista, pois, além das pressões internacionais, internamente, não havia mais condições de sustentar os custos humanos e financeiros para a manutenção das "províncias" ultramarinas.

A REVOLUÇÃO DOS CRAVOS

As forças portuguesas mobilizadas para a guerra eram formadas em sua maioria por gente muito jovem e o governo português atribuía a esses jovens a responsabilidade pelo mau desempenho no conflito. Internacionalmente, a guerra da qual participavam era alvo de repúdio. Essa dupla situação, além das condições concretas encontradas nos palcos de guerra, desmoralizou e desmotivou os combatentes portugueses.

Para Portugal também não era fácil arcar com a imagem negativa de ser o último país europeu a manter, obstinadamente, a dominação formal de territórios coloniais. Aos poucos, foi ficando claro que a derrota para os rebeldes ao final seria inevitável e, portanto, era preciso encontrar uma solução política que passasse pela negociação com os guerrilheiros. Marcelo Caetano, porém, não se mostrou à altura da tarefa. Em quarenta anos, o quadro internacional havia mudado muito, mas a ditadura permanecia amarrada a práticas políticas envelhecidas.

Além disso, até mesmo os tradicionais aliados começavam a se desvincular das estruturas oficiais. Setores da hierarquia católica, por exemplo, revelavam-se agora abertos a mudanças, como demonstram as atividades de católicos progressistas que se postavam ao lado dos opositores ao regime. Mas foi do Exército que partiu o movimento que enterraria definitivamente a ditadura.

O estopim da revolta ocorreu em meados de março de 1974 por conta de reivindicações de cunho profissional feitas por capitães do exército, mas que tinham um nítido

A Revolução dos Cravos foi um golpe de estado que, apesar de abalar estruturas políticas e econômicas do país, transcorreu sem grandes manifestações de violência. A imagem que ficou gravada na memória coletiva é a dos militares com o povo nas ruas e os cravos "calando" as armas.

caráter político de hostilidade ao regime. Seguiu-se uma ampla e rápida ação militar em Portugal, entre 16 de março e 25 de abril, liderada por militantes do chamado MFA (Movimento das Forças Armadas, que queria o fim das Guerras Coloniais) com o apoio de membros da oposição civil. A senha para a tomada do poder pelos revoltosos foi dada à meia-noite do dia 25 de abril por uma emissora de rádio que tocou uma música então proibida pela censura, "Grândula Vila Morena". Os líderes do MFA comandaram soldados que saíram dos quartéis, espalharam-se pelas ruas da capital, dominaram pontos estratégicos como a rádio, a televisão e o aeroporto e exigiram a deposição de Marcelo Caetano (que acabou fugindo para o Brasil). Os revoltosos, agora no poder, instituíram uma Junta de Salvação Nacional constituída por um grupo de militares com a missão de sustentar o governo do Estado após o golpe. A opção pela Junta, formada por uma maioria de oficiais de posição política moderada, procurava ser uma solução de compromisso entre os oficiais do MFA e as hierarquias superiores das Forças Armadas para que estas aceitassem o novo governo. O cargo de presidente da República foi atribuído ao general António de Spínola depois que o presidente anterior, o almirante Américo Tomás, foi destituído. Adelino da Palma Carlos, advogado de tendência liberal, foi nomeado primeiro-ministro.

Os revoltosos também substituíram os governadores do ultramar por comandantes-chefes das Forças Armadas, até que novos governadores gerais fossem nomeados. A Junta de Salvação Nacional dissolveu todas as instituições do regime salazarista, incluindo a Pide, a Assembleia Nacional e a censura. Os presos políticos foram libertados e os partidos políticos puderam sair da clandestinidade. A Junta de Salvação Nacional anunciou a eleição, a ser realizada no prazo de um ano, para uma Assembleia Nacional Constituinte por sufrágio universal direto.

Nos dias que se seguiram à tomada do poder, os líderes dos dois principais partidos de oposição, o Socialista (Mário Soares) e o Comunista (Álvaro Cunhal[15]), retornaram do exílio.

Rapidamente, novos partidos políticos se constituíram, entre eles o MDP (Movimento Democrático Português) próximo do PC; o MES (Movimento da Esquerda Socialista); a UDP (União Democrática Popular), de linha marxista-leninista; o partido Trabalhista Democrático Português; o Partido da Democracia Cristã (PDC); e o Partido Popular Democrático (PPD), uma agremiação situada mais à direita dos outros, que tinha suas origens na antiga ala "liberal" da Assembleia do regime recém-destituído.

A revolta que colocou fim à ditadura do Estado Novo em 25 de abril de 1974 ficaria conhecida como Revolução dos Cravos, porque a população saiu às ruas para comemorar e alguns populares distribuíram cravos aos soldados rebeldes em forma de agradecimento. Os soldados colocaram as flores nos canos dos fuzis e foram ova-

Homenagens à Revolução dos Cravos. O dia 25 de abril é feriado nacional em Portugal e é conhecido como o "Dia da Liberdade".

cionados. O cravo vermelho seria o símbolo dessa revolução sem desdobramentos violentos e a paz passou a ser outro dos seus objetivos.

O 25 de abril, de fato, não encontrou resistência significativa de nenhum setor importante da sociedade portuguesa, civil ou militar. Houve relativamente pouco derramamento de sangue e o que ocorreu foi por conta do assalto à sede da Pide. Ali, uma multidão se reunia quando disparos mataram quatro pessoas e deixaram algumas dezenas de feridos.

As comemorações do Primeiro de Maio de 1974 expressaram o enorme apoio popular ao movimento, com mais de meio milhão de pessoas celebrando as mudanças políticas junto com os militares.

DEMOCRACIA PARLAMENTAR

A Junta de Salvação Nacional foi oficialmente reconhecida por numerosos países, que demonstraram diplomaticamente sua satisfação com a instauração da democracia em Portugal.

O novo governo passou a contar também com a participação de políticos independentes e de líderes dos principais partidos políticos: Francisco de Sá Carneiro (PPD), Mário Soares (PS), Álvaro Cunhal (PC). Mas esse primeiro arranjo não durou muito, dissolvendo-se já em julho de 1974. Eram muitos interesses em jogo com pouco tempo de governo para que as contradições surgissem sem causar grandes instabilidades.

Os oficiais ligados ao Movimento das Forças Armadas (MFA) eram os que de fato detinham o poder e acabaram por impor ao presidente Spínola o coronel Vasco Gonçalves como o novo primeiro-ministro. Vasco Gonçalves tinha ideias políticas próximas às do Partido Comunista. Insatisfeito, Spínola se demitiu. Assumiu então a presidência da República o general Francisco da Costa Gomes, selando a posição de poder do MFA. Daí por diante, a Revolução dos Cravos entrou em nova fase, dando uma guinada maior para posições de esquerda. Essa postura inquietou as potências ocidentais e até mesmo os grupos portugueses moderados e conservadores que passaram a temer os "perigosos radicalismos" do novo governo.

O desconforto desses grupos cresceu à medida que pessoas do governo ligadas ao MFA, com o apoio do Partido Comunista, colocavam em prática um conjunto de políticas econômicas e sociais marxistas, como a nacionalização de bancos, seguradoras e empresas ligadas à produção do aço, de eletricidade e dos transportes. O governo buscava também incrementar o poder popular, com a formação de comissões de bairro e de assembleias de trabalhadores. Casas desabitadas, fábricas abandonadas e grandes propriedades do Alentejo foram ocupadas por populares com o apoio das autoridades.

Os políticos conservadores e os moderados (o socialistas, entre estes últimos) consideravam tais procedimentos uma tentativa de fazer de Portugal um país comunista antidemocrático alinhado a Moscou.

Finalmente, em meio a essas medidas radicais, as eleições foram marcadas para 25 de abril de 1975. Para a grande surpresa do PC e do MFA, eles sofreram uma fragorosa derrota (PC com 12,5% dos votos e o MFA com menos de 7%), ao passo que os socialistas e demais moderados tiveram uma votação majoritária.

Todos esses desdobramentos ocorreram num lapso de tempo muito curto. Entre 1974 e 1975, Portugal viveu um período de confrontação entre os grupos de tendências moderadas contra os mais radicais. Como consequência, sucederam-se diversos Governos Provisórios (seis no total). A Junta de Salvação Nacional funcionaria até 1976, mas ao longo do tempo foi perdendo poder.

Em 25 de novembro de 1975, a substituição de alguns comandantes militares e a dissolução de uma Base-Escola de paraquedistas foram os pretextos para que setores da esquerda mais radical, formada pelo PC e pelo MFA dessem um golpe de Estado.

O receio de que este grupo pudesse levar Portugal a um regime comunista fez com que militares de centro, mas também de direita, reagissem. Militares liderados pelo general moderado Antonio Ramalho Eanes fizeram uma intervenção rápida e obtiveram a rendição dos revoltosos. Com a prisão dos insurgentes, Ramalho Eanes saiu prestigiado e pôde assumir o poder como chefe do Estado-Maior do Exército.

Com isso, o período político conturbado que se seguiu ao dia 25 de abril de 1974 foi logo superado. Portugal se colocou no caminho da democracia parlamentar, que assinalou o fim da radicalização e a entrada na fase de institucionalização. Uma nova Constituição foi promulgada em 2 de abril de 1976. A normalidade institucional foi mantida com as eleições legislativas que aconteceram poucos dias depois, em 25 de abril, e que deram ao Partido Socialista cerca de 35% dos votos válidos. Assim, políticos de tendência mais moderada assumiram, com o aval dos eleitores, os destinos da nação portuguesa.

Em 27 de junho de 1976, os portugueses elegeram, democraticamente, o seu primeiro presidente, Antonio Ramalho Eanes, que recebeu quase a totalidade do apoio dos partidos, com exceção do Comunista. Elegeu-se com mais de 60% dos votos. O presidente eleito confiou a Mário Soares, líder do Partido Socialista, o maior partido à época, a tarefa de formar o governo, como primeiro-ministro.

Os anos que se seguiram podem ser encarados como um período de reconciliação nacional, de austeridade, caracterizado pelo esforço dos governos constitucionais em conseguir a estabilidade política e garantir a democracia.

"FOI BONITA A FESTA, PÁ!"

E no Brasil, o que significou a Revolução dos Cravos?

Diante dela, o governo brasileiro passou por uma saia justa e adotou posições visivelmente contraditórias. Tratava-se aqui de uma ditadura que acolheu os exilados do antigo regime português,[16] mas foi o primeiro governo a reconhecer a legitimidade da Revolução. Enfim, deu uma no cravo e outra na ferradura.

Artistas e intelectuais brasileiros, por sua vez, receberam as boas-novas de Portugal com enorme entusiasmo. A Revolução dos Cravos deu esperança aos brasileiros contrários à ditadura militar e a repressão em vigor em seu próprio país. Esse clima de alento ficaria eternizado na música escrita por Chico Buarque, "Tanto mar", cuja primeira versão foi censurada aqui no Brasil, mas logo ficou conhecida em Portugal.

Anos depois, uma segunda versão foi feita por Chico, já no rescaldo do movimento, refletindo a decepção pessoal do artista (e de vários intelectuais brasileiros) com os governos que se sucederam no poder em Portugal. Nessa altura, a ala mais à esquerda que tentara dar as cartas no governo português já havia sido derrotada e Portugal alinhava-se ao bloco das outras nações europeias, caminhando, como os seus vizinhos, para a consolidação de um regime social-democrata e liberal. Um trecho da letra dessa segunda versão ilustra certo desencanto (observar o destaque) de quem esperava por maiores mudanças políticas em Portugal e ainda aguardava o fim da ditadura no Brasil:

> Foi bonita a festa, pá
> fiquei contente
> 'inda guardo renitente, um velho cravo para mim
> *Já murcharam tua festa, pá*
> mas, certamente
> esqueceram uma semente nalgum canto de jardim
> Sei que há léguas a nos separar
> tanto mar, tanto mar
> Sei também como é preciso, pá
> navegar, navegar
> Canta a Primavera, pá
> cá estou carente
> manda novamente algum cheirinho de alecrim

No início da década de 1980 ainda eram visíveis nos muros da cidade de Lisboa as manifestações que veiculavam *slogans* de uma esquerda mais radical, com palavras de ordem como "Aumento geral de salários! Casas para o povo!".

A poesia deixou um testemunho sensível sobre esse momento histórico. Mas o cinema não ficou atrás e também contribuiu para a reflexão sobre o episódio com documentários e obras de ficção. O cineasta brasileiro Glauber Rocha, que na época morava em Portugal, registrou o desenrolar da revolução nas ruas e produziu com essas imagens o documentário *As armas e o povo*. Uma coprodução franco-portuguesa de 2000, *Capitães de Abril*, dirigida pela portuguesa Maria de Medeiros também mostrou a população espontaneamente depositando cravos nos canos dos fuzis.

DESCOLONIZAÇÃO DA ÁFRICA

Paralelamente à normalização constitucional, o projeto de descolonização foi alvo da atenção do novo governo. Contudo, não havia consenso sobre a forma de concretizá-lo. O debate situava-se em torno de duas vias: a primeira advogava uma forma gradual de descolonização, baseada em soluções de autodeterminação controlada (ou seja, a transição das ex-colônias africanas para a situação de independência seria "supervisionada" pelo governo de Lisboa); a segunda vertente defendia a concessão da independência imediata.

Os que defendiam um processo de descolonização gradual argumentavam que a soberania portuguesa deveria ser mantida até que um referendo decidisse o destino dos territórios coloniais. Por sua vez, os defensores da independência imediata propunham a transferência direta de poderes para os movimentos de libertação locais de cada território, considerados representantes legítimos dos povos coloniais.

A vitória da segunda vertente está vinculada ao próprio desgaste causado pelas Guerras Coloniais, somado à recusa das tropas portuguesas de continuarem a bater-se por uma causa já considerada perdida por Lisboa. Os militares sabiam que os movimentos de libertação nacional sairiam ganhando, cedo ou tarde.

A Guiné Bissau já havia declarado, unilateralmente, a Independência em 1973. Em agosto de 1974, a antiga metrópole reconheceu e aceitou o fato. Daí em diante, não houve mais voltas. Até janeiro de 1975, completou-se a transferência de poderes para os movimentos de libertação de todas as antigas colônias.

Essa quebra rápida de vínculos teve repercussões importantes para os milhares de portugueses que estavam instalados nas antigas colônias. A entrega imediata do governo aos movimentos nacionais mostrou que não houve qualquer negociação para proteger os interesses e a situação da população portuguesa radicada naqueles territórios.

A pressa dos governantes em se livrar do "problema das colônias" gerou o retorno de cerca de meio milhão de portugueses a Portugal, num curtíssimo espaço de tempo (ver capítulo "De país de emigrantes a país de imigrantes?").

A incorporação desse contingente foi difícil, pois a chegada a Portugal não foi acompanhada por medidas concretas para ajudar a reinserção dos "retornados" que se sentiram abandonados pelo governo português.

Por outro lado, a Descolonização devolveu aos portugueses uma imagem positiva no cenário internacional.

ACEITAÇÃO EUROPEIA

A saída da África foi o fim melancólico do sonho imperial português. No horizonte, no entanto, descortinou-se outro projeto nacional que propunha a adesão de Portugal à Comunidade Econômica Europeia (CEE). Foi uma virada que levou os portugueses a embarcar no processo de aproximação europeia, antes desdenhada pelo regime salazarista.

O caminho teve início já em 1976, seguido por uma longa e complexa rodada de negociações que concretizava a opção estratégica pela Europa. As motivações que levaram os sucessivos governos portugueses a perseguir a adesão à CEE fundamentavam-se na ideia de que isso levaria à consolidação da democracia bem como a modernização e o desenvolvimento econômico que a ajuda comunitária favoreceria.

O "sim" ao pedido de entrada na Comunidade viria quase dez anos depois, em junho de 1985. A partir de 1º de janeiro do ano seguinte, Portugal tornou-se membro de pleno direito e, em 17 de fevereiro, assinou o Ato Único Europeu.[17]

Notas

[1] Bastante diferente daquele de 0,15% ao ano que vigorou entre 1910 e 1920.

[2] Datado de 1890 (composto no clima de revolta suscitado no episódio do Ultimato inglês e do mapa cor-de-rosa, já referidos) e que havia sido proibido durante o regime monárquico.

[3] O Mosteiro do Jerônimos (incorporado no ano de 1907), a Torre de Belém (1907), o Aqueduto das Águas Livres (1910), o Palácio de Sintra (1910), a Praça do Comércio (1910), a Torre dos Clérigos (1910) entre outros. Apenas a Torre dos Clérigos fica na cidade do Porto, todos os outros monumentos incorporados como pontos turísticos nessa época estão em Lisboa.

[4] Essas reflexões sobre a construção da identidade nacional portuguesa estão no volume 6 da *História de Portugal*, dirigida por José Mattoso, especialmente nos capítulos "A invenção de Portugal" e "Os inadaptados". Neste último capítulo encontramos a expressão entre aspas "singelamente homogeneizado", cunhada por Rui Ramos.

[5] Veja mais adiante o alcance do poder de Salazar como Presidente do Conselho dos Ministros.

[6] Fundado na cidade de Braga em 1917 com o objetivo de organizar a participação política dos católicos, leigos e eclesiáticos.

[7] A entrevista foi dada a Christine Garnier. O resultado foi publicado em forma de livro em 1952, pela Parceria A. M. Pereira, com o título *Férias com Salazar*, e teve várias reedições.

[8] *Aventura e rotina* narra a viagem de Freyre pelo Império Português e foi publicado no Brasil em 1953, pela editora José Olympio e em Lisboa em 1954; *Integração portuguesa nos trópicos* saiu pela Junta de Investigações do Ultramar, órgão vinculado ao Ministério do Ultramar, em Lisboa, 1958; *O luso e o trópico* foi publicado em Lisboa pela Comissão Executiva das Comemorações do V Centenário da Morte do Infante D. Henrique, 1961.

[9] Mais tarde, esse pacto com a Espanha franquista seria reforçado em duas oportunidades (1940 e 1942).

[10] No dia 3 de setembro de 1945, após a rendição incondicional do Japão, foi restabelecida a autoridade portuguesa no território timorense.

Dois golpes militares | 355

[11] Os rapazes se reuniam na Mocidade Portuguesa (MP) criada em 19 de maio de 1936, enquanto as moças participavam da Mocidade Portuguesa Feminina (MPF), fundada em 8 de dezembro de 1937.

[12] Os eleitores aptos constituíam apenas 12% da população total do país.

[13] Havia, por exemplo, os oposicionistas reunidos em torno de um Diretório Democrata-Social e os da Resistência Republicana e Socialista, que reunia grupos políticos de intelectuais e de profissionais liberais. Os comunistas do Partido Comunista Português foram duramente reprimidos e tiveram seu líder, Álvaro Cunhal, preso.

[14] Dados gentilmente disponibilizados pelo pesquisador José Manuel Lages, coordenador do projeto "Guerra Colonial, uma história por contar".

[15] Álvaro Cunhal ficara preso por 11 anos, entre 1949 e 1960, no presídio de Peniche, de onde fugiu, acabando por exilar-se em Moscou e, depois, em Paris. Regressou a Portugal em 30 de abril de 1974.

[16] Marcelo Caetano chegou a ser professor universitário no Rio de Janeiro.

[17] O Ato Único Europeu instituiu a União Europeia e tinha como objetivos: eliminar as fronteiras internas entre os países signatários e estimular a livre circulação de pessoas e mercadorias, além de advogar a coesão econômica e social e a melhoria das condições de trabalho entre os integrantes da UE.

# O "PORTUGAL EUROPEU"

Portugal atravessou séculos de história, enfrentando altos e baixos. Ora com momentos de expansão, ora com dramáticos períodos de crise, como de resto acontece com todos. Entretanto, se comparado a outros países da Europa, Portugal tem particularidades. Em primeiro lugar, é um velho Estado-nação, com fronteiras políticas praticamente constantes desde a Baixa Idade Média. Assim, a experiência histórica dos portugueses está fortemente amarrada por uma continuidade territorial. A despeito de algumas diferenças internas, sua unidade não foi perturbada por problemas com minorias nacionais ou etnoculturais, desconhecendo também clivagens linguísticas.

Com o espaço continental definido, o país postou-se na zona de influência britânica. Contudo, uma característica especialmente relevante para a história dos portugueses foi a sua importante ligação com áreas extraeuropeias. Assim, Portugal lidou por séculos com as condicionantes geopolíticas dadas por conta do fato de fazer parte da Europa, mas também ser "um império atlântico". Por suas pequenas dimensões continentais e sua posição quase sempre periférica em relação à Europa, teve que buscar constantemente um equilíbrio entre as pressões vindas dos demais países e as alternativas do além-mar. Esse quadro resume o que foi constante na história dos portugueses nos últimos séculos, sem mudanças decisivas, pelo menos até a década de 1970.

No início dos anos 1970, os territórios na África aumentavam substancialmente o território português continental e insular. Porém, no final da mesma década, Portugal voltava a ser um pequeno país espremido entre a Espanha e o Atlântico. Estava novamente relegado ao canto extremo-ocidental da Europa, numa posição geopolítica periférica e de atraso econômico em relação ao restante dos países europeus.

Daí em diante, com a "opção pela Europa", uma nova etapa se iniciou e obrigou Portugal a lidar com a quebra da identidade secular construída com o seu duradouro Império Colonial. A mística imperial havia se esboroado, assim como a ligação umbilical com os "territórios ultramarinos" (constantemente recriada e mantida até o fim do regime ditatorial, que insistia em caminhar na contramão da história). Portugal teria agora que se adequar a uma nova realidade: a de ser, de fato, "um país europeu".

358 | Os portugueses

Se até hoje a lembrança de um tempo em que os portugueses eram senhores de um vasto e rico Império persiste como referencial simbólico de peso na sociedade portuguesa, como foi que os portugueses lidaram com o impacto da perda das colônias?

Que diferenças existem entre as gerações de portugueses que vivenciaram o fim do Império e do salazarismo e as de hoje que, desde crianças, vivem sob um Estado democrático e bastante voltado para os "assuntos europeus"?

ENTRE A HERANÇA IMPERIAL E A UNIÃO EUROPEIA

Em fevereiro de 1965, Salazar ainda defendia o esforço de guerra português nas colônias africanas que definiu como uma "batalha em que os portugueses europeus e africanos combatemos sem espetáculo e sem alianças, *orgulhosamente sós*". A política externa do "orgulhosamente sós" serviu como propaganda do Estado Novo para demonstrar a "superioridade moral e política de Portugal no contexto da civilização ocidental" e também o modo "corajoso" como o governo agia para preservar o Império Colonial Português.

Os oponentes do salazarismo, por sua vez, salientavam o isolamento do regime e seu anacronismo em relação às realidades políticas e culturais do mundo ocidental que passara pelo processo de descolonização bem antes de Portugal.

Hoje, uma reavaliação histórica mostra que o Estado Novo nunca esteve "só" em termos internacionais como fazia crer a propaganda. Pelo contrário, conseguiu obter o apoio à sua política colonial tanto da França de Charles De Gaulle quanto da Alemanha de Adenauer e de Strauss. Durante o governo de Lyndon Johnson nos Estados Unidos, as pressões de Washington sobre a política africana de Lisboa diminuíram e Portugal contou com a complacência da maioria dos países que integravam a Otan (Organização do Tratado do Atlântico Norte).

Se examinarmos a política externa portuguesa entre as décadas de 1940-60, veremos que Portugal se manteve firmemente atrelado às iniciativas de fundação de organismo internacionais. Não só foi um dos cofundadores da Otan, em 1949, como participou da Organização para a Cooperação e Desenvolvimento Econômico (OCDE) e da Associação Europeia de Livre Comércio (AELC) em 1960.

Olhando, portanto, mais de perto, a política externa salazarista manteve um bem-sucedido jogo político. Internamente, fazia a defesa do isolacionismo imperialista enquanto, externamente, buscava apoios, tácitos ou não, para a manutenção de seu anacrônico Império Colonial.

O envolvimento de Portugal e sua participação nos organismos criados no pós-guerra devem ser lidos como respostas a um interesse pragmático: não colocar o país numa posição em que o regime no poder pudesse vir a ser contestado internacionalmente. Na verdade, Salazar sempre manifestou hostilidade em relação ao ideal político de construção de uma Europa integrada. Isso definitivamente não fazia parte de seus planos.

A África, esta sim, era vista como um prolongamento natural do território português e a ela Salazar reservara sempre um papel de complementaridade, não só em termos econômicos, mas também estratégicos (como firmar a presença portuguesa em espaço não europeu).

É nesse sentido que a questão europeia permaneceu num patamar secundário no Estado Novo. A prioridade era sustentar a posição de um Portugal como "potência atlântica".

Porém, a experiência de participação na AELC fez emergir em Portugal, em particular entre as elites econômicas, uma corrente pró-europeia, que atuaria decisivamente para a reorientação externa do país. Contrapondo-se à ideia de complementaridade africana, defendida por Salazar, começava a se materializar uma outra percepção diplomática para a política externa portuguesa, que se colocava nos seguintes termos: ou África ou Europa.

Ao longo da década de 1960, a aproximação com a Europa foi se robustecendo, muito embora a verdadeira "opção europeia" só tenha vingado na transição para a democracia.

* * *

As mudanças implantadas a partir da Revolução dos Cravos produziram a redefinição da política externa portuguesa, posta em prática pelo programa do Movimento das Forças Armadas (que reunia militares contrários ao regime ditatorial e sua política em relação aos territórios africanos) e que se traduzia na fórmula "democratização, descolonização, desenvolvimento".

Nas décadas que se seguiram à Revolução dos Cravos, os portugueses estabeleceram diferentes prioridades para si em relação aos outros, isto é, em relação ao mundo. Dessa perspectiva, são visíveis quatro posturas distintas. Em um primeiro momento, reduzido aos poucos meses entre abril e setembro de 1974, os portugueses estudaram as opções que se apresentavam em relação à descolonização. Na segunda etapa, também de curta duração, entre setembro de 1974 e novembro de 1975, concentraram-se no estabelecimento de uma democracia pluralista no seu próprio país. As duas últimas

360 | Os portugueses

etapas dizem respeito às viradas decisivas que fizeram Portugal e os portugueses assumirem plenamente a sua inserção na ordem europeia.

De fins de 1975 a 1985, os portugueses buscaram integrar-se à Europa, o que passava, essencialmente, pela adesão à ideia de uma comunidade europeia. De 1985 até o presente, já nos quadros da Europa comunitária, a preocupação central dos portugueses é a afirmação de Portugal no concerto das nações mais desenvolvidas, expurgando-o, definitivamente, da imagem de terra atrasada e arcaica diante dos demais europeus.

Essa imagem de atraso vinculou-se à sua forte dependência externa. Para não irmos longe demais, se analisarmos apenas do início do século XIX para cá, Portugal continental sobreviveu à custa da canalização de riquezas vindas do exterior para alimentar uma balança comercial permanentemente deficitária (com apenas um curtíssimo período de resultado positivo no correr da Segunda Guerra Mundial).

Nas décadas que se seguiram ao fim da Segunda Guerra Mundial, o panorama de dependência externa não sofreu mudanças substanciais. Entre as múltiplas fontes de receita carreadas do exterior, ocupavam lugar de destaque as remessas de emigrantes (que ainda hoje são muito elevadas). Mas também cresceram os ganhos com o turismo e os empréstimos e fundos provenientes da União Europeia.[1] Estes últimos têm o objetivo de reduzir as disparidades econômicas entre as regiões (de acordo com o Tratado da União Europeia, artigos 158-162, que fixa este princípio). A integração europeia foi, portanto, a principal novidade na situação plurissecular de obter fora do território europeu boa parte dos recursos necessários ao país.

Porém, nos últimos anos, os portugueses procuraram também firmar a sua presença internacional jogando em outros "campos", para evitar cair em armadilhas que poderiam levar à fragilização de sua posição no cenário de globalização que se consolidou na virada para o século XXI. De olho no futuro, os portugueses querem chegar a um equilíbrio nas suas relações com o mundo.

Sem dúvida estão cônscios de sua posição europeísta, o jogo que ocorre na "quadra central", para aproveitar a expressão corrente nos torneios de tênis, em que se jogam as partidas que procuram enfrentar os (muitos) problemas da integração europeia. Contudo, jogos importantes e simultâneos têm lugar quando os parceiros são os Estados Unidos da América ou os países da Comunidade de Língua Portuguesa.

Seguramente, entre os movimentos mais recentes e importantes na nova relação dos portugueses com o mundo globalizado estão a entrega de Macau à República Popular da China (1999), a adesão à zona do Euro (1999), as presidências do Conselho Europeu (a última em 2007), o estímulo às relações com os membros da Comunidade de Países de Língua Portuguesa.

Além disso, as questões sempre importantes com a vizinha Espanha vão se recompondo, ensaiando até mesmo um "iberismo *à la* século XXI", com renovadas perspectivas de relacionamento entre ambos.

Jogar em todos esses campos, simultaneamente, parece ser o grande desafio das próximas décadas para Portugal.

DIFERENTES RITMOS E PERCEPÇÕES DE MUDANÇA

Como todo mundo sabe, as pessoas têm uma queda para comemorar as datas terminadas em zero e cinco. Não foi diferente com a Revolução dos Cravos. O aniversário de 30 anos em 2004, assim como os 35 completados em 2009, ensejaram entre os portugueses momentos propícios a uma espécie de balanço, ou "estado da arte", da história do país e mesmo do que é "ser português".

Se as últimas três ou quatro décadas geraram mudanças visíveis e profundas em setores como economia, demografia, educação e qualidade de vida, o mesmo não pode ser dito com relação a determinadas mentalidades do povo português.

Falar sobre as transformações e as permanências nas condições materiais de vida é algo muito mais fácil e preciso que tratar de cultura e visão de mundo, pois muitos aspectos do primeiro tema são mensuráveis enquanto o segundo implica análises mais ou menos subjetivas.[2] Mas vamos lá.

Comecemos pelo próprio conhecimento do passado recente. Trinta e cinco anos depois do fim do regime salazarista, quando mais de um terço dos portugueses nasceu já na vigência do regime democrático, o que os jovens portugueses sabem sobre as figuras importantes daquela época? Uma pesquisa realizada com alunos do ensino superior (entre 19 e 22 anos de idade) revelou que 60% não sabem dizer quem foi Marcelo Caetano, embora 85% saibam quem foi Salazar. Mas será que compreendem de fato o que significou o salazarismo ou qual o legado daquela época autoritária e tradicionalista para a sociedade portuguesa?

* * *

A ideia de que a autoridade não deveria ser contestada – dominante e difundida na época do regime salazarista – marcou a vida dos pais e avós dos jovens de hoje. Eles aprenderam que autoridade é para ser obedecida e não entendida. O poder superior, a hierarquia, existia para "cultivar o temor reverente daqueles que a ela estavam submetidos, os simples e comuns mortais". A contrapartida disso era a submissão, incondicional.

As tradições universitárias ainda se impõem, tanto em instituições mais antigas, como a Universidade de Coimbra (foto), quanto em universidades criadas mais recentemente. Entre estas temos a Queima das Fitas, no mês de maio, que marca o fim da "vida de estudante", e o uso do traje acadêmico de acordo com regras específicas de cada instituição, definido na praxe acadêmica de cada universidade, em ocasiões predeterminadas, como na recepção aos "caloiros".

Nos tempos atuais, entretanto, o paradigma "não se pode questionar a autoridade" foi destronado em Portugal. O culto à autoridade, algo tão forte no passado português, não encontra mais lugar no século XXI. Hoje, a "autoridade" está mais despersonalizada e é encarada como um elemento do sistema, que depende do papel e do desempenho (e talvez até da capacidade de liderança) de cada um, não sendo uma atribuição "automática" ou herdada como antigamente. Os pais, os políticos de relevo, os chefes ou patrões, os guias religiosos e os professores não recebem mais o tratamento subserviente que recebiam no passado por parte de seus "subordinados" (filhos, empregados, seguidores, alunos). No final dos anos 1990, o processo de transição de um padrão para outro ficou patente nesse aspecto.

No ambiente universitário do início da década, por exemplo, ainda reinava a relação hierárquica incontestável entre mestres e alunos. Esperava-se dos professores que ostentassem certa sisudez e mantivessem determinado distanciamento no trato com os estudantes (aspectos já não tão comuns no Brasil da mesma época). Os docentes davam aulas vestidos formalmente: *fato* (terno) e gravata para os homens e conjuntos ou *tailleurs* para as mulheres. Eram chamados de "Senhor Professor", "Senhora Professora", mas o mais comum era dizer "Doutor" ou "Doutora" antes do nome de cada um. A formalidade ainda dava o tom dos relacionamentos entre os pares e entre o professor e o aluno. Uma dose de descontração poderia ser interpretada em Portugal como sinal de desrespeito ou de proximidade excessiva entre pessoas que exerciam papéis rigidamente separados.

Ao longo da década de 1990, professores brasileiros que passaram a ter contato mais estreito com as universidades portuguesas perceberam que a informalidade, que predominava nas relações entre professores e alunos no Brasil, poderia ser tomada em Portugal como sinal de despreparo do docente. Nessa circunstância, a receita era dançar conforme a música: nos primeiros encontros, manter a distância esperada, para, depois, reduzir gradualmente as barreiras que deixavam os brasileiros um tanto desconfortáveis. Hoje, a praxe vigente antes da democratização portuguesa não dá mais as cartas. Os alunos ainda tratam os professores por "senhor", mas a formalidade em sala de aula diminuiu. Na relação entre professores e funcionários no ambiente universitário, porém, o respeito aos que possuem títulos acadêmicos continua a ser manifesto por convenções como a menção explícita ao título. Nas famílias portuguesas com crianças, os filhos se sentem com liberdade para tratar o pai ou a mãe por "tu", que é bem informal.

POPULAÇÃO AUMENTA, ENVELHECE E CONTINUA PELO MUNDO

Algumas das alterações ocorridas nos padrões da população portuguesa já foram mencionadas em outras partes deste livro. Recordando: o perfil geral apresentou mudanças profundas, acompanhando o quadro amplo das populações europeias.

Em 1950, os portugueses eram menos de 8,5 milhões; quase metade das pessoas estava na faixa etária até 24 anos e menos de 6% estava na chamada "idade da *reforma*" (aposentadoria). No início do século XXI (dados relativos a 2001 e 2004), os portugueses passavam de 10,5 milhões. O grupo dos jovens até 24 anos, entretanto, encolheu de forma significativa e agora não atinge 30% do total, ao passo que o contingente na

A forte presença da população idosa em várias regiões de Portugal está vinculada ao fenômeno dos deslocamentos da população em idade ativa para áreas onde as oportunidades de trabalho e de estudo são maiores. Muitas vilas e aldeias portuguesas têm encolhido por conta dessa migração dos mais jovens. Na imagem: casal da aldeia de Caçarelhos, no nordeste do país (2007).

Comparados com a década de 1950, os portugueses dos anos 2000 convivem com uma forte queda na taxa de natalidade e assistem preocupados à contração e ao envelhecimento de sua população. Na imagem: habitantes de Porto Corvo, na costa oeste de Portugal, à sombra de uma árvore, diante de uma casa típica do ensolarado e quente Portugal meridional.

"idade da *reforma*" quase triplicou. De fato, na passagem do milênio, pela primeira vez na história, os maiores de 64 anos ultrapassaram o conjunto da população de até 15 anos.

Houve uma forte queda nas taxas de natalidade, assim como uma queda no saldo natural da população (ou seja, na evolução da diferença entre natalidade e mortalidade). À guisa de comparação, se o saldo natural da população em 1950 correspondesse ao índice 100, hoje ele está reduzido apenas a 11, isto é, a diferença entre os que nascem e morrem está 10 vezes menor do que há 5 ou 6 décadas.[3] Cada vez nasce menos gente ou, em outras palavras, a tendência é de contração do tamanho da população.

Além disso, a população continua, ainda hoje, distribuída de maneira irregular pelo território português. Essa diferença é secular, porém, nas últimas décadas verificou-se o aprofundamento das disparidades regionais sob esse aspecto. Acentuou-se a tendência de desertificação do interior, levando como consequência ao aumento da densidade populacional no litoral. O resultado concreto desse processo é o interior ficar cada vez menos populoso, e com uma população cada vez mais velha, o que pode levar ao aprofundamento dos tradicionais desequilíbrios regionais, pois há menos gente apta para o trabalho[4] e, portanto, para produzir riquezas e incrementar a economia.

No início do século XXI, os portugueses continuam a ser um povo espalhado pelo mundo – uma peculiaridade plurissecular que permanece um sinal distintivo de sua conformação. Assim, pode-se dizer que a diáspora "criou" os portugueses tal como existem hoje: um povo que resulta de uma ampla mistura de culturas, línguas, vivências, e que deixou marcas por todos os continentes.

A importância dessa mistura é tão grande na caracterização dos portugueses que, na década de 1930, inspirou o intelectual brasileiro Gilberto Freyre, na obra *Casa-grande e senzala*, a construir uma teoria segundo a qual o povo português teria uma "*predisposição* para a colonização híbrida[5] e escravocrata dos trópicos" que justificaria seu êxito como Império Colonial. Na base dessa dita "predisposição" dos portugueses estariam "seu passado de povo indefinido entre a Europa e a África" e o forte processo de miscigenação que caracteriza a história da península ibérica, povoada por levas sucessivas de tribos germânicas e invasores mouros, além das próprias populações nativas, aliados à proximidade geográfica e climática com a África.

Deixando de lado a conclusão de Freyre e todas as suas implicações ideológicas juntamente com as devidas críticas a elas, o fato é que, se a mistura de povos e etnias e a mobilidade não são exclusividades dos portugueses, sua intensidade, sem dúvida, é. A diáspora portuguesa é uma das mais fortes, importantes e duradouras do mundo; já tem cinco séculos!

Embora os destinos prioritários tenham variado nesse extenso espaço temporal, a diáspora marca a história do povo português. Não só na terra natal, mas também nas comunidades de emigrantes que vivenciaram processos de aculturação. Em tempos recentes, como vimos, a sociedade portuguesa tem presenciado também a situação oposta; o país, nas duas últimas décadas pelo menos, tornou-se polo de atração para imigrantes lusófonos ou de outras línguas.

Contudo, é complicado reduzir toda essa trajetória histórica a conclusões tais como: o "povo português está mais cosmopolita e aberto" ou "o povo português é refratário às mudanças, tradicional e fechado". O certo é que as fortes diferenças internas que separam, por exemplo, a população urbana e a população rural, ainda persistem, mas os efeitos da modernização e da globalização, que reduzem disparidades seculares, estão aí e não podem ser negados.

Além disso, os portugueses de hoje têm que aprender a se adaptar à sua condição de país-membro da União Europeia, conviver com a concorrência econômica internacional e livrar-se de certas heranças simbólicas (como os preconceitos raciais, por exemplo) que sobreviveram da época do Império Colonial. Bem ou mal, têm que lidar com a diversidade étnica e o multiculturalismo "em sua própria casa". O processo não é simples, nem linear, mas aponta sim para uma acomodação aos novos tempos.

UMA NOVA FAMÍLIA?

Neste início do século XXI, a família continua a ser considerada a base da sociedade portuguesa, mas a sua forma mudou muito, acompanhando, de resto, as tendências que se percebem em muitos países da Europa e mesmo na América do Norte.

No passado, a família tradicional estava assentada em um tipo de organização que buscava, essencialmente, assegurar a sobrevivência de seus membros. Em Portugal, *grosso modo*, conviveram pelo menos até a década de 1960 dois sistemas familiares. No Norte, o sistema familiar até aquele período era marcado por uma lógica condicionada por fortes laços interfamiliares, ou seja, os parentes da família extensa tinham um papel social e econômico muito importante na vida das pessoas. No Sul, pelo contrário, a organização nuclear, a família de "pai, mãe e filhos", constituía o modelo predominante.

Embora nos anos finais do século XX o modelo de família nuclear esteja disseminado pelo país, as formas de relacionamento e de solidariedades interfamiliares permanecem fortes em Portugal, especialmente nos meios rurais. Em que pese o processo de industrialização, vários componentes rurais relacionados à vida familiar sobrevivem na sociedade portuguesa como, por exemplo, o peso simbólico da posse da terra e da ligação com o campo e a força econômica e social das relações de parentesco mais amplas. Velho e novo continuam a conviver em muitas regiões do país.

Entretanto, apesar disso e da manutenção de disparidades regionais, hoje há uma propensão irreversível para a uniformização dos aspectos relacionados à família por todo o país. Explicando melhor, com o tempo, as diversidades regionais tenderão a desaparecer em relação à fecundidade (nascem menos crianças), à nupcialidade (acesso às oportunidades de casamento) e à difusão do divórcio (cada vez maior).

O caminho para a uniformidade, contudo, não se limita aos comportamentos demográficos. Do ponto de vista social, o desaparecimento (ou pelo menos a diminuição da importância) do trabalho rural e a concentração urbana, o aumento da escolarização e a crescente atuação profissional das mulheres, bem como a influência dos meios de comunicação, concorrem para deixar as famílias todas bem parecidas umas com as outras, em termos de atividades econômicas, tamanho, posição da mulher, perspectivas e visões de mundo.

Esse processo de transformação que se opera na organização das famílias portuguesas aparece de maneira clara por meio dos números. Se em 1970 mais de 15% das unidades domiciliares reuniam mais de cinco indivíduos, no início do século XXI esse percentual despencou para 3%. Os domicílios formados apenas por uma pessoa triplicaram sua participação no todo.

Tais indicadores são importantes, mas, para uma avaliação mais profunda de seu significado, devemos adicionar outros elementos. Sim, os domicílios diminuíram de tamanho, assim como a própria constituição da família formal, baseada no casamento oficialmente celebrado, apresenta queda constante pelo menos desde 1975. Se naquele ano os casamentos registrados atingiram o patamar de 100 mil, em 2004 realizaram-se apenas 49 mil, menos da metade. Hoje, não só os portugueses casam-se menos como a taxa de divórcios multiplicou-se por cinco. Atualmente, em Portugal, o número de casamentos que se realizam é menor dos que os casamentos que se dissolvem (por morte do cônjuge ou por separação), e o número de uniões oficiais que se dissolvem por conta de um divórcio vem crescendo.

Os casamentos católicos têm uma participação cada vez menor no total dos matrimônios realizados. Isso é um reflexo da crescente laicização da sociedade nessas últimas décadas, a partir de 1974.

Casa-se menos, casa-se mais tarde e têm-se menos filhos. Se em 1974 as mulheres tinham em média 2,6 filhos (2,1 é a taxa mínima para a reposição das gerações), os dados para o ano de 2002 apontavam a queda para 1,5 filho por mulher, portanto, abaixo de taxa de reposição. Fica claro que o lento crescimento da população portuguesa nas últimas décadas se deveu, portanto, à imigração.

368 | Os portugueses

As mudanças na organização da família não param por aí. Se, por um lado, o número de filhos por mulher caiu, há que se apontar também que muitos dos nascimentos registrados ocorreram fora do casamento. Em 1990, eles eram 15% do total dos nascimentos; em 2004, o percentual praticamente dobrou, pois 27% das crianças portuguesas vieram ao mundo numa situação em que os seus pais não eram casados.

Poderíamos argumentar que isso se deve à opção pelo não casamento, ou pela escolha de não oficialização da união. Entretanto, dos 30 mil nascimentos registrados fora do matrimônio em 2004, a maioria foi de crianças cujos pais não coabitavam. Isso significa que, na primeira década do século XXI, uma em cada quatro crianças portuguesas nasce de mãe solteira, e mais de uma em cada cinco nasce de pais que não dividem a mesma casa.

Sem dúvida, a família em Portugal, como de restante em boa parte do mundo, passa por uma rápida mudança, englobando outros arranjos que aumentam sua participação no cômputo geral: a família composta apenas por casal e um filho somente – que parece ser a regra hoje – e a família de um casal que opta, efetivamente, por não ter filhos. Isso vem ocorrendo tanto nas zonas urbanas quanto nas rurais, embora em ritmos diferentes, mais acelerado nas grandes cidades.

No contexto de transformação da família devem ser inseridas também aquelas que não são heterossexuais. Em 2008 houve uma tentativa de legalizar o casamento entre pessoas do mesmo sexo, como já ocorre em países como Bélgica, Holanda e na vizinha Espanha. Em janeiro de 2010 o parlamento aprovou a lei que permitia o casamento homossexual, promulgada pelo Presidente da República em maio de 2010 e, desde então, as reações são contraditórias. Para o primeiro-ministro, José Sócrates, este seria um momento histórico para o país, no combate à discriminação e à injustiça. Já para a Igreja Católica, a decisão era de se lamentar, pois mudar o entendimento do que é uma família pode trazer graves consequências, afirmava o patriarca de Lisboa, D. José Policarpo.

Podemos concluir que as mudanças registradas nas décadas que sucederam o 25 de abril de 1974 foram profundas no que diz respeito à família exatamente numa sociedade em que a presença e a força da Igreja Católica e do Estado foram indiscutíveis pelo menos desde o século XVI.

RELIGIOSIDADE

Não faz muito sentido falar de família sem levar em conta o catolicismo, que define uma das facetas mais características do povo português. Em questionários feitos no início dos anos 1980, toda a população portuguesa se assumia como católica praticante. Entretanto, a relação entre tal declaração de princípios e as práticas concretas ligadas à religiosidade encontrava diferenças regionais marcantes. Por exemplo, a frequência à missa dominical era maior no Norte do que no Sul do país. A recorrência ao catolicismo como base para a adoção de condutas era significativa, sobretudo nas áreas em que havia uma forte valorização social do modo de vida rural baseado na pequena propriedade camponesa (na região Norte) e da instituição familiar tradicional.

Porém, com base em dois indicadores – frequência à missa dominical e proporção de casamentos católicos –, percebemos que houve, dos anos 1980 em diante, um enfraquecimento das práticas católicas entre os portugueses. Tal enfraquecimento ocorreu associado ao aumento de peso do setor terciário na economia, ou seja, a vida urbana mostrou-se, ao longo das últimas décadas, cada vez menos receptiva à influência da Igreja Católica.[6] Conforme caminhamos para o final do século xx, também as diferenças relativas às manifestações de religiosidade e acolhida das orientações da hierarquia eclesiástica deixam de ser tão marcadas em termos de Norte/Sul para contrapor mais fortemente o meio rural ao meio urbano.

Mais recentemente, conforme os resultados publicados pelo Inquérito Social Europeu (*European Value Survey*),[7] realizado em Portugal desde 2002, observamos que a população portuguesa continua mantendo um alto grau de confiança na Igreja Católica e maior do que outros países europeus de maioria católica, como Irlanda, Espanha, França, Bélgica, Itália, Polônia, Áustria.

Contudo, entre 1989 e 2005, as medições destacam uma tendência de queda na prática de frequentar a igreja. Diminui com o tempo também a influência da religião e das posições oficiais da instituição Igreja nas decisões tomadas pelos indivíduos. De fato, os portugueses vêm se afastando das formas tradicionais de manifestação da religiosidade e passam a empregar outros critérios que não "os do papa" para fazer suas opções pessoais de vida.

Uma das explicações possíveis para essa mudança encontra-se naquilo que se convencionou chamar de "modernização cultural", que vai de uma abertura maior com relação às diferentes manifestações da sexualidade humana até a aceitação de pesquisas com embriões, por exemplo. Em Portugal, a Igreja católica, historicamente e até o presente, representa uma das principais forças de oposição aos movimentos modernizadores. Ela ainda se opõe à homossexualidade, à prática do divórcio, ao aborto, à eutanásia e a novos modelos familiares, muitos dos quais, mesmo assim, passaram a fazer parte da sociedade portuguesa. A postura intransigente da Igreja gera uma tensão entre religião e modernização e faz com que muitas pessoas simplesmente deixem de respeitar os dogmas católicos.

370 | Os portugueses

Em que pesem todas as transformações pelas quais Portugal passou nas últimas décadas, as tradições católicas ainda têm um papel importante na mentalidade do povo português do século XXI. As procissões, manifestações públicas de religiosidade (como a Procissão de Nossa Senhora da Granja, retratada na imagem acima), continuam comuns no país.

Apesar disso, seria um exagero falar que Portugal caminha para a irreligiosidade. O mais adequado é pensar na existência de novas formas de religiosidade, permeadas por outras visões de mundo.

Além do mais, a sociedade portuguesa, como outras sociedades contemporâneas, vem sofrendo um processo de individualização, onde os comportamentos passam a ser orientados mais por escolhas pessoais, sendo os valores e crenças cada vez menos dependentes da tradição e das instituições sociais. Hoje, em contraste com 30 ou 40 anos atrás, existe maior autonomia diante dos princípios de autoridade e das normas tradicionais tanto nos comportamentos adotados quanto nas formas de pensar. E esse é um movimento mais geral, vai além da relação com os clérigos, pois afeta os relacionamentos familiares e atinge a escola, o trabalho, os consultórios médicos, a política...

E A MULHER, COMO FICA?

Sem dúvida, a posição da mulher sofreu um impacto importante a partir das mudanças que se seguiram ao fim da ditadura salazarista. Entretanto, foi uma longa estrada percorrida para que as portuguesas pudessem chegar à posição que têm hoje na sociedade.

Efetivamente datam do início do século XX as primeiras batalhas pela conquista de direitos iguais aos dos homens. O clima político e social que precedeu a instalação da República em Portugal (1910) foi decisivo para que as mulheres obtivessem suas primeiras vitórias nesse sentido. Em 1909, por exemplo, foi criada a Liga Republicana das Mulheres Portuguesas, fundada por Ana de Castro Osório (1872-1935), escritora e ativista que publicou *Mulheres portuguesas* (1905), o primeiro manifesto feminista português. Entre outras bandeiras, defendia que a educação seria o "passo definitivo para a libertação feminina". Essa pioneira na luta pela igualdade de direitos colaborou com o advogado e político Afonso Costa (1871-1937) na criação da Lei do Divórcio, instituído no país em 1911. Essa lei faz parte da primeira Constituição republicana (1911) que também trouxe mudanças significativas na situação jurídica das portuguesas, instituindo a igualdade cívica dos sexos, entre outras medidas. Contudo, não facultou às mulheres o direito ao voto.

Por essa Constituição poderiam ser eleitores os maiores de 21 anos, os que soubessem ler e escrever, os que fossem chefes de família. Baseada no fato de que lei eleitoral não fazia menção explícita "ao sexo masculino", a médica Carolina Beatriz Angelo requereu sua admissão como votante, pois sabia ler e escrever, era maior de 21 anos, viúva e chefe de família (já que tinha uma filha). Seu pedido inicialmente foi negado, mas ela recorreu. O juiz encarregado de examinar o recurso foi João Batista de Castro, pai de ninguém menos que a feminista Ana de Castro Osório, que deu sentença favorável à médica. Assim, Carolina Beatriz Angelo foi a primeira portuguesa a votar na história de Portugal!

O cochilo da lei de 1911 foi corrigido em 1913, quando ficou explicitado que só os cidadãos do sexo masculino é que poderiam votar.

Em março de 1914, ainda durante os primeiros anos da República, foi criado o Conselho Nacional das Mulheres Portuguesas, liderado pela ginecologista Adelaide

Ana de Castro Osório foi uma pioneira na luta pela emancipação feminina e pela igualdade de direitos entre homens e mulheres em Portugal. Também foi uma das personalidades intelectuais mais críticas a respeito da condição da mulher em sua época. Sobre a rapariga (moça) chegou a dizer com algum desprezo que mal escondia sua compaixão por quem era obrigada a viver em um horizonte tão limitado: "não tem opiniões para não ser pedante, não lê para não ser doutora e não ver espavoridos os noivos".

A publicação da obra *Novas cartas portuguesas*, em 1972, provocou protestos veementes da parte dos setores mais conservadores da sociedade portuguesa. Os textos que compunham o volume foram considerados imorais por subverter os ideais tradicionais da mulher pura e submissa e por tornar visível um novo tipo de mulher, capaz de falar com clareza sobre corpo e sexualidade, trabalho e profissão.

Cabete (1867-1935). Essa entidade seria a mais importante e duradoura organização de mulheres da primeira metade do século xx. Manteve suas atividades até 1947, quando as autoridades salazaristas determinaram o seu fechamento.

A década de 1920 viu o auge do primeiro movimento feminista em Portugal, relevante inclusive do ponto de vista internacional, como atesta a grande participação de militantes portuguesas no Primeiro Congresso Feminista e de Educação (1924). Foi a ditadura de Salazar que colocou um fim nessa marcha, cortando as possibilidades de o movimento manter laços com entidades internacionais. O recesso do feminismo internacional entre os dois conflitos mundiais completou o quadro e sufocou os ímpetos do movimento português.

Apesar disso, foi durante o Estado Novo (em 5 de maio de 1931) que mulheres foram consideradas, pela primeira vez, entre os "cidadãos eleitores". Passaram a ter direito ao voto as mulheres que fossem chefes de família ou casadas com maridos ausentes nas colônias. Em ambos os casos era necessário ainda que elas tivessem diploma de curso secundário ou superior. Pelo mesmo decreto de 1931, as mulheres com direito a votar também poderiam, caso quisessem, disputar as eleições legislativas para a Assembleia Nacional. As portuguesas teriam que esperar até depois da Revolução dos Cravos para obter o sufrágio universal feminino, em 1976.[8]

Depois do fim da Segunda Guerra Mundial, o movimento feminista português estagnou. O regime ditatorial repressor acabou por enterrá-lo de vez.

Entretanto, nos estertores do Estado Novo, exatamente no ano de 1972, veio a público a obra que marcou o renascimento do movimento feminista em Portugal, *Novas cartas portuguesas*, escrita por Maria Isabel Barreno, Maria Teresa Horta e Maria Velho da Costa. Seu conteúdo fazia referência às *Cartas portuguesas*, escritas pela monja sorór Mariana do Alcoforado para seu amante, o Marechal de Chamilly, publicadas no século xviii.

O livro das "Três Marias" – como foram chamadas as autoras – causou polêmica, escandalizou muitos por seu teor sexual e libertário e por desmistificar o ideal de mulher pura e submissa ainda vigente no país. Provocou também a reação enfurecida do regime salazarista; os exemplares da obra acabaram recolhidos pela censura e tirados de circulação. Foi instaurado um processo contra as autoras por "desacato ao pudor e aos bons costumes". Elas foram condenadas à prisão, que só não ocorreu de fato porque estourou a Revolução dos Cravos. Uma segunda edição do livro saiu em novembro de 1974 e ajudou a reanimar o feminismo no país. Para ilustrar seu potencial subversivo, alguns trechos de *Novas cartas portuguesas*:

> [...] castigo sofro por me ter entregue: amante de homem por prazer; entrega nomeada de amor e de amor me haja perdido [...] de prazer me dei e conquistei, desafiando de aparência o mundo e a mim mesma nesse desafio de coragem, inconsciência ou grande tentação de fuga [...].

Os estereótipos de longa data que colocam o homem em posição superior na hierarquia de gênero e delegam à mulher a responsabilidade total pelas tarefas domésticas ainda hoje são relevantes na sociedade portuguesa. A ideia que serviu de base para a imagem do casal da propaganda de máquinas de costura Singer (1892), em que o marido supervisiona e aprova a mulher prendada a costurar, não está completamente superada entre os portugueses mais de um século depois.

[...] porque relação a dois, e não só no casamento, é mesmo base política do modelo de repressão; porque se mulher e homem se quiserem sós e nos seus sexos, logo isso é sabido como ataque à sociedade que só junta para dominar, e Abelardo é castrado, e Tristão nunca se junta a Isolda, e todos os mitos do amor dão-no como impedido [...] temos de remontar o curso de dominação e desmontar suas circunstâncias históricas, para destruir suas raízes [...].

Há também mulheres médicas, engenheiras, advogadas, etc., mas o meu pai diz que é melhor a gente não se fiar nelas que as mulheres foram feitas para a vida de casa, que é uma tarefa muito bonita e dá muito gosto ter tudo limpo e arrumado para quando chegar o nosso marido [...] e como uma das tarefas da mulher é obedecer ao homem, uma das tarefas da mulher é disfarçar [...].

A igualdade entre homem e mulher do ponto de vista jurídico veio logo após a Revolução dos Cravos, e o pleno reconhecimento da capacidade civil das mulheres, em 1976. A instauração da democracia abriu espaço, nas décadas de 1970 e 1980, para a luta de alguns grupos e associações de mulheres (mesmo que não se autointitulassem "feministas")[9] em torno de temas importantes, como a *despenalização* (descriminalização) do aborto, a igualdade das mulheres no mercado de trabalho e o acesso mais amplo das mulheres à educação formal. Em paralelo, os movimentos de mulheres contribuíram ao lado de outros movimentos sociais para a transformação social e política mais ampla no Estado e em diversas instituições portuguesas.

De todo modo, a questão da emancipação feminina era ainda muito polêmica numa sociedade recém-saída de décadas de um regime autoritário, que colocava a mulher num papel de subalternidade. A própria palavra "feminismo" provocava calafrios e "era quase insultuosa".[10]

Mais recentemente, porém, a luta pela ampliação dos direitos da mulher portuguesa vem obtendo vitórias expressivas, sobretudo no que diz respeito ao mundo profissional e ao acesso ao ensino. No quesito educação, a participação da mulher portuguesa tem aumentado muito, inclusive chegando a ser maior que a dos homens no nível superior.

Sem dúvida, o acesso feminino à universidade e a melhoria da formação educacional tem impacto positivo no panorama profissional em que se integra a mulher portuguesa. Claramente, um número cada vez maior delas tem condições de disputar e ocupar os postos de trabalhos mais qualificados que, tradicionalmente, privilegiavam os homens.

As próximas gerações, com certeza, vivenciarão um outro quadro no que diz respeito ao trabalho qualificado, e as mulheres concorrerão – em pé de igualdade ou até mesmo com vantagem – em praticamente todas as profissões oferecidas pelo mercado de trabalho.

Nas novas gerações, diferentemente do que ocorria com as do passado, observamos uma tendência crescente com relação à inserção das mulheres em atividades que exigem um trabalho mais qualificado e uma educação mais formal. Na imagem: senhora vendedora de legumes e verduras no mercado Porto Covo, 2008.

É claro que esse papel profissional mais atuante da mulher tem tido e continuará a ter consequências importantes na própria organização da família em Portugal. Ora, se a família média portuguesa se constitui mais tarde que antigamente, se corresponde hoje a "pai, mãe e filho(s)", se ambos os pais trabalham fora e se ela se desfaz com mais frequência (por conta dos divórcios e separações), não é possível manter a estrutura anterior em que "a mãe" estava disponível para dedicar-se apenas ao lar e cuidar de uma numerosa prole.

Com o investimento cada vez maior das mulheres em educação, e sua posterior inserção no mercado de trabalho, foi necessário inclusive o aumento da oferta de educação pré-escolar para as crianças. Os relacionamentos conjugais também passaram por questionamentos e tiveram que ser repensados no sentido de uma maior equiparação das vozes, direitos e vontades de marido e mulher.

A luta pelo direito ao aborto em Portugal foi longa, mas vitoriosa. Em maio de 1974, ocorreram as primeiras manifestações públicas pelo direito ao aborto livre e gratuito. Em abril de 1979, a Campanha Nacional pelo Aborto e Contracepção uniu diversas entidades feministas. Na década de 1980, foram apresentados vários projetos de lei contra a *despenalização* do aborto por políticos do PCP (Partido Comunista Português) e do PS (Partido Socialista). Em 28 de junho 1998, ocorreu o primeiro referendo sobre o tema. O segundo, em 11 de janeiro de 2005. Até que, finalmente, em 11 de fevereiro de 2007, o "sim" para a possibilidade de aborto venceu como um total de 59% dos votos.

As portuguesas, entretanto, ainda têm que lutar por uma maior inserção profissional e por um espaço maior nas instituições políticas. Tais embates ficam claros, por exemplo, quando a mulher disputa cargos no topo das grandes organizações e é preterida por questões de gênero. Claramente, a gravidez, ou potencial gravidez, é um fator que limita a ascensão profissional de muitas mulheres, por conta de preconceitos machistas ou das dificuldades concretas em conciliar carreira e maternidade sem apoio ou garantias do Estado e dos locais de trabalho. Ainda hoje, no caso de um homem e uma mulher chegarem à disputa final por um mesmo cargo, na maioria dos casos, a preferência é dada ao candidato do sexo masculino.

Analistas argumentam que talvez uma ou duas décadas sejam pouco para trazer mudanças estruturais mais profundas na sociedade ainda dominada por estereótipos que colocam o homem em um lugar de poder e atrelam a mulher ao papel de "protagonista das tarefas domésticas".

Graças aos avanços econômicos e culturais mais recentes, a mulher tem hoje uma alta taxa de participação no mercado de trabalho português. De fato, é uma das maiores de todos os países que integram a União Europeia (62,5% em 2009). A desigualdade, contudo, aparece quando examinamos os níveis salariais: a mulher recebe menos que o homem mesmo que tenha as mesmas habilitações e desempenhe as mesmas tarefas.

* * *

O modo como os portugueses percebem a questão das oportunidades no mercado de trabalho também é interessante e varia conforme o sexo e o estado civil dos entrevistados.[11] Para as mulheres solteiras, não há profissões "masculinas ou femininas", e as empresas contratam mediante apenas as "habilitações" de cada um. Já as mulheres casadas acreditam que há profissões que são consideras mais apropriadas a um ou ao

"A mulher fica em casa ao domingo e acaba por arrumar a *loiça*, passar a roupa e o homem acaba por sair (...) com os amigos e beber uns copos."

outro sexo, e que as mulheres são discriminadas nas empresas "porque têm filhos" e "porque pedem mais afastamentos por motivos médicos". As divorciadas, por sua vez, também percebem uma diferença de oportunidades, admitindo que há muitas empresas em que as mulheres nunca chegam ao mesmo nível hierárquico dos homens.

Entre os homens portugueses, ainda é comum a crença de que existem diferenças naturais e incontornáveis entre os sexos – "os homens são mais fortes, as mulheres são mais emotivas"; "cientificamente está comprovado que os homens utilizam mais o cérebro"; "os homens são menos conflituosos e mais sociais" – e isso se reflete, obviamente, nas diferenças entre homem e mulher no mercado de trabalho.

380 | Os portugueses

Por outro lado – o que já é um sinal de mudança –, muitos maridos fazem questão de dizer que "ajudam" a esposa nas tarefas do lar, embora ainda atribuam essa responsabilidade à mulher: "a mulher fica em casa no domingo e acaba por arrumar a *loiça*, lavar a roupa, passar a roupa e o homem acaba por sair, jogar umas cartinhas e umas suequinhas[12] com os amigos e beber uns copos".

No campo da política, há um consenso: todos reconhecem que as mulheres estão relativamente mais afastadas dos cargos públicos que os homens.

* * *

Os indicadores das Nações Unidas, como o Relatório de Desenvolvimento Humano para 2002 e o *Gender-related Development Index* (Índice de longevidade, nível educacional e qualidade de vida das mulheres), colocam Portugal na 28ª posição, ou seja, na segunda metade dos 53 países considerados como tendo um nível de desenvolvimento elevado. No GEM (*Gender Empowerment Measure*, instrumento que avalia a proporção de mulheres nas posições de comando), Portugal ocupa a 20ª posição, imediatamente depois de Bahamas e antes das ilhas Trindade e Tobago.

* * *

Embora todas as mudanças relativas à condição feminina estejam ocorrendo também em outras sociedades no mundo, é importante observar que, no caso português, seu impacto é enorme, pois se dá em um país cuja história foi, por um longuíssimo tempo, dominada por estruturas e mentalidades arcaicas, fortemente influenciadas pela Igreja Católica, que, mesmo hoje continua exercer um papel social de certo relevo.

ENSINO, SAÚDE, CULTURA E LAZER

Na impossibilidade de abordar todo o universo de transformações ocorridas na vida dos portugueses nas últimas décadas, após a Revolução dos Cravos, optei por tratar alguns temas pontuais que podem ilustrar bem esse contexto.

A evolução no ensino foi enorme. O tamanho do sistema educacional disponível hoje para os portugueses é o dobro daquele que usufruíam até o ano de 1973. E a educação obrigatória, hoje de nove anos, está distribuída numa escala muito maior e atinge a maioria da população.

O sistema de educação em Portugal prevê a escolaridade obrigatória entre os 6 e os 15 anos de idade, etapa dividida em três ciclos do ensino básico (do 1° ao 9° ano) com o desenvolvimento de competências básicas em Língua Portuguesa, Matemática, Estudo do Meio e Expressões. O ensino secundário (15 aos 18 anos, do 10° ao 12°ano) pode ser orientado tanto para o prosseguimento dos estudos (nas universidades) quanto para a inserção imediata no mundo do trabalho.

As mudanças no acesso à educação estão vinculadas a transformações iniciadas em meados da década de 1980, como a consolidação da democratização e a redução da população jovem e, portanto, o decréscimo do número de alunos do ensino básico. Entretanto, naquele momento, o ensino secundário e o superior não sofreram a diminuição registrada no básico e continuaram a crescer.

Hoje a situação é outra e os indicadores para os primeiros anos do século XXI já mostram sinais de redução também nessa faixa, tendência que se acentuará nas próximas décadas. A realidade mostra que a procura pelas vagas nas escolas tem sido regularmente inferior à oferta disponível em praticamente todos os cursos oferecidos.

Por outro lado, apesar da expansão do ensino nas últimas décadas, percebe-se que a educação em Portugal apresenta ainda uma qualidade inferior se comparada àquela oferecida pelos outros países-membros da União Europeia.

É um consenso entre os portugueses que o desafio atual é melhorar a *qualidade* da educação como um todo. Com relação ao ensino superior, por exemplo, Portugal precisa enfrentar o fato de que serão necessários menos cursos, mas os oferecidos deverão ser melhores que os atuais.

* * *

As últimas décadas se caracterizaram por uma melhoria sensível das condições de vida em Portugal, com reflexos positivos na saúde dos portugueses.

Desde 1979, os portugueses contam com o acesso ao Serviço Nacional de Saúde (sns), através do qual o Estado português pretendia assegurar o direito à saúde a todos os cidadãos, embora a realidade nem sempre confirme essa intenção.

Um exemplo importante da melhoria das condições de vida em Portugal é a taxa de mortalidade infantil, que teve uma queda acentuada desde a década de 1980, quando era de 24 mortes por cada 1.000 recém-nascidos no primeiro ano de vida, estando hoje em torno de 3 mortes por cada 1.000 recém-nascidos.

Contudo, essa melhoria não alcançou ainda os patamares de outros membros da União Europeia. Apesar do salto e do grau alcançado, Portugal permanece no escalão inferior, comparado aos demais países da ue. No início dos anos 2000, o índice de qualidade de vida dos portugueses posiciona Portugal atrás da Grécia e da Irlanda, permanecendo à frente apenas dos países do Leste Europeu ou da ex-urss.

* * *

O incremento nas condições de vida dos portugueses em geral pode também ser conferido através da distribuição dos rendimentos familiares por classes de despesas. Em 1975, despesas básicas como alimentação, bebidas, vestuário, calçado comprometiam mais da metade dos rendimentos dos portugueses, enquanto que, no ano de 2000, representavam menos de 30%. Por outro lado, as despesas dos portugueses com itens como habitação, água, gás, eletricidade, aumentaram no século xxi (passaram de 14% para 20%), bem como as despesas com transporte, que quase triplicaram.

Outro sinal que indica uma mudança no estilo de vida dos portugueses é a tendência de aumento do período dedicado ao lazer, bem como as formas de ocupar o tempo ocioso.

Tirar férias tornou-se um hábito incorporado ao modo de vida português. Cresceu também a demanda por opções de lazer e cultura, sendo esta última favorecida ainda pelo aumento do nível educacional da média da população portuguesa, vinculado à expansão das universidades.

* * *

Lazer e esporte são opções que apareceram regularmente na Europa na passagem do século XIX para o XX, mas só chegaram a Portugal muito mais tarde e um exemplo disso é o futebol. Lembremos que a Copa do Mundo de 1966, na Inglaterra, foi uma das primeiras oportunidades em que os portugueses se destacaram em competições esportivas internacionais.

De lá para cá, a paixão pelos esportes, e pelo futebol em particular, só aumentou no país. O fenômeno está ligado à globalização, sobretudo por conta do desenvolvimento dos meios de comunicação que colocam na casa de todos os portugueses os eventos esportivos (regionais, nacionais e internacionais).

Porém, a paixão canalizada para o futebol tem também servido como uma válvula de escape para os jovens portugueses. Fazer parte da "tribo" dos clubes e participar intensamente das agremiações esportivas parecem ser as saídas quando as formas de pertencimento e inclusão em outras "coletividades" – como a família, o bairro, a região, a nação e a Igreja – ficaram mais diluídas.

No vazio criado pelo desinteresse pela política e pelo fim das referências ideológicas dos tempos do autoritarismo e do Império, que mobilizavam corações e mentes, os portugueses se voltam para a bola que rola no gramado. O futebol transformou-se no escoadouro do patriotismo tradicional em crise. A paixão dos portugueses pela seleção nacional de Portugal é um indicador importante desse encaminhamento do sentimento de "patriotismo" em direção aos esportes nacionais. (É só lembrar o clima de festa no país por ocasião da Eurocopa em 2004, quando Portugal chegou à decisão.)

As novas formas de gastar o tempo de lazer também se ligam a atividades relacionadas às tecnologias. Portugal está integrado à sociedade da informação. De 1980 para cá, a mudança nesse sentido foi enorme. Naquela época quase não havia computadores pessoais; hoje o país segue a tendência de se render às novidades como os *telemóveis* (celulares), a internet e a tevê a cabo. Tanto quanto ocorre nos países mais desenvolvidos, os portugueses podem fazer muito sem sair de casa, através da rede mundial: trabalhar, pesquisar, comprar, ter acesso a serviços públicos ou privados. As novas tecnologias de comunicação passaram a ser a referência básica da vida dos portugueses que, em quesitos como o número de telefones celulares por

Portugal sediou a Eurocopa de 2004. Reformou ou construiu dez estádios, recebeu cerca de um milhão de turistas durante o período do evento (12 de junho a 4 de julho). Nesse torneio, a seleção portuguesa, sob o comando do técnico brasileiro Luiz Felipe Scolari, disputou a final com a Grécia, sendo derrotada por 1 x 0.

habitante e o número de empresas que dispõem de acesso à internet, superaram a média europeia.

No geral, com exceção da indefectível "viagem de férias", os portugueses saem cada vez menos de casa. Mesmo assim, se observarmos a oferta de atividades culturais e de lazer nos últimos 35 anos, veremos que os portugueses contam com um leque muito maior de opções em termos de museus, bibliotecas e galerias de arte. Contudo, o cinema ainda é a diversão pública mais procurada em Portugal.

Na desenvolvida área da publicação de livros, jornais e revistas, a imprensa privada ocupa quase a totalidade da oferta, sendo que poucos grupos controlam o segmento, em que se tem registrado uma crescente participação de estrangeiros.

PERMANÊNCIAS...

Portugal, no que diz respeito às questões materiais e de bem-estar de sua população, deu um salto enorme e, sem dúvida, modernizou-se nas últimas décadas. No entanto, uma herança do passado que teima em persistir é a *mentalidade corporativa* que contamina o funcionamento de todo o tecido social português.

As raízes desse pensamento estão nas práticas das elites que secularmente se desenvolveram à sombra do Estado, redistribuindo a seu favor uma parte substancial da riqueza nacional. Nos séculos XX e XXI, elas se traduzem em funcionários públicos, burocratas, políticos, mas também em empresários ou proprietários de terra que se utilizam do Estado para a defesa exclusiva dos próprios interesses ou para a obtenção de privilégios em detrimento do coletivo. Além disso, em Portugal, a burocracia estatal ainda hoje se ergue de maneira imponente, muitas vezes simplesmente para se autossustentar, o que acaba dificultando muito (e sem qualquer necessidade aparente) a vida das pessoas comuns.

Embora a mentalidade corporativa tenha se caracterizado por altos e baixos ao longo do tempo, ela se manteve como um dos pilares da sociedade portuguesa por séculos. Começou com a consolidação do Estado nacional centralizado, no final do século XIV, para a qual se organizou um corpo de funcionários capaz de sustentar uma burocracia poderosa. Muito tempo depois, continuava a ser a doutrina central do governo na época do Estado Novo. A própria Revolução dos Cravos não colocou um fim a isso; ao contrário, a mentalidade corporativista saiu fortalecida por meio de novas roupagens com tonalidades de esquerda. Décadas mais tarde, perdeu as caracterizações de "direita" ou de "esquerda", pois está disseminada por todas as correntes políticas.

O corporativismo também impregnou outros setores sociais e pode ser percebido por meio de várias pistas. A concorrência e a inovação provocam pontos de tensão em que o corporativismo aflora e persiste em Portugal uma grande dificuldade em aceitar a competência como critério de organização da sociedade. Ainda hoje, a sociedade portuguesa funciona muito com base no compadrio e suas variantes mais modernas. Assim, é bem comum ouvir a expressão "é preciso meter uma cunha", isto é, "é bom ter alguém que interceda a nosso favor", seja para apressar uma consulta médica, seja para ocupar uma vaga de emprego, seja para garantir uma promoção ou qualquer outra forma de ascensão social. Nessa concepção, a bajulação da "autoridade" e a "troca de favores" estão presentes em todos os níveis da atividade social, pois são incontáveis os degraus para se chegar "ao topo".

Portugal é um país que tem leis e regras claras e explícitas. Ocorre que, na prática, simplesmente essas regras não valem com exatidão da mesma maneira para todos ou não são respeitadas da mesma forma por todas as pessoas. É como se as normas estivessem lá apenas para que "o compadre" ou o "amigo" pudesse favorecer alguém ou fosse favorecido por alguém ou ainda para que fosse possível punir *alguns* dos indivíduos que não as respeitam ou que põem em risco o sistema. Nessa lógica de funcionamento, tudo pode ser muito lento ou insolúvel, exceto se conhecemos as pessoas certas, nos lugares certos, que, de uma penada, resolvam tudo para nós, passando por cima das regras existentes.

As consequências dessa prática vão desde a inveja despertada entre os que não desfrutam ou desfrutam menos dos favores à criação de uma maneira peculiar de se encarar as regras, relacionar-se com as autoridades e conceber o que é justo, passando pela corrupção pura e simples, que emperram o desenvolvimento salutar do país.

As novidades, os sinais de transformação nessa mentalidade corporativa, de fato existem, mas surgem mais por pressões externas do que por um movimento próprio da sociedade portuguesa. No limite, pode ser dito que modificações foram adotadas porque já não se conseguia resistir a elas. Ou, o que é pior, os portugueses aceitam a mudança na forma, mas subvertem-na no conteúdo, procurando minimizar seus efeitos. Moderniza-se a fachada, mas internamente quase tudo continua como *dantes* e a mentalidade corporativa sobrevive sob uma aparência de sociedade baseada na meritocracia e no respeito a leis gerais.

Entre as pressões externas estão as exigências feitas a Portugal para sua adesão à Europa comunitária. As novas regras impostas "de fora" confrontam o país e os portugueses com a inelutável aceitação, ou imposição, da concorrência. O alargamento da União Europeia e o próprio processo de globalização vêm forçar os portugueses a se adequar para competir com as outras sociedades capazes de enfrentar com mais eficiência as exigências mundiais em todos os setores da economia. É necessário ser competitivo.

A adesão à zona do euro põe um ponto final na possibilidade de manutenção de um Estado inchado, ineficiente, com déficit orçamentário e paternalista que desconsidera critérios de competência, qualidade e excelência. A sociedade portuguesa não pode mais continuar a pagar a conta da falta de regras claras e do consumismo descontrolado da pesada máquina estatal.

Fora dos assuntos diretamente relacionados ao Estado também começa a haver uma maior consciência de que o corporativismo gera incompetência e complacência, impedindo a inovação, favorecendo o imobilismo e reduzindo a capacidade de adaptação. Essa nova maneira de pensar está chacoalhando as estruturas da sociedade portuguesa e fazendo recuar, ainda que muito lentamente, a mentalidade corporativa. Os portugueses têm pela frente ainda muitas batalhas a serem vencidas.

Notas

[1] Um esclarecimento quanto à passagem da Comunidade Europeia para a União Europeia: a segunda sucedeu a primeira, foi formalmente criada quando o Tratado de Maastricht (assinado em fevereiro de 1992) entrou em vigor, em 1º de novembro de 1993, promovendo a integração econômica e política dos países-membros do organismo supranacional.

[2] Para essa análise das mudanças que afetaram Portugal e os portugueses nas últimas décadas foram fundamentais as reflexões trazidas pela historiografia contemporânea portuguesa, especialmente o trabalho em dois volumes de Telo, publicados em 2007 e 2008.

[3] Disponível em: <http://clix.expresso.pt/gen.pl?p=stories&op=view&fokey=ex.stories/403222>; acesso em: fev. 2009. Para informações numéricas sobre Portugal veja o site do Instituto Nacional de Estatística (INE): <www.ine.pt>.

[4] Ou são pessoas mais idosas e sem formação educacional para determinadas atividades, ou são pessoas ainda muito jovens para desempenhá-las.

[5] Freyre refere-se ao o fato de os portugueses terem sido capazes de utilizar a seu favor a experiência acumulada e as influências incorporadas em suas explorações na África no sentido de melhor se adaptarem à colonização na América. Essa capacidade os diferenciaria, segundo o autor, dos outros colonizadores europeus.

[6] É importante lembrar o crescimento de cultos evangélicos em Portugal, a partir da década de 1990, especialmente da Igreja Universal do Reino de Deus (IURD).

[7] O Inquérito Social Europeu é um estudo de opinião sobre questões sociais que interessam aos portugueses e ao conjunto dos cidadãos da Comunidade Europeia. Esse Inquérito é financiado pela União Europeia e realizado em 24 países europeus. Em Portugal, o Inquérito é conduzido pela Universidade de Lisboa e pelo ISCTE, em colaboração com a Euroteste, uma empresa multinacional sediada em Lisboa que realiza estudos de mercado e sondagem pública.

[8] Para se ter uma ideia da posição de Portugal com relação a esse direito em comparação com outros países que concederam o direito de voto às mulheres nas seguintes datas: Nova Zelândia – 1893, Finlândia – 1906, Noruega – 1913, Dinamarca – 1915, Países Baixos e URSS – 1917, Alemanha e Áustria – 1918, Polônia, Suécia e Tchecoslováquia – 1919, EUA – 1920, Grã-Bretanha – 1928. Empatou com a Espanha – ambos em 1931 – e adiantou-se ao Brasil – 1932, Canadá – 1940, França – 1944, Itália, Japão e Hungria – 1945, Albânia, Iugoslávia e Romênia – 1946, China – 1947, México – 1955, Marrocos, Tunísia e Chipre – 1959, Iraque – 1964 e Suíça – 1971.

[9] Movimento de Libertação das Mulheres, Campanha Nacional pelo Aborto e Contracepção, Liga dos Direitos das Mulheres, Grupo Autónomo de Mulheres do Porto, Comissão de Mulheres pela Legalização do Aborto e em Defesa de uma Maternidade Responsável, Movimento pela Contracepção e Aborto Livres e Gratuitos, entre outros.

[10] No comentário da feminista Madalena Barbosa, falecida em 2008, que esteve entre as primeiras portuguesas a empenhar-se ativa e publicamente na luta pela descriminalização do aborto.

[11] O trabalho de Poeschl et al. (2004) subsidiou a maioria das afirmações utilizadas sobre a temática da percepção das diferenças entre os sexos na sociedade portuguesa contemporânea.

[12] *Sueca* é um jogo muito popular em Portugal. É disputado por quatro jogadores em duplas, dois contra dois. O baralho tem somente 40 cartas, são removidos 8s, 9s e 10s do baralho comum. A ordem das cartas em cada naipe, de cima para baixo, é: Ás, 7, rei, valete, rainha, 6, 5, 4, 3, 2. Na sueca, o objetivo é ganhar cartas que valem pontos de forma a atingir mais de 60 pontos. No total há 120 pontos, somados, no baralho.

EPÍLOGO

Ao longo deste livro, em diversas situações, foi sublinhado o importante papel das hierarquias, da formalidade (excessiva para nós brasileiros) e da persistência da tradição na sociedade portuguesa, profundamente marcada pelo passado rural e pela sombra onipresente da Igreja Católica e do Estado. Sisudez, pessimismo, rusticidade são alguns dos adjetivos usados com relação aos portugueses pelos mais diferentes observadores, incluindo eu mesma.

Por outro lado, movimento e espírito de aventura também servem para caracterizá-los, já que sua história está intimamente ligada a viagens marítimas e emigrações. A experiência portuguesa de viver em outros países, ter contato com outras culturas, ser bem ou mal-sucedido fora da terra natal alcança quase seis séculos!

Nas últimas décadas, mesmo em casa, os portugueses estabelecem contatos com povos e culturas diferenciados por conta da chegada de estrangeiros ao país. Passam também a responder às exigências da modernidade e da globalização, mudando de atitudes e modos de pensar, o que afeta enormemente o "ser português". Novos elementos, mais uma vez, são acrescentados à "alma portuguesa".

Assim, no que diz respeito aos portugueses, nada é só preto ou só branco. Se, no dia a dia, é fácil notar como eles são formais no tratamento interpessoal, também é fácil perceber como, de um momento para outro, eles podem se tornar rudes e indelicados, por exemplo.

A importância dada aos títulos é um indicador inequívoco da formalidade e da distância que fazem questão de manter entre as pessoas. As fórmulas "Senhor Engenheiro", "Senhor Professor", "Senhora Professora", "Senhor Doutor" são bem comuns nas bocas dos portugueses de qualquer idade. O cúmulo, do ponto de vista de um brasileiro, é a diferença que os portugueses fazem ao utilizar por escrito, como título, a palavra *doutor*: "Dr." escrito abreviado é para todos que têm um diploma universitário e "Doutor", por extenso, para quem possui o Doutorado. Em Portugal há também, ainda hoje, o costume de se colocar no *cartão multibanco* (cartão bancário, do tipo "24 horas") a indicação "Dr."/"Dra." (ou "Prof."/"Profa.") seguida do nome do titular da conta corrente. Do tempo em que vivi em Portugal, na virada para o século XXI, guardo comigo, como curiosidade para mostrar aos brasileiros, o cartão da conta corrente do Banco Nacional Ultramarino (BNU) em que meu nome é precedido pela indicação "Dra.".

Quando os portugueses chamam alguém de "você" – e isso passa despercebido para a maioria dos brasileiros –, estão se dirigindo à pessoa de maneira polida e formal. O sinal de maior intimidade aparece apenas quando utilizam "tu", o que ocorre só depois de um bom tempo de convivência (e quando passa a haver uma aproximação maior) ou quando o interlocutor é criança.

Por outro lado, os portugueses são estourados e brigam com a maior facilidade na rua, no mercado, ou no *autocarro* (ônibus). Não têm dificuldades em ser desagradáveis, e até grosseiros, ou demonstrar má vontade diante estrangeiros ou mesmo conterrâneos por quem não têm simpatia. Chama também a atenção o modo como tratam os filhos em público, não hesitando em desferir-lhes umas "boas pancadas", como eles mesmos dizem, e repreender as crianças aos gritos sem se incomodar com quem assiste à cena.

Tristeza, saudade e melancolia, ou de uma maneira mais ampla, pessimismo, são cantados em verso e prosa como os alimentos da "alma portuguesa". Ao encontrar um português na escola, na rua, no bar, é comum ouvirmos, em resposta ao nosso "Tudo bem?", uma história triste que o sujeito desanda a contar.

Os portugueses parecem que nunca enxergam o "meio copo cheio", com eles é sempre o "meio copo vazio". O estilo musical típico português, o fado, tem tudo a ver com essa forma muito portuguesa de enxergar o mundo e de se colocar nele: viver é sofrer. Até na hora de se despedir, mostram esse lado meio lúgubre e taciturno. Dizem sempre "Adeus".

Alguém poderia argumentar que isso é uma visão muito pessoal ou, até mesmo, caricata de perceber os portugueses. Com certeza, esse interlocutor pensará duas vezes antes de desdenhar essas características atribuídas aos lusos ao ter conhecimento de uma enquete cujos resultados foram divulgados em novembro de 2008. Trata-se do Inquérito Social Europeu (*European Social Survey* – ESS), uma pesquisa feita para conhecer a evolução da opinião dos europeus sobre diversos temas, sobretudo os relativos aos "valores e atitudes sociais" na Europa (ver nota 7, p. 387). O elenco de perguntas se refere à confiança nas instituições, às atitudes em face da comunicação social ou da imigração, da participação política e cívica, das questões de segurança, identidade nacional e étnica e da postura diante da vida. Diversos resultados do Inquérito Social Europeu apontaram para a confirmação das imagens mais comumente veiculadas sobre os portugueses.

Entre os cidadãos europeus, os portugueses são os que menos confiam uns nos outros e são ainda os europeus que mais "se sentem tristes e descontentes com a vida". Sim, eles são tristes e pessimistas. Dos 23 países que têm dados sobre esse quesito, os portugueses estão colocados entre os 5 piores. (Os que se sentem mais infelizes do que eles são os russos, os húngaros, os ucranianos e os búlgaros. No extremo oposto de satisfação e felicidade, encontram-se os cidadãos da Dinamarca, da Suíça e da Finlândia.)

De fato, os portugueses manifestam explicitamente a sua pouca satisfação para com a vida e o grau de felicidade que lhes cabe. Isso se refere tanto ao bem-estar subjetivo (o lado emocional, o estado de espírito), quanto ao que pensam em relação à qualidade de vida e bem-estar social (acesso a serviços públicos, lazer etc.).

Estão descontentes também com a qualidade da democracia vigente em Portugal. Décadas depois do fim do regime salazarista, ainda não estão satisfeitos com os caminhos da política do país. Mesmo assim, dizem não ter interesse em política.

Poloneses, húngaros e eslovenos, assim como os portugueses tendem a desconfiar das pessoas, acreditam que a maioria é desonesta. Nessa postura, opõem-se aos nórdicos, já que suecos, finlandeses, dinamarqueses e noruegueses estão entre os que têm maior índice de confiança. A Espanha está num nível intermediário.

Os autores dos estudos associaram a grande desconfiança interpessoal dos portugueses a "uma baixa interajuda e associativismo". É no mínimo surpreendente essa relação, pois os portugueses têm no associativismo uma de suas mais recorrentes estratégias para enfrentar o afastamento da terra natal e para manter vivos os valores da cultura portuguesa. Vejam-se as Casas do Minho, da Beira, as Beneficências Portuguesas, sem falar na invenção portuguesa mais conhecida nesta matéria, que são as Santas Casas de Misericórdia. Será que as novas gerações de portugueses não estão dando mais valor a essas instituições? Os novos tempos fizeram com que essa tradição perdesse a força? Diferentemente da conclusão dos pesquisadores, podemos supor que essa atitude de desconfiança talvez esteja ligada ao descontentamento para com os níveis de corrupção ou de corporativismo que ainda fazem parte do cotidiano dos portugueses, conforme, volta e meia, aparece denunciado na imprensa.

De qualquer modo, todos esses resultados subjetivos foram atribuídos à baixa confiança que os portugueses genericamente estão depositando nas instituições.

Outros valores, entretanto, permanecem muito arraigados em Portugal, como a importância atribuída ao trabalho e à família. Os portugueses são os europeus que entram mais precocemente no mercado de trabalho, com mais ou menos 17 anos. Mas isso não significa que os jovens saiam da casa dos pais nessa mesma época, pois isso só ocorre alguns anos depois, perto dos 21 anos.

Depois que sai de casa, a geração mais jovem da população portuguesa espera cerca de dois anos para ter a primeira "experiência de conjugalidade", que ainda está associada normalmente ao primeiro casamento. Contudo, o casamento não aparece colado à formação de uma nova família, porque os filhos demoram ainda um pouco para vir e, em geral, só depois de oficializada a união matrimonial. Tal comportamento é diferente daquele que é comum nos países nórdicos, por exemplo. Ali a transição para o casamento formal se justapõe ao nascimento do primeiro filho; a oficialização da união ocorre depois de um período experimental de coabitação e do surgimento de uma criança na família.

Entre os portugueses também fica claro que a noção de autonomia dos jovens, quando passam a se considerar "adultos", está associada ao nascimento do primeiro filho, ao passo que entre os nórdicos se valoriza mais a autonomia residencial.

Quanto à transição para a vida adulta, genericamente, para os portugueses constituem eventos que transgridem o padrão aceitável de ciclo de vida: ter relações sexuais antes dos 16 anos, viver com um parceiro antes dos 18 ou ter um filho antes dos 20, ou ainda continuar a morar na casa dos pais depois dos 30. Os portugueses mostram-se, portanto, ainda hoje, em pleno século XXI, um tanto conservadores quando o assunto é trabalhar, amadurecer e constituir família.

É claro que pesquisas desse tipo podem ter seus problemas, mas vieram a corroborar uma imagem que, se não tem a exatidão de uma soma matemática, tem lá sua credibilidade. Pelo menos já serve para encetarmos uma boa discussão.

Outra característica "típica portuguesa", para a qual infelizmente o inquérito não trouxe elementos, refere-se ao que pode ser definido como uma "cultura da literalidade". Os portugueses são profundamente literais, levam todas as frases ao pé da letra. Por isso, não é piada quando você pergunta ao português "Tem horas?" e ele responde "Tenho". Ou ainda quando o elevador para à sua frente, abre a porta e você pergunta ao ascensor: "Sobe ou desce?" e ele responde: "No momento está parado".

É sempre uma temeridade pedir uma explicação ou uma informação a um português. Pode muito bem ocorrer uma situação de você perguntar ao garçom "Por favor, o que são favas?" e obter como resposta "Favas são favas, ora bolas!". Ou, se o interlocutor se mostrar solícito, alongar-se tanto na explicação ou dar tantas voltas para chegar ao ponto principal que, no caminho, já nos perdemos.

Enfim, esse tipo de discussão, sobre se um povo é assim ou assado, sempre suscitará controvérsias. Tudo somado, da mesma forma que os brasileiros não podem ser subsumidos ou limitados exclusivamente no universo dos arquétipos e estereótipos construídos pelos portugueses sobre nós, o mesmo, sem dúvida é válido para as caracterizações feitas sobre eles.

Os portugueses, acima de tudo, merecem a nossa admiração e o nosso respeito, diante das semelhanças que nos aproximam e de uma trajetória histórica comum que se estendeu por séculos. Viver alguns anos em Portugal constituiu para mim uma grata experiência profissional e pessoal. Entre as melhores coisas que ficaram daqueles anos, sem dúvida, estão as grandes amizades. Sempre que possível, elas são alimentadas com as prazerosas visitas à rua Dona Guilhermina Suggia, Pedrouços, Porto...

CRONOLOGIA

- v milênio a.e.c. – Revolução Neolítica chega à península ibérica.
- Meados do III milênio a.e.c. – Segunda Revolução Neolítica.
- 1000 a.e.c. – Invasão e colonização de povos mediterrânicos (o uso do ferro); cultura castreja.
- III a.e.c.-I e.c. – Auge da cultura castreja; início da conquista da península ibérica pelos romanos.
- 147 a.e.c.-139 a.e.c. – Resistência das tribos lusas ao domínio romano.
- I-III e.c. – Introdução do cristianismo na península ibérica.
- 411 e.c. – Início das invasões germânicas na península (alanos, vândalos e suevos).
- 416 – Chegada dos visigodos.
- 475 – Código de Eurico, primeira compilação escrita do Direito visigótico.
- 550 – Conversão dos reis suevos ao catolicismo.
- Meados do século VI – Decadência do reino suevo e domínio visigodo.
- 589 – Conversão dos visigodos ao catolicismo (eram arianos).
- 710-732 – Invasão muçulmana e islamização da península ibérica.
- 715 – Muçulmanos conquistam toda a região, restando apenas a zona das Astúrias, que serve de refúgio para os chefes visigodos.
- 718 – Vitória de Pelágio na Batalha da Covadonga. Começa a Reconquista.
- Meados do século IX – Ocupação da região entre os rios Minho e Douro pelo conde Vimara Peres.
- 868 – Reconquista cristã da região em torno de Braga e do Porto.
- 879 – Cristãos atingem a região próxima ao rio Mondego.
- 1037 – União do reino de Leão com o condado de Castela.
- 1064 – Conquista definitiva de Coimbra pelos cristãos.
- 1061-1147 – Invasões almorávidas.
- 1147 – Tomada definitiva de Lisboa pelos cristãos.
- 1086 – Derrota dos cristãos na Batalha de Zalaca.
- 1088-1099 – Pontificado de Urbano II, que incentivou a cruzada para libertar o restante da península do domínio muçulmano.
- Final do século XI – Henrique de Borgonha estabelece o condado de Borgonha entre os rios Minho e Mondego (*Portus Cale*).
- 1127 – Afonso Henriques assume o governo do condado Portucalenese.
- 1139 – Afonso Henriques se autoinveste do título de rei, elegendo Guimarães como capital do seu reino, Portugal, instituindo a dinastia de Borgonha ou Afonsina.

396 | Os portugueses

- 1179 – Papa Alexandre III reconhece a Independência de Portugal.
- 1249 – Conquista e incorporação da região do Al-Garb al-Andaluz (Algarve).
- 1253 – Casamento de Afonso III (de Portugal) com D. Beatriz, filha ilegítima de Afonso X (de Castela).
- 1254 – O terceiro Estado passa a ter representação nas Cortes de Portugal.
- 1270-1330 – Revoltas nobiliárquicas contra os monarcas portugueses.
- 1290 – Instalação do Estudo Geral em Lisboa.
- 1295 – Guerra entre D. Dinis (Portugal) e D. Sancho IV (Castela).
- 1297 – Tratado de Alcananizes, selando a paz entre os soberanos de Leão e Castela e de Portugal.
- 1348-1349 – Peste Negra chega a Portugal e dizima pelo menos 1/3 da população.
- 1355 – Afonso IV ordena a morte de Dona Inês de Castro.
- 1356 – Nascimento de D. João (futuro Mestre de Avis), filho ilegítimo de D. Pedro I com D. Teresa Lourenço.
- 1367-1383 – Reinado de D. Fernando I. Portugal se envolve na Guerra dos Cem Anos.
- 1383 – Morte de D. Fernando I, último monarca da dinastia de Borgonha.
- 1385 – D. João aclamado rei (D. João I) pelas Cortes de Coimbra. Batalha de Aljubarrota. Início da dinastia de Avis.
- 1386 – Tratado de Windsor.
- 1388 – Início da construção do Mosteiro da Batalha.
- 1411 – Renúncia de Castela aos direitos sobre a Coroa portuguesa.
- 1415 – Tomada de Ceuta.
- 1419 – Colonização da Madeira.
- 1439 – Colonização dos Açores.
- 1471 – Conquista de Tanger.
- 1478 – Inquisição na Espanha.
- 1482 – Construção do forte São Jorge da Mina.
- 1488 – Bartolomeu Dias dobra o cabo da Boa Esperança.
- 1492 – Expulsão dos judeus de Castela e muitos vão para Portugal. Viagem de Colombo. Conquista de Granada.
- 1494 – Tratado de Tordesilhas.
- 1496 – Conversão forçada dos judeus, transformados em cristãos-novos.
- 1497-1498 – Viagem de Vasco da Gama.
- Final do século XV – Introdução do estilo manuelino.
- 1500 – Desembarque de Cabral em terras americanas.
- 1506 – Grande perseguição contra os judeus em Lisboa.
- 1509 – Chegada dos portugueses na China.
- 1510 – Tomada de Goa.
- 1530 – Instituição do regime de capitanias hereditárias na América portuguesa.
- 1536 – Estabelecimento do Tribunal do Santo Ofício em Portugal.
- 1543 – Chegada dos portugueses ao Japão.
- 1547 – Bula papal subordina a Inquisição portuguesa à autoridade régia. Criação do Colégio das Artes.

- 1551 – Fundação da Diocese de Salvador.
- 1557 – Chineses cedem Macau aos portugueses.
- 1558 – Criação do Arcebispado de Goa.
- 1572 – Publicação de *Os lusíadas*, de Luis Vaz de Camões.
- 1578 – O rei D. Sebastião morre na Batalha de Alcácer-Quibir.
- 1580 – Morte do cardeal D. Henrique, tio-avô de D. Sebastião e último rei da dinastia de Avis.
- 1580 – União Ibérica. Portugal passa ao domínio espanhol, sob Felipe II de Espanha (Felipe I de Portugal). Início da dinastia Filipina ou Habsburgo.
- 1581 – Estatuto de Tomar.
- 1588 – Destruição da Armada espanhola de Felipe II pelos ingleses (Portugal perde 31 embarcações nessa luta).
- 1612 – Instalação dos holandeses no golfo da Guiné.
- 1624-1625 – Ocupação da Bahia pelos holandeses.
- 1630 – Ocupação de Pernambuco pelos holandeses.
- 1637-1640 – Guerras da Restauração.
- 1638 – Holandeses tomam o forte São Jorge da Mina.
- 1639 – Expulsão dos portugueses do Japão.
- 1640 – Restauração da Independência. Instalação da dinastia de Bragança, com D. João IV.
- 1641 – Holandeses ocupam Angola.
- 1654 – Reconquista definitiva do Brasil aos holandeses.
- 1668 – Espanhóis reconhecem a Independência portuguesa.
- 1675 – Publicação do *Discurso sobre a introdução das artes no Reino*, de Duarte Ribeiro de Macedo, teórico do mercantilismo português.
- 1699 – Descoberta de minas de ouro no Brasil.
- 1702 – Entrada de Portugal na Guerra de Sucessão da Espanha (1702-1714).
- 1703 – Tratado de Metheun ou Tratado dos Panos e Vinhos (em vigor até 1836).
- 1713 – Tratado de Utrecht.
- Final da década de 1720 – Descobertas as minas de diamante na região do Cerro Frio (Minas Gerais).
- 1731 – Início da construção do Aqueduto das Águas Livres, em Lisboa.
- 1746 – Luís Antonio Verney escreve *O verdadeiro método de estudar*.
- 1750 – Tratado de Madrid. Sebastião José de Carvalho torna-se ministro de D. José I.
- 1755 – Terremoto e início do processo de reconstrução de Lisboa.
- 1758 – Diretório dos Índios.
- 1759 – Expulsão dos jesuítas (só regressam a Portugal em 1829).
- 1760 – Rompimento das relações diplomáticas com a Santa Sé.
- 1761 – Fundação do Colégio dos Nobres em Lisboa, dedicado à formação e educação dos jovens aristocratas portugueses.
- 1763 – Extinção das capitanias hereditárias no Brasil e mudança da capital de Salvador para o Rio de Janeiro.
- 1770 – Sebastião José de Carvalho e Melo recebe o título de marquês de Pombal.
- 1772 – Reforma da Universidade de Coimbra.
- 1777 – Queda do marquês de Pombal. Viradeira.

398 | Os portugueses

- 1792 – D. João assume a regência (oficialmente em 1799).
- 1801 – Guerra das Laranjas entre Portugal e Espanha.
- 1806 – Decretado o Bloqueio Continental.
- 1807 – Primeira invasão francesa em Portugal pelas tropas napoleônicas.
- 1807 – Em 29 de novembro, a família real deixa Lisboa, com destino ao Brasil.
- 1808 – Desembarque da família real em Salvador (21 de janeiro) e instalação da corte no Rio de Janeiro (7 de março). Abertura dos Portos às nações amigas. Alvará que acaba com a proibição de instalação de manufaturas no Brasil. Implantação de órgãos administrativos e escolas de ensino superior no Brasil.
- 1809 – Segunda invasão francesa em Portugal.
- 1810 – Terceira invasão francesa. Derrota das tropas napoleônicas. Consulado de lorde Beresford. Assinatura de tratados entre Portugal e Inglaterra (privilégios alfandegários aos produtos britânicos nas alfândegas portuguesas).
- 1815 – Congresso de Viena. Elevação do Brasil a Reino Unido.
- 1816 – Morte de D. Maria i.
- 1817 – Portugal assina acordo que dá à Inglaterra direito de busca e apreensão de negreiros ao sul do Equador.
- 1820 – Revolução Liberal na cidade do Porto.
- 1821 – Reunião das Cortes. Extinção do Tribunal do Santo Ofício.
- 1822 – Constituição liberal em Portugal; Independência do Brasil.
- 1822-1831 – Primeiro Reinado no Brasil.
- 1823 – D. João vi abole a Constituição de 1822 e revoga as Cortes liberais.
- 1825 – Portugal reconhece a Independência do Brasil. Tratado de Paz e Aliança com o novo Estado. Almeida Garrett publica o poema *Camões*.
- 1826 – Constituição de 1826. Morte de D. João vi.
- 1828-1834 – Guerra Civil entre miguelistas e pedristas.
- 1834 – Derrota de D. Miguel. Dona Maria ii, filha de D. Pedro iv de Portugal (D. Pedro i do Brasil), reina em Portugal (até 1853).
- 1836 – Anulação da Carta Constitucional de 1826. "Revolução Setembrista".
- 1852 – Reinstalação do Conselho Ultramarino.
- 1856 – Lei do Ventre Livre portuguesa.
- 1869 – Abolição completa da escravidão no Império Português.
- 1876 – Criação do primeiro diretório do Partido Republicano.
- 1876-1877 – Construção da ponte "D. Maria Pia" sobre o rio Douro, por Gustav Eiffel.
- 1880 – Comemoração do Terceiro Centenário da morte de Camões.
- 1881 – José Leite de Vasconcelos publica *Etnografia portuguesa*.
- 1884-1885 – Conferência de Berlim reparte entre potências europeias os territórios africanos.
- 1885 – Teófilo Braga publica *O povo português*.
- 1887 – Controvérsia do mapa cor-de-rosa.
- 1888 – Nasce Fernando Pessoa, uma das maiores personalidades das Letras portuguesas.
- 1890 – Ultimato inglês.
- 1908 – Assassinatos do rei D. Carlos e do príncipe herdeiro Luis Felipe.
- 1910 – Revolução e instalação do regime republicano. Fim da dinastia de Bragança com D. Manuel ii.

Cronologia | 399

- 1911 – Implantação da Constituição republicana. Segunda dissolução das ordens religiosas. Igreja e Estado legalmente separados. Primeira reforma ortográfica da língua portuguesa.
- 1914 – Instituição das Leis Orgânicas nos territórios coloniais portugueses.
- 1916 – Entrada de Portugal na Grande Guerra.
- 1917 – "Aparições de Fátima".
- 1917-1918 – Consulado Sidonista.
- 1918 – Pandemia de gripe em Portugal (60.000 mortos).
- 1921 – Fundação do Partido Comunista Português (PCP).
- 1926 – Golpe militar de 28 de maio.
- 1928 – Antonio de Oliveira Salazar assume a pasta das Finanças.
- 1930 – Criação da polícia política (Pide).
- 1931 – Voto feminino em Portugal, embora com restrições.
- 1932 – Salazar assume a presidência do Conselho de Ministros. Militares voltam aos quartéis.
- 1933 – Instituição da Constituição Cooperativa, do Estatuto do Trabalho Nacional, da Polícia de Vigilância do Estado e do Secretariado da Propaganda Nacional. Incorporação do Ato Colonial à Constituição.
- 1935 – Fundação da União Nacional, chefiada por Salazar. Morte de Fernando Pessoa.
- 1938 – Reconhecimento do governo nacionalista da Espanha.
- 1939 – Pacto de não agressão e amizade com Francisco Franco.
- 1943 – Criação do Movimento de Unidade Nacional Antifascista.
- 1945 – Dissolução da Assembleia Nacional e a convocação de eleições livres para presidente.
- 1949 – Entrada de Portugal na Otan.
- 1952 – Territórios ultramarinos elevados a Províncias Ultramarinas.
- 1955 – Entrada de Portugal na ONU.
- 1958 – Candidatura do general Humberto Delgado contra o candidato de Salazar à presidência da República, o almirante Américo Tomás.
- 1959 – Petição de milhares de portugueses pela transição pacífica para a democracia.
- 1961 – Início das Guerras Coloniais em Angola.
- 1963 – Revoltas e atos de terrorismo pela independência na Guiné.
- 1964 – Revoltas e atos de terrorismo pela independência em Moçambique.
- 1965 – Assassinato de Humberto Delgado.
- 1968 – Exoneração de Salazar da presidência do Conselho de Ministros e nomeação de Marcelo Caetano para o cargo.
- 1972 – Eleição presidencial feita por um colégio eleitoral restrito; Publicação de *Novas cartas portuguesas*.
- 1974 – Portugal reconhece a Independência da Guiné Bissau declarada em 1973. Revolução dos Cravos. Fundação do Movimento da Libertação das Mulheres.
- 1975 – Libertação de todas as antigas colônias. Portugal solicita adesão à Comunidade Econômica Europeia (CEE).
- 1976 – Promulgação de nova Constituição. Portugueses elegem o presidente democraticamente, general Antonio Ramalho Eanes. Sufrágio universal feminino.
- 1985 – Portugal é aceito na CEE.
- 1986 – Portugal assina o Ato Único Europeu.

400 | Os portugueses

- 1992 – Tratado de Maastricht; João de Deus Pinheiro é o primeiro português na Presidência do Conselho da União Europeia. A Comunidade Econômica Europeia é substituída pela União Europeia.
- 1998 – Exposição Mundial em Lisboa.
- 1999 – Devolução de Macau aos chineses. Adesão ao euro.
- 2000 – Segunda Presidência do Conselho da União Europeia com Jaime Gama.
- 2007 – Terceira Presidência do Conselho da União Europeia com Luis Amado. Referendo dando "sim" ao aborto em Portugal.
- 2009 – Entra em vigor do Novo Acordo Ortográfico, que deverá, obrigatoriamente, pautar a escrita culta a partir de 2013.

BIBLIOGRAFIA

ALBUQUERQUE, L. de (dir.) *Dicionário da história dos descobrimentos portugueses*. Lisboa: Caminho, 1994, 2 v.
ALVES, J. F. *Os brasileiros*: emigração e retorno no Porto oitocentista. Porto: edição do autor, 1994.
ALENCASTRO, L. F. *O trato dos viventes:* formação do Brasil no Atlântico sul. São Paulo: Companhia das Letras, 2000.
AMADO, J.; FIGUEIREDO, L. Carlos. *Brasil, 1500* – quarenta documentos. Brasília: Editora da UnB, 2001.
AMÂNCIO, L. et al. *O longo caminho das mulheres*: feminismos 80 anos depois. Lisboa: Publicações D. Quixote, 2007.
ANDRADE, E. (ed.) *Daqui houve nome Portugal*: antologia de verso e prosa sobre o Porto. 3. ed. Porto: O Oiro do Dia, 1983.
ANDRÉ, I. M.; PATRÍCIO, C. O catolicismo em Portugal: organização eclesiástica e práticas religiosas. *Finisterra*, Lisboa, XXIII,1988, pp. 255-249.
ANTIGAS ORDENS MILITARES. Disponível em: <http://www.ordens.presidencia.pt/ordem_militar_avis_historia.htm>. Acesso em: dez. 2009.
ARROYO MENÉNDEZ, M. Religiosidade e valores em Portugal: comparação com a Espanha e a Europa católica. *Análise Social*, XLII (184), 2007, pp. 757-787.
AZEVEDO, A. C. A. *Dicionário de nomes, termos e conceitos históricos*. 3. ed. Rio de Janeiro: Nova Fronteira, 1999.
AZEVEDO, J. L. *O marquês de Pombal e sua época*. Lisboa: Clássica, 1990.
BANDEIRA, M. L. *Demografia e modernidade*: família e transição demográfica em Portugal. Lisboa: Imprensa Nacional/Casa da Moeda, 1996.
BARBOSA, M. Feminismo. *Seminário intermédio de mulher para mulher*. Aveiro: s.n., 2006.
BETHENCOURT, F. *História das inquisições*. Portugal, Espanha e Itália: séculos XV-XIX. São Paulo: Companhia das Letras, 2000.
_____; CHAUDHURI, K. *História da expansão portuguesa*. Lisboa: Círculo de Leitores, 1997, 5 v.
BIRMINGHAM, D. *História de Portugal*: uma perspectiva mundial. Lisboa: Terramar, 1998.
BORGES, R. F. C. Imigrantes africanos e negros brasileiros: a identidade imaginada na imprensa portuguesa e brasileira. *Cadernos do Leme*, Campina Grande, v. 1, n. 1, jan./jun. 2009, pp. 67-81.
BOXER, C. R. *O império marítimo português (1415-1825)*. São Paulo: Companhia das Letras, 2002.
BRANDÃO, M. F. *Terra, herança e família no Noroeste de Portugal*: o caso de Mosteiro no século XIX. Porto: Afrontamento, 1994, v. 6. (Biblioteca das Ciências do Homem.)
BRETTELL, C. B. *Homens que partem, mulheres que esperam*: consequências da emigração numa freguesia minhota. Lisboa: Publicações Dom Quixote, 1991, v. 23.
BRITO, R. S. Introdução geográfica. In: MATTOSO, J. (ed.). *História de Portugal*. Lisboa: Etampa, 1993, v.1, pp. 19-75.
_____ (dir.). Portugal perfil geográfico. Lisboa: Estampa, 1994.
_____. Território: suporte das gentes. Disponível em: <http://www.igeo.pt/atlas/Cap2/Cap2a.html>. Acesso em: jan. 2009.
BUADES, J. M. *Os espanhóis*. São Paulo: Contexto, 2006.
CALADO, Z. M. *Mulheres sós*: um estudo de caso na vila de Alhos Vedros. Dissertação de Mestrado. Lisboa: Universidade Aberta, 2008.

402 | Os portugueses

CALAINHO, D. B. *Agentes da fé*: familiares da Inquisição portuguesa no Brasil Colonial. Bauru: Edusc, 2006.

CANCELA, C. D. Imigração portuguesa, casamento e riqueza em Belém (1870-1920). *Anais XXIV Simpósio Nacional de História - História e Multidisciplinariedade: territórios e deslocamentos.* São Leopoldo, 2007.

CARMO, R. M. A desigualdades sociais nos campos: o Alentejo entre as décadas de 30 e 60 do século XX. *Análise Social*, v. XLII (184), 2007, pp. 811-835.

CARPENTIER. J.; LEBRUN, F. *História da Europa.* 2. ed. Lisboa: Estampa, 1996.

CARVALHO, A. S. Comportamentos dos empresários islâmicos em Moçambique. *África – Revista do Centro de Estudos Africanos* (USP-S. Paulo), 22-23, 1999/2000/2001, pp. 327-342. Disponível em: <http://www.fflch.usp.br/cea/revista/africa_022/af20.pdf>. Acesso em: mar. 2010.

CARVALHO, J. R. A jurisdição episcopal sobre os leigos em matéria de pecados públicos: as visitas pastorais e o comportamento moral das populações portuguesas de Antigo Regime. *Revista Portuguesa de História*, t. XXIV, 1988, pp. 121-163.

CASTELO, C. *O modo português de estar no mundo*: o luso-tropicalismo e a ideologia colonial portuguesa (1933-1961). Porto: Afrontamento, 1999.

CASTILHO, A. Estudos linguísticos. In: PINSKY, J. (ed.). *O Brasil no contexto*: 1987-2007. São Paulo: Contexto, 2007, pp. 229-243.

CASTRO, F. Ruídos lingüísticos (com trema, por enquanto). Disponível em: <http://www.agencia.fapesp.br/materia/7667>. Acesso em: set. 2009.

CATROGA, F. Nacionalistas e iberistas. In: TORGAL, L. R.; ROQUE, J. *História de Portugal*: o liberalismo. Lisboa: Estampa, 1993, v. 5 (sob a direção de José Mattoso).

CAVALCANTI, N. *O Rio de Janeiro setecentista*: a vida e a construção da cidade da invasão francesa até a chegada da Corte. Rio de Janeiro: Jorge Zahar, 2003.

COGNI, B. M. Cristãos e muçulmanos na península ibérica – século XIII. *Anais do XIX Encontro Regional de História: Poder, Violência e Exclusão.* São Paulo: ANPUH/USP, CD-ROM, 2008.

COMISSÃO Nacional para as Comemorações dos Descobrimentos Portugueses. *Os brasileiros de torna-viagem.* Lisboa: CNCDP, 2000.

COSME, L. *Os portugueses*: Portugal a descoberto. Porto: Profedições, 2007.

COSTA, R. A cultura castreja (c. III a.C – I d.C.): a longa tradição de resistência ibérica. *Revista Outros Tempos*, São Luís, 2006, pp. 37-58.

COUTO, J. O descobrimento. *A construção do Brasil.* Lisboa: Cosmos, 1998, pp. 121-182.

_____. *A construção do Brasil.* Lisboa: Cosmos, 1998.

CULTURA CASTREJA PRÉ-ROMANA. *Infopédia.* Porto: Porto Editora, 2003-2009. Disponível em: <http://www.infopedia.pt/$cultura-castreja-pre-romana>. Acesso em: jun. 2009.

CUNHA, M. C. (org.). *História dos índios no Brasil.* São Paulo: Companhia das Letras, 1998.

DOMINGUES, A. A. G. Economia e organização do espaço rural. *Cadernos do Noroeste: Sociedade, Espaço e Cultura*, n. 1, abr. 1986, p. 39-65. (Minho: terras e gente.)

FAUSTO, B. *História do Brasil.* 13. ed. São Paulo: Edusp, 2008.

FEIJÓ, R.; NUNES, J. A. Continuidade e mudança: o Minho em perspectiva histórico/ sociológica. *Cadernos do Noroeste: Sociedade, Espaço e Cultura*, n. 1, abr. de 1986, pp. 9-19. (Minho: terras e gente.)

FEIJÓ, R. *Liberalismo e transformação social*: a região de Viana do Antigo Regime a Finais da Regeneração. Lisboa: Fragmentos, 1992.

FERREIRA, J. M. Após o 25 de abril. In: TENGARRINHA, J. (ed.). *História de Portugal.* Bauru/ São Paulo: Edusc/Editora Unesp, 2001, pp. 417-444.

FERRO, M. *História das colonizações*: das conquistas às independências (sécs. XIII-XX). Lisboa: Estampa, 1996.

FIGUEIREDO, Luciano de A. *Barrocas famílias*: vida familiar em Minas Gerais no século XVIII. São Paulo: Hucitec, 1997.

FRESTON, P. A Igreja Universal do Reino de Deus na Europa. *Lusotopie*, 1999, pp. 383-403. Disponível em: <http://www.lusotopie.sciencespobordeaux.fr/freston2.pdf>. Acesso em: ago. 2008.

Freyre, G. *Interpretação do Brasil*: aspectos da formação social brasileira como processo de amalgamento de raças e culturas. Rio de Janeiro, José Olympio, 1947.

Furtado, J. F. *Chica da Silva e o contratador dos diamantes*. São Paulo: Companhia das Letras, 2003.

_____ (org). *Diálogos oceânicos*: Minas Gerais e as novas abordagens para uma história do Império Ultramarino Português. Belo Horizonte: Editora da ufmg, 2001.

Godinho, V. M. Reflexão sobre Portugal e os portugueses na sua história. *Revista de História Económica e Social*, 10, jul.dez. 1982, pp. 1-13.

_____. *Mito e mercadoria, utopia e prática de navegar, séculos XIII a XVIII*. Rio de Janeiro: Difel, 1990.

_____. *Portugal*: a emergência de uma nação (das raízes a 1480). Lisboa: Edições Colibri, 2003.

Gouveia, António Camões. Os primórdios de Portugal. In: Brito, Raquel Soeiro (dir.) *Portugal*: perfil geográfico. Lisboa: Estampa, 1994, pp. 13-27.

Guillen, A. R. M. *A descolonização da África e o luso-tropicalismo*: repercussões no Brasil e em Portugal, 2007. Dissertação de Mestrado – ufg. Disponível em: <http://www.dominiopublico.gov.br/download/texto/cp039657. pdf>. Acesso em: dez. 2009.

Hespanha, A. M. O Antigo Regime. In: Mattoso, J. (dir.). *História de Portugal*. Lisboa: Estampa, 1994, v. 4.

Hespanha, P. Os estudos rurais e a economia agrária. Novas oportunidades e desafios à investigação. *V Colóquio Hispanho-Português de Estudos Rurais "Futuro dos Territórios Rurais na Europa Comunitária*. Bragança, 24 out. 2003. Disponível em: <http://www.sper.pt/VCHER/Pdfs/Pedro_Hespa.pdf>. Acesso em: jan. 2009.

Hoonaert, E. et al. *História da Igreja no Brasil*. 4. ed. São Paulo/Petrópolis: Paulinas/Vozes, 1992, t. ii, v. i.

Ilari, R. Transformações da língua. In: Pinsky, J. (ed.). *O Brasil no contexto*: 1987-2007. São Paulo: Contexto, 2007, pp. 151-167.

Klein, Herbert S. *O comércio atlântico de escravos*: quatro séculos de comércio esclavagista. Lisboa: Replicação, 2002. (Colecção Factos & Ideias.)

Klimt, A. Emigrantes: estratégias, identidades e representações. *Ler História*, 39, 2000, pp. 153-185.

Labourdette, J. F. *História de Portugal*. Lisboa: Dom Quixote, 2008.

Lages, J. M. G. S. *A Confraria de Nossa Senhora do Carmo, a influência no Vale do Este e o papel dos "Brasileiros"*, 1998. Dissertação de Mestrado. Braga: Universidade do Minho, 1998.

Leandro, M. E.; Rodrigues, V. T. Da migração dos pais à escolarização dos filhos. O caso dos portugueses em França. *Revista Portuguesa de Educação*, 20(1), 2007, pp. 99-128.

Leandro, M. E. Migrações e trajectórias familiares. In: Rodríguez Sánchez, Á.; Peñafiel Ramón, A. (eds.). *Familia y Mentalidades. Actas del Congreso Internacional de Historia de la Familia. Nuevas perspectivas sobre la Sociedad Europea*. Murcia: Universidad de Murcia/Seminario Familia y Elite de Poder en el Reino de Murcia siglos xv-xix, 1997, pp. 175-186.

_____. *Projets et destins*: Les familles portugaises dans l'agglomération parisienne. Paris: Ciemi-Harmattan, 1995.

_____. Portugueses na região parisiense. Reinvenção dos laços sociais. In: M. Silva, B. N. D.; Baganha, M. I. et al. (eds.). *Emigração/Imigração em Portugal. Actas do Colóquio sobre Emigração e Imigração em Portugal (séc. xix-xx)*. Lisboa: Fragmentos, 1993, pp. 348-361.

Linhares, M. Y. (org.). *História geral do Brasil*. 6. ed. Rio de Janeiro: Campus, 1996.

Lourenço, R. T. *Contacto lingüístico entre el español y el portugués: caso de inmigrantes portugueses radicados en Venezuela*. Disponível em: <http://documentosrtl.wikispaces.com/file/view/Contacto+ling%C3%BC%C3%ADstico+- +Ricardo+Tavares+-+Baciyelmo.pdf>. Acesso em: dez. 2008.

'Lusofonia' é conceito restritivo, avalia secretário da cplp. Disponível em: <http://noticias.uol.com.br/ultnot/lusa/ http://noticias.uol.com.br/ultnot/lusa/>. Acesso em: ago. 2008.

Machado, F. L. et al. *Bibliografia e filmografia sobre a imigração e minorias étnicas em Portugal (2000-2008)*. Lisboa: Centro de Investigação e Estudos em Sociologia (cies/iscte), abr. 2009.

Machado, I. J. R. *Cárcere público*: processos de exotização entre imigrantes brasileiros no Porto, Portugal. Tese de Doutorado. Campinas: ifch/Unicamp, 2003.

404 | Os portugueses

_____. Imigração em Portugal. *Estudos Avançados*. v. 20, 2006, pp.119-135.

MAFRA, C. *Na posse da palavra*: religião, conversão e liberdade pessoal em dois contextos nacionais. Lisboa: Imprensa de Ciências Sociais, 2002.

MAGALHÃES, J. R. O reconhecimento do Brasil. In: BETHENCOURT, F.; CHAUDHURI, K. (eds.). *História da expansão portuguesa*. Lisboa: Círculo de Leitores, 1998, v. I, pp. 193-221.

MAGALHÃES, M. J. Em torno das relações e contribuições entre o movimento feminista e a educação nos anos 1970 e 1980 em Portugal. *III Congresso Português de Sociologia – Práticas e Processos da Mudança Social*. Celta: Associação Portuguesa de Sociologia, 1996.

MALERBA, J. *A corte no exílio*: civilização e poder no Brasil às vésperas da independência (1808 a 1821). São Paulo: Companhia das Letras, 2000.

MANTAS, A. I. J. S. McDonald's: Implantação e apropriação de um fenómeno global no espaço nacional. *Actas dos Ateliers do V Congresso Português de Sociedades Contemporâneas*. Disponível em: <www.aps.pt/cms/docs_prv/docs/DPR4628d6b350935_1.pdf>. Acesso em: dez. 2008.

MARQUES, A. H. O. *Breve história de Portugal*. 2. ed. Lisboa: Presença, 1996.

MARQUES, J. C; GÓIS, P. Imigrantes altamente qualificados em Portugal: uma tipologia. *Migrações*, n. 2, abril de 2008, pp. 73-94.

_____. *Historiografia virtual*: a propósito de uma recensão de 'Os sons do silêncio'. Análise Social, v. XXXVIII (168), 2003, pp. 853-867.

MARQUES, J. P. *Os sons do silêncio*: o Portugal de oitocentos e a abolição do tráfico de escravos. Lisboa: Instituto de Ciências Sociais, 1999.

MARTINS, C. A. A filoxera na viticultura nacional. *Análise Social*, XXVI (112-113), 1991, pp. 653-688.

MARTINS, M. L. Lusofonia e luso-tropicalismo. Equívocos e possibilidades de dois conceitos hiper-identitários. *X Congresso Brasileiro de Língua Portuguesa*. São Paulo: PUC, abr./maio de 2004. Disponível em: <http://repositorium.sdum.uminho.pt/handle/1822/1075>. Acesso em: jan. 2009.

MATTOSO, J. Antecedentes Medievais da expansão portuguesa. In: BETHENCOURT, F.; CHAUDHURI, K. (dir.). *História da expansão portuguesa*. Lisboa: Círculo de Leitores, 1998, v. 1, pp. 12-25.

_____ (ed.). *História de Portugal*. Lisboa: Estampa, v. 2: A Monarquia Feudal, 1993.

MAXWELL, K. *A construção da democracia em Portugal*. Lisboa: Presença, 1999.

_____. *Chocolate, piratas e outros malandros*. São Paulo: Paz e Terra, 1999.

MEDINA, J. Gilberto Freyre contestado: o luso-tropicalismo criticado nas colónias portuguesas como álibi colonial do salazarismo. *Revista USP*. São Paulo, n. 45, mar./maio 2000, pp. 48-61.

MEGIANI, A. P. T.; SAMPAIO, J. P. (eds.). *Inês de Castro*: a época e a memória. São Paulo: Alameda, 2008.

MENEZES, S. L. *O Padre Antonio Vieira, a cruz e a espada*. Maringá: Eduem, 2000.

MESGRAVIS, L.; PINSKY, C. *O Brasil que os europeus encontraram*. São Paulo: Contexto, 2000.

MONIZ, M. Identidade trasnacional adaptativa e a venda do *soccer*: o New England Revolution e as populações lusófonas. *Análise Social*, v. XLI(179), 2006, pp. 371-393.

MONTEIRO, M. *Fafe dos "brasileiros" (1860-1930)*: perspectiva histórica e patrimonial. Fafe: s.n., 1991.

_____. *Migrantes, emigrantes e "brasileiros" 1834-1926*: territórios, itinerários, trajectórias. Dissertação de Mestrado. Braga: Universidade do Minho.

_____. *Migrantes, emigrantes e brasileiros (1834-1926)*. Fafe: NEPS – Universidade do Minho, 2000.

_____. Mobilidade geográfica e desigualdade social. Brasil destino de distinção. *Boletín de la Asociación de Demografía Histórica*, v. XVI, n.1, 1998, pp. 97-136.

MORAES, A. C. R. *Bases da formação territorial do Brasil*. O território colonial brasileiro no "longo" século XVI. São Paulo: Hucitec, 2000.

NOGUEIRA, F. *Salazar*: o último combate (1964-1970). Porto: Civilização, 1985, v. VI.

_____. *Um político confessa-se. Diário: 1960-1968*. 3. ed. Porto: Civilização, 1986.

O século xx português. Personalidades que marcaram uma época. Lisboa: Texto Editores, 2000.

Obercom – Observatório da Comunicaçao. Representações (imagens) dos imigrantes e das minorias étnicas na imprensa. Lisboa: s.n., 2003.

O'Neill, B. J. Jornaleiras e zorros: dimensões da ilegitimidade numa aldeia transmontana, 1879-1978. *Les Campagnes Portugaises de 1870 a 1930: Image et Realité*. Paris: Fondation Calouste Gulbenkian, 1985, pp.173-214

_____. *Proprietários, lavradores e jornaleiras: desigualdade social numa aldeia transmontana, 1878-1978*. Lisboa: D. Quixote, 1984.

Oro, A. P. A presença religiosa brasileira no exterior: o caso da Igreja Universal do Reino de Deus. *Estudos Avançados*. São Paulo, v. 18, n. 52, dez. 2004.

Osório, A. C. *De como Portugal foi chamado para a guerra*. Lisboa: s.n., 1918.

Paiva, J. P. M. Inquisição e visitas pastorais dois mecanismos complementares de controle social? *Revista de História das Ideias*, v. ii, 1989, pp. 85-103.

_____. *Bruxaria e superstição num país sem "caça às bruxas" 1600-1774*. Lisboa: Editorial Notícias, 1997.

Pereira, M. C. M. Entre Portugal e Brasil: ficções e realidades. Comissão Nacional para as Comemorações dos Descobrimentos Portugueses. *Os brasileiros de torna-viagem*. Lisboa: cncdp, 2000, pp. 218-225.

Pery, G. A. *Geografia e estatística geral de Portugal e colónias*. Lisboa: Imprensa Nacional, 1875.

Pilagallo, O. Leituras cruzadas: uma no cravo outra na ditadura. Disponível em: <http://www1.folha.uol.com.br/folha/sinapse/ult1063u777.shtml>. Acesso em: abr. 2009.

Pimentel, D.; Brito, R. As gentes e a sua distribuição. In: Brito, R. S. (ed.). *Portugal*: perfil geográfico. Lisboa: Estampa, 1994, pp. 83-143.

Pina Cabral, J. D. *Filhos de Adão, filhas de Eva*: a visão de mundo camponesa no Alto Minho. Lisboa: Publicações Dom Quixote, 1989.

Pinsky, J. *Escravidão no Brasil*. São Paulo: Contexto, 2001.

_____ (ed.) *O Brasil no contexto*: 1987-2007. São Paulo: Contexto, 2007.

Pinto, A. C. (coord.). *Portugal contemporâneo*. Lisboa: Publicações Dom Quixote, 2005.

_____. Portugal contemporâneo: uma introdução. In: Pinto. A. C. (coord.). *Portugal contemporâneo*. Lisboa: Publicações Dom Quixote, 2005, pp.11-50.

_____. Gilberto Freyre e o luso-tropicalismo como ideologia do colonialismo português (1951-1974). *Revista ufg*, ano xi, n. 6, jun. 2009, pp. 145-160.

Pinto, J. M. Religiosidade, conservadorismo e apatia política do campesinato em Portugal. *Análise Social*, v. xviii (70), 1982, pp. 107-136.

Pires, R. P. Migrações e integração. *Teoria e aplicações à sociedade portuguesa*. Oeiras: Celta, 2003.

_____. O regresso das colónias. In: Bethencourt, F.; Chaudhuri, K. (eds.). *História da expansão portuguesa*. Lisboa: Círculo de Leitores, 1999, pp. 182-196, v. 5 – Último Império e Recentramento (1930-1998).

Poeschl, G. et al. Desigualdades sociais e representações das diferenças entre os sexos. *Análise Social*, v. xxxix (171), 2004, pp. 365-387.

Pontes, L. Mulheres brasileiras na mídia portuguesa. *Cadernos Pagu*, n. 23, jul./dez., 2004, pp. 229-256.

Prata, M. *Schifaizfavoire*: dicionário de Português. 21. ed. Rio de Janeiro: Globo, 2000.

Quintais, L. *As guerras coloniais portuguesas e a invenção da história*. Lisboa: Imprensa Ciências Sociais, 2000.

Ramos, F. P. *No tempo das especiarias*. São Paulo: Contexto, 2006.

_____. *Por mares nunca dantes navegados*: a aventura dos descobrimentos. São Paulo: Contexto. 2008.

Ramos, R. A Segunda Fundação (1890-1926). In: Mattoso, J. (ed.). *História de Portugal*. Lisboa: Estampa, 1994, v. 6.

Ribeiro, O. *Opúsculos geográficos*: o mundo rural. Lisboa: Fundação Calouste Gulbenkian, 1991, v. iv.

_____. *Opúsculos geográficos*: temas urbanos. Lisboa: Fundação Calouste Gulbenkian, 1994, v. v.

406 | Os portugueses

Ribeiro, O. *Portugal, o Mediterrâneo e o Atlântico*. Lisboa: Livraria Sá da Costa, 1967.

_____; Lautensach, H. et al. *Geografia de Portugal*: a posição geográfica e o território. Lisboa: João Sá da Costa, 1987, v. I.

_____; _____. *Geografia de Portugal*: a vida económica e social. Lisboa: João Sá da Costa, 1991, v. IV.

Rodrigues, A. S. (coord.). *História de Portugal em datas*. 4. ed. Lisboa: Temas e Debates, 2007.

Rodrigues, L. N. "Orgulhosamente Sós"? Portugal e os Estados Unidos no início da década de 1960. Comunicação apresentada ao 22º Encontro de Professores de História da Zona Centro, Caldas da Rainha, 2004. Disponível em: <http://www.ipri.pt/investigadores/artigo.php?idi=8&ida=140>. Acesso em: abr. 2009.

Rodrigues, T.; Pinto, M. L. R. As migrações no Portugal do século XX. *Ler História*, n. 43, 2002, pp. 179-203.

Rowland, R. Manuéis e Joaquins: a cultura brasileira e os portugueses. *Etnográfica*, v. V (1), 2001, pp. 157-172.

Russell-Wood, A. J. R. *Um mundo em movimento*: os portugueses na África, Ásia e América (1415-1808). Lisboa: Difel, 1998.

Sá, I. G. Abandono de crianças, ilegitimidade, e concepções pré-nupciais em Portugal: estudos recentes e perspectivas. In: Pérez-Moreda, V. (ed.). *Expostos e ilegítimos na realidade ibérica do século XVI ao presente. Actas do III Congresso da ADEH*. Porto: Afrontamento, 1996, v. 3, pp. 37-58.

Sales, M. Vínculos políticos luso-castelhanos no século XIV. In: Megiani, A. P. T.; Sampaio, J. P. (eds.). *Inês de Castro*: a época e a memória. São Paulo: Alameda, 2008, pp. 13-29.

Salgueiro, T. B. Lisboa, metrópole policêntrica e fragmentada. Finisterra, XXXII (63), 1997, pp. 179-190.

Santos, B. S. Libertem a língua. *Folha de S. Paulo*. São Paulo, maio 2008. Disponível em: <http://www1.folha.uol.com.br/fsp/opiniao/fz0405200809.htm>. Acesso em: maio 2008.

Santos, E. Os brasileiros de torna-viagem no Noroeste de Portugal. *Os brasileiros de torna-viagem*. Lisboa: Comissão Nacional para as Comemorações dos Descobrimentos Portugueses, 2000, pp. 15-25.

Saraiva, J. H. *História de Portugal*. Lisboa: Alfa, 1993.

Schneider, S. *O marquês de Pombal e o vinho do Porto*: dependência e subdesenvolvimento em Portugal no século XVIII. Lisboa: A Regra do Jogo, 1980.

Schwarcz, L. M. *O sol do Brasil*. São Paulo: Companhia das Letras, 2008.

Scott, A. S. V. *Famílias, formas de união e reprodução social no Noroeste português (séculos XVIII e XIX)*. Guimarães: neps/Instituto de Ciências Sociais-Universidade do Minho, 1999, v. 6.

_____. O pecado na margem de lá: a fecundidade ilegítima na metrópole portuguesa (séculos XVII-XIX). *População e Família*, v. 3, 2000, pp. 41-70.

_____. Verso e reverso da imigração portuguesa: o caso de São Paulo entre as décadas de 1820 a 1930. *Oceanos*, v. 44, out.-dez., 2000, pp. 126-142.

_____. O avesso e o direito: concubinato e casamento numa comunidade do Noroeste de Portugal. *Paideia: Cadernos de Psicologia e Educação*, v. 12, pp.3 9-56, n. 22. 2002.

_____. As diferentes formas de organização familiar em Portugal (séculos XVIII e XIX). In: Samara, E. M. (ed.). *Historiografia brasileira em debate*: olhares, recortes e tendências. São Paulo: Humanitas, 2002, pp. 199-234.

_____. Imigração e redes de sociabilidades: a migração portuguesa para a Nova Lousã (Brasil) entre as décadas de 1860 e 1880. *NW – Noroeste Revista de História*, v. 2, 2006, pp. 79-86.

_____; Fleck, E. C. D. (eds.) *A corte no Brasil*: população e sociedade no Brasil e em Portugal no início do século XIX. São Leopoldo: Oikos/Ed. Unisinos, 2008.

_____; Oswaldo Truzzi: O valor do trabalho. *Revista de História da Biblioteca Nacional*. Rio de Janeiro, novembro, 2008, pp. 78-81.

Secco, L. *A Revolução dos Cravos*. São Paulo: Alameda, 2004.

Serrão, J. *A emigração portuguesa*: sondagem histórica. Lisboa: Livros Horizonte, 1977.

Silva, M. B. N. (coord.). *Dicionário da história da colonização portuguesa no Brasil*. Lisboa: Verbo, 1994.

Sobral, J. M. O Norte, o Sul, a raça, a nação – representações da identidade nacional portuguesa (século xix -xx). *Análise Social*, v. xxxix, n.171, 2004, pp. 255-284.

Souza, E. C. B.; Magalhães, M. D. B. Os pentecostais: entre a fé e a política. *Revista Brasileira de História*. São Paulo, v. 22, n. 43, 2002, pp. 85-105.

Spignesi, S. J. *As 100 maiores catástrofes da história*. Rio de Janeiro: Difel, 2005.

Tavares, M. et al. Feminismos e movimentos sociais em tempos de globalização: o caso da MMM. *VIII Congresso Luso-Afro-Brasileiro de Ciências Sociais*. Coimbra, set. 2004.

Telo, A. J. *História contemporânea de Portugal*: do 25 de abril à actualidade. Lisboa: Presença. 2007/2008, 2 v.

Tengarrinha, J. (org.). *História de Portugal*. Bauru: Edusc/Editora da Unesp, 2001.

Thomaz, O. R. O "bom povo português": usos e costumes d'aquém e d'além mar. Mana (1), 2001, pp. 5-87. Disponível em: <http://www.scielo.br/pdf/mana/v7n1/a04v07n1.pdf>. Acesso em: dez. 2009.

Thornton, J. *A África e os africanos na formação do mundo atlântico (1400-1800)*. Rio de Janeiro: Elsevier/ Campus, 2004.

Truzzi, O.; Scott, A. S. V. Pioneirismo, disciplina e paternalismo nas relações de trabalho entre proprietário e imigrantes no século xix: o caso da Colônia da Nova Lousã, em São Paulo. *Revista da Faculdade de Letras – História. Porto*, v. iii, 2005, pp. 339-354.

_____; _____. Redes migratórias: revisão conceitual e uma aplicação. *30º Encontro Anual da anpocs*. Caxambu: anpocs, 2006.

Ujvri, S. C. *A história da humanidade contada pelos vírus, bactérias, parasitas e outros microrganismos...* São Paulo: Contexto, 2008.

Vainfas, R. Um descobrimento suspeito. Disponível em: <http://jbonline.terra.com.br/destaques/500anos/id1ma1. html>. Acesso em: nov. 2008.

_____ (dir.). *Dicionário do Brasil Colonial (1500-1800)*. Rio de Janeiro: Objetiva, 2000.

Valente, J. C. C. *Integração política dos lazeres operários e populares sob o Estado Novo (a Fundação Nacional para a Alegria no Trabalho: 1935-1958)*. Dissertação de Mestrado. Lisboa: Universidade Nova de Lisboa, Lisboa, 1998.

Valério, N. A imagem do "brasileiro" na obra literária de Júlio Dinis. *Ler História*, n. 39, 2000, pp. 141-152.

Valladares, R. *A independência de Portugal*: guerra e restauração 1640-1680. Lisboa: A Esfera Livros, 2006.

Wall, K. *Famílias no campo*: Passado e presente em duas freguesias do baixo Minho. Lisboa: Publicações Dom Quixote, 1998. (Portugal de Perto.)

ICONOGRAFIA

Capítulo "A relação ambígua com os brasileiros"
p. 21: óleo sobre tela, autor desconhecido, séc. xiv; **p. 23:** fotografia, Ana Silvia Scott, 1982; **p. 25:** óleo sobre tela, autor desconhecido, final do séc. xix; **p. 28:** capa do livro *História da colonização portuguesa do Brasil*, Porto, Litografia Nacional, 1921; **p. 29:** capa do livro *A selva*, Ferreira de Castro [arte de Bernardo Marques], Porto, Civilização, 1930; **p. 32:** arte de rua em Lisboa, Jef Aerosol, fotografia de Môsieur J., 2008; **p. 36:** cartaz de divulgação da telenovela *Ilha dos amores* (TVI), 2007; **p. 46:** óleo sobre tela, Fernão Gomes, *c.* 1577; **p. 50:** fotografia, Abbas Yari, 2006

Capítulo "Viver em um país de contrastes"
p. 55: Rocha Peixoto/Fototeca do Museu Nogueira da Silva, 1903; **p. 57:** Rocha Peixoto/Fototeca do Museu Nogueira da Silva, 1902; **p. 59:** fotografia, Ana Silvia Scott, 1998; **p. 61:** fotografia, Ana Silvia Scott, 2007; **p. 63:** Rocha Peixoto/Fototeca do Museu Nogueira da Silva, 1902; **p. 65:** fotografia, Feliciano Guimarães, 2007; **p. 68:** fotografias, Ana Silvia Scott, 1998; **p. 73:** ilustração, Coleção Jorge de Brito, Cascais, 1693; **p. 74:** gravura, autor desconhecido, séc. xviii; **p. 76:** gravura, *c.* 1741, Biblioteca Nacional, Lisboa; **p. 78:** fotografia, Jon Sullivan, 2003; **p. 79:** fotografia, Ana Silvia Scott, 2007; **p. 82:** fotografia, Ana Silvia Scott, 1998; **p. 87:** fotografia, Stuart Mudie, 2007 (superior); fotografia, Prainsack Josef, 2006 (inferior)

Capítulo "Sempre a navegar"
p. 92: capa da primeira edição de *Os lusíadas*, 1572; **p. 94:** ilustração, *Art in the Age of Exploration*, de Jay A. Levenson, *c.* 1492; **p. 97:** ilustração, *Crônica do descobrimento e conquista da Guiné*, Gomes Eanes de Azurara, 1543; **p. 100:** detalhe de óleo sobre tela, autor holandês desconhecido, séc. xvii; **p. 105:** folha de rosto do Tratado de Tordesilhas, 1494; **p. 107:** gravura, Alfredo Roque Gameiro, *c.* 1900 (Biblioteca Nacional de Portugal); **p. 109:** ilustração, Livro das Armadas, manuscrito da Academia de Ciências de Lisboa. In: *História da colonização portuguesa no Brasil*, vol. II, s.p. (Biblioteca do Instituto de Estudos Brasileiros/USP); **p. 112:**

410 | Os portugueses

ilustração, *Lehrbuch der Weltgeschichte oder Die Geschichte der Menschheit*, William Rednbacher, 1890); **p. 117:** ilustração, Roque Carneiro, *c.* 1925; **p. 122:** fotografia, autor desconhecido, 1892 (Arquivo Nacional de Fotografia)

Capítulo "Ao lado de um vizinho poderoso"
p. 126: óleo sobre tela, *Retrato de D. Filipe IV da Espanha*, Diego Velázquez, 1623; **p. 136:** fotografia, Carlos Augusto Magalhães, s/d; **p. 137:** painel de azulejos, Jorge Colaço, 1922 (Pavilhão Carlos Lopes, Lisboa); **p. 139:** fotografia, Calapito, 2007

Capítulo "De país de emigrantes a país de imigrantes?"
p. 149: fotografia, séc. XX (superior); capa do romance *Emigrantes*, de Ferreira de Castro, 1928 (inferior, esquerda); fotografia de uma família luso-brasileira, déc. 1950 (inferior, direita); **p. 151:** passaporte de um imigrante português, 1927; **p. 153, 157:** fotografias, DN/CDI, s.d.; **p. 167:** fotografia, Ana Silvia Scott, 1990; **p. 170:** fotografia, Ana Silvia Scott, 1998; **p. 173:** fotografia, DN/CDI, 1975; **p. 181:** fotografia, Aires Almeida, 1988

Capítulo "*Finisterra* ou dos confins da península até o Mar Oceano"
p. 191: fotografia, Ana Silvia Scott (1998); **p. 194:** fotografias, Ana Silvia Scott, 1990; **p. 195:** estátua de Viriato no Viseu, em Portugal, fotografia, Nuno Tavares, 2006; **p. 199:** iluminura, autor desconhecido, Idade Média; **p. 203:** ilustração, autor desconhecido, s/d; **p. 205:** estátua de D. Afonso Henriques, fotografia, Marco Aldeia, 2008; **p. 209:** pintura da escola de Cuzco, século XVII; **p. 215:** mosteiro de Alcobaça, fotografia, s/d (Galeria de Portugueses); **p. 216:** túmulos de D. Pedro I (superior) e de Inês Pereira (inferior), mosteiro de Alcobaça, Sara P. C. Neves, 2007

Capítulo "Da consolidação de um império ao fim de uma era dourada"
p. 226: Torre de Belém, fotografia, Carlos Luis M. C. da Cruz, 2009 (superior); Mosteiro dos Jerônimos, fotografia, Joaquim Alves Gaspar, 2009 (inferior); **p. 231:** Linschoten, Haia, Biblioteca Real, século XVII; **p. 233:** talho-doce, Lafitau, Paris, 1733 (Biblioteca Mário de Andrade); **p. 235:** Biombo Namban, século XVII (superior e inferior); **p. 238:** frontispício da *Historia Antipodum*, gravura de Theodor Bry, século XVI; **p. 240:** mapa do século XVI; **p. 241:** gravura, Johannes Stradanus, 1589; **p. 255:** mapa *Terra Brasilis*, de Lopo Homem, Pedro e Jorge Reinel, século XVI; **p. 258:** litografia, s/d (Arquivo Histórico Ultramarino); **p. 264:** Aqueduto das Águas Livres, Lisboa, fotografia, Lijealso, 2008; **p. 267:** retrato de Marquês de Pombal, óleo sobre tela, Louis Michael Van Loo, 1766; **p. 269:** retrato de D. João VI, óleo sobre tela, Jean Baptiste Debret, século XIX (superior); Henry L'Évêque, 1815 (inferior); **p. 275:** Oscar Pereira da Silva, *c.* 1920

Capítulo "À procura de novos caminhos"

p. 283: caricatura, Honoré Daumier, 1833; **p. 289:** fotografia, Ana Silvia Scott, 1992; **p. 291:** *Charneca de belas ao pôr do sol*, óleo sobre tela, Antonio Carvalho de Silva Porto, 1879 (superior); *Colheita, ceifeiras*, óleo sobre tela, Antonio Carvalho de Silva Porto, 1893 (inferior); **p. 297:** caricatura, autor desconhecido, século XIX; **p. 301:** *O fado*, óleo sobre tela, de José Malhoa, 1910; **p. 303:** escultura de Fernando Pessoa em Lisboa, fotografia, Nol Aders, 2005; **p. 306:** *Proclamação da República de Portugal, 1910* (Câmara Municipal, Estremoz, Portugal); **p. 311:** fotografia publicada num jornal português em 29 de outubro de 1917; **p. 314:** fotografia das três crianças de Fátima, 1917; **p. 315:** cartaz do filme *The Miracle of Our Lady of Fatima*, EUA, 1952

Capítulo "Dois golpes militares"

p. 320: fotografia, autor desconhecido, 6 de junho de 1926; **p. 326:** ilustração, livro de leitura da Primeira Classe, Raquel Roque Gameiro, *c.* 1930; **p. 329:** fotografia, Koshelyev, Peniche, s/d; **p. 337:** fotografia, autor desconhecido, s/d; **p. 343:** fotografias, Joaquim Coelho, s/d; **p. 346:** fotografia, autor desconhecido, 1974; **p. 348:** murais, fotografias de Henrique Matos, 1978 e 2008; **p. 352:** fotografia, Ana Silvia Scott (1998)

Capítulo "O 'Portugal europeu'"

p. 362: Universidade de Coimbra, fotografia, Elapsed, 2005; **p. 364:** fotografia, Dantadd, 2007 (superior); fotografia, Joaquim Alves Gaspar, 2009 (inferior); **p. 370:** fotografia, Proençal, 2007; **p. 372:** selo português, 2010; **p. 373:** capa do livro *Novas cartas portuguesas*, 1974; **p. 375:** propaganda, Singer Manufacturing Co., 1892; **p. 377:** fotografia, Joaquim Alves Gaspar, 2008; **p. 379:** fotografia, Eduardo Nunes, 2005; **p. 381:** fotografia, Belard, 2005; **p. 384:** Estádio da Luz, fotografia, "Rei Artur", 2004

AGRADECIMENTOS

Os portugueses têm um significado profundo e especial para mim, do ponto de vista pessoal e também profissional. Em agosto de 2008, quando recebi o convite para escrever o livro, atravessava o pior momento da minha vida, pouco mais de um ano depois da perda da minha filha Thaís, uma das vítimas do Voo TAM JJ3054, ocorrido em 17 de julho de 2007. Para usar uma metáfora que diz tudo, eu estava "à deriva" no meio de um "mar revolto" carregado de tristeza. Naquele momento, o desafio posto surgiu como uma espécie de farol que acabou por me guiar para águas mais tranquilas, me ajudando a atravessar para a outra margem.

Por isso, os meus primeiros agradecimentos vão para a Contexto, especialmente para o Jaime e para a Luciana Pinsky, pela confiança e paciência, assim como para Carla B. Pinsky, pela sensibilidade, dedicação e empenho na edição do livro.

Para fazer essa viagem, do lado de cá, contei com uma grande e querida amiga: Maria Silvia C. B. Bassanezi. Com ela tive muitas conversas e pude sentir muita amizade e aconchego, muita solidariedade. Como se não bastasse, ela também leu a primeira versão do livro, dando muitas sugestões que procurei incorporar. Só posso dizer, obrigada!

Do lado de lá do Atlântico, os amigos de longa data, Clara e Vitorino ouviram as ideias sobre o livro e me recebem com a gentileza e o carinho de sempre. O mesmo vale para as *miúdas*, hoje não tão miúdas, Inês Mariana e Diana Leonor. Agradeço imensamente a amizade e a acolhida. Também tive a colaboração de colegas portugueses, especialmente Maria Marta Lobo Araújo e José Manuel Lages.

Durante a elaboração do livro, pude também contar com o incentivo e indicações de meus colegas da Unisinos, Eliane C. D. Fleck, Martin N. Dreher, Cláudio E. Pereira e de Marluza M. Harres (então coordenadora do Programa de Pós-Graduação em História). A todos, expresso meus agradecimentos.

Em casa, o apoio do Dario foi uma constante. Não só do lado emocional, mas por estar ao meu lado em todos os momentos da escrita e por ser o primeiríssimo leitor, tão atento e com sugestões e críticas tão pertinentes. Sem palavras!

A AUTORA

Ana Silvia Volpi Scott é doutora em História e Civilização pelo Instituto Universitário Europeu (Florença, Itália). Atualmente é professora no Programa de Pós-Graduação em História da Unisinos (Rio Grande do Sul), pesquisadora do CNPq e integrante do Grupo de Pesquisa CNPq *Demografia & História*. Foi professora na Universidade do Minho (Braga, Portugal), entre 1996 e 1998, e investigadora do Núcleo de Estudos de População e Sociedade – Neps – na mesma universidade. Entre 2002 e 2005 foi pesquisadora do Nepo – Núcleo de Estudos de População – e professora colaboradora no Programa de Pós-Graduação em Demografia, ambos da Unicamp. Publicou livros, capítulos de livros e artigos no Brasil e no exterior sobre a história da família luso-brasileira, história da população e demografia histórica. Foi coordenadora do GT População e História da Abep – Associação Brasileira de Estudos Populacionais.

GRÁFICA PAYM
Tel. (11) 4392-3344
paym@terra.com.br